KB184731

4th Edition

An Introduction to Police Administrative Law

신경찰행정법입문

홍정선

박영사

제4판 머리말

[1] 제4판에서는 경찰법령의 공포방법, 경찰행정에 관한 기간의 계산, 민간조사사, 경찰관 직무수행의 보조수단, 경찰상 개인정보자기결정권, 경찰작용 기록장치, 경찰관 직무집행법상 손실보상에 관한 특례 등과 관련하여 기존의 내용을 수정하거나 보완하였을 뿐만 아니라 새로운 내용을 추가하기도 하였다. 대법원과 헌법재판소의 경찰 관련 최신 판례도 상당히 반영하였다.

[2] 제3판이 출간된 이후 국가경찰과 자치경찰의 조직 및 운영에 관한 법률, 경찰관 직무집행법, 경찰공무원법, 경찰청과 그 소속기관 직제, 선원법, 경비업법, 도로교통법, 도로법, 하천법, 식품위생법, 감염병의 예방 및 관리에 관한 법률, 독점규제 및 공정거래에 관한 법률, 소방기본법, 화재의 예방 및 안전관리에 관한 법률, 소방시설 설치 및 관리에 관한 법률 등 많은 경찰 관련 법령이 개정되거나 제정되었다. 이러한 상황도 반영하였다.

[3] 끝으로, 교정본을 읽고 도움말을 준 백석대학교 경찰경호학부 성민경 교수에게 감사의 마음을 전한다. 이 책을 출간해 주신 박영사 안종만 회장님, 안상준 대표님, 편집 등을 맡아준 김선민 이사님에게도 감사를 표한다. 제4판을 발간하게 된 것도 독자들의 끊임없는 큰 호응이 있었기에 가능하다고 믿는다. 독자들의 건승을 기원하면서 ….

2025년 1월 1일
우거에서
홍 정 선 씀

머리말

 여태까지 찾아볼 수 없었던 새로운 형태의 경찰행정법 입문서인 『新 경찰
행정법입문』을 출간한다. 『新 경찰행정법입문』의 모든 주제는 '일상생활 속에
서 쉽게 찾아볼 수 있는 경찰행정사례'를 제시하고 해설하는 방식으로 기술되
고 있으므로, 『新 경찰행정법입문』은 참으로 읽기 쉽고, 이해하기 쉬운 책이
라 자평하고 싶다.

 경찰행정법을 공부하는 학생, 치안센터·파출소·지구대·경찰서 등에서 근
무하는 경찰공무원, 그 밖에 경찰행정법에 관심을 가진 이라면 누구라도 『新
경찰행정법입문』을 통해 경찰행정법 전반을 쉽게, 그리고 체계적으로 접근할
수 있을 것이라고 믿는다. 특히 경찰공무원 채용시험·승진시험 등을 준비하
고 있거나 준비하려는 이들에게는 필독을 권한다.

 『新 경찰행정법입문』은 경찰행정법의 기본적인 원리와 개념들을 중심으로
하였다. 『新 경찰행정법입문』에 대한 이해가 충분해지면, 보다 전문화된 경찰행
정법이론서나 경찰행정법 관련 논문을 보다 용이하게 읽을 수 있을 것이다. 경
찰행정법의 심화학습을 위해서는 저자의 『경찰행정법』을 읽어도 좋을 것이다.

 아무리 쉽게 쓴 책이라 할지라도 진지하게 읽고 진지하게 생각하여야만 좋
은 효과를 기대할 수 있을 것이다. 『新 경찰행정법입문』의 활용은 독자의 몫
이다. 부단히 공부하는 자에게는 이 책이 분명히 쉽고도 알찬 책이 될 것이라
믿는다. 공부라는 것은 성실히 노력하는 것이지 그 이상도 그 이하도 아닐 것
이다. 삶이란 성실히 일하는 것, 바로 그것 아니겠는가.

 끝으로, 『新 경찰행정법입문』 교정본의 점검과 수정에 도움을 준 방동희 교
수에게 감사를 표한다. 이 책을 출간해주신 박영사 안종만 회장님, 편집과 교
정을 맡아준 문선미 과장님에게도 감사를 표하면서 … .

2019년 1월 1일
우거에서
홍 정 선 씀

차례

제1장　경찰행정법 서설

제2장　경찰행정조직법

제3장   경찰행정작용법

제4장　경찰행정구제법

제1장

경찰행정법 서설

제1절 경찰행정법의 관념

✦제1항 경찰행정·경찰행정법의 의의

[1] 경찰행정의 의의

1. 경찰행정의 개념

경찰행정 또는 경찰이란「공공의 안녕과 질서(예: 개인의 생명·신체·재산, 법원 등 국가기관의 온전한 기능의 수행, 법질서 등)」를 위협하는「위험(한강의 범람 또는 범람 가능성, 불법시위)」으로부터「공공의 안녕과 질서」를 지키기 위해 그러한 위험의 발생을 방지하거나 그러한 위험을 제거하기 위한 국가(지방자치단체 포함)의 작용을 말한다(강학상 실질적 의미의 경찰이라 부른다). 예를 들어 홍수로 한강물이 올림픽대로를 넘쳐흐를 가능성이 있거나 실제로 넘쳐흐르고 있다면, 경찰은 국민의 생명이나 신체 또는 재산의 보호를 위해 올림픽대로의 교통을 통제할 것이다. A지방법원 앞에서 불법시위가 발생할 것이 분명해 보이면, 경찰은 법원의 재판이 방해받는 것을 방지하기 위해 시위를 못하게 하는 예방조치를 취할 것이고, 만약 불법시위가 발생하였다면 시위대를 해산하고 법원 부근에 안정적으로 질서가 유지되게 하여 재판이 제대로 이루어질 수 있게 할 것이다. 이러한 작용이 바로 경찰행정이다. 단순하게 말한다면 경찰행정은 위험방지행정이다(위험을 제거한다는 것은 새로운 위험의 발생을 방지하는 것이기도 하다. 따라서「위험의 방지와 제거」는「위험의 방지」와 같은 의미이다).

✦ 공공의 안녕과 질서의 의미

국가경찰과 자치경찰의 조직 및 운영에 관한 법률 제3조 제8호와 경찰관 직무집행법 제2조 제7호를 보면, 국가경찰의 임무 내지 경찰관이 수행하는 직무는 공공의 안녕과 질서를 유지하는 것임을 알 수 있다. 문제는 「공공의 안녕과 질서란 무엇을 뜻하는가?」라는 점이다. 학설과 판례가 정리하여야 할 과제이다. 저자는 **공공의 안녕**을 개인의 자유·명예·생명·건강·재산이 침해받지 아니하고, 나라의 존속·기능·기관이 침해받지 않고 법질서가 무사·온전하게 유지되는 상태로 이해한다. 그리고 **공공의 질서**란 우리의 헌법질서 안에서 사람들이 건전한 공동생활을 유지하는 데 필요한 지배적인 사회관·윤리관이 제대로 유지되는 상태로 이해한다. 공공의 질서의 의미는 헌법 제21조 제4항의 「공중도덕·사회윤리」의 의미와 유사한 것으로 이해될 수 있다.

▷ **국가경찰과 자치경찰의 조직 및 운영에 관한 법률 제3조(경찰의 임무)** 경찰의 임무는 다음 각 호와 같다.
8. 그 밖에 공공의 안녕과 질서유지
▷ **경찰관 직무집행법 제2조(직무의 범위)** 경찰관은 다음 각 호의 직무를 수행한다.
7. 그 밖에 공공의 안녕과 질서 유지
▷ **헌법 제21조** ④ 언론·출판은 타인의 명예나 권리 또는 공중도덕이나 사회윤리를 침해하여서는 아니 된다. …

2. 경찰행정의 종류

(1) 일반경찰(보안경찰)과 특별경찰(협의의 행정경찰)

(가) 일반경찰(보안경찰)　　일반경찰이란 위험방지 그 자체를 독립적인 행정목적으로 하는 경찰행정을 말한다(학문상 종래 보안경찰이라 불렀다). 예를 들어 교통사고의 예방을 위해 도로를 일시 통제하거나, 홍수로 한강물이 넘쳐흐를 가능성이 있거나 실제로 넘쳐흐르고 있는 경우에 국민의 생명이나 신체 또는 재산의 보호를 위해 올림픽대로의 교통을 일시 통제하는 등의 작용은 위험방지 그 자체를 목적으로 하는 일반경찰에 해당한다. 현행법상 일반경찰행정은 경찰청이 관장한다(정부조직법 제34조 제5항·제6항).

▷ **정부조직법 제34조(행정안전부)** ⑤ 치안에 관한 사무를 관장하기 위하여 행정안전부장관 소속으로 경찰청을 둔다.
⑥ 경찰청의 조직·직무범위 그 밖에 필요한 사항은 따로 법률로 정한다.

(나) 특별경찰(협의의 행정경찰)　　특별경찰이란 행정영역별로 그 행정이 갖는 특별한 행정목적의 달성을 위하여 부수적으로 나타나는 위험방지작용(예: 임산물채취허가, 건축허가, 어업허가)을 말한다. 예를 들어 산림에서 임산물을 채취하려면 산림에서의 위험방지(예: 산사태 발생방지)를 위해 시장·군수·구청장이나 지방산림청장의 허가를 받아야 한다. 임산물채취허가는 산림의 육성 등 산림사무의 수행과 관련하여 나타나는 위험방지작용이므로 특별경찰에 해당한다. 특별경찰은 행정영역에 따라 산림경찰, 건축경찰, 어업경찰, 식품경찰

등으로 구분된다. 특별경찰행정은 각 주무부장관 또는 지방자치단체장이 관장한다(예: 산림자원의 조성 및 관리에 관한 법률 제36조 등).

▷**산림자원의 조성 및 관리에 관한 법률 제36조(입목벌채등의 허가 및 신고 등)** ① 산림(제19조에 따른 채종림등과 「산림보호법」 제7조에 따른 산림보호구역은 제외한다. 이하 이 조에서 같다) 안에서 입목의 벌채, 임산물(「산지관리법」 제2조 제4호·제5호에 따른 석재 및 토사는 제외한다. 이하 이 조에서 같다)의 굴취·채취(이하 "입목벌채등"이라 한다. 이하 같다)를 하려는 자는 농림축산식품부령으로 정하는 바에 따라 특별자치시장·특별자치도지사·시장·군수·구청장이나 지방산림청장의 허가를 받아야 한다. 허가받은 사항 중 대통령령으로 정하는 중요 사항을 변경하려는 경우에도 또한 같다.

(2) 예방경찰과 진압경찰 ① 예방경찰이란 공공의 안녕과 질서의 유지를 위해 위험을 사전에 방지하기 위하여 이루어지는 경찰행정작용(예: 홍수로 한강물이 넘쳐흐를 가능성이 있어서 올림픽대로의 교통을 통제하는 경우, 범죄를 예방하기 위한 활동)을 말하고, ② 진압경찰이란 위험이 현실화되어 장해가 생겼을 때 위험을 제거하기 위하여 이루어지는 경찰행정작용(예: 홍수로 한강물이 실제로 넘쳐흘러 올림픽대로의 교통을 통제하는 경우, 살인범을 진압하여 더 이상 범죄행위를 못하게 하는 경우)을 말한다. ③ 경찰행정인 점에서 양자는 같은 것이므로, 양자에 적용되는 법령이나 법원리에 차이가 없다.

(3) 행정경찰과 사법경찰 ① 행정경찰이란 「공공의 안녕과 질서」의 유지를 위한 경찰행정을 말한다. 경찰행정법은 행정경찰을 대상으로 한다. 행정경찰(광의의 행정경찰)은 일반경찰(보안경찰)과 특별경찰(협의의 행정경찰)로 구성된다, ② 사법경찰이란 사법사무인 범죄의 수사작용을 말한다. 사법경찰은 형사사법작용의 일부이므로 실질적 의미의 경찰행정에 해당하지 아니한다. 경찰청 소속 경찰관이 사법경찰작용을 수행한다고 하여도, 사법경찰작용은 행정경찰작용과 구분되어야 한다. 사법경찰은 형사소송법학의 연구대상이다. ③ 양자의 구분이 반드시 명백한 것은 아니다. 예를 들어, 절도행위가 발생하지 않도록 우범지역을 순찰하는 것은 행정경찰이고, 절도범을 체포하고 수사하는 행위는 사법경찰이지만, 절도범을 체포하는 것이 새로운 절도행위를 막는다는 점에서는 행정경찰의 의미도 갖기 때문이다

▷**형사소송법 제197조(사법경찰관리)** ① 경무관, 총경, 경정, 경감, 경위는 사법경찰관으로서 범죄의 혐의가 있다고 사료하는 때에는 범인, 범죄사실과 증거를 수사한다. <개정 2020. 2. 4.>
② 경사, 경장, 순경은 사법경찰리로서 수사의 보조를 하여야 한다.

[2] 경찰행정법의 의의

1. 경찰행정법의 개념

경찰행정법은 공법의 영역에서 경찰행정(위험방지행정)을 위한 경찰행정조직(경찰조직)과 경찰행정작용(경찰작용)에 관한 법규범과 법원칙의 총체를 말한다. 이러한 의미의 경찰행정법을 실질적 의미의 경찰행정법이라 한다. 경찰법 또는 위험방지법이라고도 한다. 경찰행정법은 경찰행정에 관련된 모든 공법과 사법을 말하는 것이 아니라 「공법」만을 말한다.

✚ 공법과 사법
① 사인들이 부동산매매계약을 체결하면 민법이 적용된다. 민법과 같이 사인 사이에 적용되는 법을 사법이라 한다. 한편, 사인이 국가로부터 운전면허를 받으려면, 도로교통법이 적용된다. 도로교통법과 같이 국가와 국민 사이에 적용되는 법을 공법이라 한다.
② 법을 공법과 사법으로 구분하는 것은 재판절차와 적용법규 등에 차이가 있기 때문이다. 예를 들어, 사인 사이에서 토지소유권을 다투는 소송은 민사소송으로서 민사법원에 제기하여야 하지만, 지방경찰청장의 운전면허취소처분을 취소해달라는 소송은 행정소송으로서 행정법원에 제기하여야 한다. 사인이 타인에게 폭행 등을 가하면, 폭행으로 피해를 입은 피해자는 민법에 근거하여 가해자를 상대로 손해배상을 청구할 수 있지만, 경찰공무원이 공무수행 중에 사인에게 폭행을 가하면 폭행으로 피해를 입은 사인은 민법이 아니라 국가배상법을 근거로 하여 국가를 상대로 손해배상을 청구할 수 있다.

2. 경찰행정법의 종류(일반경찰행정법과 특별경찰행정법)

경찰행정법은 일반경찰행정법과 특별경찰행정법으로 구분된다. 「일반경찰행정법」이란 위험방지에 관한 「일반규정·일반법원칙」을 총괄하는 개념이다. 일반경찰행정법에 해당하는 주요 법률로 경찰법·경찰관 직무집행법이 있다. 한편, 「특별경찰행정법」이란 특별법상으로 규정된 실질적 경찰행정 관련법(특별경찰행정에 관한 법)을 말한다(예: 건축허가에 관한 건축법의 규정, 집회신고에 관한 집회 및 시위에 관한 법률의 규정). 일반경찰행정법과 특별경찰행정법 사이에는 특별경찰행정법이 우선한다. 특별경찰행정법에 관련 규정이 없으면, 일반경찰행정법이 적용된다.

✚ 치안경찰행정법·소방행정법·해양경찰법과 경찰행정법의 관계
육상에서의 위험방지를 주된 연구대상으로 하는 치안경찰행정법, 육상에서 화재와 관련된 위험방지를 주된 연구대상으로 하는 소방행정법(소방경찰행정법), 해양에서의 위험방지를 주된 연구대상으로 하는 해양경찰법(해양경찰행정법), 모두 위험방지법으로서 경찰행정법인바, 적용되는 법원리에는 차이가 없다. 다만, 육상에서의 위험방지는 경찰청, 육상에서 화재와 관련된 위험방지는 소방청과 광역 지방자치단체, 해양에서의 위험방지는 해양경찰청이 관장하는바, 관장기관이 다를 뿐이다. 경찰관 직무집행법은 일반 치안경찰 공무원뿐만 아니라 해양경찰공무원에게도 적용된다는 점을 유의할 필요가 있다.

✚ 이 책에서는 경찰청을 중심으로 하는 일반 치안경찰 관련 법령을 중심으로 살피고, 경우에 따라 소방경찰 관련 법령과 해양경찰 관련 법령을 살피게 된다.

✚ **군사경찰법**
군사경찰에 관한 법률로 군사경찰의 직무수행에 관한 법률이 있다. 이 법률은 특별경찰행정법으로서 군사경찰행정법이며, 군사경찰행정법으로서는 일반법이다. 이 법률은 원칙적으로 「군인사법」및 「군무원인사법」의 적용을 받는 군인, 군무원에 대하여 적용한다(동법 제4조 제1항). 이 법률은 군사경찰의 직무질문 및 동행요구(동법 제7조), 범죄의 예방과 제지(동법 제8조), 위험방지를 위한 출입(동법 제9조), 교통·운항·항행 질서 유지 등(동법 제10조), 군사경찰장비의 사용(동법 제11조), 군사경찰장구의 사용(동법 제12조), 분사기등의 사용(동법 제13조), 무기의 사용(동법 제14조) 등을 규정하고 있다.

3. 경찰행정법과 일반행정법

행정법은 「일반행정법(행정법총론)」과 「특별행정법(행정법각론)」으로 구분된다. 특별행정법은 지방자치법, 공무원법, 경찰행정법, 공물법 등으로 이루어진다. 따라서 경찰행정법은 특별행정법의 한 부분이다. 경찰행정의 영역에서 경찰행정법(일반경찰행정법 + 특별경찰행정법)에 관련 규정이 없다면, 일반행정법이 적용된다.

✦제2항 경찰행정법의 법원

[3] 경찰행정법의 법원의 관념

1. 의의
경찰행정법의 법원이란 경찰행정기관(경찰기관)이 경찰행정을 할 때 따라야 하는 법규범과 법원의 총체를 말한다. 경찰행정법의 법원에는 성문법(헌법·법률·행정입법·자치법규)과 불문법(관습법과 판례법), 국제법이 있다.

2. 특징
헌법은 국민의 모든 자유와 권리를 제한하는 경우에는 법률로 할 것을 규정하고 있고, 경찰행정은 공공의 안녕과 질서유지를 위해 국민의 자유와 권리를 제한하거나(예: 음주운전의 금지, 무면허운전의 금지) 의무를 부과하는 것(예: 도로에서 교통경찰관의 지시나 신호등의 신호를 따를 의무)을 내용으로 하는 경우가 많은바(헌법 제37조 제2항), 경찰행정법은 성문법주의를 원칙으로 한다. 그러나 단일의 통일된 경찰행정법은 존재하지 아니한다. 한편, 경찰행정법의 영역에서 관습법은 찾아보기 어렵다.

▷ **헌법 제37조** ② 국민의 모든 자유와 권리는 국가안전보장·질서유지 또는 공공복리를 위하여 필요한 경우에 한하여 법률로써 제한할 수 있으며, 제한하는 경우에도 자유와 권리의 본질적인 내용을 침해할 수 없다.

[4] 경찰행정법의 법원의 종류

1. 성문법

성문법이란 문자로 기록된 법원을 말한다. 성문법원에 헌법, 법률, 행정입법(법규명령·규칙)과 자치입법이 있다.

(1) 헌법　　헌법은 국가의 최고법이다. 헌법 제11조의 평등원칙과 제37조 제2항에서 나오는 비례원칙 등은 경찰행정에도 적용되는 규정으로 경찰행정법상 최상위의 법원이다. 경찰행정법은 헌법의 구체화법이어야 한다.

▷ **헌법 제11조** ① 모든 국민은 법 앞에 평등하다. 누구든지 성별·종교 또는 사회적 신분에 의하여 정치적·경제적·사회적·문화적 생활의 모든 영역에 있어서 차별을 받지 아니한다.
제37조 ② 국민의 모든 자유와 권리는 국가안전보장·질서유지 또는 공공복리를 위하여 필요한 경우에 한하여 법률로써 제한할 수 있으며, 제한하는 경우에도 자유와 권리의 본질적인 내용을 침해할 수 없다.

(2) 법률

(가) 의의　　법률이란 국회가 헌법이 정한 입법절차에 따라 정하는 법 또는 법률이라는 명칭을 가진 법을 말한다.

(나) 종류　　경찰행정작용법상 법률에는 ① 행정기본법·행정절차법과 같이 경찰행정 등을 포함하여 모든 행정영역을 적용대상으로 하는 법률과 ② 경찰공무원법, 도로교통법, 사격 및 사격장 안전관리에 관한 법률, 집회 및 시위에 관한 법률, 총포·도검·화약류 등의 안전관리에 관한 법률, 경비업법, 사행행위

등 규제 및 처벌 특례법, 유실물법 등과 같이 경찰행정영역을 적용대상으로 하는 법률이 있다. 한편, 경찰행정조직법상 법률로는 일반법으로 국가경찰과 자치경찰의 조직 및 운영에 관한 법률이 있다.

(3) 행정입법　　행정입법이란 대통령이 법률의 위임을 받아 만드는 법인 대통령령, 국무총리가 법령의 위임을 받아 만드는 법인 총리령, 행정각부 장관이 법령의 위임을 받아 만드는 법인 부령을 말한다.

(4) 자치입법　　자치입법에는 조례와 규칙 및 교육규칙이 있다. 조례는 지방의회가 법령이 정하는 절차에 따라 정하는 조례라는 명칭을 가진 법을 말한다. 규칙이란 지방자치단체의 장이 법령이나 조례의 위임 또는 직권으로 정하는 규칙이라는 이름을 가진 법을 말한다. 교육규칙이란 서울특별시·광역시·도의 교육감이 법령이나 조례의 위임 또는 직권으로 정하는 규칙이라는 이름을 가진 법을 말한다. 교육규칙은 경찰행정법의 법원과 비교적 거리가 멀다.

✚ 행정기본법 제2조 제1호에서 헌법 아래에 놓이는 성문법의 유형을 대부분 볼 수 있다.

▷ **행정기본법 제2조(정의)** 이 법에서 사용하는 용어의 뜻은 다음과 같다.
1. "법령등"이란 다음 각 목의 것을 말한다.
가. 법령: 다음의 어느 하나에 해당하는 것
1) 법률 및 대통령령·총리령·부령
2) 국회규칙·대법원규칙·헌법재판소규칙·중앙선거관리위원회규칙 및 감사원규칙
3) 1) 또는 2)의 위임을 받아 중앙행정기관(「정부조직법」 및 그 밖의 법률에 따라 설치된 중앙행정기관을 말한다. 이하 같다)의 장이 정한 훈령·예규 및 고시 등 행정규칙
나. 자치법규: 지방자치단체의 조례 및 규칙

2. 불문법

불문법이란 문자로 기록되지 아니한 법을 말한다. 불문법에는 관습법과 판례법이 있다.

(1) 관습법　　관습법이란 문자로 기록된 것은 아니지만, 일정한 사실들이 장기간 반복되고, 국민들이 그러한 장기간 반복되는 사실에 대하여 법적인 확신 내지 법적인 믿음을 가지게 될 때, 이러한 사실을 관습법이라 부른다. 경찰행정법은 성문법주의를 원칙으로 하는바, 관습법과는 비교적 거리가 멀다.

(2) 판례법　　① 헌법재판소법 제47조 제1항과 제2항의 규정에 비추어 헌법재판소의 결정례(일반적으로 법원의 재판을 판결이라 하고, 헌법재판소의 재판을 결정이라 하고, 판결의 예와 결정의 예를 합하여 판례라 부른다)는 정부와 법원(法院)

이 따라야 하는 행정법의 법원(法原)이 된다. ② 대법원판결이 법원이라는 일반적인 규정은 없다. 다만 소액사건심판법 제3조 제2호의 규정에 비추어 대법원판결은 소액사건 등에서 부분적으로 법원의 성격을 갖는다. ③ 판례에서 동일한 원칙이 반복되어 사람들이 그러한 원칙을 법적인 것으로 확신하게 되는 경우, 그러한 원칙들을 판례법이라 부른다. 판례법이 법원인가의 여부에 관해서는 논란이 있다.

▷ **헌법재판소법 제47조(위헌결정의 효력)** ① 법률의 위헌결정은 법원 기타 국가기관 및 지방자치단체를 기속한다.
② 위헌으로 결정된 법률 또는 법률의 조항은 그 결정이 있는 날로부터 효력을 상실한다. 다만, 형벌에 관한 법률 또는 법률의 조항은 소급하여 그 효력을 상실한다.
▷ **소액사건심판법 제3조(상고 및 재항고)** 소액사건에 대한 지방법원 본원 합의부의 제2심판결이나 결정·명령에 대하여는 다음 각호의 1에 해당하는 경우에 한하여 대법원에 상고 또는 재항고를 할 수 있다.
2. 대법원의 판례에 상반되는 판단을 한 때

3. 국제법

국제법도 경찰행정법의 법원이 될 수 있다. 국제법에도 성문의 국제법과 불문의 국제법이 있다.

▷ **헌법 제6조** ① 헌법에 의하여 체결·공포된 조약과 일반적으로 승인된 국제법규는 국내법과 같은 효력을 가진다.

[5] 경찰행정법의 법원의 단계질서

1. 의의

전체로서 법질서는 단일체를 구성하고 모순이 없어야 한다. 그런데 법원의 종류가 다양하므로 법원 사이에 충돌이 발생할 수 있다. 이러한 문제를 해결하기 위해 법원의 단계질서를 살펴볼 필요가 있다.

2. 내용

① 법질서는 헌법 → 법률(헌법 제76조 제1항의 긴급재정경제명령, 헌법 제76조 제2항의 긴급명령) → 명령 → 자치입법의 순으로 단계를 구성한다. ② 관습법

은 일반적으로 법률적 지위를 갖지만, 헌법적 지위를 갖는 관습법, 자치법규의 지위를 갖는 관습법도 존재할 수 있다. ③ 국제법에는 헌법적 지위의 국제법, 법률에 상응하는 국제법, 명령에 상응하는 국제법 등이 있다.

3. 충돌의 해결

법원 사이에 충돌이 있는 경우, 상위법과 하위법 사이에는 상위법, 특별법과 일반법 사이에는 특별법, 신법과 구법 사이에는 신법이 적용된다. 충돌이 없다면, 관련법 모두가 적용된다.

---

[6] 경찰행정법의 법원의 효력

1. 시간적 효력범위

(1) 효력의 발생(시행일)   법원의 효력의 발생시점은 법령을 공포한 날일 수도 있고, 공포한 날 이후의 날일 수도 있다. 행정기본법은 시행일에 관해 다음의 규정을 두고 있다.

▷**행정기본법 제7조(법령등 시행일의 기간 계산)** 법령등(훈령·예규·고시·지침 등을 포함한다. 이하 이 조에서 같다)의 시행일을 정하거나 계산할 때에는 다음 각 호의 기준에 따른다.
1. 법령등을 공포한 날부터 시행하는 경우에는 공포한 날을 시행일로 한다.
2. 법령등을 공포한 날부터 일정 기간이 경과한 날부터 시행하는 경우 법령등을 공포한 날을 첫날에 산입하지 아니한다.
3. 법령등을 공포한 날부터 일정 기간이 경과한 날부터 시행하는 경우 그 기간의 말일이 토요일 또는 공휴일인 때에는 그 말일로 기간이 만료한다.

국가의 법령의 공포방법은 법령 등 공포에 관한 법률 제10조, 지방자치단체의 자치입법의 공포방법은 지방자치법 제11조가 규정하고 있다. 국가의 법령의 공포일은 해당 법령 등을 게재한 관보 또는 신문이 발행된 날로 한다(법령 등 공포에 관한 법률 제12조).

▷**법령 등 공포에 관한 법률 제11조(공포 및 공고의 절차)** ① 헌법개정·법률·조약·대통령령·총리령 및 부령의 공포와 헌법개정안·예산 및 예산 외 국고부담계약의 공고는 **관보에 게재**함으로써 한다.
②「국회법」제98조제3항 전단에 따라 하는 국회의장의 법률 공포는 서울특별시에서 발행되는 둘 이상의 일간신문에 게재함으로써 한다.

③ 제1항에 따른 관보는 종이로 발행되는 관보(이하 "종이관보"라 한다)와 전자적인 형태로 발행되는 관보(이하 "전자관보"라 한다)로 운영한다.
④ 관보의 내용 해석 및 적용 시기 등에 대하여 **종이관보와 전자관보는 동일한 효력**을 가진다.
▷ **지방자치법 제33조(조례와 규칙의 공포 방법 등)** ① 조례와 규칙의 공포는 해당 지방자치단체의 공보에 게재하는 방법으로 한다. 다만, 제32조 제6항 후단에 따라 지방의회의 의장이 조례를 공포하는 경우에는 공보나 일간신문에 게재하거나 게시판에 게시한다.
② 제1항에 따른 공보는 종이로 발행되는 공보(이하 이 조에서 "종이공보"라 한다) 또는 전자적인 형태로 발행되는 공보(이하 이 조에서 "전자공보"라 한다)로 운영한다.
③ 공보의 내용 해석 및 적용 시기 등에 대하여 **종이공보와 전자공보는 동일한 효력**을 가진다.
④ 조례와 규칙의 공포에 관하여 그 밖에 필요한 사항은 대통령령으로 정한다.

(2) 주지기간   법령을 시행하기 위해서는 사전에 일정한 기간 동안 국민들에게 그 법령의 내용을 알리는 것이 일반적이다. 여기서 국민에게 알리는 기간을 주지기간 또는 시행유예기간이라 부른다. 헌법과 법령 등 공포에 관한 법률에 주지기간에 관한 규정이 있다.

▷ **헌법 제53조** ⑦ 법률은 특별한 규정이 없는 한 공포한 날로부터 20일을 경과함으로써 효력을 발생한다.
▷ **법령 등 공포에 관한 법률 제13조(시행일)** 대통령령, 총리령 및 부령은 특별한 규정이 없으면 공포한 날부터 20일이 경과함으로써 효력을 발생한다.
제13조의2(법령의 시행유예기간) 국민의 권리 제한 또는 의무 부과와 직접 관련되는 법률, 대통령령, 총리령 및 부령은 긴급히 시행하여야 할 특별한 사유가 있는 경우를 제외하고는 공포일부터 적어도 30일이 경과한 날부터 시행되도록 하여야 한다.

(3) 불소급의 원칙(소급적용의 금지)   시행일 이전에 발생한 사항에 대하여 법령을 적용하는 것을 소급적용이라 한다. 행정기본법은 불소급을 원칙으로 하고, 법령등에 특별한 규정이 있는 경우에는 예외적으로 소급적용을 인정한다. 국민들은 행위 당시의 법령등을 보고 자신의 행동을 결정하는 것이지, 행위 당시에는 없었으나 사후에 만들어질 법령의 내용을 예측하여 자신의 행동을 결정할 수는 없기 때문에 불소급을 원칙으로 하는 것이다.

▷ **행정기본법 제14조(법 적용의 기준)** ① 새로운 법령등은 법령등에 특별한 규정이 있는 경우를 제외하고는 그 법령등의 효력 발생 전에 완성되거나 종결된 사실관계 또는 법률관계에 대해서는 적용되지 아니한다.

● **판례** 기존의 법에 의하여 이미 형성된 개인의 법적 지위를 사후입법을 통하여 박탈함을 내용으로 하는 진정소급입법은 개인의 신뢰보호와 법적 안정성을 내용으로 하는 법치국가원리에 의하여 허용되지 않는 것이 원칙이다(대판 2024. 5. 23., 2021두35834).
● **판례** 소급입법은 새로운 입법으로 이미 종료된 사실관계 또는 법률관계에 작용하도록 하는 진정

소급입법과 현재 진행 중인 사실관계 또는 법률관계에 작용하도록 하는 부진정소급입법으로 나눌 수 있는바, 부진정소급입법은 원칙적으로 허용되지만 소급효를 요구하는 공익상의 사유와 신뢰보호의 요청 사이의 교량과정에서 신뢰보호의 관점이 입법자의 형성권에 제한을 가하게 되는 데 반하여, 진정소급입법은 개인의 신뢰보호와 법적 안정성을 내용으로 하는 법치국가원리에 의하여 특단의 사정이 없는 한 헌법적으로 허용되지 아니하는 것이 원칙이나 예외적으로 법적 상태가 불확실하고 혼란스러웠거나 하여 보호할 만한 신뢰의 이익이 적은 경우, 신뢰보호의 요청에 우선하는 심히 중대한 공익상의 사유가 소급입법을 정당화하는 경우에는 예외적으로 허용될 수 있다(헌재 2021. 1. 28., 2018헌바88).

(4) 효력의 소멸　　"A법률을 폐지한다"는 내용을 가진 「A법률의 폐지에 관한 법률」을 제정하거나 기존의 법률의 내용과 충돌되는 새로운 법률을 만들거나, 헌법재판소의 위헌결정이 있거나 하면, 기존의 법률은 소멸한다.

2. 지역적 효력범위

경찰행정법규는 그 법규의 제정권자의 권한이 미치는 지역적 범위 내에서만 효력을 갖는다. 예컨대 대통령령·부령은 전국에 미치고, 조례는 해당 지방자치단체의 관할구역에 미친다. 「제주특별자치도 설치 및 국제자유도시조성을 위한 특별조치법」과 같이 국가의 법령이 국내의 일부 지역에만 효력을 갖는 경우도 있다. 지역이란 영토뿐만 아니라 영해(바다)와 영공(하늘)까지 포함하는 개념이다. 한편, 국제법상 외교 특권(외교관 특권, 치외법권)이 미치는 구역(예: 외국공관)에는 우리의 경찰행정법규의 효력이 미치지 않는다.

3. 인적 효력범위

경찰행정법규는 지역적 효력이 미치는 해당 지역 안에 있는 모든 사람에게 적용된다. 자연인·법인, 내국인·외국인을 불문한다. 조례의 경우, 그 조례를 제정한 지방자치단체의 주민에게만 적용되는 경우도 있고(예: 서울시 예산편성 주민참여), 주민은 물론 비주민에게 적용되는 경우도 있다(예: 서대문구 주민이 강남구에서 담배꽁초를 버리면 강남구의 자치법규에 의해 과태료가 부과될 수 있다). 한편, 국제법상 외교 특권(외교관 특권, 치외법권)이 있는 자에게는 우리의 경찰행정법규의 효력이 미치지 않는다.

▷**서울특별시 시민참여 기본 조례 제2조(정의)** 이 조례에서 사용하는 용어의 정의는 다음과 같다.
1. "시민"이란 「지방자치법」 제16조에 따라 서울특별시(이하 "시"라 한다)에 주소를 두고 있는 자를 말한다.

제8조(예산편성의 시민참여) 시장은 예산을 편성하는 단계에서부터 시민이 충분한 정보를 얻고 의견을 표명할 기회를 가질 수 있도록 행정정보공개와 주민참여를 보장하여야 한다.

▷ **서울특별시 강남구 금연환경 조성 및 간접흡연 피해방지 조례 제5조(금연구역의 지정 등)** ① 구청장은 구민의 건강보호를 위하여 다음 각 호에 해당하는 장소를 금연구역으로 지정할 수 있다.

1. 도시공원(「도시공원 및 녹지 등에 관한 법률」에 따른 도시공원을 말한다) 및 어린이 놀이터
2. 학교정화구역(「학교보건법」에 의한 학교환경위생정화구역 중 절대정화구역을 말한다)
3. 구 관할 구역의 버스정류장 및 택시승차대
4. 구민의 건강증진을 위하여 지정한 거리 및 특화거리
5. 가스충전소 및 주유소
6. 그 밖에 구청장이 간접흡연 피해방지를 위해 필요하다고 인정하는 장소

제9조(과태료) ① 구청장은 제5조제4항을 위반하여 금연구역에서 흡연을 한 사람에게 10만원의 과태료를 부과·징수한다.

[7] 경찰행정법의 법원의 흠결과 보충

1. 의의

경찰행정법의 법원이 완비되어 있는 것이 아니다. 경찰행정법 영역에서 발생하는 구체적 법률관계에 적용할 성문법도 없고 불문법도 없는 경우가 발생할 수 있다. 이러한 경우에 경찰행정법의 법원의 흠결문제가 발생한다. 보충방법으로 공법규정의 적용과 사법규정의 적용이 문제된다.

2. 공법규정의 적용

(1) 헌법상 원칙의 적용　　행정법은 구체화된 헌법인 까닭에 적용할 행정법규의 결여 시에는 무엇보다도 헌법상의 기본원칙, 헌법상 최상위의 가치가 중요한 의미를 가진다. 이러한 것으로 법적 안정성, 법적 명확성, 기본권의 보호 등을 들 수 있다.

(2) 공법규정의 유추해석　　공법규정의 유추해석(유추적용)의 기본적인 관심방향은 법해석의 방법에 관한 것이지, 법원의 흠결의 보충에 관한 것은 아니다. 그러나 기능적으로 본다면, 유추해석(유추적용) 역시 법의 흠결을 보충하는 기능을 갖는다. 유추적용의 경우, 우선 공법의 관련 규정을 유추적용하고, 관련 공법규정이 없거나 미흡함이 있으면, 사법규정의 적용을 검토하여야 할 것이다.

3. 사법규정의 적용

(1) 사법적용의 가능성　　통설은 행정법관계에서 사법규정의 적용문제를 「사법규정의 유형적 분석과 행정법관계의 구분」에 따라 판단하는 입장을 취한다. 이러한 입장을 특히 개괄적 구별설이라 부른다. 개괄적 구별설은 사법규정은 대체로 「일반 법원리적 규정[예: 민법 제2조(신의성실)], 법기술적 규정[예: 민법 제6장(기간)], 이해조절적 규정[민법 제563조(매매의 의의)] 등으로 이루어져 있고, 여기서 일반 법원리적 규정이나 법기술적 규정에 해당하는 조항은 행정법관계의 권력관계와 비권력관계 모두에 적용되지만, 이해조절적인 규정은 행정법관계 중 비권력관계에서 유추적용이 가능한 경우도 있다고 한다. 권력관계와 비권력관계의 의미에 관해서는 [15]1을 보라.

(2) 적용가능한 사법규정

(가) 권력관계　　신의성실의 원칙과 권리남용금지의 원칙, 자연인 및 법인의 관념, 권리능력과 행위능력의 관념, 주소·물건의 관념, 법률행위·의사표시·대리·무효·취소·조건·기한 등의 관념, 시효제도·사무관리·부당이득·불법행위 등의 일반법원리적 규정과 법기술적 규정은 권력관계에서도 적용된다고 하는 것이 일반적인 경향이다. 한편, 이해조절적 규정은 원칙적으로 권력관계에는 적용되지 않는다고 함이 일반적이나, 예외적으로는 성질에 반하지 않는 한 적용될 수도 있을 것이다.

✚ 기간의 계산

행정기본법은 기간의 계산에 관련하여 제6조 제1항에서 민법규정의 준용, 제6조 제2항에서 침익적 행정 등에서의 특례를 규정하고 있다. 행정기본법 제정 이전에는 학설상 인정되었던 사항들이다.

▷**행정기본법 제6조(행정에 관한 기간의 계산)** ① 행정에 관한 기간의 계산에 관하여는 이 법 또는 다른 법령등에 특별한 규정이 있는 경우를 제외하고는 「민법」을 준용한다.
② 법령등 또는 처분에서 국민의 권익을 제한하거나 의무를 부과하는 경우 권익이 제한되거나 의무가 지속되는 기간의 계산은 다음 각 호의 기준에 따른다. 다만, 다음 각 호의 기준에 따르는 것이 국민에게 불리한 경우에는 그러하지 아니하다.
1. 기간을 일, 주, 월 또는 연으로 정한 경우에는 기간의 첫날을 산입한다.
2. 기간의 말일이 토요일 또는 공휴일인 경우에도 기간은 그 날로 만료한다.

(나) 비권력관계　　일방적인 관계가 아닌 비권력관계는 기본적으로 사법관계와 상이한 것은 아니기 때문에 특별한 공법적 제한(예: 우편법 제38조)이 가해지지 않는 한 사법규정이 전반적으로 유추적용될 수 있다.

▷ **우편법 제38조(손해배상의 범위)** ① 과학기술정보통신부장관은 다음 각 호의 어느 하나에 해당하는 사유가 발생한 경우에는 그 손해를 배상하여야 한다.

1. 우편역무 중 취급과정을 기록취급하는 우편물을 잃어버리거나 못 쓰게 하거나 지연 배달한 경우
2. 우편역무 중 보험취급 우편물을 잃어버리거나 못 쓰게 하거나 지연 배달한 경우
3. 우편역무 중 현금추심 취급 우편물을 배달하면서 추심금액을 받지 아니하고 수취인에게 내준 경우
4. 제1호부터 제3호까지 외의 우편역무로서 대통령령으로 정하는 경우

✚ 국고관계의 경우

행정법관계에서의 사법규정의 적용문제는 아니지만, 국고관계에서 사법규정의 적용문제를 언급한다. 행정상 법률관계 중 사법이 지배하는 법률관계인 국고관계에서는 행정주체가 사경제주체로서 활동하는 것이므로 사법이 적용되는 것은 개념상 당연하고(대판 1961. 10. 5., 4292행상6) 특별히 언급할 필요가 없을 것이다. 그렇지만 경우에 따라서는 실정법이 사법관계(국고관계)에 특별한 제한을 가하는 경우도 있고, 이때에는 그에 따라야 한다.

제2절 행정기본법상 법원칙

　행정기본법은 모든 행정에 적용되는 법원칙으로 법치행정의 원칙, 평등의 원칙, 비례의 원칙, 성실의무 및 권한남용금지의 원칙, 신뢰보호의 원칙, 부당결부금지의 원칙을 규정하고 있다. 행정기본법상 법원칙은 모든 행정에 적용되는 법원칙이므로 경찰행정기관은 반드시 이러한 원칙을 따라야 한다. 이러한 원칙에 반하는 경찰작용은 위법한 것이 된다.

[8] 법치행정의 원칙

▷**행정기본법 제8조(법치행정의 원칙)** 행정작용은 법률에 위반되어서는 아니 되며, 국민의 권리를 제한하거나 의무를 부과하는 경우와 그 밖에 국민생활에 중요한 영향을 미치는 경우에는 법률에 근거하여야 한다.

1. 법치행정의 의의

　(1) 개념　　넓은 의미로 법치행정이란 경찰행정을 포함하여 모든 「행정은 법률의 범위 내에서 이루어져야 하며, 만약 법률에 어긋나는 행정으로 인해 사인이 피해를 입게 되면, 그 사인은 법원에 의해 구제를 받을 수 있어야 한다」는 것을 말하며, 좁은 의미로 법치행정이란 「행정은 법률의 범위 내에서 이루어져야 한다」는 것을 말한다. 「행정은 법률의 범위 내에서 이루어져야 한다」는 것은 행정은 법률에 반할 수 없다는 것과 행정은 법률의 근거를 필요로 한다는 것을 의미한다.

　(2) 법적근거　　행정기본법 제8조는 법치행정의 원칙이라는 명칭 하에 경찰행정을 포함하여 모든 "행정작용은 법률에 위반되어서는 아니 되며, 국민의 권리를 제한하거나 의무를 부과하는 경우와 그 밖에 국민생활에 중요한 영향을 미치는 경우에는 법률에 근거하여야 한다"라고 하여 좁은 의미의 법

치행정의 원칙을 규정하고 있다. 내용상으로 보면, 행정기본법 제8조 전단은 법률의 우위의 원칙, 후단은 법률의 유보의 원칙을 규정하고 있다.

○ 판례 법률이 행정부에 속하지 않는 기관의 자치규범에 특정 규율 내용을 정하도록 위임하더라도 그 사항이 국민의 권리 의무에 관련되는 것일 경우에는 적어도 국민의 권리와 의무의 형성에 관한 사항을 비롯하여 국가의 통치조직과 작용에 관한 기본적이고 본질적인 사항은 반드시 국회가 정하여야 한다는 법률유보 내지 의회유보의 원칙이 지켜져야 한다(헌재 2022. 5. 26., 2021헌마619).

2. 법률의 우위의 원칙

법률의 우위의 원칙이란 경찰작용을 포함하여 모든 "행정작용은 법률에 위반되어서는 아니 된다"는 원칙을 말한다(행정기본법 제8조 전단). 바꾸어 말하면 "국가의 행정은 합헌적 절차에 따라 제정된 법률에 위반되어서는 아니 된다"는 것을 의미한다. 법률의 우위의 원칙으로 인해 대통령이나 장관은 법률에 위반되는 대통령령이나 부령을 만들 수 없고, 하급기관이나 공무원에게 법률에 위반되는 내용을 지시할 수도 없다. 또한 17세의 청소년에 대한 징병검사를 명하거나 혈중알코올 농도 0.02%의 음주운전자에 대한 운전면허취소처분(도로교통법령상으로는 혈중알코올 농도 0.08% 이상인 경우에 운전면허취소의 대상이 된다)과 같이 법률에 위반되는 처분을 국민들에게 할 수도 없다. 특별시장·광역시장·특별자치시장·도지사·특별자치도지사 그리고 시장·군수·구청장도 마찬가지로 법률의 우위의 원칙에 반할 수 없다. 법률의 우위의 원칙은 행정의 종류와 내용을 불문하고 적용되는 법원칙이다.

▷ **도로교통법 제44조(술에 취한 상태에서의 운전 금지)** ① 누구든지 술에 취한 상태에서 자동차등(「건설기계관리법」 제26조 제 1 항 단서에 따른 건설기계 외의 건설기계를 포함한다. 이하 이 조, 제45조, 제47조, 제50조의3, 제93조 제 1 항 제 1 호부터 제 4 호까지 및 제148조의2에서 같다), 노면전차 또는 자전거를 운전하여서는 아니 된다.
④ 제 1 항에 따라 운전이 금지되는 술에 취한 상태의 기준은 운전자의 혈중알코올농도가 0.03퍼센트 이상인 경우로 한다.

3. 법률의 유보의 원칙

법률의 유보의 원칙이란 경찰작용을 포함하여 모든 "행정작용은 … 국민의 권리를 제한하거나 의무를 부과하는 경우와 그 밖에 국민생활에 중요한 영향을 미치는 경우에는 법률에 근거하여야 한다"는 원칙을 말한다(행정기본법 제8조 후단). 법률의 유보의 원칙으로 인해 법률의 근거 없이 국민들에게 세금이나 범칙금을 부과할 수 없고, 청년들에게 입영을 명할 수도 없다. 특별시장·광역시장·특별자치시장·도지사·특별자치도지사 그리고 시장·군수·구청장도 마찬가지로 법률의 유보의 원칙에 반할 수 없다. 행정기본법상 법률의 우위의 원칙은 모든 행정에 적용되지만, 법률의 유보의 원칙은 국민의 권리를 제한하는 경우, 의무를 부과하는 경우, 그 밖에 국민생활에 중요한 영향을 미치는 경우에만 적용된다. 행정기본법상 법률유보의 원칙은 중요사항유보설(기본적인 규범 영역에서 중요한 결정은 입법자 스스로 법률로 정하여야 한다는 학설)을 따른 것이다.

◐ 판례 헌법은 법치주의를 그 기본원리의 하나로 하고 있고, 법치주의는 법률유보원칙, 즉 행정작용에는 국회가 제정한 형식적 법률의 근거가 요청된다는 원칙을 그 핵심적 내용으로 하고 있다. 나아가 오늘날의 법률유보원칙은 단순히 행정작용이 법률에 근거를 두기만 하면 충분한 것이 아니라, 국가공동체와 그 구성원에게 기본적이고도 중요한 의미를 갖는 영역, 특히 국민의 기본권 실현에 관련된 영역에 있어서는 행정에 맡길 것이 아니라 국민의 대표자인 입법자 스스로 그 본질적 사항에 대하여 결정하여야 한다는 요구, 즉 의회유보원칙까지 내포하는 것으로 이해되고 있다(헌재 2023. 2. 23., 2021헌마93).

[9] 평등의 원칙

▷ **행정기본법 제9조(평등의 원칙)** 행정청은 합리적 이유 없이 국민을 차별하여서는 아니 된다.

1. 의의

평등의 원칙이란 "행정청은 합리적 이유 없이 국민을 차별해서는 아니 된다"는 원칙을 말한다(행정기본법 제9조). 행정기본법상 평등의 원칙은 헌법 제11조가 규정하는 평등권·평등원칙이 행정의 영역에서 구체화된 것이다. 행정기본법 제9조의 반대해석상 합리적 이유 있는 차별은 허용된다. 상대적 평등(합리적 이유의 유무)의 판단기준으로 자의금지, 형평, 합리성 등이 활용되고 있다. 행정의 실제상 평등의 원칙은 종래 행정의 자기구속의 원칙의 방식으로 적용되어 왔다.

◐ 판례 [1] 헌법 제11조 제1항은 "모든 국민은 법 앞에 평등하다. 누구든지 성별·종교 또는 사회적 신분에 의하여 정치적·경제적·사회적·문화적 생활의 모든 영역에 있어서 차별을 받지 아니한다."라고 규정하고 있는데, 여기서 말하는 평등은 형식적 의미의 평등이 아니라 실질적 의미의 평등을 의미한다(대판 2024. 4. 4., 2022두56661).

[2] 헌법상 평등원칙은 본질적으로 같은 것을 자의적으로 다르게 취급함을 금지하는 것으로서, 일체의 차별적 대우를 부정하는 절대적 평등을 뜻하는 것이 아니라 입법을 하고 법을 적용할 때에 합리적인 근거가 없는 차별을 하여서는 아니 된다는 상대적 평등을 뜻한다(대판 2024. 7. 18., 2022두43528).

[3] 평등원칙은 본질적으로 동일한 집단 사이의 차별취급이 있을 때 문제되는 것이므로, 두개의 비교집단은 본질적으로 동일할 것이 요구된다. 두개의 비교집단이 본질적으로 동일한가의 판단은 일반적으로 당해 법규정의 의미와 목적에 달려 있다(헌재 2024. 5. 30., 2019헌가29).

[4] 평등원칙은 입법자에게 본질적으로 같은 것을 자의적으로 다르게, 본질적으로 다른 것을 자의적으로 같게 취급하는 것을 금하고 있다. 그러므로 비교의 대상을 이루는 두개의 사실관계 사이에 서로 상이한 취급을 정당화할 수 있을 정도의 차이가 없음에도 불구하고 두 사실관계를 서로 다르게 취급한다면 이것은 평등권을 침해하게 된다(헌재 2024. 2. 28., 2020헌마1587).

[5] 평등원칙은 입법자에게 본질적으로 같은 것을 자의적으로 다르게, 본질적으로 다른 것을 자의적으로 같게 취급하는 것을 금하고 있다. 그러므로 비교 대상을 이루는 두 개의 사실관계 사이에 서로 상이한 취급을 정당화할 수 있을 정도의 차이가 없음에도 불구하고 두 사실관계를 서로 다르게 취급한다면, 입법자는 이로써 평등권을 침해한 것으로 볼 수 있다. 그러나 서로 비교될 수 있는 두 사실관계가 모든 관점에서 완전히 동일한 것이 아니라 단지 일정 요소에 있어서만 동일한 경우에 비교되는 두 사실관계를 법적으로 동일한 것으로 볼 것인지 아니면 다른 것으로 볼 것인지를 판단하기 위하여 어떠한 요소가 결정적인 기준이 되는가가 문제된다. 두 개의 사실관계가 본질적으로 동일한가의 판단은 일반적으로 당해 법률조항의 의미와 목적에 달려 있다(헌재 2021. 7. 15., 2020헌바1).

2. 행정의 자기구속의 원칙

행정의 자기구속(自己拘束)의 원칙이란 경찰행정청을 포함하여 모든 행정청은 동일한 사안에 대하여는 동일한 결정을 하여야 한다는 원칙을 말한다. 예를 들어, 도로교통법 시행규칙에서 음주운전을 하다가 처음 적발되면 3개월 이하의 운전면허정지처분을 할 것을 규정한다고 가정하자. 2025. 5. 5. 음주운전을 하다 처음 적발된 A, B 등에게 1개월의 운전면허정지처분을 하였다면 2025. 5. 10. 음주운전을 하다 처음 적발된 C에게도 1개월의 운전면허정지처분을 하여야 한다. 행정의 자기구속의 원칙에 위반되는 행위는 위법한 것이 된다. 행정의 자기구속의 원칙은 평등원칙의 다른 표현으로 볼 수 있다.

[10] 비례의 원칙

▷ **행정기본법 제10조(비례의 원칙)** 행정작용은 다음 각 호의 원칙에 따라야 한다.
1. 행정목적을 달성하는 데 유효하고 적절할 것
2. 행정목적을 달성하는 데 필요한 최소한도에 그칠 것
3. 행정작용으로 인한 국민의 이익 침해가 그 행정작용이 의도하는 공익보다 크지 아니할 것

1. 의의

비례원칙이란 경찰행정작용을 포함하여 모든 "행정작용은 ① 행정목적을 달성하는 데 유효하고 적절하여야 하고, ② 행정목적을 달성하는 데 필요한 최소한도에 그쳐야 하고, ③ 행정작용으로 인한 국민의 이익 침해가 그 행정작용이 의도하는 공익보다 크지 아니하여야 한다."는 원칙을 말한다(행정기본법 제10조). 비례원칙은 "대포로 참새를 쏘아서는 아니 된다"는 법언으로 표현되기도 한다. 예컨대 대통령표창을 여러 번 수상한 모범 경찰공무원이 술취한 상태에서 뇌물로 2만원을 받은 것이 발각된 경우, 그 경찰공무원에게 파면처분을 한다면, 그러한 파면처분은 비례원칙에 어긋나는 것이 된다. 왜냐하면 그러한 경찰공무원의 경우에는 파면보다 경미한 징계인 감봉처분이나 견책처분만으로도 그 비행을 응징하고, 비행의 재발을 방지하고, 또한 다른 공무원에게 경종을 올리는데 충분하다고 판단되기 때문이다. 비례원칙에 반하는 행정작용은 위법한 것이 된다. 강학상 ①을 적합성의 원칙, ②를 필요성의 원칙(최소침해의 원칙), ③을 상당성의 원칙(협의의 비례원칙)이라 한다. ①·②·③을 합하여 광의의 비례원칙이라 부르기도 한다.

○ **판례** 비례의 원칙은 법치국가 원리에서 당연히 파생되는 헌법상의 기본원리로서, 모든 국가작용에 적용된다(대판 2024. 4. 4., 2022두56661).

2. 경찰관 직무집행법

비례의 원칙은 경찰관 직무집행법에도 명시되어 있다.

▷ **경찰관 직무집행법 제1조(목적)** ② 이 법에 규정된 경찰관의 직권은 그 직무 수행에 필요한 최소한도에서 행사되어야 하며 남용되어서는 아니 된다.

○ **판례** 경찰관 직무집행법」 제1조 제2항은 "이 법에 규정된 경찰관의 직권은 그 직무수행에 필요한 최소한도 내에서 행사되어야 하며 이를 남용하여서는 아니된다."라고 규정하여 경찰비례의 원칙을 명시적으로 선언하고 있다. 이는 경찰행정 영역에서의 헌법상 과잉금지원칙을 표현한 것으로서, 공공의 안녕과 질서유지라는 공익목적과 이를 실현하기 위하여 개인의 권리나 재산을 침해하는 수단 사이에는 합리적인 비례관계가 있어야 한다는 의미를 갖는다(대판 2022. 11. 30., 2016다26662).

[11] 성실의무 및 권한남용금지의 원칙

▷ **행정기본법 제11조(성실의무 및 권한남용금지의 원칙)** ① 행정청은 법령등에 따른 의무를 성실히

수행하여야 한다.

② 행정청은 행정권한을 남용하거나 그 권한의 범위를 넘어서는 아니 된다.

1. 성실의무의 원칙

성실의무의 원칙이란 경찰행정청을 포함하여 모든 "행정청은 법령등에 따른 의무를 성실히 수행하여야 한다"는 원칙을 말한다(행정기본법 제11조 제1항). 예를 들어, 민원인이 건축허가를 신청하면, 군수는 아무런 까닭 없이 허가절차를 지연시켜서는 아니 되고, 성의를 다하여 법령이 정하는 허가절차를 진행시켜야 한다. 행정청은 국민을 위해 존재하고, 행정청의 인적 구성요소인 공무원은 국민에 대한 봉사자인 까닭에 행정청은 자신의 양심과 인격을 바탕으로 성의를 다하여 법령이 정하는 대로 행정사무를 수행하여야 하는바, 여기에 성실의무의 원칙이 인정되는 이유가 있다.

2. 권한남용금지의 원칙

권한남용금지의 원칙이란 경찰행정청을 포함하여 모든 "행정청은 행정권한을 남용하거나 그 권한의 범위를 넘어서는 아니 된다."는 원칙을 말한다(행정기본법 제11조 제2항). 예를 들어, A가 필요한 요건을 모두 갖추어 건축허가를 신청하였음에도, B시장이 허가 시 민원이 야기될 우려가 있다고 하면서 허가를 거부하면, B시장은 자신에게 주어진 권한을 남용한 것이 된다, 이와 같이 행정청은 자신에게 부여된 권한을 그 권한이 부여된 목적에 어긋나게 행사하여서도 아니 되고 주어진 권한을 넘어서서 행사하여서도 아니 된다는 원칙을 권한남용금지의 원칙이라 한다.

[12] 신뢰보호의 원칙과 실권의 원칙

▷ **행정기본법 제12조(신뢰보호의 원칙)** ① 행정청은 공익 또는 제3자의 이익을 현저히 해칠 우려가 있는 경우를 제외하고는 행정에 대한 국민의 정당하고 합리적인 신뢰를 보호하여야 한다.

② 행정청은 권한 행사의 기회가 있음에도 불구하고 장기간 권한을 행사하지 아니하여 국민이 그 권한이 행사되지 아니할 것으로 믿을 만한 정당한 사유가 있는 경우에는 그 권한을 행사해서는 아니 된다. 다만, 공익 또는 제3자의 이익을 현저히 해칠 우려가 있는 경우는 예외로 한다.

1. 신뢰보호의 원칙

신뢰보호의 원칙이란 경찰행정청을 포함하여 모든 "행정청은 공익 또는 제3자의 이익을 현저히 해칠 우려가 있는 경우를 제외하고는 행정에 대한 국민의 정당하고 합리적인 신뢰를 보호하여야 한다."는 원칙을 말한다(행정기본법 제12조 제1항). 신뢰보호의 원칙은 국민들의 안정된 법생활을 위해 인정되는 법 원칙이다.

◦판례 시의 도시계획과장과 도시계획국장이 도시계획사업의 준공과 동시에 사업부지에 편입한 토지에 대한 완충녹지 지정을 해제함과 아울러 당초의 토지소유자들에게 환매하겠다는 약속을 했음에도, 이를 믿고 토지를 협의매매한 토지소유자의 완충녹지지정해제신청을 거부한 것은, 행정상 신뢰보호의 원칙을 위반하거나 재량권을 일탈·남용한 위법한 처분이다(대판 2008. 10. 9., 2008두6127).

◦판례 신뢰보호원칙은 헌법상 법치국가원리로부터 파생된 원칙이다. 이는 법률을 제정하거나 개정할 때 기존의 법질서에 대한 당사자의 신뢰가 합리적이고 정당한 반면, 법률의 제정이나 개정으로 야기되는 당사자의 손해가 극심하여 새로운 입법으로 달성하고자 하는 공익적 목적이 그러한 당사자의 신뢰가 파괴되는 것을 정당화할 수 없는 경우에 그러한 입법은 허용될 수 없다는 원칙을 말한다. 신뢰보호원칙의 위반 여부를 판단하기 위해서는 신뢰이익의 보호가치, 신뢰이익 침해의 정도, 신뢰의 손상 정도, 신뢰침해의 방법 등과 다른 한편으로는 새로운 입법을 통하여 실현하고자 하는 공익적 목적을 종합적으로 비교·형량하여야 한다(헌재 2024. 8. 29., 2023헌바73).

2. 실권의 원칙

실권의 원칙이란 경찰행정청을 포함하여 모든 "행정청은 권한 행사의 기회가 있음에도 불구하고 장기간 권한을 행사하지 아니하여 국민이 그 권한이 행사되지 아니할 것으로 믿을 만한 정당한 사유가 있는 경우에는 그 권한을 행사해서는 아니 된다."는 원칙을 말한다(행정기본법 제12조 제2항 본문). 그러나 "공익 또는 제3자의 이익을 현저히 해칠 우려가 있는 경우"에는 실권의 원칙이 인정되지 아니한다(행정기본법 제12조 제2항 단서). 예를 들어, A가 운전면허 정지처분의 사유가 되는 도로교통법 위반행위를 범하였고, 경찰관이 이를 단속하였음에도 불구하고 관할 지방경찰청장이 아무런 조치를 취하지 아니하다가 5년이 지나가는 시점에 와서 운전면허취소처분을 한다면, 그러한 처분은 실권의 원칙에 반하는 것이 된다. 왜냐하면 도로교통법 위반행위가 있은 지 5년 동안 관할 지방경찰청장이 아무런 조치도 취하지 아니하였다면, A는 관할 지방경찰청장이 아무런 조치를 취하지 아니한다는 믿음을 가지게 되었고, A는 그러한 믿음을 바탕으로 자신의 생활을 영위한다고 볼 것이고, 그러한 믿음을 바탕으로 한 A의 평화로운 생활은 보호되어야 하기 때문이다. 실권의 원칙은 신뢰보호의 원칙의 한 형태로 볼 수 있다.

[13] 부당결부금지의 원칙

▷ **행정기본법 제13조(부당결부금지의 원칙)** 행정청은 행정작용을 할 때 상대방에게 해당 행정작용과 실질적인 관련이 없는 의무를 부과해서는 아니 된다.

부당결부금지의 원칙이란 경찰행정청을 포함하여 모든 "행정청은 행정작용을 할 때 상대방에게 해당 행정작용과 실질적인 관련이 없는 의무를 부과해서는 아니 된다."는 원칙을 말한다(행정기본법 제13조). 달리 말하면, 행정청이 사인에게 처분을 하면서 그 사인에게 처분의 대가(對價)를 부담하도록 하는 경우, 그 처분과 사인이 부담하는 대가(반대급부)는 부당한 내적인 관련을 가져서는 아니 되고 또한 부당하게 상호결부 되어서도 아니 된다는 원칙을 말한다. 예를 들어 A지방경찰청장이 B에게 운전면허처분을 하면서 아무런 법적 근거도 없이 A지방경찰청에 일정 금액을 기부하라(대가)는 조건을 붙인다면, 그러한 조건은 부당결부금지의 원칙에 어긋난다. 왜냐하면 운전면허와 아무런 관련이 없을 뿐만 아니라, 법적 근거가 없음에도 불구하고 A지방경찰청장이 일방적으로 일정 금액을 기부하도록 하는 것이 가능하다면, B의 사유재산의 보호는 불가능해지기 때문이다.

제3절 경찰행정법관계

✦제1항 경찰행정법관계 일반론

[14] 경찰행정법관계의 의의와 당사자

1. 경찰행정법령 집행의 유형

경찰행정청은 공적 안전과 공적 질서의 유지를 위해 경찰법령을 집행한다. 경찰법령의 집행에는 국민을 상대로 ① 권리·의무를 발생시키는 경우(예: 도로교통법에 따라 제한속도를 위반한 운전자에게 범칙금납부를 통고한 경우)도 있고, ② 권리·의무의 발생과 무관한 경우(예: 경찰관 직무집행법에 따라 경찰관이 스스로 도로상에 흩어져 있는 위험한 물건을 수거하는 행위)도 있다. ①의 경우에는 경찰행정청(국가)과 해당 국민 사이에는 권리·의무관계, 즉 법률관계가 존재하게 되며, 이러한 법관계를 경찰행정상 법관계라 부른다.

2. 경찰행정상 법관계의 종류

경찰행정상 법관계에는 ① 공법에 근거를 둔 법관계(예: 도로교통법에 따라 운전면허정지처분을 한 경우에 나타나는 법관계)와 ② 사법에 근거를 둔 법관계(예: 경찰서 청사 청소용역계약에 따라 나타나는 법관계)가 있다. ①의 관계를 경찰행정상 공법관계, ②의 관계를 경찰행정상 사법관계라 한다. 사법관계는 국고관계라고도 한다. 경찰행정법은 ①의 관계를 중심적인 연구대상으로 한다.

3. 경찰행정법관계의 의의

경찰행정상 공법관계를 경찰행정법관계라 한다. 예를 들어, 지방경찰청장이 乙의 운전면허를 취소하면, 乙은 운전을 하지 말아야 할 의무와 지방경찰청장에게는 만약 乙이 운전을 하는 경우에는 제재를 가할 수 있는 권리(권한)를 내용으로 하는 경찰행정법관계가 존재한다. 경찰서장이 甲에게 주차위반 차량의 이동·보관·공고·매각 또는 폐차 등에 들어간 비용의 납부를 명하면, 경찰서장(국가)과 甲 사이에는 경찰서장(국가)의 경찰비용징수권과 甲의 경찰비용 납부의무를 내용으로 하는 경찰행정법관계가 존재한다.

4. 경찰행정법관계의 당사자

(1) 경찰행정의 주체　　① 운전면허나 총포판매업허가를 내주는 등 경찰행정을 하는 국가를 경찰행정의 주체라 한다. 논리상으로는 국가가 경찰행정의 주체이지만, 실제상으로는 정부조직법이나 개별 법률에 의거하여 지방경찰청장이나 경찰서장 등에 의해 경찰행정이 이루어지고 있다. 여기서 경찰행정을 행하는 지방경찰청장이나 경찰서장 등을 경찰행정청이라 한다(이에 관해 [22]3, [23]1을 보라). ② 경우에 따라서는 사인이 법률이나 법률에 근거한 행위로 공적인 임무를 자기의 이름으로 수행하기도 한다. 이를 공무수탁사인이라 한다(이에 관해 [31]을 보라).

(2) 경찰행정의 상대방(객체)

(가) 의의　　경찰행정청으로부터 운전면허를 받거나, 총포판매업허가를 받는 사인을 행정의 상대방 또는 행정의 객체라 한다. 경찰행정의 상대방인 사인에는 자연인과 법인이 있다. 운전면허를 받는 청년은 자연인으로서 경찰행정의 상대방이 되고, 교통에 방해가 되는 물건의 제거를 통지받는 법인인 주식회사는 법인으로서 경찰행정의 상대방이 된다. 시위를 벌이는 군중들에게 해산명령을 하는 경우에는 여러 명의 자연인이 동시에 경찰행정의 상대방이 된다.

(나) 자격의 제한　　상대방이 허가 등을 받지 못하도록 하는 것은 기본권 제한에 해당하는바, 그러한 사유(결격사유)는 헌법 제37조 제2항에 근거하여 법률로 정하여야 한다. 이에 따라 행정기본법은 결격사유에 관한 규정을 두고 있다.

▷**행정기본법제16조(결격사유)** ① 자격이나 신분 등을 취득 또는 부여할 수 없거나 인가, 허가, 지정, 승인, 영업등록, 신고 수리 등(이하 "인허가"라 한다)을 필요로 하는 영업 또는 사업 등을 할 수 없는 사유(이하 이 조에서 "결격사유"라 한다)는 법률로 정한다.
② 결격사유를 규정할 때에는 다음 각 호의 기준에 따른다.

1. 규정의 필요성이 분명할 것
2. 필요한 항목만 최소한으로 규정할 것
3. 대상이 되는 자격, 신분, 영업 또는 사업 등과 실질적인 관련이 있을 것
4. 유사한 다른 제도와 균형을 이룰 것

[15] 경찰행정법관계의 종류

1. 권력관계 · 비권력관계

경찰행정법관계는 공법관계이다. 경찰행정법관계에는 권력관계와 비권력관계가 있다. 권력관계란 경찰서장의 법칙금납부고지서 발부로 인한 범칙금납부관계와 같이 경찰행정청이 우월한 지위에서 일방적으로 형성해내는 경찰행정법관계를 말한다. 도로상에서 녹색 신호등이 켜져 있음에도 불구하고 교통경찰관이 교통혼잡을 정리하기 위하여 운전자에게 정지를 명하면 운전자는 정지하여야 하는 도로교통관계도 권력관계이다. 비권력관계는 A경찰서장이 교통관련 전문학술단체와 「관할구역 내의 상습 교통정체구역 해소를 위한 방안의 연구」를 내용으로 하는 연구용역계약을 채결하는 경우에 나타나는 연구용역계약관계와 같이 강제를 수반하지 아니하는 경찰행정법관계를 말한다.

2. 특별권력관계

(1) 특별권력관계의 의의   종래에는 당사자의 신청에 의하여 공무원이 되면, 임명권자는 개별적인 법률의 근거가 없다고 하여도 소속 공무원에 대하여 포괄적인 명령권과 강제권을 갖고, 공무원의 기본권을 제한할 수 있으며, 기본권을 제한하는 행위는 사법심사의 대상이 되지도 않는다고 하였고, 이러한 관계를 특별권력관계라 불렀다.

[예] 과거에 경찰청장이 경찰공무원들에게 법률의 근거 없이 일정한 지역에 거주할 것을 명령한다면, 경찰공무원은 경찰청장의 명령을 따라야 하고, 그러한 경찰청장의 명령이 경찰공무원의 거주이전의 자유라는 기본권을 침해할지라도 경찰공무원은 법원에서 소송으로 다툴 수 없다고 하였다. 국가와 경찰공무원의 이러한 관계를 특별권력관계라 불렀다. 국공립학교와 학생의 관계, 교도소장과 재소자의 관계도 특별권력관계에 해당하였다. 이에 반해 국가와 국민 사이의 관계를 일반권력관계라 불렀다.

(2) 특별권력관계의 특징   일반권력관계는 법률에 의한 행정이 이루어지고, 기본권이 보장되는 관계이지만, 특별권력관계는 법률에 의한 행정이 아니

라 임명권자의 자의에 의한 행정이 이루어지고, 기본권이 보장되지 아니하는 관계였다. 공무원의 지휘는 법률이 아니라 임명권자의 판단에 따르게 하는 것이 보다 합리적이라는 사고를 바탕으로 하였다.

  (3) 특별권력관계의 부인   인권이 보장되고 법치주의가 전면적으로 시행되는 오늘날에는 특별권력관계를 인정할 수 없다. 경찰공무원 등 공무원도 인간으로서의 존엄과 가치를 가진 인격체이므로 법률의 근거 없이 그들의 기본권을 제한할 수 없다. 만약 법률의 근거 없이 특별권력관계라는 논리를 근거로 경찰공무원의 기본권을 침해한다면, 그러한 침해는 당연히 법원에서 구제받을 수 있다.

✦제2항 경찰행정법관계의 발생과 소멸

[16] 경찰행정법관계의 발생원인

  경찰행정법관계의 발생원인은 다양하다. 대체적으로 말하면, 행정법관계는 ① 행정주체의 의사작용에 기한 공법행위, ② 사인의 의사작용에 기한 공법행위, 그리고 ③ 일정한 사실에 의해 발생한다. 설명의 편의상 ①과 ③에 관해 먼저 보고, 이어서 ②에 관해 보기로 한다.

1. 행정주체의 의사작용
  행정주체의 의사작용에 기한 공법행위 예로 대통령이 도로교통법 시행령을 만들면 국민이 도로교통법 시행령을 따라야 하는 법률관계가 발생하고, 경찰서장이 범칙금납부를 통보하면 사인은 범칙금을 납부하여야 하는 법률관계가 발생하는 경우를 볼 수 있다.

2. 일정한 사실
  (1) 의의   일정한 사실에 의해 공법관계가 발생하는 경우의 예로 시효제도를 볼 수 있다. 시효제도란 일정한 사실관계가 일정한 기간 계속되면, 그 사실관계가 진실에 부합하는가의 여부와 관계없이 그 사실관계를 진실한 법

률관계로 인정하는 제도를 말한다. 시효제도에는 권리가 소멸되는 소멸시효 (질서위반행위규제법 제15조 등)와 권리를 취득하는 취득시효(국유재산법 제7조 등) 가 있다.

▷ **질서위반행위규제법 제15조(과태료의 시효)** ① 과태료는 행정청의 과태료 부과처분이나 법원의 과태료 재판이 확정된 후 5년간 징수하지 아니하거나 집행하지 아니하면 시효로 인하여 소멸한다.
▷ **국유재산법 제7조(국유재산의 보호)** ② 행정재산은 「민법」 제245조에도 불구하고 시효취득(時效取得)의 대상이 되지 아니한다.

(2) 기간의 계산방법　　행정기본법은 기간의 계산방법에 관한 일반적 규정을 두고 있다.

▷ **행정기본법 제6조(행정에 관한 기간의 계산)** ① 행정에 관한 기간의 계산에 관하여는 이 법 또는 다른 법령등에 특별한 규정이 있는 경우를 제외하고는 「민법」을 준용한다.
② 법령등 또는 처분에서 국민의 권익을 제한하거나 의무를 부과하는 경우 권익이 제한되거나 의무가 지속되는 기간의 계산은 다음 각 호의 기준에 따른다. 다만, 다음 각 호의 기준에 따르는 것이 국민에게 불리한 경우에는 그러하지 아니하다.
1. 기간을 일, 주, 월 또는 연으로 정한 경우에는 기간의 첫날을 산입한다.
2. 기간의 말일이 토요일 또는 공휴일인 경우에도 기간은 그 날로 만료한다.
제7조의2(행정에 관한 나이의 계산 및 표시) 행정에 관한 나이는 다른 법령등에 특별한 규정이 있는 경우를 제외하고는 출생일을 산입하여 만(滿) 나이로 계산하고, 연수(年數)로 표시한다. 다만, 1세에 이르지 아니한 경우에는 월수(月數)로 표시할 수 있다.

3. 사인의 공법행위

(1) 의의　　대통령선거·국회회의원 선거에서의 투표, 이사갈 때 하는 전입신고와 같이 사인이 공법적 효과의 발생을 목적으로 하는 의사표시를 사인의 공법행위라 한다.

▷ **공직선거법 제146조(선거방법)** ① 선거는 기표방법에 의한 투표로 한다
▷ **주민등록법 제16조(거주지의 이동)** ① 하나의 세대에 속하는 자의 전원 또는 그 일부가 거주지를 이동하면 제11조나 제12조에 따른 신고의무자가 신거주지에 전입한 날부터 14일 이내에 신거주지의 시장·군수 또는 구청장에게 전입신고(轉入申告)를 하여야 한다.

(2) 종류　　사인의 공법행위에는 ① 사인의 행위만으로 법적 효과가 완성되는 경우와 ② 사인의 행위(예: 잡지 등 정기간행물의 진흥에 관한 법률에 따른 정기간행물의 등록 신청, 도로교통법상 운전면허의 신청)는 다만 경찰행정청의 행위의 전제요건이 될 뿐이고, 경찰행정청의 행위(예: 정기간행물의 등록처분, 운전면허의

발급)에 의해 법적 효과가 완성되는 경우가 있다.

(3) 일반법　　사인의 공법행위에 전반에 관한 일반법은 없다. 다만 행정기본법·행정절차법 등에서 사인의 공법행위에 관하여 몇몇 규정이 나타난다. 개별 규정이 없는 사항에 관해서는 학설과 판례가 정하는 바에 의할 수밖에 없다.

(4) 사인의 공법행위로서 신고

(가) 의의　　① 사인의 공법행위로서 신고란 "사인이 공법적 효과의 발생을 목적으로 행정주체에 대하여 일정한 사실을 알리는 행위"를 말한다. 일반인의 화재발생신고나 산사태발생신고와 같이 일정한 사실을 알리지만 아무런 법적 효과를 가져 오지 아니하는 행위는 사실로서의 신고일 뿐, 사인의 공법행위로서 신고에 해당하지 아니한다. ② 사인의 공법행위로서 신고에는 수리를 요하지 않는 신고와 수리를 요하는 신고가 있다. 양자의 구분은 행정기본법 제34조가 정하는 바에 의한다.

▷ **행정기본법 제34조(수리 여부에 따른 신고의 효력)** ① 법령등으로 정하는 바에 따라 행정청에 일정한 사항을 통지하여야 하는 신고로서 법률에 신고의 수리가 필요하다고 명시되어 있는 경우(행정기관의 내부 업무 처리 절차로서 수리를 규정한 경우는 제외한다)에는 행정청이 수리하여야 효력이 발생한다.

(나) 수리를 요하지 않는 신고

(a) 의의　　수리를 요하지 않는 신고는 신고요건을 갖추고서 접수기관에 도달하면 효력이 발생하는 신고를 말한다(예: 도로교통법상 사고발생 시의 조치로서 신고, 체육시설의 설치·이용에 관한 법률상 골프연습장업 신고, 가족관계의 등록 등에 관한 법률상 혼인신고).

▷ **도로교통법 제54조(사고발생 시의 조치)** ② 제1항의 경우 그 차의 운전자등은 경찰공무원이 현장에 있을 때에는 그 경찰공무원에게, 경찰공무원이 현장에 없을 때에는 가장 가까운 국가경찰관서(지구대, 파출소 및 출장소를 포함한다. 이하 같다)에 다음 각 호의 사항을 지체 없이 신고하여야 한다. ….
1. 사고가 일어난 곳 (제2호 이하 생략)
제154조(벌칙) 다음 각 호의 어느 하나에 해당하는 사람은 30만원 이하의 벌금이나 구류에 처한다.
4. 제54조 제2항에 따른 사고발생 시 조치상황 등의 신고를 하지 아니한 사람

(b) 효력발생시기　　혼인신고나 수영장업 신고 등은 신고요건을 갖추고서 접수기관에 도달하면 신고의 효력이 발생한다(행정절차법 제40조 제2항). 신고

가 접수기관에 도달한 이상, 신고필증을 교부받지 못했다고 하여도 혼인은 성립하며, 신고업인 수영장업을 경영할 수 있다. 물론 혼인의 신고는 가족관계의 등록 등에 관한 법률, 수영장업의 신고는 체육시설의 설치·이용에 관한 법률이 규정한 모든 요건을 구비한 적법한 신고이어야 한다.

▷**행정절차법 제40조(신고)** ② 제1항에 따른 신고가 다음 각 호의 요건을 갖춘 경우에는 신고서가 접수기관에 도달된 때에 신고 의무가 이행된 것으로 본다.
1. 신고서의 기재사항에 흠이 없을 것
2. 필요한 구비서류가 첨부되어 있을 것
3. 그 밖에 법령등에 규정된 형식상의 요건에 적합할 것
③ 행정청은 제2항 각 호의 요건을 갖추지 못한 신고서가 제출된 경우에는 지체 없이 상당한 기간을 정하여 신고인에게 보완을 요구하여야 한다.
④ 행정청은 신고인이 제3항에 따른 기간 내에 보완을 하지 아니하였을 때에는 그 이유를 구체적으로 밝혀 해당 신고서를 되돌려 보내야 한다.

(c) **부적법한 신고**　　만약 행정절차법 제40조 제2항 및 가족관계의 등록 등에 관한 법률이 규정한 모든 요건을 구비한 신고가 아니라면 부적법한 신고로서 혼인은 성립하지 아니한다. 만약 행정절차법 제40조 제2항 및 체육시설의 설치·이용에 관한 법률이 규정한 모든 요건을 구비한 신고가 아니라면 부적법한 신고이고, 신고자는 수영장업을 경영할 수 없다.

(다) **수리를 요하는 신고**

(a) **의의**　　수리를 요하는 신고는 신고요건을 갖추고서 접수기관에 도달한 후 행정청이 이를 수리하면 효력이 발생하는 신고를 말한다(예: 도로교통법상 어린이통학버스의 신고).

▷**도로교통법 제52조(어린이통학버스의 신고 등)** ① 어린이통학버스(「여객자동차 운수사업법」 제4조제3항에 따른 한정면허를 받아 어린이를 여객대상으로 하여 운행되는 운송사업용 자동차는 제외한다)를 운영하려는 자는 행정안전부령으로 정하는 바에 따라 미리 관할 경찰서장에게 신고하고 신고증명서를 발급받아야 한다.

(b) **효력발생시기**　　수리를 요하는 신고는 신고에 대한 수리가 있어야만 신고의 효과가 발생한다. 신고(등록신청)만으로는 체육시설의 설치·이용에 관한 법률상 골프장업을 적법하게 경영할 수 없고, 신고(등록신청)에 대한 수리가 있어야만 골프장업을 경영할 수 있다. 수리하기 전에 영업한다면, 그것은 불법영업이 된다.

(c) **부적법한 신고**　　등록요건에 미비가 있다고 하여도 수리가 되었다면 적법하게 영업을 할 수 있다. 왜냐하면 수리라는 절차를 통해 행정청의 심사를 받았고, 사인은 행정청의 심사를 신뢰할 수밖에 없기 때문이다. 물론 행정청은 신고요건(등록요건)의 미비를 이유로 신고수리(등록)를 취소할 수 있다.

[17] 경찰행정법관계의 소멸원인

경찰행정법관계의 소멸원인은 다양하다. ① 범칙금을 납부하면, 범칙금부과처분에 따른 범칙금납부관계가 소멸하는 것처럼 급부를 내용으로 하는 법률관계는 급부의 이행에 의해 행정법관계는 종료한다. ② 2025년 2월 1일부터 2030년 1월 31일까지 A영업허가를 하는 경우, 2030년 1월 31일이 경과하면 A영업허가에 따른 법률관계는 종료하는 것처럼 기간의 경과도 행정법관계의 소멸사유이다. ③ 화재로 인하여 건축물이 다 타버리면 건축허가의 효력이 소멸하는 것처럼 대상의 소멸도 행정법관계의 소멸사유가 되고, 사망하면 운전면허의 효력이 소멸하는 것처럼 사람의 사망도 행정법관계의 소멸사유가 된다. ④ 소멸시효가 완성하는 것도 행정법관계의 소멸사유이다.

✦제3항 경찰행정법관계의 내용

경찰행정법관계의 내용이란 국가와 사인이 경찰행정법상 가지는 권리와 의무를 말한다. 국가나 지방자치단체가 사인에 대하여 갖는 공권을 국가적 공권이라 하고, 사인이 국가나 지방자치단체에 대하여 갖는 공권을 개인적 공권이라 부른다. 한편, 국가나 지방자치단체가 사인에 대하여 부담하는 공의무를 국가적 공의무라 하고, 사인이 국가나 지방자치단체에 대하여 부담하는 공의무를 개인적 공의무라 부른다.

[18] 국가적 공권

1. 의의

국가나 지방자치단체는 법령이 정하는 바에 따라 국민이나 주민에게 과태료부과처분을 할 수 있는 권리를 가질 뿐만 아니라, 현실적으로 국민이나 주민에게 과태료부과처분을 하면, 국가나 지방자치단체는 국민이나 주민에 대하여 과태료를 징수할 수 있는 권리를 갖게 되는데, 이와 같이 행정법관계에서 국가 등 행정주체가 사인에 대해 갖는 권리를 국가적 공권이라 한다.

2. 권력과 권리

국가적 공권은 권리인가 아니면 권력인가의 문제가 있다. 행정주체와 사인 간에서 행정주체가 갖는 국가적 공권은 모두 법령에 근거를 둔 법관계의 내용이므로, 국가적 공권은 모두 권리의 성질을 갖는다. 다만 주차위반차량 이동명령(도로교통법 제35조 제1항)과 같이 국가적 공권 중에는 국가나 지방자치단체가 일방적으로 그 내용을 정하고 또한 사인이 의무를 불이행하면 국가나 지방자치단체가 법원의 도움 없이 스스로 강제할 수 있는 경우(도로교통법 제35조 제2항)에는 권력적 성질을 갖는다고 말할 수 있다. 따라서 권리는 법관계에 관련된 개념이고, 권력은 국가적 공권의 성질과 관련된 개념으로 볼 수 있다.

▷ **도로교통법 제35조(주차위반에 대한 조치)** ① 다음 각 호의 어느 하나에 해당하는 사람은 제32조·제33조 또는 제34조를 위반하여 주차하고 있는 차가 교통에 위험을 일으키게 하거나 방해될 우려가 있을 때에는 차의 운전자 또는 관리 책임이 있는 사람에게 주차 방법을 변경하거나 그 곳으로부터 이동할 것을 명할 수 있다.
1. 경찰공무원
2. 시장등(도지사를 포함한다. 이하 이 조에서 같다)이 대통령령으로 정하는 바에 따라 임명하는 공무원(이하 "시·군공무원"이라 한다)
② 경찰서장이나 시장등은 제1항의 경우 차의 운전자나 관리 책임이 있는 사람이 현장에 없을 때에는 도로에서 일어나는 위험을 방지하고 교통의 안전과 원활한 소통을 확보하기 위하여 필요한 범위에서 그 차의 주차방법을 직접 변경하거나 변경에 필요한 조치를 할 수 있으며, 부득이한 경우에는 관할 경찰서나 경찰서장 또는 시장등이 지정하는 곳으로 이동하게 할 수 있다.

[19] 개인적 공권

1. 개인적 공권의 의의

(1) 개념　　사인이 자기의 이익을 추구하기 위하여 국가 등 행정주체에 대하여 일정한 행위를 요구할 수 있는 법적인 힘을 개인적 공권이라 한다. 예를 들어, 공공기관의 정보공개에 관한 법률 제5조 제1항이 사인의 정보공개 청구권을 보장하고 있으므로, 甲이 서울지방경찰청장에게 최근 3년간 자신의 도로교통법 위반사항에 관한 자료의 공개를 청구하면, 서울지방경찰청장은 공공기관의 정보공개에 관한 법률에서 정한 거부사유가 없는 한 반드시 甲에게 그 정보를 공개하여야 한다.

▷**공공기관의 정보공개에 관한 법률 제5조(정보공개 청구권자)** ① 모든 국민은 정보의 공개를 청구할 권리를 가진다.
제9조(비공개 대상 정보) ① 공공기관이 보유·관리하는 정보는 공개 대상이 된다. 다만, 다음 각 호의 어느 하나에 해당하는 정보는 공개하지 아니할 수 있다.
4. 진행 중인 재판에 관련된 정보와 범죄의 예방, 수사, 공소의 제기 및 유지, 형의 집행, 교정(矯正), 보안처분에 관한 사항으로서 공개될 경우 그 직무수행을 현저히 곤란하게 하거나 형사피고인의 공정한 재판을 받을 권리를 침해한다고 인정할 만한 상당한 이유가 있는 정보

(2) 법률상 이익　　법률에서 권리라는 용어는 나타나지만, 개인적 공권이라는 용어는 찾아보기 어렵다. 개별 법률에서는 개인적 공권이라는 용어 대신에 법률상 이익이라는 용어를 사용하는 경우가 나타난다(행정소송법 제12조, 행정심판법 제13조). 과거의 일반적 견해는 개인적 공권과 법률상 이익을 다른 개념으로 보았으나, 오늘날의 일반적 견해는 양자를 같은 개념으로 이해하고 있다. 이 책에서는 개인적 공권, 법률상 이익, 법률상 보호이익, 그리고 법률상 보호되는 이익을 모두 같은 의미로 사용한다.

▷**행정소송법 제12조(원고적격)** 취소소송은 처분등의 취소를 구할 법률상 이익이 있는 자가 제기할 수 있다. 처분등의 효과가 기간의 경과, 처분등의 집행 그 밖의 사유로 인하여 소멸된 뒤에도 그 처분등의 취소로 인하여 회복되는 법률상 이익이 있는 자의 경우에는 또한 같다.
▷**행정심판법 제13조(청구인 적격)** ① 취소심판은 처분의 취소 또는 변경을 구할 법률상 이익이 있는 자가 청구할 수 있다. 처분의 효과가 기간의 경과, 처분의 집행, 그 밖의 사유로 소멸된 뒤에도 그 처분의 취소로 회복되는 법률상 이익이 있는 자의 경우에도 또한 같다.
② 무효등확인심판은 처분의 효력 유무 또는 존재 여부의 확인을 구할 법률상 이익이 있는 자가 청구할 수 있다.
③ 의무이행심판은 처분을 신청한 자로서 행정청의 거부처분 또는 부작위에 대하여 일정한 처분을 구

할 법률상 이익이 있는 자가 청구할 수 있다.

(3) 반사적 이익　　　개인적 공권과 구별하여야 할 개념으로 반사적 이익이 있다. 반사적 이익은 법이 보호하는 이익이 아니다. 예를 들어, 경찰이 야간에 여성들이 안심하고 귀가할 수 있도록 하기 위해 「여성안심귀가 지킴이」제도를 도입한다면, 여성들은 생활상 이익을 얻는다. 그런데 만약 경찰이 「여성안심귀가 지킴이」제도를 폐지한다면, 여성들은 그 폐지의 철회를 요구할 수 있는 권리를 갖지 못한다. 왜냐하면 「여성안심귀가 지킴이」제도는 공공의 이익을 위한 것이지, 여성 개개인의 이익을 위한 것은 아니기 때문이다. 여기서 「여성안심귀가 지킴이」제도의 도입으로 여성들이 누리는 이익은 반사적 이익에 해당한다. 만약 도로교통법 등을 개정하여 여성 개개인의 보호를 위한다는 취지로 「여성안심귀가 지킴이」제도를 두도록 규정한다면, 그 이익은 법률상 이익일 수 있다.

2. 개인적 공권의 성립 유형

(1) 헌법에 의한 개인적 공권　　　헌법상 기본권이라 일컬어지는 모든 권리가 구체성을 띠는 개인적 공권이라고 말할 수는 없다. 헌법상 기본권에는 구체성을 갖는 개인적 공권도 있고(예: 알 권리, 접견권), 추상성을 갖기 때문에 구체성을 띠는 개인적 공권이라 할 수 없는 기본권(예: 인간다운 생활을 할 권리)도 있다.

(2) 법률에 의한 개인적 공권 — 명시적 규정에 의한 인정　　　헌법은 선언적·강령적·정책적·추상적 성질을 갖기 때문에 법률로써 구체화가 이루어진다. 따라서 개인적 공권의 성립 내지 인정여부는 기본적으로 법률에 의해 이루어진다. 그러나 법률에서 개인적 공권이 인정되는 방식은 다양하다. 공공기관의 정보공개에 관한 법률 제5조 제1항이 "모든 국민은 정보의 공개를 청구할 권리를 가진다"고 규정하는 것과 같이 개별 법률 자체가 권리가 있다고 규정하면, 그 법률 조항에 의해 당연히 개인적 공권은 성립한다. 개별 법률에서 권리가 있다고 명시적으로 규정하지 않는 경우, 개인적 공권이 인정되는가의 여부는 관련 법률의 해석 문제가 된다.

(3) 법률에 의한 개인적 공권 — 해석에 의한 인정　　　일반적으로 말해 ① 법률이 국가나 지방자치단체에 대하여 행위의무를 부과하고 있고, 아울러 ② 오로지 공익실현만을 목적으로 하는 것이 아니라 적어도 사익보호, 즉 개인의 이익보

호도 목적으로 하고 있다면, 개인적 공권이 성립한다.

[예] 甲이 자동차를 운전하려고 도로교통법이 정하는 요건을 모두 갖추어 운전면허를 신청하였음에도 서울지방경찰청장이 운전면허를 거부하였다면 서울지방경찰청장은 甲의 운전의 자유라는 개인적 공권을 침해한 것이 된다. 왜냐하면 ① 도로교통법상 서울지방경찰청장은 운전면허의 신청에 대하여 처분(면허)이라는 행위의무를 부담하고 있을 뿐만 아니라 ② 도로교통법상 운전면허제는 오로지 공익을 위한 제도로만 볼 것은 아니고, 오히려 공익을 도모함과 동시에 법령이 정하는 요건을 구비하여 운전을 하고자 하는 사인의 행동·이동의 자유를 보호하는 것도 목적으로 한다고 볼 것이기 때문이다.

한편, 법령상 사익보호의 목적이 있는가의 여부를 판단하는 기준으로 일반적 견해는「처분의 근거되는 법률의 규정과 취지 외에 관련 법률의 규정과 취지, 그리고 기본권규정도 고려하여야 한다」는 입장을 취한다. 판례의 견해도 유사하다.

(4) 공법상 계약·관습법에 의한 개인적 공권　　경찰청장과 도로교통 전문 연구단체 사이에「교통체계혁신을 위한 연구·용역계약(실무상 사법상 계약으로 처리되고 있다)」이 체결되면, 그 연구단체는 연구비지급청구권을 갖게 되는 것과 같이 개인적 공권은 공법상 계약에 의해서도 성립될 수 있다. 또한 개인적 공권은 관습법에 의해 인정될 수도 있다. 조상 대대로 낙동강의 강물을 끌어다가 농사를 지어온 농민은 관습법에 의해「공물인 낙동강의 강물을 농사를 위해 사용할 수 있는 개인적 공권」을 갖는다. 국가나 지방자치단체가 임의로 그 농민이 사용하는 물줄기를 임의로 끊으면, 그것은 농민의 개인적 공권인 수리권(용수권)을 침해하는 것이 된다.

3. 제3자의 법률상 이익

개인의 권리의식의 강화, 사인 사이의 이익충돌현상의 증대 등과 더불어 처분의 상대방이 아닌 제3자에도 처분의 상대방과 관련하여 행정청에 일정한 행위를 청구할 수 있는 개인적 공권을 갖는 경우가 증대하고 있다. 제3자의 개인적 공권은 경쟁자관계, 경원자관계, 그리고 이웃관계에서 나타나고 있다.

✚ 경쟁자소송(경쟁자들의 관계에서 나타나는 소송)
경쟁관계에 있는 자들 사이에서 특정인(아래의 A운수회사)에게 주어지는 수익적 행위(10대의 증차)가 제3자(아래의 B운수회사)에게 법률상 불이익을 초래하는 경우에 그 제3자가 자기의 법률상 이익의 침해를 다투는 소송을 경쟁자소송이라 한다.
[예] A운수회사와 B운수회사는 모두 서울역에서 청량리역까지 운행하는 버스회사이다. A회사는

50대의 버스운행허가를 받았고, B회사는 25대의 버스운행허가를 받았다. 그런데 A운수회사를 우대해주어야 할 특별한 사유가 없음에도 불구하고 버스운송사업면허권자인 서울특별시장이 A운수회사에는 10대의 버스를 증차해 주면서 B운수회사에는 1대의 버스도 증차해 주지 않았다면, 서울시장은 B의 경영상 이익을 침해한 것이 된다. 여객자동차운수사업법상 경영상 이익은 법률상 이익, 즉 개인적 공권으로 이해되고 있으므로, 서울특별시장은 B운수회사의 법률상 이익을 침해한 것이 된다. 여기서 자신의 법률상 이익이 침해된 B운수회사는 서울특별시장의 A운수회사에 대한 10대의 위법한 증차처분의 취소를 구하는 소송을 제기할 수 있다.

✚ 경원자소송
면허나 인·허가 등의 수익적 행정처분(아래의 A약품의 제조허가)을 신청한 수인(數人)이 서로 경원관계에 있어서 특정인(아래의 甲제약회사)에 대한 면허나 인·허가 등의 수익적 행정처분이 다른 경원자(아래의 乙제약회사 등)에 대하여 불면허나 불인가·불허가를 가져올 수밖에 없는 경우, 불허가 등으로 인해 자기의 법률상 이익이 침해된 자(아래의 乙제약회사 등)가 수익적 행정처분(아래의 甲제약회사에 대한 A약품제조허가)을 다투는 소송을 경원자소송이라 한다.
[예] 보건복지부장관은 여러 제약회사 가운데 단 하나의 제약회사에 A약품의 제조를 허가할 것을 공고한 후에 신청을 받았다. 허가신청에는 10개의 제약회사가 참여하였고, 보건복지부장관은 그 중에서 甲제약회사를 선정하여 허가하였다. 허가를 받지 못한 제약회사들은 A약품의 제조와 판매를 위한 영업의 자유 내지 직업의 자유가 침해되었다. 여기서 허가대상자 선정에서 탈락되어 법률상 이익이 침해된 乙제약회사 등은 보건복지부장관의 甲제약회사에 대한 위법한 허가처분의 취소를 구하는 소송을 제기할 수 있다.

✚ 이웃소송
이웃하는 자들 사이에서 특정인(아래의 甲 또는 丙)에게 주어지는 수익적 행위(건축허가)가 타인(아래의 乙 또는 丁)에게는 법률상 불이익을 가져오는 경우에 그 타인이 자기의 법률상 이익의 침해를 다투는 소송을 이웃소송이라 한다. 이웃소송은 인인소송(隣人訴訟)이라고도 한다.
[예 1] 甲은 관할관청으로부터 황산제조공장설립허가 및 황산제조허가를 받았다. 甲에 대한 허가로 황산제조공장부지에 이웃하는 주민 乙은 황산의 냄새 등으로 인해 생활환경상의 이익을 침해받게 된다. 이웃주민의 생활환경상의 이익은 환경관련법령이 보호하는 이익, 즉 법률상 이익으로 이해된다. 만약 관할관청이 甲에게 내준 허가가 위법하다면, 법률상 이익의 침해를 받은 주민들은 관할관청을 피고로 하여 甲에 대한 황산제조공장설립허가 및 황산제조허가의 취소를 구하는 소송을 제기할 수 있다.
[예 2] 민법 제242조(경계선부근의 건축) 제1항은 "건물을 축조함에는 특별한 관습이 없으면 경계로부터 반미터 이상의 거리를 두어야 한다"고 규정하고 있다. 丙은 서대문구청장에게 경계까지 건축물을 축조하는 내용의 설계도를 첨부하여 건축허가를 신청하였고, 서대문구청장은 착오로 丙에게 건축허가를 내 주었다. 그런데 건물을 축조할 때에 경계로부터 반미터 이상의 거리를 두도록 하는 것은 이웃하는 자들의 생활환경상의 이익을 조절하기 위한 것이고, 그러한 생활환경상의 이익은 법률상 이익으로 이해되고 있다. 따라서 법률상 이익이 침해된 丙의 이웃인 丁은 서대문구청장을 피고로 하여 丙에 대한 건축허가의 취소를 구하는 소송을 제기할 수 있다.

4. 무하자재량행사청구권

일정한 행위의 발령이 법규상 행정청의 재량이며, 그 결정이 사인의 이익 보호와 관련된다면 그 사인은 행정청에 대하여 하자 없는 재량행사를 청구할 수 있는 권리를 가지는바, 이를 무하자재량행사청구권이라 한다. 즉 무하자재량행사청구권은 재량행위에서 인정되는 개인적 공권의 일반적 특성을 말하는 것으로 기속행위에서 인정되는 개인적 공권의 일반적 특성을 말하는 특정행위청구권과 대비되는 개념이다.

✚ 무하자재량행사청구권의 예

(1) 기속행위로서 일반건축물 건축허가와 재량행위로서 숙박시설 건축물 건축허가 건축법 제11조 제1항에 의한 일반건축물의 건축허가는 기속행위이고, 건축법 제11조 제4항 단서에 따른 위락시설·숙박시설 건축물 건축허가는 재량행위이다. 따라서 건축법령이 정하는 요건을 구비하여 이루어진 일반건축물의 건축허가신청에 대해서는 반드시 허가를 내 주어야 하지만, 건축법령이 정하는 요건을 구비하여 이루어진 여관용 건축물의 건축허가신청에 대해서는 허가를 내줄 수도 있고, 안 내줄 수도 있다.

▷ **건축법 제11조(건축허가)** ① 건축물을 건축하거나 대수선하려는 자는 특별자치시장·특별자치도지사 또는 시장·군수·구청장의 허가를 받아야 한다. 다만, 21층 이상의 건축물 등 대통령령으로 정하는 용도 및 규모의 건축물을 특별시나 광역시에 건축하려면 특별시장이나 광역시장의 허가를 받아야 한다.
④ 허가권자는 제1항에 따른 건축허가를 하고자 하는 때에 「건축기본법」 제25조에 따른 한국건축규정의 준수 여부를 확인하여야 한다. 다만, 다음 각 호의 어느 하나에 해당하는 경우에는 이 법이나 다른 법률에도 불구하고 건축위원회의 심의를 거쳐 건축허가를 하지 아니할 수 있다.
1. 위락시설이나 숙박시설에 해당하는 건축물의 건축을 허가하는 경우 해당 대지에 건축하려는 건축물의 용도·규모 또는 형태가 주거환경이나 교육환경 등 주변 환경을 고려할 때 부적합하다고 인정되는 경우 (제2호 생략)

(2) 특정행위청구권과 무하자재량행사청구권 ① 일반 건축물의 경우에 요건을 구비한 허가신청에 대하여 관할 행정청이 허가를 거부하면, 거부처분은 무조건 위법한 것이 된다. 따라서 건축허가신청자는 건축허가라는 특정행위를 구하는 청구권을 갖는다. 그러나 ② 여관용 건축물의 경우에 요건을 구비한 허가신청에 대하여 관할 행정청이 허가를 거부하면, 거부처분은 무조건 위법한 것이 된다고 말할 수는 없고, 다만 건축물의 용도·규모 또는 형태가 주거환경 또는 교육환경 등 주변환경을 감안할 때 적합한지 또는 부적합한지의 여부에 대한 판단, 즉 재량행사에 잘못이 있는 경우에만 건축허가신청자는 건축허가라는 특정행위를 구하는 청구권을 갖는다. 이것은 "하자 없는 재량행사를 전제로 한 특정행위청구권"으로 부를 수도 있으나, 일반적으로는 무하자재량행사청구권이라 부르고 있다.

5. 행정개입청구권

행정개입청구권이란 광의로는 사인이 자기의 이익을 위해 행정청에 대하여 자기 또는 제3자에게 행정권을 발동해줄 것을 청구할 수 있는 권리를 말하고(광의의 행정개입청구권), 협의로는 사인이 자기의 이익을 위해 행정청에 대하여 제3자에게 행정권을 발동할 것을 청구하는 권리를 의미한다(협의의 행정개입청구권). 이러한 협의의 행정개입청구권은 제3자효 있는 행정행위의 경우에 행정의 상대방과 제3자 사이의 법률관계에 행정권이 개입하게 되는 경우와 관련된다. 자기에게 행정권의 발동을 청구할 수 있는 권리를 행정행위발급청구권이라 부르기도 한다. 행정개입청구권의 인정여부에 관해서는 논란이 있다.

✚ 행정개입청구권의 예

(1) 자신에 대한 행정개입청구권의 예　　국민기초생활 보장법 제8조 제2항은 "생계급여 수급권자는 부양의무자가 없거나, 부양의무자가 있어도 부양능력이 없거나 부양을 받을 수 없는 사람으로서 그 소득인정액이 제20조 제2항에 따른 중앙생활보장위원회의 심의·의결을 거쳐 결정하는 금액 이하인 사람으로 한다. 이 경우 생계급여 선정기준은 기준 중위소득의 100분의 30 이상으로 한다"고 규정하고 있다.　　甲은 국민기초생활 보장법 제8조 제2이 정하는 생계급여 수급권자에 해당한다. 그러나 甲은 보장기관으로부터 생계급여 수급권자로 인정을 받지 못하고 있다고 하자. 지배적 견해에 의하면, 이러한 경우에 甲은 보건복지부장관에게 자신을 생계급여 수급권자로 인정하는 처분을 하라고 요구할 수 있는 권리가 있다고 한다.

(2) 제3자에 대한 행정개입청구권의 예　　건축법 제69조(위반건축물등에 대한 조치등) 제1항은 "허가권자는 대지 또는 건축물이 이 법 또는 이 법의 규정에 의한 명령이나 처분에 위반한 경우에는 이 법의 규정에 의한 허가 또는 승인을 취소하거나 그 건축물의 건축주·공사시공자·현장관리인·소유자·관리자 또는 점유자(이하 "건축주등"이라 한다)에 대하여 그 공사의 중지를 명하거나 상당한 기간을 정하여 그 건축물의 철거·개축·증축·수선·용도변경·사용금지·사용제한 기타 필요한 조치를 명할 수 있다"고 규정하고 있다.　　甲의 이웃인 乙은 5층 건물의 건축허가를 받았으나 실제로는 7층 건물을 짓고 있다. 乙의 위법한 건축으로 甲은 조망권과 일조권에 침해를 받게 되었다. 지배적 견해에 의하면, 이러한 경우에 甲은 허가권자에게 「'乙은 6층과 7층을 철거하라'는 내용의 처분을 할 것을 요구할 수 있는 권리」가 있다고 한다.

[20] 공의무

1. 의의

공의무란 공권에 대응하는 개념이다. 사법상 임대차계약을 하면, 임대인은 임대료를 받을 권리와 임대할 의무가 생기고, 임차인은 임대료에 상응하여 임차한 물건을 사용할 수 있는 권리와 임차료를 지급할 의무가 생기는 바와 같이 사법상으로는 권리와 의무가 대칭관계에 놓인다. 그러나 공권과 공의무는 언제나 대칭관계에 놓인다고 말할 수는 없다. 예컨대 범칙금을 납부하였다고 하여 범칙금납부에 상응하는 권리가 생기는 것이 아니다.

2. 종류

공의무는 ① 주체에 따라 행정주체가 지는 국가적 공의무(예: 봉급지급의무·

배상금지급의무)와 개인이 지는 개인적 공의무(예: 범칙금납부의무, 수수료납부의무)로 나눌 수 있고, ② 내용에 따라 작위의무(예: 건축허가발령의무)·부작위의무(예: 통행금지의무)·수인의무(예: 감염병예방을 위한 강제접종의 수인의무)·급부의무(예: 범칙금납부의무)로 나눌 수 있으며, ③ 근거에 따라 법규에 의해 발생하는 의무(예: 도로교통법규 준수의무), 행정행위에 근거한 의무(예: 과징금부과처분에 따른 과징금납부의무) 등으로 나눌 수 있다.

3. 특징

공의무는 공법상 계약과 같이 의무자의 의사에 따라 발생하기도 하나, 법령 또는 법령에 근거한 행정행위에 의해 발생함이 일반적이다. 특히 개인적 공의무의 경우에는 ① 포기와 이전이 제한되기도 하고(예: 병역복무의무), ② 의무의 불이행시에는 행정상 강제수단이 가해지기도 하며(이에 관해 [127] 이하를 보라), ③ 의무의 위반시에는 행정벌이 가해지기도 한다(이에 관해 [124] 이하를 보라).

[21] 공권·공의무의 승계

1. 행정주체 사이의 승계

행정주체의 권한과 의무는 법률에서 규정되는 것이므로, 행정주체의 권한과 의무의 변경에는 법률상 근거가 필요하다. 예를 들어 지방자치단체의 폐치분합은 법률로 정하며(지방자치법 제5조 제1항), 새로 그 지역을 관할하게 된 지방자치단체는 그 사무와 재산을 승계한다(지방자치법 제8조 제1항),

▷**지방자치법 제5조(지방자치단체의 명칭과 구역)** ① ⋯ 지방자치단체를 폐지하거나 설치하거나 나누거나 합칠 때에는 법률로 정한다.
▷**제8조(구역의 변경 또는 폐지·설치·분리·합병 시의 사무와 재산의 승계)** ① 지방자치단체의 구역을 변경하거나 지방자치단체를 폐지하거나 설치하거나 나누거나 합칠 때에는 새로 그 지역을 관할하게 된 지방자치단체가 그 사무와 재산을 승계한다.

2. 사인 사이의 승계
행정절차법은 제10조에서 개인적 공권·공의무의 지위 승계에 관한 조항을 두고 있고, 도로법·식품위생법 등 여러 개별 법률에서도 지위 승계에 관해 규정하고 있다. 문제는 승계 규정을 두고 있지 아니하거나, 승계규정을 두고 있다고 하여도 승계 범위가 명확하지 아니한 경우에 어느 범위까지 승계를 인정할 것인지의 여부이다. 경찰행정법에서는 경찰책임의 승계문제로 다루어지고 있다(이에 관해 [60]을 보라).

▷**행정절차법 제10조(지위의 승계)** ① 당사자등이 사망하였을 때의 상속인과 다른 법령등에 따라 당사자등의 권리 또는 이익을 승계한 자는 당사자등의 지위를 승계한다.
② 당사자등인 법인등이 합병하였을 때에는 합병 후 존속하는 법인등이나 합병 후 새로 설립된 법인등이 당사자등의 지위를 승계한다.
③ 제1항 및 제2항에 따라 당사자등의 지위를 승계한 자는 행정청에 그 사실을 통지하여야 한다.
④ 처분에 관한 권리 또는 이익을 사실상 양수한 자는 행정청의 승인을 받아 당사자등의 지위를 승계할 수 있다.
⑤ 제3항에 따른 통지가 있을 때까지 사망자 또는 합병 전의 법인등에 대하여 행정청이 한 통지는 제1항 또는 제2항에 따라 당사자등의 지위를 승계한 자에게도 효력이 있다.
▷**도로법 제106조(권리·의무의 승계 등)** ① 이 법에 따른 허가 또는 승인을 받은 자의 사망, 그 지위의 양도, 합병이나 분할 등의 사유가 있으면 이 법에 따른 허가 또는 승인으로 인하여 발생한 권리·의무는 다음 각 호의 구분에 따른 자가 승계한다.
1. 이 법에 따른 허가 또는 승인으로 발생한 권리나 의무를 가진 사람이 사망한 경우: 상속인
2. 이 법에 따른 허가 또는 승인으로 발생한 권리나 의무를 가진 자가 그 지위를 양도한 경우: 양수인
3. 이 법에 따른 허가 또는 승인으로 발생한 권리나 의무를 가진 법인이 분할·합병한 경우: 분할·합병 후 존속하는 법인이나 합병에 따라 새로 설립되는 법인
▷**식품위생법 제39조(영업 승계)** ① 영업자가 영업을 양도하거나 사망한 경우 또는 법인이 합병한 경우에는 그 양수인·상속인 또는 합병 후 존속하는 법인이나 합병에 따라 설립되는 법인은 그 영업자의 지위를 승계한다.

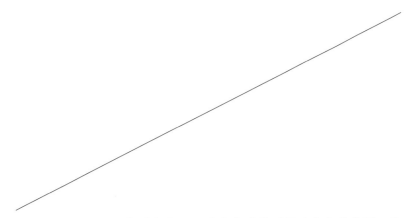

제2장

경찰행정조직법

경찰사무(위험방지사무)가 영속적으로 일관성 있게 이루어지기 위해서는 위험방지사무를 담당하는 여러 종류의 기구(예: 경찰상 인·허가사무를 담당하는 기구, 도로 등 현장에서 위험방지사무를 담당하는 기구, 소규모 지역에서 위험방지사무를 담당하는 기구, 광범위한 지역에서 위험방지사무를 담당하는 기구)가 필요하다. 위험방지사무를 담당하는 여러 종류의 기구의 전체를 경찰행정조직이라 하고, 경찰행정조직에 관한 법의 총체를 경찰행정조직법이라 한다. 경찰행정조직을 경찰조직, 경찰행정조직법을 경찰조직법이라고도 한다. 이하에서 경찰조직법으로 부르기로 한다. 경찰조직법은 경찰기관법과 경찰공무원법으로 구성된다.

제1절 경찰기관법

✦제1항 일반론

[22] 경찰기관법의 관념

1. 경찰기관법의 의의

국가나 지방자치단체가 경찰행정을 수행하기 위하여 설치하는 기구(예: 경찰청, 지방경찰청, 경찰서, 해양경찰청 등)를 경찰기관 또는 경찰행정기관이라 한다(이하에서 경찰기관으로 부르기로 한다). 이러한 경찰기관에 관한 법의 총체를 경찰기관법 또는 경찰행정기관법이라 한다(이하에서 경찰기관법으로 부르기로 한다). 경찰기관법은 경찰기관의 설치와 폐지, 권한의 범위와 행사방식, 경찰기관 상호 간의 관계 등에 관한 사항을 정한다.

2. 경찰조직법정주의

(1) 행정조직법정주의   ① 국가나 지방자치단체의 행정조직의 존재목적은 행정권의 행사에 있으므로, 행정기관의 설치여부 등은 바로 국민생활에 지대한 영향을 미치고, ② 행정기관의 설치·운영은 일반국민에게 상당한 경제적 부담(예: 세금부담)을 가하게 되므로, 행정조직의 문제는 국가의 형성유지에 중요한 사항이다. 국가의 중요사항은 법률로 정하여야 하는 것으로 이해되고 있는바(중요사항유보설), 헌법은 행정각부 등의 조직을 법률로써 정하도록 규정하고 있다(헌법 제96조, 제100조, 제90조 제3항, 제91조 제3항, 제92조 제2항, 제93조 제2항). 이를 행정조직법정주의라 부른다. 이에 따라 정부조직법이 제정되어 있다.

▷ **헌법 제96조** 행정각부의 설치·조직과 직무범위는 법률로 정한다.
▷ **정부조직법 제34조(행정안전부)** ⑤ 치안에 관한 사무를 관장하기 위하여 행정안전부장관 소속으로 경찰청을 둔다.
⑥ 경찰청의 조직·직무범위 그 밖에 필요한 사항은 따로 법률로 정한다.

  (2) 경찰조직법정주의　　　행정조직법정주의는 경찰행정의 영역에서도 당연히 적용된다. 이를 경찰조직법정주의라 부른다. 경찰조직법정주의에 따라 경찰조직도 당연히 법률로 정하여야 한다.

▷ **국가경찰과 자치경찰의 조직 및 운영에 관한 법률 제1조(목적)** 이 법은 경찰의 민주적인 관리·운영과 효율적인 임무수행을 위하여 경찰의 기본조직 및 직무 범위와 그 밖에 필요한 사항을 규정함을 목적으로 한다.
제7조(국가경찰위원회의 설치) ① 국가경찰행정에 관하여 제10조 제1항 각 호의 사항을 심의·의결하기 위하여 행정안전부에 국가경찰위원회를 둔다.
제12조(경찰의 조직) 치안에 관한 사무를 관장하게 하기 위하여 행정안전부장관 소속으로 경찰청을 둔다.
제13조(경찰사무의 지역적 분장기관) 경찰의 사무를 지역적으로 분담하여 수행하게 하기 위하여 특별시·광역시·특별자치시·도·특별자치도(이하 "시·도"라 한다)에 시·도경찰청을 두고, 시·도경찰청장 소속으로 경찰서를 둔다. 이 경우 인구, 행정구역, 면적, 지리적 특성, 교통 및 그 밖의 조건을 고려하여 시·도에 2개의 시·도경찰청을 둘 수 있다.
제18조(시·도자치경찰위원회의 설치) ① 자치경찰사무를 관장하게 하기 위하여 특별시장·광역시장·특별자치시장·도지사·특별자치도지사(이하 "시·도지사"라 한다) 소속으로 시·도자치경찰위원회를 둔다. 다만, 제13조 후단에 따라 시·도에 2개의 시·도경찰청을 두는 경우 시·도지사 소속으로 2개의 시·도자치경찰위원회를 둘 수 있다.

3. 경찰기관의 종류

  경찰기관에는 ① 경찰법령상 주어진 권한의 범위 내에서 경찰행정(위험방지임무)에 관한 의사를 결정하고 이를 외부(국민)에 대하여 표시할 수 있는 권한을 가진 기관인 **경찰행정청**(경찰의사기관이라고도 한다)(예: 경찰청장, 지방경찰청장, 경찰서장), ② 경찰행정에 관한 의사를 결정할 권한만을 가질 뿐, 그 의사를 외부(국민)에 대하여 표시할 수 있는 권한을 갖지 아니하는 기관인 **경찰의결기관**(예: 경찰위원회), ③ 경찰행정청의 의사결정을 보조하거나 경찰행정청의 명을 받아 사무에 종사하는 기관인 **경찰보조기관**(예: 경찰청 차장, 경찰청의 국장, 경찰청의 과장), ④ 경찰행정에 관한 기획이나 계획의 입안·연구조사를 통하여 경찰행정청이나 경찰보조기관을 보좌하는 **경찰보좌기관**(예: 경찰청의 담당관)이 있다. 이 밖에 ⑤ 경찰행정청(예: 경찰서장)의 명을 받아 경찰행정청이 발한 의사를 집행하여 행정상 필요한 상태를 실현하는 기관인 **경찰집행기관**(예: 진압경찰), ⑥ 경찰기관의 업무를 감독하고 조사하는 기관인 **경찰감독기관**(예: 경찰청 감사관), ⑦ 경찰기관의 지원을 목적으로 하는 기관인 **경찰부속기관**(예: 경찰대학, 경찰교육원, 경찰병원) 등이 있다.

[23] 국가일반경찰기관

1. 경찰의결기관 – 국가경찰위원회

(1) 설치   국가경찰행정에 관하여 제10조 제1항 각 호의 사항을 심의·의결하기 위하여 행정안전부에 국가경찰위원회를 둔다(국가경찰과 자치경찰의 조직 및 운영에 관한 법률 제7조 제1항). 국가경찰위원회는 위원장 1명을 포함한 7명의 위원으로 구성하되, 위원장 및 5명의 위원은 비상임으로 하고, 1명의 위원은 상임으로 한다(국가경찰과 자치경찰의 조직 및 운영에 관한 법률 제7조 제2항). 위원은 행정안전부장관의 제청으로 국무총리를 거쳐 대통령이 임명한다(국가경찰과 자치경찰의 조직 및 운영에 관한 법률 제8조 제1항). 위원의 임기는 3년으로 하며, 연임할 수 없다. 이 경우 보궐위원의 임기는 전임자 임기의 남은 기간으로 한다(국가경찰과 자치경찰의 조직 및 운영에 관한 법률 제9조 제1항).

(2) 심의·의결 사항   심의·의결 사항은 제10조에 규정되어 있다.

▷**국가경찰과 자치경찰의 조직 및 운영에 관한 법률 제10조(국가경찰위원회의 심의·의결 사항 등)**
① 다음 각 호의 사항은 국가경찰위원회의 심의·의결을 거쳐야 한다.
1. 국가경찰사무에 관한 인사, 예산, 장비, 통신 등에 관한 주요정책 및 경찰 업무 발전에 관한 사항
2. 국가경찰사무에 관한 인권보호와 관련되는 경찰의 운영·개선에 관한 사항
3. 국가경찰사무 담당 공무원의 부패 방지와 청렴도 향상에 관한 주요 정책사항
4. 국가경찰사무 외에 다른 국가기관으로부터의 업무협조 요청에 관한 사항
5. 제주특별자치도의 자치경찰에 대한 경찰의 지원·협조 및 협약체결의 조정 등에 관한 주요 정책사항
6. 제18조에 따른 시·도자치경찰위원회 위원 추천, 자치경찰사무에 대한 주요 법령·정책 등에 관한 사항, 제25조제4항에 따른 시·도자치경찰위원회 의결에 대한 재의 요구에 관한 사항
7. 제2조에 따른 시책 수립에 관한 사항
8. 제32조에 따른 비상사태 등 전국적 치안유지를 위한 경찰청장의 지휘·명령에 관한 사항
9. 그 밖에 행정안전부장관 및 경찰청장이 중요하다고 인정하여 국가경찰위원회의 회의에 부친 사항

2. 경찰행정청

(1) 경찰청장 - 중앙 경찰행정청

(가) 일반적 사항　　　치안에 관한 사무를 관장하기 위하여 행정안전부장관 소속으로 경찰청을 둔다(정부조직법 제34조 제5항; 국가경찰과 자치경찰의 조직 및 운영에 관한 법률 제12조 제1항). 경찰청에 경찰청장을 두며, 경찰청장은 치안총감으로 보한다(국가경찰과 자치경찰의 조직 및 운영에 관한 법률 제14조 제1항). 경찰청장은 경찰위원회의 동의를 받아 행정안전부장관의 제청으로 국무총리를 거쳐 대통령이 임명한다. 이 경우 국회의 인사청문을 거쳐야 한다(국가경찰과 자치경찰의 조직 및 운영에 관한 법률 제14조 제2항). 경찰청장은 국가경찰사무를 총괄하고 경찰청 업무를 관장하며 소속 공무원 및 각급 경찰기관의 장을 지휘·감독한다(국가경찰과 자치경찰의 조직 및 운영에 관한 법률 제14조 제3항). 경찰청장의 임기는 2년으로 하고, 중임(重任)할 수 없다(국가경찰과 자치경찰의 조직 및 운영에 관한 법률 제14조 제4항). 경찰청장이 직무를 집행하면서 헌법이나 법률을 위배하였을 때에는 국회는 탄핵 소추를 의결할 수 있다(국가경찰과 자치경찰의 조직 및 운영에 관한 법률 제14조 제5항).

(나) 수사에 관한 사무　　　경찰청장은 경찰의 수사에 관한 사무의 경우에는 개별 사건의 수사에 대하여 구체적으로 지휘·감독할 수 없다. 다만, 국민의 생명·신체·재산 또는 공공의 안전 등에 중대한 위험을 초래하는 긴급하고 중요한 사건의 수사에 있어서 경찰의 자원을 대규모로 동원하는 등 통합적으로 현장 대응할 필요가 있다고 판단할 만한 상당한 이유가 있는 때에는 제16조에 따른 국가수사본부장을 통하여 개별 사건의 수사에 대하여 구체적으로 지휘·감독할 수 있다(국가경찰과 자치경찰의 조직 및 운영에 관한 법률 제14조 제6항). 경찰청장은 제6항 단서에 따라 개별 사건의 수사에 대한 구체적 지휘·감독을 개시한 때에는 이를 국가경찰위원회에 보고하여야 한다(국가경찰과 자치경찰의 조직 및 운영에 관한 법률 제14조 제7항).

✚ 국가수사본부장

경찰청에 국가수사본부를 두며, 국가수사본부장은 치안정감으로 보한다(국가경찰과 자치경찰의 조직 및 운영에 관한 법률 제16조 제1항). 국가수사본부장은 「형사소송법」에 따른 경찰의 수사에 관하여 각 시·도경찰청장과 경찰서장 및 수사부서 소속 공무원을 지휘·감독한다(국가경찰과 자치경찰의 조직 및 운영에 관한 법률 제16조 제2항). 국가수사본부장의 임기는 2년으로 하며, 중임(重任)할 수 없다(국가경찰과 자치경찰의 조직 및 운영에 관한 법률 제16조 제3항). 국가수사본부장이 직무를 집행하면서 헌법이나 법률을 위배하였을 때에는 국회는 탄핵 소추를 의결할 수 있다

(국가경찰과 자치경찰의 조직 및 운영에 관한 법률 제16조 제5항). 국가수사본부장은 수사사무를 직무내용으로 하는바, 일반 행정경찰이 아니라 사법경찰의 성격을 갖는다.

(다) 비상시 권한   경찰청장은 다음 각 호(1. 전시·사변, 천재지변, 그 밖에 이에 준하는 국가 비상사태, 대규모의 테러 또는 소요사태가 발생하였거나 발생할 우려가 있어 전국적인 치안유지를 위하여 긴급한 조치가 필요하다고 인정할 만한 충분한 사유가 있는 경우, 2. 국민안전에 중대한 영향을 미치는 사안에 대하여 다수의 시·도에 동일하게 적용되는 치안정책을 시행할 필요가 있다고 인정할 만한 충분한 사유가 있는 경우, 3. 자치경찰사무와 관련하여 해당 시·도의 경찰력으로는 국민의 생명·신체·재산의 보호 및 공공의 안녕과 질서유지가 어려워 경찰청장의 지원·조정이 필요하다고 인정할 만한 충분한 사유가 있는 경우)의 경우에는 제2항에 따라 자치경찰사무를 수행하는 경찰공무원(제주특별자치도의 자치경찰공무원을 포함한다)을 직접 지휘·명령할 수 있다(국가경찰과 자치경찰의 조직 및 운영에 관한 법률 제32조 제1항).

(2) 시·도경찰청장 – 지방상급 경찰행정청

(가) 시·도경찰청의 설치   경찰의 사무를 지역적으로 분담하여 수행하게 하기 위하여 특별시·광역시·특별자치시·도·특별자치도(이하 "시·도"라 한다)에 시·경찰청을 … 둔다(국가경찰과 자치경찰의 조직 및 운영에 관한 법률 제13조 본문 전단). 인구, 행정구역, 면적, 지리적 특성, 교통 및 그 밖의 조건을 고려하여 시·도에 2개의 시·도경찰청을 둘 수 있다(국가경찰과 자치경찰의 조직 및 운영에 관한 법률 제13조 단서).

(나) 시·도경찰청장의 임용   시·도경찰청에 시·도경찰청장을 두며, 시·도경찰청장은 치안정감·치안감 또는 경무관으로 보한다(국가경찰과 자치경찰의 조직 및 운영에 관한 법률 제28조 제1항). 「경찰공무원법」 제7조에도 불구하고 시·도경찰청장은 경찰청장이 시·도자치경찰위원회와 협의하여 추천한 사람 중에서 행정안전부장관의 제청으로 국무총리를 거쳐 대통령이 임용한다(국가경찰과 자치경찰의 조직 및 운영에 관한 법률 제28조 제2항).

(다) 시·도경찰청장의 지위   시·도경찰청장은 국가경찰사무에 대해서는 경찰청장의 지휘·감독을 … 받아 관할구역의 소관 사무를 관장하고 소속 공무원 및 소속 경찰기관의 장을 지휘·감독한다. 다만, 수사에 관한 사무에 대해서는 국가수사본부장의 지휘·감독을 받아 관할구역의 소관 사무를 관장하고 소속 공무원 및 소속 경찰기관의 장을 지휘·감독한다(국가경찰과 자치경찰의 조직

및 운영에 관한 법률 제28조 제3항).

(3) 경찰서장 - 지방하급 경찰행정청

(가) 경찰서의 설치　　경찰의 사무를 지역적으로 분담하여 수행하게 하기 위하여 … 시·도경찰청장 소속으로 경찰서를 둔다(국가경찰과 자치경찰의 조직 및 운영에 관한 법률 제13조 본문 후단).

(나) 경찰서장　　경찰서에 경찰서장을 두며, 경찰서장은 경무관, 총경 또는 경정으로 보한다(국가경찰과 자치경찰의 조직 및 운영에 관한 법률 제30조 제1항). 경찰서장은 시·도경찰청장의 지휘·감독을 받아 관할구역의 소관 사무를 관장하고 소속 공무원을 지휘·감독한다(국가경찰과 자치경찰의 조직 및 운영에 관한 법률 제30조 제2항).

(다) 지구대·파출소　　경찰서장 소속으로 지구대 또는 파출소를 두고, 그 설치기준은 치안수요·교통·지리 등 관할구역의 특성을 고려하여 행정안전부령으로 정한다. 다만, 필요한 경우에는 출장소를 둘 수 있다(국가경찰과 자치경찰의 조직 및 운영에 관한 법률 제30조 제3항).

▷ **경찰청과 그 소속기관 직제 시행규칙 제76조(지구대 및 파출소의 설치기준)** 경찰서장의 소관사무를 분장하기 위하여 경찰서장 소속으로 지구대를 두되, 다음 각 호의 어느 하나에 해당하는 경우에는 파출소를 둘 수 있다.
1. 도서, 산간 오지, 농어촌 벽지(僻地) 등 교통·지리적 원격지로 인접 경찰관서에서의 출동이 용이하지 않은 경우
2. 관할구역에 국가중요시설 등 특별한 경계가 요구되는 시설이 있는 경우
3. 휴전선 인근 등 보안상 취약지역을 관할하는 경우
4. 그 밖에 치안수요가 특수하여 지구대를 운영하는 것이 적당하지 않은 경우

3. 경찰집행기관

국가 경찰집행기관은 그 임무의 내용의 상이에 따라 ① 제복을 착용하고 무기를 휴대하는 것을 특징으로 하면서 일반경비에 임하는 경비경찰(경찰공무원 임용령시행규칙 제19조 제1호), ② 돌발사태를 진압하거나 특수지구를 경비하는 경찰기동대(경찰직무 응원법 제4조), ③ 간첩(무장공비를 포함한다)의 침투거부, 포착, 섬멸, 그 밖의 대간첩작전을 수행하고 치안업무를 보조하기 위한 의무경찰대(의무경찰대 설치 및 운영에 관한 법률 제1조) 등이 있다. 이 밖에 ④ 지구대와 파출소(경찰청과 그 소속기관 직제 제43조 제1항), ⑤ 출장소 등을 볼 수 있다(경찰청과 그 소속기관 직제 제43조 제2항).

✦ 해양경찰기관

① 해양경찰행정청으로 ⓐ 해양에서의 경찰 및 오염방제에 관한 사무를 관장하기 위하여 해양수산부장관 소속으로 해양경찰청을 둔다(정부조직법 제43조 제2항). 해양경찰청장은 중앙 해양경찰행정청이다(해양경찰청과 그 소속기관 직제 제3조). ⓑ 해양경찰청장의 관장사무를 분장하기 위하여 해양경찰청장 소속으로 지방해양경찰청을 … 둔다(해양경찰청과 그 소속기관 직제 제2조 제2항). 지방해양경찰청장은 지방상급 해양경찰행정청이다. ⓒ 해양경찰청장의 관장사무를 분장하기 위하여 …지방해양경찰청장 소속으로 해양경찰서를 둔다(해양경찰청과 그 소속기관 직제 제2조 제2항). 해양경찰서장은 지방하급 해양경찰행정청이다. 한편, ② 국가 해양경찰집행기관으로 ⓐ 해양경비사무를 집행하는 해양경찰공무원(해양경찰청과 그 소속기관 직제 제35조), ⓑ 중앙해양특수구조단(해양경찰청과 그 소속기관 직제 제21조 이하), ⓒ 파출소(해양경찰청과 그 소속기관 직제 제31조 제1항), ⓓ 출장소(해양경찰청과 그 소속기관 직제 제31조 제2항) 등을 볼 수 있다. 해양경찰기관 중 해양경찰청장은 경찰청장과 유사한 지위를 가지며, 해양경찰위원회는 국가경찰위원회와 유사한 지위를 갖는다(해양경찰법 제5조, 제11조 참조).

✦ 소방행정기관

① 소방행정청으로 ⓐ 소방에 관한 사무를 관장하기 위하여 행정안전부장관 소속으로 소방청을 둔다(정부조직법 제34조 제7항). 소방청장은 중앙 소방행정청이다. ⓑ 지방자치법은 지역의 화재예방·경계·진압·조사 및 구조·구급 사무를 지방자치단체의 사무로 규정하고 있다(지방자치법 제13조 제2항 6호 나목). 시·도지사와 소방법상 소방본부장(소방기본법 제2조 제4호)은 지방상급 소방행정청이다. ⓒ 시·도의 조례로 소방서를 설치한다(지방소방기관 설치에 관한 규정 제5조 제1항). 소방서장은 지방하급 소방행정청이다. 한편, ② 소방집행기관으로 소방서장 소속으로 두는 119출장소·119안전센터·119구조대·119구급대·119구조구급센터 및 소방정대 및 119지역대가 있다(지방소방기관 설치에 관한 규정 제8조 제1항). 이 밖에 의무소방대, 의용소방대 등이 있다.

[24] 특별경찰행정청

1. 의의

특별경찰행정청이란 특정의 전문영역에서 위험방지작용을 수행하는 경찰행정청을 말한다. 예를 들어, ① 건축허가는 건축으로 인한 위험을 예방하기 위한 것이므로, 건축허가의 권한을 가진 특별자치시장·특별자치도지사 또는 시장·군수·구청장은 특별경찰행정청으로서 건축경찰행정청이 되고, ② 식품접객업허가 등 식품위생법상 각종 영업허가는 식품접객업으로 인해 발생할 수 있는 위생상 위험 등을 예방하기 위한 것이므로, 식품위생법상 각종 영업허가의 권한을 가진 식품의약품안전처장 또는 특별자치시장·특별자치도지사·시장·군수·구청장은 특별경찰행정청으로서 식품경찰행정청이 된다. 말하자면 각종 허가 등의 권한을 가진 행정청은 특별경찰행정청이 된다.

▷**건축법 제11조(건축허가)** ① 건축물을 건축하거나 대수선하려는 자는 특별자치시장·특별자치도지사 또는 시장·군수·구청장의 허가를 받아야 한다. 다만, 21층 이상의 건축물 등 대통령령으로 정하는 용도 및 규모의 건축물을 특별시나 광역시에 건축하려면 특별시장이나 광역시장의 허가를 받아야 한다.

▷**식품위생법 제37조(영업허가 등)** ① 제36조 제1항 각 호에 따른 영업 중 대통령령으로 정하는 영업을 하려는 자는 대통령령으로 정하는 바에 따라 영업 종류별 또는 영업소별로 식품의약품안전처장 또는 특별자치시장·특별자치도지사·시장·군수·구청장의 허가를 받아야 한다. 허가받은 사항 중 대통령령으로 정하는 중요한 사항을 변경할 때에도 또한 같다.

2. 유형

각종 허가 등과 관련하여 일반적·예시적으로 말한다면, ① 산림경찰의 경우에 산림청장, ② 보건위생경찰의 경우에 보건복지부장관, ③ 영업경찰의 경우에 행정안전부장관·산업통상자원부장관 등, ④ 상공경찰의 경우에 산업자원통상부장관, ⑤ 수의경찰의 경우에 보건복지부장관, ⑥ 출입국경찰의 경우에 법무부장관, ⑦ 관세경찰의 경우에 관세청장, ⑧ 항공경찰의 경우에 국토교통부장관, ⑨ 군경찰의 경우에 국방부장관(평상시에는 병사의 안전, 비상시인 전쟁과 계엄선포의 경우는 국민의 보호), ⑩ 청소년경찰의 경우에 보건복지부장관·행정안전부장관 등을 특별경찰행정청이라 할 것이다.

✚ **국가정보원장**
국가정보원장은 국회의 인사청문을 거쳐 대통령이 임명…한다. 위험방지사무를 수행하는 범위 안에서 국가정보원장은 경찰행정청의 성격을 갖는다.

▷**국가정보원법 제4조(직무)** ① 국정원은 다음 각 호의 직무를 수행한다.
1. 다음 각 목에 해당하는 정보의 수집·작성·배포
가. 국외 및 북한에 관한 정보 (나 호 이하 생략)
2. 국가 기밀(국가의 안전에 대한 중대한 불이익을 피하기 위하여 한정된 인원만이 알 수 있도록 허용되고 다른 국가 또는 집단에 대하여 비밀로 할 사실·물건 또는 지식으로서 국가 기밀로 분류된 사항만을 말한다. 이하 같다)에 속하는 문서·자재·시설·지역 및 국가안전보장에 한정된 국가 기밀을 취급하는 인원에 대한 보안 업무. 다만, 각급 기관에 대한 보안감사는 제외한다.
3. 제1호 및 제2호의 직무수행에 관련된 조치로서 국가안보와 국익에 반하는 북한, 외국 및 외국인·외국단체·초국가행위자 또는 이와 연계된 내국인의 활동을 확인·견제·차단하고, 국민의 안전을 보호하기 위하여 취하는 대응조치
4. 다음 각 목의 기관 대상 사이버공격 및 위협에 대한 예방 및 대응
가. 중앙행정기관(대통령 소속기관과 국무총리 소속기관을 포함한다) 및 그 소속기관과 국가인권위원회, 고위공직자범죄수사처 및 「행정기관 소속 위원회의 설치·운영에 관한 법률」에 따른 위원회 (나 호 이하 생략)
5. 정보 및 보안 업무의 기획·조정
6. 그 밖에 다른 법률에 따라 국정원의 직무로 규정된 사항

3. 일반경찰행정청과의 관계

특별법은 일반법에 우선한다. 따라서 특별법에 근거하는 특별경찰행정청의 권한영역 내에서는 특별경찰행정청의 권한행사가 우선한다. 특별경찰행정청에 권한이 없는 경우에 비로소 일반경찰행정청이 관련법령에 따라 활동할 수 있다.

✚ 국회에서의 위험방지(입법경찰 · 국회경찰)

(1) 국회의 경호
① 국회의 경호를 위하여 국회에 경위를 둔다(국회법 제144조 제1항). ② 의장은 국회의 경호를 위하여 필요한 때에는 국회운영위원회의 동의를 얻어 일정한 기간을 정하여 정부에 대하여 필요한 국가경찰공무원의 파견을 요구할 수 있다(국회법 제144조 제2항). ③ 경위와 파견된 국가경찰공무원은 의장의 지휘를 받아 경위는 회의장건물안에서, 국가경찰공무원은 회의장건물밖에서 경호한다(국회법 제144조 제3항).

(2) 회의의 질서유지
회기중 국회의 질서를 유지하기 위하여 의장은 국회안에서 경호권을 행한다(국회법 제143조). 회의장안에는 의원 · 국무총리 · 국무위원 또는 정부위원 기타 의안심의에 필요한 자와 의장이 허가한 자 외에는 출입할 수 없다(국회법 제151조). 의장은 방청권을 발행하여 방청을 허가한다(국회법 제152조).

✚ 법원에서의 위험방지(사법경찰 · 법원경찰)
(1) 법원보안관리
법정의 존엄과 질서유지 및 법원청사의 방호를 위하여 대법원과 각급 법원에 법원보안관리대를 두며, 그 설치와 조직 및 분장사무에 관한 사항은 대법원규칙으로 정한다(법원조직법 제55조의2 제1항). 법원보안관리대원의 직무수행내용(법원조직법 제55조의2 제2항 이하)에 따르면, 법원보안관리대원은 집행경찰의 성질을 갖는다.

▷ **법원조직법 제55조의2(법원보안관리대)** ② 법원보안관리대의 대원은 법원청사 내에 있는 사람이 다음 각 호의 어느 하나에 해당하는 경우에는 이를 제지하기 위하여 신체적인 유형력(有形力)을 행사하거나 경비봉, 가스분사기 등 보안장비를 사용할 수 있다. 이 경우 유형력의 행사 등은 필요한 최소한도에 그쳐야 한다.
1. 다른 사람의 생명, 신체, 재산 등에 위해(危害)를 주거나 주려고 하는 경우
2. 법정의 존엄과 질서를 해치는 행위를 하거나 하려고 하는 경우
3. 법관 또는 법원직원의 정당한 업무를 방해하거나 방해하려고 하는 경우
4. 그 밖에 법원청사 내에서 질서를 문란하게 하는 행위를 하거나 하려고 하는 경우
③ 법원보안관리대의 대원은 흉기나 그 밖의 위험한 물건 또는 법원청사 내의 질서유지에 방해되는 물건을 지니고 있는지 확인하기 위하여 법원청사 출입자를 검색할 수 있다.
④ 제2항에 따른 조치를 할 때에는 미리 그 행위자에게 경고하여야 한다. 다만, 긴급한 상황으로서 경고를 할 만한 시간적 여유가 없는 경우에는 그러하지 아니하다.

(2) 법정의 질서유지

법정의 질서유지는 재판장이 이를 행한다(법원조직법 제58조 제1항). 재판장은 법정의 존엄과 질서를 해칠 우려가 있는 사람의 입정 금지 또는 퇴정을 명할 수 있고, 그 밖에 법정의 질서유지에 필요한 명령을 할 수 있다(법원조직법 제58조 제2항). 재판장은 법정에서의 질서유지를 위하여 필요하다고 인정할 때에는 개정 전후에 상관없이 관할 경찰서장에게 국가경찰공무원의 파견을 요구할 수 있다(법원조직법 제60조 제1항). 제1항의 요구에 따라 파견된 국가경찰공무원은 법정 내외의 질서유지에 관하여 재판장의 지휘를 받는다(법원조직법 제60조 제2항).

[25] 자치경찰기관

1. 의의

국가경찰과 자치경찰의 조직 및 운영에 관한 법률은 경찰사무를 국가경찰사무와 자치경찰사무로 나누고 있다. 그러나 이 법률에서 자치경찰사무를 전담하는 지방자치단체 소속의 자치경찰기관에 관한 규정은 찾아볼 수 없다.

▷ **국가경찰과 자치경찰의 조직 및 운영에 관한 법률 제4조(경찰의 사무)** ① 경찰의 사무는 다음 각 호와 같이 구분한다.
1. 국가경찰사무: 제3조에서 정한 경찰의 임무를 수행하기 위한 사무. 다만, 제2호의 자치경찰사무는 제외한다.
2. 자치경찰사무: 제3조에서 정한 경찰의 임무 범위 내에서 관할 지역의 생활안전·교통·경비·수사 등에 관한 다음 각 목의 사무 (이하 생략)

2. 시·도자치경찰위원회와 시·도경찰청장

(1) 시·도자치경찰위원회

(가) 설치·소관사무 ① 자치경찰사무를 관장하게 하기 위하여 특별시장·광역시장·특별자치시장·도지사·특별자치도지사(이하 "시·도지사"라 한다) 소속으로 시·도자치경찰위원회를 둔다. 다만, 제13조 후단에 따라 시·도에 2개의 시·도경찰청을 두는 경우 시·도지사 소속으로 2개의 시·도자치경찰위원회를 둘 수 있다(국가경찰과 자치경찰의 조직 및 운영에 관한 법률 제18조 제1항). ② 시·도자치경찰위원회는 합의제 행정기관으로서 그 권한에 속하는 업무를 독립적으로 수행한다(국가경찰과 자치경찰의 조직 및 운영에 관한 법률 제18조 제2항). ③ 시·도자치경찰위원회의 소관 사무는 다양하다(국가경찰과 자치경찰의 조직 및 운영에 관한 법률 제24조).

▷ 국가경찰과 자치경찰의 조직 및 운영에 관한 법률 제24조(시·도자치경찰위원회의 소관 사무)

① 시·도자치경찰위원회의 소관 사무는 다음 각 호로 한다.

1. 자치경찰사무에 관한 목표의 수립 및 평가

2. 자치경찰사무에 관한 인사, 예산, 장비, 통신 등에 관한 주요정책 및 그 운영지원

3. 자치경찰사무 담당 공무원의 임용, 평가 및 인사위원회 운영

4. 자치경찰사무 담당 공무원의 부패 방지와 청렴도 향상에 관한 주요 정책 및 인권침해 또는 권한남용 소지가 있는 규칙, 제도, 정책, 관행 등의 개선

5. 제2조에 따른 시책 수립

6. 제28조제2항에 따른 시·도경찰청장의 임용과 관련한 경찰청장과의 협의, 제30조제4항에 따른 평가 및 결과 통보

7. 자치경찰사무 감사 및 감사의뢰

8. 자치경찰사무 담당 공무원의 주요 비위사건에 대한 감찰요구

9. 자치경찰사무 담당 공무원에 대한 징계요구

10. 자치경찰사무 담당 공무원의 고충심사 및 사기진작

11. 자치경찰사무와 관련된 중요사건·사고 및 현안의 점검

12. 자치경찰사무에 관한 규칙의 제정·개정 또는 폐지

13. 지방행정과 치안행정의 업무조정과 그 밖에 필요한 협의·조정

14. 제32조에 따른 비상사태 등 전국적 치안유지를 위한 경찰청장의 지휘·명령에 관한 사무

15. 국가경찰사무 자치경찰사무의 협력·조정과 관련하여 경찰청장과 협의

16. 국가경찰위원회에 대한 심의 조정 요청

17. 그 밖에 시·도지사, 시·도경찰청장이 중요하다고 인정하여 시·도자치경찰위원회의 회의에 부친 사항에 대한 심의·의결

(나) 법적 지위　　　시·도자치경찰위원회의 소속이라는 점, 독립의 합의제 행정기관이라는 점, 소관사무가 대부분 자치경찰사무에 관한 것이라는 점에 비추어, 시·도자치경찰위원회는 자치경찰기관의 성격을 갖는다. 국가경찰과 자치경찰의 조직 및 운영에 관한 법률 제25조에 비추어 시·도자치경찰위원회는 기본적으로 의결기관의 성격을 갖지만, 순수한 의결기관은 아니다.

(2) 시·도경찰청장

(가) 자치경찰사무의 수행기관　　　시·도경찰청장은 …자치경찰사무에 대해서는 시·도자치경찰위원회의 지휘·감독을 받아 관할구역의 소관 사무를 관장하고 소속 공무원 및 소속 경찰기관의 장을 지휘·감독한다. 다만, 수사에 관한 사무에 대해서는 국가수사본부장의 지휘·감독을 받아 관할구역의 소관 사무를 관장하고 소속 공무원 및 소속 경찰기관의 장을 지휘·감독한다(국가경찰과 자치경찰의 조직 및 운영에 관한 법률 제28조 제3항 본문). 즉, 자치경찰사무를 수행하는 기관은 국가경찰행정청인 시·도경찰청장이다.

(나) 시·도경찰청장의 자치경찰사무에 대한 감독기관　　　제3항 본문의 경우 시·도

자치경찰위원회는 자치경찰사무에 대해 심의·의결을 통하여 시·도경찰청장을 지휘·감독한다. 다만, 시·도자치경찰위원회가 심의·의결할 시간적 여유가 없거나 심의·의결이 곤란한 경우 대통령령으로 정하는 바에 따라 시·도자치경찰위원회의 지휘·감독권을 시·도경찰청장에게 위임한 것으로 본다(국가경찰과 자치경찰의 조직 및 운영에 관한 법률 제28조 제4항). 즉, 시·도경찰청장의 자치경찰사무에 대한 감독기관은 시·도자치경찰위원회이다.

　　(다) 법적 지위　　　시·도경찰청장은 국가경찰사무를 수행하는 범위에서 국가의 경찰행정청의 지위도 갖지만, 자치경찰사무를 수행하는 범위에서 자치경찰행정청의 지위도 갖는다. 따라서 국가경찰과 자치경찰의 조직 및 운영에 관한 법률상 시·도경찰청장의 지위는 이중적이다. 시·도경찰청장의 지위가 이중적이라는 것은 자치경찰제가 온전한 것이 아님을 의미한다. 그것은 과도기적이다. 지방자치단체 소속기관인 자치경찰기관이 자치경찰사무를 전담하는 방향으로 발전이 있어야 할 것이다.

3. 제주특별자치도의 경우

　　현재로서 지방자치단체에 소속하는 경찰(자치경찰)은 제주특별자치도 설치 및 국제자유도시 조성을 위한 특별법(약칭: 제주특별법)에 근거하여 제주특별자치도에서 설치되고 있다. 제주특별법 제90조에 따른 자치경찰사무를 처리하기 위하여 「국가경찰과 자치경찰의 조직 및 운영에 관한 법률」 제18조에 따라 설치되는 제주특별자치도자치경찰위원회(이하 "자치경찰위원회"라 한다) 소속으로 자치경찰단을 둔다(제주특별법 제88조 제1항). 자치경찰단장은 도지사가 임명하며, 자치경찰위원회의 지휘·감독을 받는다(제주특별법 제89조 제1항). 자치경찰단장은 자치경찰행정청의 성격을 갖는다.

✦제2항 경찰행정청의 권한

[26] 경찰행정청 권한의 의의

1. 경찰행정청 권한의 개념

경찰행정청의 권한이란 경찰행정청이 수행하여야 하는 사무의 범위 내지 그 사무수행에 필요한 각종의 권능과 의무의 총체를 말한다. 경찰행정청이 국가(지방자치단체 포함)를 위하여, 그리고 국가의 행위로써 유효하게 사무를 처리할 수 있는 능력 또는 사무의 범위라 할 수 있다. 직무권한이라고도 한다.

2. 경찰권한법정주의

경찰권한법정주의란 경찰행정청의 권한은 법률로 정하여야 한다는 원칙이다. 경찰권한법정주의는 행정조직법정주의의 한 부분이다. 현행법상 경찰권한은 정부조직법, 경찰법, 경찰관 직무집행법 등에서 규정되고 있다.

▷ **정부조직법 제34조(행정안전부)** ⑥ 경찰청의 조직·직무범위 그 밖에 필요한 사항은 따로 법률로 정한다.
▷ **국가경찰과 자치경찰의 조직 및 운영에 관한 법률 제1조(목적)** 이 법은 경찰의 민주적인 관리·운영과 효율적인 임무수행을 위하여 경찰의 기본조직 및 직무 범위와 그 밖에 필요한 사항을 규정함을 목적으로 한다.
▷ **경찰관 직무집행법 제1조(목적)** ① 이 법은 국민의 자유와 권리 및 모든 개인이 가지는 불가침의 기본적 인권을 보호하고 사회공공의 질서를 유지하기 위한 경찰관(경찰공무원만 해당한다. 이하 같다)의 직무 수행에 필요한 사항을 규정함을 목적으로 한다.

3. 경찰행정청 사이의 권한 충돌

서대문경찰서 관할구역과 마포경찰서 관할구역의 경계지역에서 불법시위가 발생한 경우, 두 경찰서장 모두가 그 불법시위에 대한 처리권한이 없다고 하는 경우(이러한 것을 소극적 권한충돌이라 한다)와 모두가 권한이 있다고 하는 경우(이를 적극적 권한충돌이라 한다)가 발생할 수 있다. 이러한 경우에는 두 경찰서장에 대한 상급경찰기관인 서울지방경찰청장이 그 관할을 결정한다(행정절차법 제6조 제2항). 한편 국가경찰행정청과 제주특별자치도 자치경찰행정청 사이에 충돌이 있다면 협의로 해결할 것이다.

▷ **행정절차법 제6조(관할)** ② 행정청의 관할이 분명하지 아니한 경우에는 해당 행정청을 공통으로 감독하는 상급 행정청이 그 관할을 결정하며, 공통으로 감독하는 상급 행정청이 없는 경우에는 각 상급 행정청이 협의하여 그 관할을 결정한다.

[27] 경찰행정청 권한의 내용

1. 사물적 권한

경찰행정청이 수행하여야 할 사무범위를 사물적 권한이라 부르는데, 그 내용은 관련 법령에서 규정되고 있다.

(1) 국가경찰(경찰청)   정부조직법 제34조 제5항은「치안에 관한 사무」를 경찰청의 사무로 규정하고 있고, 국가경찰과 자치경찰의 조직 및 운영에 관한 법률과 경찰관 직무집행법은 아래에서 보는 바와 같이 이를 구체화하여 규정하고 있다. 한편, 국가경찰과 자치경찰의 조직 및 운영에 관한 법률과 경찰관 직무집행법은 대간첩·대테러 작전을 경찰사무로 규정하고 있는데, 대간첩·대테러 작전은 국가존립과 직결된 사무이므로 성질상 경찰행정사무라기보다 국방관련사무로 볼 것이다. 따라서 국가경찰과 자치경찰의 조직 및 운영에 관한 법률과 경찰관 직무집행법이 정하는 경찰사무는 경찰행정사무에만 국한된다고 말하기 어렵다.

▷ **국가경찰과 자치경찰의 조직 및 운영에 관한 법률 제4조(경찰의 사무)** ① 경찰의 사무는 다음 각 호와 같이 구분한다.
1. 국가경찰사무: 제3조에서 정한 경찰의 임무를 수행하기 위한 사무. 다만, 제2호의 자치경찰사무는 제외한다.
2. 자치경찰사무: 제3조에서 정한 경찰의 임무 범위 내에서 관할 지역의 생활안전·교통·경비·수사 등에 관한 다음 각 목의 사무   (각 목 생략)
제3조(경찰의 임무) 경찰의 임무는 다음 각 호와 같다.
1. 국민의 생명·신체 및 재산의 보호
2. 범죄의 예방·진압 및 수사
3. 범죄피해자 보호
4. 경비·요인경호 및 대간첩·대테러 작전 수행
5. 공공안녕에 대한 위험의 예방과 대응을 위한 정보의 수집·작성 및 배포
6. 교통의 단속과 위해의 방지
7. 외국 정부기관 및 국제기구와의 국제협력
8. 그 밖에 공공의 안녕과 질서유지
▷ **경찰관 직무집행법 제2조(직무의 범위)** 경찰관은 다음 각 호의 직무를 수행한다.

1. 국민의 생명·신체 및 재산의 보호
2. 범죄의 예방·진압 및 수사
2의2. 범죄피해자 보호
3. 경비, 주요 인사(人士) 경호 및 대간첩·대테러 작전 수행
4. 공공안녕에 대한 위험의 예방과 대응을 위한 정보
5. 교통 단속과 교통 위해(危害)의 방지
6. 외국 정부기관 및 국제기구와의 국제협력
7. 그 밖에 공공의 안녕과 질서 유지

(2) 특별경찰행정청　특별경찰행정청의 권한은 특별경찰법(예: 건축허가의 경우에 건축법, 식품접객업허가의 경우에 식품위생법, 산림벌채허가의 경우에 산림법)에서 규정하고 있다.

(3) 자치경찰　자치경찰사무는 국가경찰과 자치경찰의 조직 및 운영에 관한 법률, 제주특별자치도 자치경찰단의 권한은 제주특별자치도 설치 및 국제자유도시 조성을 위한 특별법에서 규정되고 있다.

▷ **국가경찰과 자치경찰의 조직 및 운영에 관한 법률 제4조(경찰의 사무)** ① 경찰의 사무는 다음 각 호와 같이 구분한다.
2. 자치경찰사무: 제3조에서 정한 경찰의 임무 범위 내에서 관할 지역의 생활안전·교통·경비·수사 등에 관한 다음 각 목의 사무
가. 지역 내 주민의 생활안전 활동에 관한 사무 [1) ~ 5) 전부 생략]
나. 지역 내 교통 활동에 관한 사무 [1) ~ 6) 전부 생략]
다. 지역 내 다중운집 행사 관련 혼잡 교통 및 안전 관리
라. 다음의 어느 하나에 해당하는 수사사무 [1) ~ 6) 전부 생략]
▷ **제주특별자치도 설치 및 국제자유도시 조성을 위한 특별법 제90조(사무)** 자치경찰은 다음 각 호의 사무(이하 "자치경찰사무"라 한다)를 처리한다.
1. 주민의 생활안전활동에 관한 사무(각목 생략)
2. 지역교통활동에 관한 사무(각목 생략)
3. 공공시설과 지역행사장 등의 지역경비에 관한 사무
4. 「사법경찰관리의 직무를 수행할 자와 그 직무범위에 관한 법률」에서 자치경찰공무원의 직무로 규정하고 있는 사법경찰관리의 직무
5. 「즉결심판에 관한 절차법」 등에 따라 「도로교통법」 또는 「경범죄 처벌법」

✚ 해양경찰청
정부조직법 제43조 제2항은 「해양에서의 경찰 및 오염방제에 관한 사무」를 해양경찰청의 사무로 규정하고 있고, 이를 받아 해양경찰청과 그 소속기관 직제도 「해양에서의 경찰 및 오염방제에 관한 사무」를 해양경찰청의 관장사무로 규정하고 있다(해양경찰청과 그 소속기관 직제 제3조).

✚ 소방청
정부조직법 제34조 제7항은 「소방에 관한 사무」를 소방청의 사무로 규정하고 있고, 소방법 제1조는 "화재를 예방·경계하거나 진압하고 화재, 재난·재해, 그 밖의 위급한 상황에서의 구조·구급 활동

등을 통하여 국민의 생명·신체 및 재산을 보호하는 것"을 소방법의 목적으로 규정하고 있다.

2. 지역적 권한

경찰행정청이 자신의 사물적 권한을 행사할 수 있는 공간상의 영역을 지역적 권한이라 한다. 경찰청장은 전국을 범위로 권한을 행사하지만, 경찰서장은 관할구역 안에서 위험방지작용을 한다. 한편, 계속되는 위험이 있음에도 관할구역의 경찰기관이 적절한 시기에 필요한 조치를 취할 수 없다면, 이웃하는 구역에 관할권을 가진 경찰기관이 잠정적으로 필요한 처분을 하여야 한다. 이것을 경찰상 공조라 부른다.

[28] 경찰행정청 권한의 행사

1. 권한행사의 방식

① 경찰청장은 자신에게 주어진 권한을 스스로 법이 정한 바에 따라 행사하여야 한다. 말하자면 경찰행정청은 자신의 권한을 자기 스스로 행사하는 것이 원칙이다. 그러나 ② 경찰청장이 공석 중인 경우에는 경찰청차장이 대신하여야 하는 경우도 있다. 이와 같이 사고 등을 이유로 다른 경찰기관으로 하여금 권한을 행사하게 하는 것을 권한의 대행이라 한다. 권한의 대행에는 권한의 위임과 권한의 대리가 있다.

2. 권한행사의 효과

경찰청장등 경찰행정청이 자신의 권한의 범위 내에서 행한 행위는 바로 경찰행정주체인 국가(지방자치단체 포함)의 행위로서 효력을 발생시킨다. 일단 발생한 효력은 경찰청장 등 경찰기관구성자의 변경이나 해당 경찰기관의 폐지·변동에 영향을 받지 않는다.

3. 관할이송

서대문경찰서장이 접수하였거나 이송받은 사건이 서대문경찰서의 관할에 속하는 것이 아니면, 서대문경찰서장은 지체 없이 이를 관할권을 가진 경찰기관에 이송하여야 하고, 그 사실을 신청인에게 통지하여야 한다. 경찰기관이 접수 또는 이송받은 후 관할이 변경된 경우에도 또한 같다.

▷ **행정절차법 제6조(관할)** ① 행정청이 그 관할에 속하지 아니하는 사안을 접수하였거나 이송받은 경우에는 지체 없이 이를 관할 행정청에 이송하여야 하고 그 사실을 신청인에게 통지하여야 한다. 행정청이 접수하거나 이송받은 후 관할이 변경된 경우에도 또한 같다.

4. 하자 있는 권한행사

만약 서울지방경찰청장이 강원도에서 총포판매업을 하려고 하는 甲에게 총포판매업을 허가한다면, 그러한 허가는 무권한의 허가로서 하자있는 행위가 된다. 왜냐하면 甲에 대한 정당한 허가권자는 강원지방경찰청장이지 서울지방경찰청장은 아니기 때문이다.

▷ **총포·도검·화약류 등의 안전관리에 관한 법률 (약칭: 총포화약법) 제6조(판매업의 허가)** ① 총포·도검·화약류·분사기·전자충격기·석궁의 판매업을 하려는 자는 판매소마다 행정안전부령으로 정하는 바에 따라 판매소의 소재지를 관할하는 지방경찰청장의 허가를 받아야 한다. 판매소의 위치·구조·시설 또는 설비를 변경하거나 판매하는 총포·도검·화약류·분사기·전자충격기·석궁의 종류를 변경하려는 경우에도 또한 같다.

✦제3항 경찰행정청 사이의 관계

[29] 국가경찰행정청 사이의 관계

1. 상·하 경찰행정청 사이의 관계

경찰청장과 지방경찰청장의 사이, 지방경찰청장과 경찰서장의 사이와 같이 상·하 경찰기관 사이에는 감독관계와 대행관계가 있다.

(1) 감독관계 ① 감독관계란 상급경찰행정청이 하급경찰행정청의 권한행사가 합법적·합목적적인 것이 되도록 감독하는 관계를 말한다. ② 상급경찰행정청이 감독을 위해 하급경찰행정청의 경찰작용마다 감독권의 법적 근거가 있어야만 하는 것은 아니다. 상급경찰행정청이 하급경찰행정청에 대하여 일반적으로 감독권을 갖는다는 법적 근거만 있으면 된다. 상급경찰행정청의 일반적인 감독권은 경찰법에서 규정되고 있다.

▷ **국가경찰과 자치경찰의 조직 및 운영에 관한 법률 제14조(경찰청장)** ③ 경찰청장은 국가경찰사무를 총괄하고 경찰청 업무를 관장하며 소속 공무원 및 각급 경찰기관의 장을 지휘·감독한다.
제28조(시·도경찰청장) ③ 시·도경찰청장은 국가경찰사무에 대해서는 경찰청장의 지휘·감독을, 자치경찰사무에 대해서는 시·도자치경찰위원회의 지휘·감독을 받아 관할구역의 소관 사무를 관장하고 소속 공무원 및 소속 경찰기관의 장을 지휘·감독한다. 다만, 수사에 관한 사무에 대해서는 국가수사본부장의 지휘·감독을 받아 관할구역의 소관 사무를 관장하고 소속 공무원 및 소속 경찰기관의 장을 지휘·감독한다.
제30조(경찰서장) ② 경찰서장은 시·도경찰청장의 지휘·감독을 받아 관할구역의 소관 사무를 관장하고 소속 공무원을 지휘·감독한다.

③ 감독권에는 감시권(예: 상급경찰기관이 하급경찰기관의 사무처리를 살피는 권한), 훈령권(상급경찰기관이 하급경찰기관의 권한행사를 지휘하는 권한), 인가권(상급경찰기관이 하급경찰기관의 특정한 경찰권행사를 미리 승인하는 권한), 취소권·정지권(상급경찰기관이 하급경찰기관의 위법·부당한 행위를 취소하거나 정지하는 권한), 주관쟁의결정권(하급경찰기관 사이에 권한의 분쟁이 있는 경우, 상급경찰기관이 그 분쟁을 해결하고 결정하는 권한)이 있다.

(2) 대행관계　　대행관계란 하급경찰행정청이 상급경찰행정청의 권한을 대신 행사하는 관계를 말한다. 대행의 방법에는 권한의 위임과 권한의 대리가 있다. ① 권한의 위임이란 상급경찰행정청이 자기에게 주어진 권한을 스스로 행사하지 않고, 하급경찰행정청으로 하여금 하급경찰행정청의 이름과 권한과 책임으로 그 권한을 행사하게 하는 것을 말한다. 경찰조직법정주의로 인해 권한의 위임에는 법적 근거가 필요하다(예: 도로교통법 제147조).

▷ **도로교통법 제147조(위임 및 위탁 등)** ③ 지방경찰청장은 이 법에 따른 권한 또는 사무의 일부를 대통령령으로 정하는 바에 따라 관할 경찰서장에게 위임하거나 교통 관련 전문교육기관 또는 전문연구기관 등에 위탁할 수 있다.
제93조(운전면허의 취소·정지) 시·도경찰청장은 운전면허(조건부 운전면허는 포함하고, 연습운전면허는 제외한다. 이하 이 조에서 같다)를 받은 사람이 다음 각 호의 어느 하나에 해당하면 행정안전부령으로 정하는 기준에 따라 운전면허(운전자가 받은 모든 범위의 운전면허를 포함한다. 이하 이 조에서 같다)를 취소하거나 1년 이내의 범위에서 운전면허의 효력을 정지시킬 수 있다. …
▷ **도로교통법 시행령 제86조(위임 및 위탁)** ③ 지방경찰청장은 법 제147조 제3항에 따라 다음 각 호의 권한을 관할 경찰서장에게 위임한다.
3. 법 제93조에 따른 운전면허효력 정지처분

② 권한의 대리란 경찰행정청(A)이 자신의 권한의 전부 또는 일부를 다른 경찰행정청(B)으로 하여금 행사하게 하는 경우로서, 이때 대리관청(B)은 피대리관청(A)을 위한 것임을 표시하면서 대리관청 자신의 이름으로 행위를 하되

그 효과는 직접 피대리관청에 귀속하게 하는 제도를 말한다. 직무대행으로 불리기도 한다. 권한의 대리는 대리권의 발생원인에 따라 임의대리와 법정대리로 나누어진다.

▷**국가경찰과 자치경찰의 조직 및 운영에 관한 법률 제15조(경찰청 차장)** ② 차장은 경찰청장을 보좌하며, 경찰청장이 부득이한 사유로 직무를 수행할 수 없을 때에는 그 직무를 대행한다.
제29조(시·도경찰청 차장) ② 차장은 시·도경찰청장을 보좌하여 소관 사무를 처리하고 시·도경찰청장이 부득이한 사유로 직무를 수행할 수 없을 때에는 그 직무를 대행한다.

2. 대등한 경찰행정청 사이의 관계

서울지방경찰청장과 강원지방경찰청장 사이 또는 서대문경찰서장과 마포경찰서장 사이와 같이 대등한 경찰행정청 사이에는 권한의 존중관계와 권한의 상호협력관계가 있다.

(1) 권한의 상호존중관계　　　대등한 경찰행정청 사이에서 경찰행정청은 다른 경찰행정청의 권한을 존중하고 침범하지 못한다. 경찰행정청의 권한은 경찰행정청 스스로가 정하는 사항이 아니라 법령상 정해지기 때문이다.

(2) 권한의 상호협력관계　　　대등한 경찰행정청 사이에는 ① 상호 관련되는 사무를 협의에 따라 처리할 수 있고, ② 법령의 정함이 있으면 사무의 위탁도 가능하다. ③ 경찰행정에서 빈번히 문제되는 것은 경찰직무 응원이다. 경찰직무 응원이란 경찰사무의 처리를 위해 다른 경찰행정청으로부터 인력이나 장비 또는 전문지식의 도움을 받는 것을 말한다. 경찰직무 응원에 관한 특별법으로 경찰직무 응원법이 있고, 일반법으로 행정절차법 제8조가 있다.

▷**경찰직무 응원법 제1조(응원경찰관의 파견)** ① 지방경찰청장 또는 지방해양경찰관서의 장은 돌발사태를 진압하거나 공공질서가 교란되었거나 교란될 우려가 현저한 지역(이하 "특수지구"라 한다)을 경비할 때 그 소관 경찰력으로는 이를 감당하기 곤란하다고 인정할 때에는 응원을 받기 위하여 다른 지방경찰청장이나 지방해양경찰관서의 장 또는 자치경찰단을 설치한 제주특별자치도지사에게 경찰관 파견을 요구할 수 있다.
② 경찰청장이나 해양경찰청장은 돌발사태를 진압하거나 특수지구를 경비할 때 긴급한 경우 지방경찰청장, 소속 경찰기관의 장 또는 지방해양경찰관서의 장에게 다른 지방경찰청 또는 지방해양경찰관서의 경찰관을 응원하도록 소속 경찰관의 파견을 명할 수 있다.
▷**행정절차법 제8조(행정응원)** ① 행정청은 다음 각 호의 어느 하나에 해당하는 경우에는 다른 행정청에 행정응원을 요청할 수 있다.
1. 법령등의 이유로 독자적인 직무 수행이 어려운 경우
2. 인원·장비의 부족 등 사실상의 이유로 독자적인 직무 수행이 어려운 경우
3. 다른 행정청에 소속되어 있는 전문기관의 협조가 필요한 경우

4. 다른 행정청이 관리하고 있는 문서(전자문서를 포함한다. 이하 같다)·통계 등 행정자료가 직무 수행을 위하여 필요한 경우
5. 다른 행정청의 응원을 받아 처리하는 것이 보다 능률적이고 경제적인 경우

[30] 국가경찰행정청과 제주자치경찰행정청 사이의 관계

1. 감독관계

지방자치법이 정하는 「국가의 지도·감독」에 관한 규정(지방자치법 제166조 이하)은 제주특별자치도 자치경찰에도 적용된다. 다만 「제주특별자치도 설치 및 국제자유도시 조성을 위한 특별법」은 특별규정을 두고 있다.

▷ **제주특별자치도 설치 및 국제자유도시 조성을 위한 특별법 제104조(시정명령 등)** ① 행정안전부장관은 자치경찰사무와 관련하여 「지방자치법」 제188조에 따른 시정명령을 하려면 미리 국가경찰위원회의 의견을 들어야 한다.
② 행정안전부장관은 자치경찰사무와 관련한 도의회의 의결에 대하여 「지방자치법」 제192조에 따른 재의를 요구하려면 미리 국가경찰위원회의 의견을 들어야 한다.

2. 상호존중과 협력관계

국가경찰행정청과 제주특별자치도 자치경찰행정청 사이에도 권한의 상호존중관계와 권한의 상호협력관계가 적용된다. 다만 「제주특별자치도 설치 및 국제자유도시 조성을 위한 특별법」은 국가경찰과 자치경찰의 협조에 관한 특별규정을 두고 있다.

▷ **제주특별자치도 설치 및 국제자유도시 조성을 위한 특별법 제100조(국가경찰과 자치경찰의 협조)**
① 국가경찰과 자치경찰은 치안행정의 연계성을 확보하고 지역특성에 맞는 치안서비스를 제공하기 위하여 자치경찰사무의 범위에서 필요한 정보와 기술을 제공하는 등 협조하여야 한다.
② 국가경찰과 자치경찰은 직무수행에 필요한 범위에서 유·무선의 통신망과 시설물을 함께 이용할 수 있다.
③ 도지사와 제주자치도 지방경찰청장은 경찰인력 및 장비 등의 효율적인 운영을 위하여 경찰인력 및 장비 등의 운영상황과 계획을 서로 통보하여야 한다. 이 경우 통보절차 및 방법 등에 관한 사항은 도 조례로 정하되, 제주자치도 지방경찰청장의 의견을 들어야 한다.

✦제4항 경찰행정과 사인

위험방지작용은 국가나 지방자치단체뿐만 아니라 사인에 의해 수행되기도 한다. 사인에 의한 위험방지작용의 유형으로 공무수탁사인에 의한 위험방지, 청원경찰에 의한 위험방지, 용역경비 등이 있다.

[31] 공무수탁사인

법률이나 법률에 근거한 행위로 특정의 공적인 임무를 수행하도록 공적 권한이 주어진 사인(자연인 또는 법인)을 공무수탁사인이라 한다. 공무수탁사인은 자기의 이름으로 공적 권한을 행사한다. 공무수탁사인 중에서 경찰권이 부여된 사인을 경찰상 공무수탁사인이라 한다. 공무수탁사인의 예로 비행기에서 경찰권을 행사하는 기장, 선박에서 경찰권을 행사하는 선장 등을 볼 수 있다. 행정기본법은 공무수탁사인을 행정청의 한 종류로 규정하고 있다(행정기본법 제2호 나목).

▷**항공보안법 제22조(기장 등의 권한)** ① 기장이나 기장으로부터 권한을 위임받은 승무원(이하 "기장등"이라 한다) 또는 승객의 항공기 탑승 관련 업무를 지원하는 항공운송사업자 소속 직원 중 기장의 지원요청을 받은 사람은 다음 각 호의 어느 하나에 해당하는 행위를 하려는 사람에 대하여 그 행위를 저지하기 위한 필요한 조치를 할 수 있다.
1. 항공기의 보안을 해치는 행위
2. 인명이나 재산에 위해를 주는 행위
3. 항공기 내의 질서를 어지럽히거나 규율을 위반하는 행위
▷**선원법 제6조(지휘명령권)** 선장은 해원을 지휘·감독하며, 선내에 있는 사람에게 선장의 직무를 수행하기 위하여 필요한 명령을 할 수 있다.
제11조(선박 위험 시의 조치) ① 선장은 선박에 급박한 위험이 있을 때에는 인명, 선박 및 화물을 구조하는 데 필요한 조치를 다하여야 한다.
제23조(위험물 등에 대한 조치) ① 흉기, 폭발하거나 불붙기 쉬운 물건, 「화학물질관리법」에 따른 인체급성유해성물질, 인체만성유해성물질, 생태유해성물질과 그 밖의 위험한 물건을 가지고 승선한 사람은 즉시 선장에게 신고하여야 한다.
② 선장은 제1항에 따른 물건에 대하여 보관·폐기 등 필요한 조치를 할 수 있다.
▷**도로교통법 제5조(신호 또는 지시에 따를 의무)** ① 도로를 통행하는 보행자, 차마 또는 노면전차의 운전자는 교통안전시설이 표시하는 신호 또는 지시와 다음 각 호의 어느 하나에 해당하는 사람이 하는 신호 또는 지시를 따라야 한다.

1. 교통정리를 하는 경찰공무원(의무경찰을 포함한다. 이하 같다) 및 제주특별자치도의 자치경찰공무원(이하 "자치경찰공무원"이라 한다)

2. 경찰공무원(자치경찰공무원을 포함한다. 이하 같다)을 보조하는 사람으로서 대통령령으로 정하는 사람(이하 "경찰보조자"라 한다)

▷ **도로교통법 시행령 제6조(경찰공무원을 보조하는 사람의 범위)** 법 제5조 제1항 제2호에서 "대통령령으로 정하는 사람"이란 다음 각 호의 어느 하나에 해당하는 사람을 말한다.

1. 모범운전자

▷ **행정기본법 제2조(정의)** 이 법에서 사용하는 용어의 뜻은 다음과 같다.

2. "행정청"이란 다음 각 목의 자를 말한다.

가. 행정에 관한 의사를 결정하여 표시하는 국가 또는 지방자치단체의 기관

나. 그 밖에 법령등에 따라 행정에 관한 의사를 결정하여 표시하는 권한을 가지고 있거나 그 권한을 위임 또는 위탁받은 공공단체 또는 그 기관이나 사인(私人)

공무수탁사인은 자신의 권한의 범위 안에서 행정행위를 발령할 수도 있고, 수수료를 징수할 수도 있고, 기타 공법상 행위를 할 수도 있다. 공무수탁사인의 결정은 행정기관의 결정과 동일한 것이 된다. 한편 공무사인이 임무수행과 관련하여 사인의 권리를 침해하면, 침해당한 자는 행정심판이나 행정소송을 제기할 수도 있다.

[32] 청원경찰

청원경찰이란 다음 각 호(1. 국가기관 또는 공공단체와 그 관리하에 있는 중요 시설 또는 사업장, 2. 국내 주재(駐在) 외국기관, 3. 그 밖에 행정안전부령으로 정하는 중요 시설, 사업장 또는 장소)의 어느 하나에 해당하는 기관의 장 또는 시설·사업장 등의 경영자가 경비(이하 "청원경찰경비"라 한다)를 부담할 것을 조건으로 경찰의 배치를 신청하는 경우 그 기관·시설 또는 사업장 등의 경비(警備)를 담당하게 하기 위하여 배치하는 경찰을 말한다(청원경찰법 제2조). 청원경찰을 두는 것은 국가의 예산이 뒷받침되지 못하는 영역에 국가의 감독과 사업주 등의 부담 하에 위험방지사무를 처리함으로써 국가경찰의 미비를 보충하고자 함에 있다. 시중은행에서 청원경찰이 근무하는 것을 쉽게 볼 수 있다.

○판례 청원경찰은 경찰인력의 부족을 보완하고 국가기관 등 중요 시설, 사업체 또는 장소의 경비 및 공안업무에 만전을 기하려는 취지에서 국가기관 등 중요 시설의 경영자가 경비를 부담할 것을 조건으로 경찰의 배치를 신청하는 경우에 이에 응하여 임용, 배치된다. 청원경찰은 제복을 착용하고 무기를 휴대하여 경비 및 공안업무라는 경찰관에 준하는 공적인 업무를 하고 있으므로 그 업무

를 원활하게 수행하기 위해서는 청원경찰 개개인이 고도의 윤리·도덕성을 갖추어야 할 뿐 아니라 청원경찰직에 대한 국민의 신뢰가 기본바탕이 되어야 한다(헌재 2018. 1. 25., 2017헌가26).

[32-1] 자율방범대

자율방범대란 범죄예방 등 지역사회 안전을 위하여 지역 주민들이 자발적으로 조직하여 봉사활동을 하는 단체로 제4조에 따라 경찰서장에게 신고한 단체를 말한다(자율방범대 설치 및 운영에 관한 법률 제2조 제1호). 자율방범대는 국가나 지방자치단체의 경찰행정조직의 일부가 아니라 민간조직이다. 자율방범대는 자율방범활동(1. 범죄예방을 위한 순찰 및 범죄의 신고, 2. 청소년 선도 및 보호, 3. 시·도경찰청장·경찰서장·지구대장·파출소장(이하 "시·도경찰청장등"이라 한다)이 지역사회의 안전을 위하여 요청하는 활동, 4. 특별시장·광역시장·특별자치시장·도지사·특별자치도지사(이하 "시·도지사"라 한다), 시장·군수·구청장 또는 읍장·면장·동장이 지역사회의 안전을 위하여 요청하는 활동)을 행한다(자율방범대 설치 및 운영에 관한 법률 제7조).

[33] 경비업

경비업이란 경비업법 제2조 제1호기 정하는 영업을 말한다. 경비업은 법인이 아니면 이를 영위할 수 없다(경비업법 제3조). 경비업을 영위하고자 하는 법인은 도급받아 행하고자 하는 경비업무를 특정하여 그 법인의 주사무소의 소재지를 관할하는 시·도경찰청장의 허가를 받아야 한다(경비업법 제4조 제1항 본문). 경비업은 사회기능의 분화와 경비수요의 급증 현상 하에서 경찰인력의 부족, 경찰관의 과중한 근무시간과 업무량, 경찰장비의 노후화 등에 대한 보완의 의미를 가지며, 국가예산의 절감에 기여한다.

▷ **경비업법 제2조(정의)** 이 법에서 사용하는 용어의 정의는 다음과 같다.
1. "경비업"이라 함은 다음 각목의 1에 해당하는 업무(이하 "경비업무"라 한다)의 전부 또는 일부를 도급받아 행하는 영업을 말한다.
가. 시설경비업무 : 경비를 필요로 하는 시설 및 장소(이하 "경비대상시설"이라 한다)에서의 도난·화재 그 밖의 혼잡 등으로 인한 위험발생을 방지하는 업무

나. 호송경비업무 : 운반중에 있는 현금·유가증권·귀금속·상품 그 밖의 물건에 대하여 도난·화재 등 위험발생을 방지하는 업무

다. 신변보호업무 : 사람의 생명이나 신체에 대한 위해의 발생을 방지하고 그 신변을 보호하는 업무

라. 기계경비업무 : 경비대상시설에 설치한 기기에 의하여 감지·송신된 정보를 그 경비대상시설외의 장소에 설치한 관제시설의 기기로 수신하여 도난·화재 등 위험발생을 방지하는 업무

마. 특수경비업무 : 공항(항공기를 포함한다) 등 대통령령이 정하는 국가중요시설(이하 "국가중요시설"이라 한다)의 경비 및 도난·화재 그 밖의 위험발생을 방지하는 업무

바. 혼잡·교통유도경비업무: 도로에 접속한 공사현장 및 사람과 차량의 통행에 위험이 있는 장소 또는 도로를 점유하는 행사장 등에서 교통사고나 그 밖의 혼잡 등으로 인한 위험발생을 방지하는 업무

✚ 민간조사사(탐정사)

자격기본법 제17조 제1항은 "국가외의 법인·단체 또는 개인은 누구든지 다음 각 호(1. 다른 법령에서 금지하는 행위와 관련된 분야, 2. 국민의 생명·건강·안전 및 국방에 직결되는 분야, 3. 선량한 풍속을 해하거나 사회질서에 반하는 행위와 관련되는 분야, 4. 그 밖에 민간자격으로 운영하는 것이 적합하지 아니하다고 심의회의 심의를 거쳐 대통령령으로 정하는 분야)에 해당하는 분야를 제외하고는 민간자격을 신설하여 관리·운영할 수 있다."고 규정하고 있다.

이 조문에 근거하여 기업이나 개인의 정보나 자료의 수집 등을 수행하는 민간자격이 설정될 수 있다. 이러한 자격을 가진 자를 민간조사사 또는 탐정사로 부르기도 있는데, 이러한 명칭은 자격기본법에서 정해진 것이 아니고, 자격기본법 제17조 제2항(제1항에 따라 민간자격을 신설하여 관리·운영하려는 자는 대통령령으로 정하는 바에 따라 해당 민간자격을 주무부장관에게 등록하여야 한다)에 따라 민간자격관리자가 정한 것이다.

민간조사사는 사인으로서 자격기본법 제17조 제1항 각호가 정하는 사무를 수행할 수는 없다는 점을 유념하여야 한다. 사안에 따라서는 민간조사사의 조사업무가 경찰기능을 보완하는 의미를 가질 수도 있을 것이다.

제2절 경찰공무원법

✦제1항 경찰공무원법 일반론

[34] 경찰공무원법의 관념

1. 경찰공무원법의 의의

경찰공무원법이란 경찰사무에 종사하는 공무원인 경찰공무원의 지위를 규정하는 법령의 총체를 말한다. 경찰공무원법에는 경찰공무원법, 경찰공무원임용령, 경찰공무복무규정, 경찰공무원징계령 등이 있다.

2. 경찰공무원법에 대한 헌법원칙

(1) 민주적 경찰공무원　　① 경찰공무원은 국민전체의 봉사자이므로(헌법 제7조 제1항 제1문) 법령에 의해 정해진 직무범위 안에서 자신의 지식과 기술을 활용하여 충실한 법의 집행자로서 직무를 수행하여야 한다. ② 경찰공무원은 국민에 대하여 책임을 진다(헌법 제7조 제1항 제2문). 경찰공무원의 책임에는 징계책임·변상책임·형사책임 등이 있다. ③ 헌법 제25조에 근거하여 모든 국민은 경찰공무원이 될 수 있다. 경찰공무원이 될 수 있는 권리는 모든 국민에게 평등하게 보장된다.

▷**헌법 제7조** ①공무원은 국민전체에 대한 봉사자이며, 국민에 대하여 책임을 진다.
제25조 모든 국민은 법률이 정하는 바에 의하여 공무담임권을 가진다.

(2) 직업경찰공무원　　① 헌법은 정권교체에 관계없이 공무원의 임용이 공무원 개인의 능력이나 업적에 따라 보장되는 직업공무원제도를 채택하고 있으므로(헌법 제7조 제2항), 경찰공무원은 직업공무원이다. ② 직업공무원으로

서 경찰공무원의 신분은 보장된다(국가공무원법 제68조). ③ 경찰공무원은 직업공무원이므로 정치적 활동이 금지된다(국가공무원법 제65조). 즉 정치적 중립을 지켜야 한다. 정치적 중립이란 최소한의 범위 내에서의 정치행위의 제한이라는 의미로 새겨야 한다. ④ 직업공무원으로서 경찰공무원에게는 성적주의가 적용된다. 성적주의란 정치세력에 의한 간섭 없이 개인의 성적을 기초로 하여 인사행정이 이루어지는 원칙을 말한다(경찰공무원법 제11조).

▷ **헌법 제7조** ② 공무원의 신분과 정치적 중립성은 법률이 정하는 바에 의하여 보장된다.
▷ **국가공무원법 제68조(의사에 반한 신분 조치)** 공무원은 형의 선고, 징계처분 또는 이 법에서 정하는 사유에 따르지 아니하고는 본인의 의사에 반하여 휴직·강임 또는 면직을 당하지 아니한다. 다만, 1급 공무원과 제23조에 따라 배정된 직무등급이 가장 높은 등급의 직위에 임용된 고위공무원단에 속하는 공무원은 그러하지 아니하다.
제65조(정치 운동의 금지) ① 공무원은 정당이나 그 밖의 정치단체의 결성에 관여하거나 이에 가입할 수 없다.
▷ **경찰공무원법 제15조(승진)** ① 경찰공무원은 바로 아래 하위계급에 있는 경찰공무원 중에서 근무성적평정, 경력평정, 그 밖의 능력을 실증(實證)하여 승진임용한다. 다만, 해양경찰청장을 보하는 경우 치안감을 치안총감으로 승진임용할 수 있다..

(3) 경찰공무원의 기본권　① 경찰공무원의 기본권도 일반 국민과 마찬가지로 헌법상 보장되지만, ② 동시에 헌법과 법률이 정하는 바에 따라 제한될 수 있다. 경찰공무원의 기본권제한의 예로, 경찰공무원은 국가배상에서 이중배상이 금지되며(헌법 제29조 제2항), 또한 경찰공무원의 정당·정치단체 가입과 정치활동에 관여하는 행위는 금지된다(헌법 제37조 제2항, 경찰공무원법 제23조 제1항).

▷ **헌법 제29조** ② 군인·군무원·경찰공무원 기타 법률이 정하는 자가 전투·훈련등 직무집행과 관련하여 받은 손해에 대하여는 법률이 정하는 보상외에 국가 또는 공공단체에 공무원의 직무상 불법행위로 인한 배상은 청구할 수 없다.
제37조 ② 국민의 모든 자유와 권리는 국가안전보장·질서유지 또는 공공복리를 위하여 필요한 경우에 한하여 법률로써 제한할 수 있으며, 제한하는 경우에도 자유와 권리의 본질적인 내용을 침해할 수 없다.
▷ **경찰공무원법 제23조(정치 관여 금지)** ① 경찰공무원은 정당이나 정치단체에 가입하거나 정치활동에 관여하는 행위를 하여서는 아니 된다.
② 제1항에서 정치활동에 관여하는 행위란 다음 각 호의 어느 하나에 해당하는 행위를 말한다.
1. 정당이나 정치단체의 결성 또는 가입을 지원하거나 방해하는 행위
2. 그 직위를 이용하여 특정 정당이나 특정 정치인에 대하여 지지 또는 반대 의견을 유포하거나, 그러한 여론을 조성할 목적으로 특정 정당이나 특정 정치인에 대하여 찬양하거나 비방하는 내용의 의견 또는 사실을 유포하는 행위

3. 특정 정당이나 특정 정치인을 위하여 기부금 모집을 지원하거나 방해하는 행위 또는 국가·지방자치단체 및 「공공기관의 운영에 관한 법률」에 따른 공공기관의 자금을 이용하거나 이용하게 하는 행위
4. 특정 정당이나 특정인의 선거운동을 하거나 선거 관련 대책회의에 관여하는 행위
5. 「정보통신망 이용촉진 및 정보보호 등에 관한 법률」에 따른 정보통신망을 이용한 제1호부터 제4호까지의 규정에 해당하는 행위
6. 소속 직원이나 다른 공무원에 대하여 제1호부터 제5호까지의 행위를 하도록 요구하거나 그 행위와 관련한 보상 또는 보복으로서 이익 또는 불이익을 주거나 이를 약속 또는 고지(告知)하는 행위

[35] 경찰공무원법관계의 관념

1. 경찰공무원법관계의 의의

국가와 경찰공무원 사이의 관계는 법이 지배하는 관계, 즉 법관계이다. 법령에 근거가 없이도 국가가 경찰공무원에게 일방적으로 명령을 할 수 있는 관계(예전에 주장되었던 특별권력관계)(이에 관해 [15]2를 보라)가 아니다. 말하자면 경찰공무원의 법관계는 경찰법령등이 적용되는 법관계이며, 그것은 공법상 근무관계로서 공법상 성실관계에 놓인다.

○판례 공무원은 국민 전체에 대한 봉사자이며, 국민에 대하여 책임을 진다(헌법 제7조). 공무원은 노무의 대가로 얻는 수입에 의존하여 생활한다는 점에서 근로자로서의 성격을 가지지만, 국민 전체에 대한 봉사자로서 공공성, 공정성, 성실성, 중립성 등이 요구되기 때문에 일반 근로자와는 다른 특별한 근무관계에 있다. 공무원과 국가 또는 지방자치단체 사이의 근무관계는 사법상 근로계약으로 형성되는 관계가 아니라 임용주체의 행정처분인 임명행위로 인하여 설정되는 공법상 신분관계이다(대판 2023. 9. 21., 2016다255941).

2. 경찰공무원법관계의 당사자

(1) 임용권자(임용의 주체)　　① 총경 이상 경찰공무원은 경찰청장 또는 해양경찰청장의 추천을 받아 행정안전부장관 또는 해양수산부장관의 제청으로 국무총리를 거쳐 대통령이 임용한다. 다만, 총경의 전보, 휴직, 직위해제, 강등, 정직 및 복직은 경찰청장 또는 해양경찰청장이 한다(경찰공무원법 제7조 제1항). ② 경정 이하의 경찰공무원은 경찰청장 또는 해양경찰청장이 임용한다. 다만, 경정으로의 신규채용, 승진임용 및 면직은 경찰청장 또는 해양경찰청장의 제청으로 국무총리를 거쳐 대통령이 한다(경찰공무원법 제7조 제2항). 한편, ③ 제주특별자치도의 경우, 소속 자치경찰공무원의 임용권자는 도지사이다(제주특별법 제107조).

✚ 소방공무원의 임용권자

소방령 이상의 소방공무원은 소방청장의 제청으로 국무총리를 거쳐 대통령이 임용한다. 다만, 소방
총감은 대통령이 임명하고, 소방령 이상 소방준감 이하의 소방공무원에 대한 전보, 휴직, 직위해제,
강등, 정직 및 복직은 소방청장이 한다(소방공무원법 제6조 제1항). 소방경 이하의 소방공무원은
소방청장이 임용한다(소방공무원법 제6조 제2항).

(2) 경찰공무원(임용의 상대방)

(가) 임용자격(임용요건)　　　경찰공무원은 신체 및 사상이 건전하고 품행이
방정한 사람 중에서 임용한다(경찰공무원법 제8조 제1항). ① 대한민국 국적을
가지지 아니한 사람, ②「국적법」제11조의2 제1항에 따른 복수국적자, ③ 피
성년후견인 또는 피한정후견인, ④ 파산선고를 받고 복권되지 아니한 사람,
⑤ 자격정지 이상의 형(刑)을 선고받은 사람, ⑥ 자격정지 이상의 형의 선고유
예를 선고받고 그 유예기간 중에 있는 사람, ⑦ 공무원으로 재직기간 중 직무
와 관련하여「형법」제355조(횡령, 배임) 및 제356조(업무상의 횡령, 배임)에 규정
된 죄를 범한 사람으로서 300만원 이상의 벌금형을 선고받고 그 형이 확정된
후 2년이 지나지 아니한 사람, ⑧「성폭력범죄의 처벌 등에 관한 특례법」제2
조에 규정된 죄를 범한 사람으로서 100만원 이상의 벌금형을 선고받고 그 형
이 확정된 후 3년이 지나지 아니한 사람. ⑨ 미성년자에 대한 다음 각 목(가.
「성폭력범죄의 처벌 등에 관한 특례법」제2조에 따른 성폭력범죄, 나.「아동·청소년의 성
보호에 관한 법률」제2조 제2호에 따른 아동·청소년대상 성범죄)의 어느 하나에 해당
하는 죄를 저질러 형 또는 치료감호가 확정된 사람(집행유예를 선고받은 후 그 집
행유예기간이 경과한 사람을 포함한다), ⑩ 징계에 의하여 파면 또는 해임처분을
받은 사람은 경찰공무원으로 임용될 수 없다(경찰공무원법 제8조 제2항).

(나) 결격자의 임용　　　결격사유를 가진 자에 대한 임용은 무효이다(판례).
결격사유를 가진 자가 임용된 후 실제로 경찰공무원으로 근무한다면, 그러한
자의 행위는 국민과의 관계에서는 유효한 행위가 된다(사실상 공무원이론).

(다) 계급　　　① 경찰공무원의 계급은 치안총감·치안정감·치안감·경무
관·총경·경정·경감·경위·경사·경장·순경으로 한다(경찰공무원법 제3조). ②
제주특별자치도의 자치경찰공무원의 계급은 자치경무관, 자치총경, 자치경
정, 자치경감, 자치경위, 자치경사, 자치경장, 자치순경으로 구분한다(제주특별
법 제6조).

✚ 소방공무원

이전의 소방공무원법은 소방공무원을 국가소방공무원과 지방소방공원으로 구분하였으나(2020.4.1. 이전 소방공무원법 제2조), 2020.4.1. 시행에 들어간 개정 소방공무원법은 소방공무원을 국가공무원으로 일원화하였고, 소방공무원의 계급을 소방총감, 소방정감, 소방감, 소방준감, 소방정, 소방령, 소방경, 소방위, 소방장, 소방교, 소방사로 나누고 있다(소방공무원법 제3조).

✦제2항 경찰공무원법관계의 발생·변경·소멸

Ⅰ. 경찰공무원법관계의 발생

[36] 신규임용·시보임용

1. 신규임용

① 신규임용으로 경찰공무원법관계가 생겨난다. 경정 및 순경의 신규채용은 공개경쟁시험으로 한다(경찰공무원법 제10조 제1항). 경위의 신규채용은 경찰대학을 졸업한 사람 및 대통령령으로 정하는 자격을 갖추고 공개경쟁시험으로 선발된 사람(경찰간부후보생)으로서 교육훈련을 마치고 정하여진 시험에 합격한 사람 중에서 한다(경찰공무원법 제10조 제2항). 성적요건이 결여된 자에 대한 임용은 취소할 수 있는 행위가 된다. ② 제주특별자치도 자치경찰공무원의 신규임용도 공개경쟁시험으로 한다(제주특별법 제110조 제1항).

2. 시보임용

경정 이하의 경찰공무원을 신규채용할 때에는 1년간 시보로 임용하고, 그 기간이 만료된 다음 날에 정규 경찰공무원으로 임용한다(경찰공무원법 제13조 제1항). 시보임용기간 중에 있는 경찰공무원이 근무성적 또는 교육훈련성적이 불량할 때에는 「국가공무원법」 제68조 및 이 법 제28조에도 불구하고 면직시키거나 면직을 제청할 수 있다(경찰공무원법 제13조 제3항). 경찰대학을 졸업한 사람 또는 경찰간부후보생으로서 정하여진 교육을 마친 사람을 경위로 임용하는 경우 등에는 시보임용을 거치지 아니한다(경찰공무원법 제13조 제4항). 제주특별자치도 자치경찰공무원의 경우도 유사하다(제주특별법 제119조 제1항).

▷ **국가공무원법 제70조(직권 면직)** ① 임용권자는 공무원이 다음 각 호의 어느 하나에 해당하면 직권으로 면직시킬 수 있다.
▷ **경찰공무원법 제28조(직권면직)** ① 임용권자는 경찰공무원이 다음 각 호의 어느 하나에 해당될 때에는 직권으로 면직시킬 수 있다. (각호 생략)

[37] 임용행위의 성질

임용주체(임용권자)의 의사와 경찰공무원이 되고자 하는 자의 의사의 가치가 대등하다고 보기 어렵다는 점, 경찰공무원이 되고자 하는 자의 의사는 필수적인 것이므로 도외시될 수 없다는 점을 고려할 때, 경찰공무원 임명행위는 상대방(경찰공무원)의 협력을 요하는 행정행위(쌍방적 행정행위)로 볼 것이다(참고로, 임용권자가 경찰공무원에게 보직을 부여하는 행위는 상대방의 협력을 요하지 아니하는 국가의 일방적인 행위이다). 한편, 경찰공무원이 되고자 하는 자의 신청이나 동의가 없이 이루어진 임용행위는 무효가 된다. 경찰공무원의 임명행위에 대한 법적 분쟁은 항고소송(행정소송)의 대상이 된다.

✚ 용어의 정리
(1) 임용과 임명
① 임용이란 ⓐ 넓게는 신규채용 · 승진 · 전보 · 파견 · 휴직 · 직위해제 · 정직 · 강등 · 복직 · 면직 · 해임 및 파면을 말하고(경찰공무원법 제2조 제1호), ⓑ 좁게는 공무원관계를 처음으로 발생시키는 신규채용행위로서의 임명행위를 뜻한다. 한편 ② 임명이란 좁게는 공무원신분의 신규설정행위를 뜻하나, 넓게는 면직을 포함하는 의미로 사용된다. ③ 이 책에서 임용은 넓은 의미로, 임명은 좁은 의미로 사용한다. 따라서 임용이란 공무원법관계의 발생 · 변경 · 소멸의 원인이 되는 모든 행위를 지칭하며, 임명이란 공무원법관계 발생원인의 하나를 뜻하는 것이 된다.

(2) 보직과 임명
임명은 공무원신분을 설정하는 행위이고, 보직은 공무원의 신분을 가진 자에게 직위(1명의 공무원에게 부여할 수 있는 직무와 책임)를 부여하여 일정한 직무를 담당하도록 명하는 행위(예: 경정 甲을 A경찰서 경비과장에 보함)를 말한다. 임명과 보직은 논리상 동시에 이루어지는 경우도 있고 그러하지 않은 경우도 있다. 전자는 임관과 직위부여가 결합되어 있는 경우이고(예: 경찰청장에 임하는 경우), 후자는 임관(예: 총경에 임하는 행위, 임명)과 직위부여(예: ○○경찰서장에 보하는 행위, 보직)가 분리된 경우이다(예: 총경 임명 후 ○○경찰서장에 보직하는 경우). 후자의 경우는 보직행위가 없는 한 구체적인 공무담임의 내용은 성립하지 않는다. 임용권자 또는 임용제청권자는 원칙적으로 소속경찰공무원에 대하여 하나의 직위를 부여하여야 한다(경찰공무원임용령 제22조 제1항).

II. 경찰공무원법관계의 변경

직무 수행을 전제로 하는 변경	→	승진, 전보·복직, 강임, 파견근무
직무 수행의 배제를 위한 변경	→	휴직, 직위해제, 정직

[38] 직무수행을 전제로 하는 변경

1. 승진(상위직급에로의 변경)

승진이란 하위직급에서 바로 상위직급으로 임용되는 것을 말한다. 승진명령은 행정행위의 성질을 갖는다. 승진에는 일반승진, 특별승진, 근속승진이 있다.

(1) 일반승진　　경찰공무원은 바로 아래 하위계급에 있는 경찰공무원 중에서 근무성적평정, 경력평정, 그 밖의 능력을 실증(實證)하여 승진임용한다(경찰공무원법 제15조 제1항 본문). 다만, 해양경찰청장을 보하는 경우 치안감을 치안총감으로 승진임용할 수 있다(경찰공무원법 제15조 제1항 단서). 경무관 이하 계급으로의 승진은 승진심사에 의하여 한다. 다만, 경정 이하 계급으로의 승진은 대통령령으로 정하는 비율에 따라 승진시험과 승진심사를 병행할 수 있다(경찰공무원법 제15조 제2항). 한편, 경찰공무원이 승진하려면 총경은 4년 이상, 경정 및 경감은 3년 이상, 경위 및 경사는 2년 이상, 경장 및 순경은 1년 이상 해당 계급에 재직하여야 한다(경찰공무원 승진임용 규정 제5조 제1항). 승진임용처분은 재량행위이다.

❍ 판례 임용권자에게는 승진임용에 관하여 일반 국민에 대한 행정처분이나 공무원에 대한 징계처분에서와는 비교할 수 없을 정도의 매우 광범위한 재량이 부여되어 있으므로 승진후보자명부의 높은 순위에 있는 후보자를 반드시 승진임용해야 하는 것은 아니다(대판 2024. 1. 4., 2022두65092).

(2) 근속승진　　근속승진이란 특정 계급에서 일정기간 재직하면 승진시키는 것을 말한다(경찰공무원법 제16조).

▷**경찰공무원법 제16조(근속승진)** ① 경찰청장 또는 해양경찰청장은 제15조 제2항에도 불구하고 해당 계급에서 다음 각 호의 기간 동안 재직한 사람을 경장, 경사, 경위, 경감으로 각각 근속승진임용할 수 있다. 다만, 인사교류 경력이 있거나 주요 업무의 추진 실적이 우수한 공무원 등 경찰행정 발전에 기여한 공이 크다고 인정되는 경우에는 대통령령으로 정하는 바에 따라 그 기간을 단축할 수 있다.
1. 순경을 경장으로 근속승진임용하려는 경우: 해당 계급에서 4년 이상 근속자

2. 경장을 경사로 근속승진임용하려는 경우: 해당 계급에서 5년 이상 근속자

3. 경사를 경위로 근속승진임용하려는 경우: 해당 계급에서 6년 6개월 이상 근속자

4. 경위를 경감으로 근속승진임용하려는 경우: 해당 계급에서 8년 이상 근속자

(3) 특별승진　　　특별승진이란 특별한 공이 있는 경찰공무원 등을 승진시키는 것을 말한다(경찰공무원법 제19조).

▷ **경찰공무원법 제19조(특별유공자 등의 특별승진)** ① 경찰공무원으로서 다음 각 호의 어느 하나에 해당되는 사람에 대하여는 제15조에도 불구하고 1계급 특별승진시킬 수 있다. 다만, 경위 이하의 경찰공무원으로서 모든 경찰공무원의 귀감이 되는 공을 세우고 전사하거나 순직한 사람에 대하여는 2계급 특별승진시킬 수 있다.

1. 「국가공무원법」 제40조의4 제1항 제1호부터 제4호까지의 규정 중 어느 하나에 해당되는 사람

2. 전사하거나 순직한 사람

3. 직무 수행 중 현저한 공적을 세운 사람

▷ **국가공무원법 제40조의4(우수 공무원 등의 특별승진)** ① 공무원이 다음 각 호의 어느 하나에 해당하면 제40조 및 제40조의2에도 불구하고 특별승진임용하거나 일반 승진시험에 우선 응시하게 할 수 있다.

1. 청렴하고 투철한 봉사 정신으로 직무에 모든 힘을 다하여 공무 집행의 공정성을 유지하고 깨끗한 공직 사회를 구현하는 데에 다른 공무원의 귀감(龜鑑)이 되는 자

2. 직무수행 능력이 탁월하여 행정 발전에 큰 공헌을 한 자

3. 제53조에 따른 제안의 채택·시행으로 국가 예산을 절감하는 등 행정 운영 발전에 뚜렷한 실적이 있는 자

4. 재직 중 공적이 특히 뚜렷한 자가 제74조의2에 따라 명예퇴직 할 때

5. 재직 중 공적이 특히 뚜렷한 자가 공무로 사망한 때

2. 전보·복직(동위직급내의 변경)

(1) 전보　　　전보란 경찰공무원의 동일 직위 및 자격 내에서의 근무기관이나 부서를 달리하는 임용(예: A경찰서장 총경 甲을 B경찰서장으로 보하는 경우)을 말한다(경찰공무원법 제2조 제2호). 임용권자 또는 임용제청권자는 장기근무 또는 잦은 전보로 인한 업무 능률 저하를 방지하기 위하여 특별한 사정이 없으면 정기적으로 전보를 실시하여야 한다(경찰공무원 임용령 제26조). 임용권자 또는 임용제청권자는 원칙적으로 소속 경찰공무원이 해당 직위에 임용된 날부터 1년 이내(감사업무를 담당하는 경찰공무원의 경우에는 2년 이내)에 다른 직위에 전보할 수 없다(경찰공무원 임용령 제27조 제1항 본문).

(2) 복직　　　복직이란 휴직·직위해제 또는 정직(강등에 따른 정직을 포함한다) 중에 있는 경찰공무원을 직위에 복귀시키는 것을 말한다(경찰공무원법 제2조 제3호). 복직명령은 행정행위의 성질을 갖는다.

3. 강등(하위직급에로의 변경)

국가공무원법상 강등은 징계처분의 하나로서 1계급 아래로 직급을 내리고 (고위공무원단에 속하는 공무원은 3급으로 임용하고, 연구관 및 지도관은 연구사 및 지도사로 한다) 공무원신분은 보유하나 3개월간 직무에 종사하지 못하며 그 기간 중 보수는 전액을 감하는 것을 말한다(국가공무원법 제80조 제1항). 국가경찰공무원에게는 국가공무원법이 일반법으로 적용되므로(경찰공무원법 제1조), 국가공무원법의 강등규정은 경찰공무원에게도 적용된다.

✚ 강임

국가공무원법상 "강임"이란 같은 직렬 내에서 하위 직급에 임명하거나 하위 직급이 없어 다른 직렬의 하위 직급으로 임명하거나 고위공무원단에 속하는 일반직공무원(제4조 제2항에 따라 같은 조 제1항의 계급 구분을 적용하지 아니하는 공무원은 제외한다)을 고위공무원단 직위가 아닌 하위 직위에 임명하는 것을 말한다(국가공무원법 제5조 제4호). 그런데 국가경찰공무원에 대하여는 강임은 적용하지 아니한다(경찰공무원법 제30조 제1항, 국가공무원법 제73조의4).

4. 파견근무(이중직위의 부여)

경찰공무원법에서 파견에 관한 특례규정은 볼 수 없다. 국가경찰공무원에게는 국가공무원법이 일반법으로 적용되므로(경찰공무원법 제1조), 국가공무원법이 정하는 바(국가공무원법 제32조의4)에 따라 경찰기관의 장은 소속 경찰공무원을 다른 국가기관 등에 일정 기간 파견근무하게 할 수 있다(국가공무원법 제32조의4 제1항). 파견명령은 행정행위의 성질을 갖는다.

---

[39] 직무수행의 배제를 위한 변경

1. 휴직

(1) 의의　　　경찰공무원법은 휴직의 의의에 관해 규정하는 바가 없으므로, 일반법인 국가공무원법의 관련 규정이 적용된다. 국가공무원법상 휴직이란 경찰공무원의 신분은 보유하게 하나 직무에는 종사하지 못하게 하는 것을 말한다(국가공무원법 제73조 제1항; 지방공무원법 제65조 제1항). 휴직에는 직권휴직과 의원휴직이 있다. 휴직명령은 행정행위의 성질을 갖는다.

(2) 직권휴직　　　경찰공무원의 의사와 관계없이 이루어지는 직권휴직은 국가공무원법 제71조 제1항, 지방공무원법 제63조 제1항에서 규정되고 있다.

▷ **국가공무원법 제71조(휴직)** ① 공무원이 다음 각 호의 어느 하나에 해당하면 임용권자는 본인의 의사에도 불구하고 휴직을 명하여야 한다.

1. 신체·정신상의 장애로 장기 요양이 필요할 때
2. 삭제 <1978.12.5.>
3. 「병역법」에 따른 병역 복무를 마치기 위하여 징집 또는 소집된 때
4. 천재지변이나 전시·사변, 그 밖의 사유로 생사(生死) 또는 소재(所在)가 불명확하게 된 때
5. 그 밖에 법률의 규정에 따른 의무를 수행하기 위하여 직무를 이탈하게 된 때
6. 「공무원의 노동조합 설립 및 운영 등에 관한 법률」 제7조에 따라 노동조합 전임자로 종사하게 된 때

(3) 의원휴직 경찰공무원의 원에 따라 이루어지는 의원휴직은 국가공무원법 제71조 제2항, 지방공무원법 제63조 제2항에서 규정되고 있다.

▷ **국가공무원법 제71조(휴직)** ② 임용권자는 공무원이 다음 각 호의 어느 하나에 해당하는 사유로 휴직을 원하면 휴직을 명할 수 있다. 다만, 제4호의 경우에는 대통령령으로 정하는 특별한 사정이 없으면 휴직을 명하여야 한다.

1. 국제기구, 외국 기관, 국내외의 대학·연구기관, 다른 국가기관 또는 대통령령으로 정하는 민간기업, 그 밖의 기관에 임시로 채용될 때
2. 국외 유학을 하게 된 때
3. 중앙인사관장기관의 장이 지정하는 연구기관이나 교육기관 등에서 연수하게 된 때
4. 만 8세 이하 또는 초등학교 2학년 이하의 자녀를 양육하기 위하여 필요하거나 여성공무원이 임신 또는 출산하게 된 때
5. 사고나 질병 등으로 장기간 요양이 필요한 조부모, 부모(배우자의 부모를 포함한다), 배우자, 자녀 또는 손자녀를 간호하기 위하여 필요한 때. 다만, 조부모나 손자녀의 간호를 위하여 휴직할 수 있는 경우는 본인 외에는 간호할 수 있는 사람이 없는 등 대통령령등으로 정하는 요건을 갖춘 경우로 한정한다.
6. 외국에서 근무·유학 또는 연수하게 되는 배우자를 동반하게 된 때
7. 대통령령등으로 정하는 기간 동안 재직한 공무원이 직무 관련 연구과제 수행 또는 자기개발을 위하여 학습·연구 등을 하게 된 때

(4) 복직 휴직 기간 중 그 사유가 없어지면 30일 이내에 임용권자 또는 임용제청권자에게 신고하여야 하며, 임용권자는 지체 없이 복직을 명하여야 한다(경찰공무원법 제2조 제3호; 국가공무원법 제73조 제2항; 지방공무원법 제65조 제2항). 그리고 휴직 기간이 끝난 공무원이 30일 이내에 복귀 신고를 하면 당연히 복직된다(국가공무원법 제73조 제3항; 지방공무원법 제65조 제3항).

2. 직위해제

(1) 의의 경찰공무원법은 직위해제의 의의에 관해 규정하는 바가 없으므로, 일반법인 국가공무원법의 관련 규정이 적용된다. 국가공무원법상 직위해제란 직위를 계속 보유하게 할 수 없는 일정한 귀책사유가 있는 경찰공

무원에게 직위를 부여하지 아니하는 것을 말한다(국가공무원법 제73조의3 제1항; 지방공무원법 제65조의3 제1항 참조). 직위해제는 휴직과 달리 본인에게 귀책사유가 있을 때에 행하는 것이므로 제재적인 성격을 갖는다. 직위해제명령은 행정행위의 성질을 갖는다.

(2) 사유　　　직위해제의 사유는 국가공무원법 제73조의3 제1항, 지방공무원법 제65조의3 제1항에서 규정되고 있다.

▷ **국가공무원법 제73조의3(직위해제)** ① 임용권자는 다음 각 호의 어느 하나에 해당하는 자에게는 직위를 부여하지 아니할 수 있다.
1. 삭제 <1973.2.5.>
2. 직무수행 능력이 부족하거나 근무성적이 극히 나쁜 자
3. 파면·해임·강등 또는 정직에 해당하는 징계 의결이 요구 중인 자
4. 형사 사건으로 기소된 자(약식명령이 청구된 자는 제외한다)
5. 고위공무원단에 속하는 일반직공무원으로서 제70조의2 제1항 제2호부터 제5호까지의 사유로 적격심사를 요구받은 자
6. 금품비위, 성범죄 등 대통령령으로 정하는 비위행위로 인하여 감사원 및 검찰·경찰 등 수사기관에서 조사나 수사 중인 자로서 비위의 정도가 중대하고 이로 인하여 정상적인 업무수행을 기대하기 현저히 어려운 자

(3) 효과　　　① 직위가 해제되면 직무에 종사하지 못한다. ② 임용권자는 제1항 제2호에 따라 직위해제된 자에게 3개월의 범위에서 대기를 명한다(국가공무원법 제73조의3 제3항; 지방공무원법 제65조의3 제3항). ③ 임용권자 또는 임용제청권자는 제3항에 따라 대기 명령을 받은 자에게 능력 회복이나 근무성적의 향상을 위한 교육훈련 또는 특별한 연구과제의 부여 등 필요한 조치를 하여야 한다(국가공무원법 제73조의3 제4항; 지방공무원법 제65조의3 제4항). ④ 제73조의3 제3항에 따라 대기 명령을 받은 자가 그 기간에 능력 또는 근무성적의 향상을 기대하기 어렵다고 인정된 때, 임용권자는 징계위원회(지방공무원의 경우는 인사위원회)의 동의를 얻어 직권으로 면직시킬 수 있다(국가공무원법 제70조 제1항 제5호, 제2항; 지방공무원법 제62조 제2항).

(4) 복직　　　직위를 부여하지 아니한 경우에 그 사유가 소멸되면 임용권자는 지체 없이 직위를 부여하여야 한다(경찰공무원법 제2조 제3호; 국가공무원법 제73조의3 제2항; 지방공무원법 제65조의3 제2항).

3. 정직

경찰공무원법은 정직의 의의에 관해 규정하는 바가 없으므로, 일반법인 국가공무원법의 관련 규정이 적용된다. 국가공무원법상 정직은 정직기간 동안 경찰공무원의 신분은 보유하나 직무에는 종사하지 못하는 것을 말하며, 정직기간은 1개월 이상 3개월 이하의 기간으로 하고 보수는 전액을 감한다(국가공무원법 제80조 제3항; 지방공무원법 제71조 제1항). 정직은 징계처분의 하나인 점에서 휴직이나 직위해제와 성질을 달리한다.

III. 경찰공무원법관계의 소멸

[40] 당연퇴직

당연퇴직이란 임용권자의 의사와 관계없이 법이 정한 일정한 사유(예: 결격사유, 정년)의 발생으로 당연히 공무원관계가 소멸되는 것을 말한다. 퇴직발령통지서의 발부는 퇴직의 유효요건이 아니며 사실상의 확인행위에 불과할 뿐, 행정쟁송의 대상이 되지 아니한다.

▷ **경찰공무원법 제27조(당연퇴직)** 경찰공무원이 제8조 제2항 각 호의 어느 하나에 해당하게 된 경우에는 당연히 퇴직한다. 다만, 제8조 제2항 제4호는 파산선고를 받은 사람으로서「채무자 회생 및 파산에 관한 법률」에 따라 신청기한 내에 면책신청을 하지 아니하였거나 면책불허가 결정 또는 면책 취소가 확정된 경우만 해당하고, 제8조 제2항 제6호는「형법」제129조부터 제132조까지,「성폭력범죄의 처벌 등에 관한 특례법」제2조,「아동·청소년의 성보호에 관한 법률」제2조 제2호 및 직무와 관련하여「형법」제355조 또는 제356조에 규정된 죄를 범한 사람으로서 자격정지 이상의 형의 선고유예를 받은 경우만 해당한다.

제8조(임용자격 및 결격사유) ② 다음 각 호의 어느 하나에 해당하는 사람은 경찰공무원으로 임용될 수 없다.

1. 대한민국 국적을 가지지 아니한 사람
2.「국적법」제11조의2 제1항에 따른 복수국적자
3. 피성년후견인 또는 피한정후견인
4. 파산선고를 받고 복권되지 아니한 사람
5. 자격정지 이상의 형(刑)을 선고받은 사람
6. 자격정지 이상의 형의 선고유예를 선고받고 그 유예기간 중에 있는 사람
7. 공무원으로 재직기간 중 직무와 관련하여「형법」제355조 및 제356조에 규정된 죄를 범한 사람으로서 300만원 이상의 벌금형을 선고받고 그 형이 확정된 후 2년이 지나지 아니한 사람
8.「성폭력범죄의 처벌 등에 관한 특례법」제2조에 규정된 죄를 범한 사람으로서 100만원 이상의

벌금형을 선고받고 그 형이 확정된 후 3년이 지나지 아니한 사람

9. 미성년자에 대한 다음 각 목의 어느 하나에 해당하는 죄를 저질러 형 또는 치료감호가 확정된 사람(집행유예를 선고받은 후 그 집행유예기간이 경과한 사람을 포함한다)

가.「성폭력범죄의 처벌 등에 관한 특례법」제2조에 따른 성폭력범죄

나.「아동·청소년의 성보호에 관한 법률」제2조제2호에 따른 아동·청소년대상 성범죄

10. 징계에 의하여 파면 또는 해임처분을 받은 사람

제30조(정년) ① 경찰공무원의 정년은 다음과 같다.

1. 연령정년: 60세

2. 계급정년

| 치안감: 4년 | 경무관: 6년 | 총경: 11년 | 경정: 14년 |

---

[41] 면직

면직이란 임용권자의 특별한 행위로 경찰공무원법관계를 소멸시키는 것을 말한다. 특별한 행위에 의한다는 점에서 법정사유로 인한 당연퇴직과 다르다. 면직에는 의원면직과 강제면직이 있다.

1. 의원면직

① 의원면직이란 경찰공무원 자신의 사의표시에 의거, 임용권자가 공무원관계를 소멸시키는 처분을 말한다. 그 법적 성질은 상대방의 신청을 요하는 행정행위(협력을 요하는 행정행위 또는 쌍방적 행정행위)이다. 사직의 의사표시는 정상적인 의사작용에 의한 것이어야 한다. ② 경찰공무원은 사직의 자유를 가진다. 사직의 자유와 관련하여 임용권자에게 수리의무가 있다. 다만 사직의 의사표시가 있어도 임용권자가 수리할 때까지는 사직의 의사표시를 한 자는 여전히 경찰공무원으로서 각종의 의무를 부담하며, 이에 위반하면 책임이 추궁될 수 있다. ③ 의원면직의 특별한 경우로 명예퇴직제가 있다. 명예퇴직이란 공무원으로 20년 이상 근속한 자가 정년 전에 스스로 퇴직하는 것을 말하며, 이 경우에는 예산의 범위 안에서 명예퇴직수당이 지급될 수 있다(국가공무원법 제74조의2; 지방공무원법 제66조의2).

2. 강제면직

강제면직이란 공무원 본인의 의사에 관계없이 임용권자가 일방적으로 공

무원관계를 소멸시키는 처분이다. 일방적 면직이라고도 한다. 이에도 징계면직과 직권면직이 있다. ① 징계면직이란 경찰공무원이 공무원법상 요구되는 의무를 위반할 때, 그에 대하여 가해지는 제재로서의 징계처분에 의한 파면과 해임을 의미한다(이에 관해서는 경찰공무원의 책임 부분에서 살핀다). ② 직권면직이란 경찰공무원에게 직무를 수행하기 곤란한 사정이 있어 임용권자가 일방적으로 면직시키는 것을 말한다.

▷ **경찰공무원법 제28조(직권면직)** ① 임용권자는 경찰공무원이 다음 각 호의 어느 하나에 해당될 때에는 직권으로 면직시킬 수 있다.
1. 「국가공무원법」 제70조 제1항 제3호부터 제5호까지의 규정 중 어느 하나에 해당될 때
2. 경찰공무원으로는 부적합할 정도로 직무 수행능력이나 성실성이 현저하게 결여된 사람으로서 대통령령으로 정하는 사유에 해당된다고 인정될 때
3. 직무를 수행하는 데에 위험을 일으킬 우려가 있을 정도의 성격적 또는 도덕적 결함이 있는 사람으로서 대통령령으로 정하는 사유에 해당된다고 인정될 때
4. 해당 경과에서 직무를 수행하는 데 필요한 자격증의 효력이 상실되거나 면허가 취소되어 담당 직무를 수행할 수 없게 되었을 때
② 제1항 제2호·제3호 또는 「국가공무원법」 제70조 제1항 제5호의 사유로 면직시키는 경우에는 제32조에 따른 징계위원회의 동의를 받아야 한다.
③ 「국가공무원법」 제70조 제1항 제4호의 사유로 인한 직권면직일은 휴직기간의 만료일이나 휴직사유의 소멸일로 한다.

✦제3항 경찰공무원법관계의 내용

Ⅰ. 경찰공무원의 권리

[42] 신분상 권리

1. 신분보유권
경찰공무원은 법이 정한 사유와 절차에 따르지 않는 한 공무원의 신분을 박탈당하지 아니할 권리, 즉 신분보유권을 갖는다.

▷ **국가공무원법 제68조(의사에 반한 신분 조치)** 공무원은 형의 선고, 징계처분 또는 이 법에서 정하는 사유에 따르지 아니하고는 본인의 의사에 반하여 휴직·강임 또는 면직을 당하지 아니한다. … .

▷ **경찰공무원법 제36조(「국가공무원법」과의 관계)** ① … 치안총감과 치안정감에 대하여는 「국가공무원법」 제68조 본문을 적용하지 아니한다.

▷ **지방공무원법 제60조(신분보장의 원칙)** 공무원은 형의 선고·징계 또는 이 법에서 정하는 사유가 아니면 본인의 의사에 반하여 휴직·강임 또는 면직을 당하지 아니한다. … .

2. 직위보유권

경찰공무원은 법령에서 따로 정하는 경우를 제외하고는 자신에게 적합한 일정한 직위를 부여받을 권리와 자기에게 부여된 직위가 법이 정한 이유와 절차에 의하지 아니하고는 박탈당하지 않을 권리, 즉 직위보유권을 갖는다. 경찰공무원은 직위보유권을 갖기 때문에 당연히 직무를 집행할 권리와 의무를 갖는다. 직무집행권은 직위보유권의 한 내용이 된다.

▷ **국가공무원법 제32조의5(보직관리의 원칙)** ① 임용권자나 임용제청권자는 법령으로 따로 정하는 경우 외에는 소속 공무원의 직급과 직류를 고려하여 그 직급에 상응하는 일정한 직위를 부여하여야 한다. … .

▷ **지방공무원법 제30조의5(보직관리의 원칙)** ① 임용권자는 법령에서 따로 정하는 경우 외에는 소속 공무원의 직급과 직종을 고려하여 그 직급에 상응하는 일정한 직위를 부여하여야 한다.

3. 제복착용권과 무기휴대권

① 경찰공무원은 제복을 착용하여야 한다(경찰공무원법 제26조 제1항). ② 경찰공무원은 직무 수행을 위하여 필요하면 무기를 휴대할 수 있다(경찰공무원법 제26조 제2항). 무기사용은 경찰관 직무집행법 제10조의4가 정한 바에 따라야 한다.

4. 고충심사청구권(고충심사처리제도)

고충심사청구권이란 경찰공무원이 법령이 정하는 바에 따라 인사상담 및 고충의 심사를 청구할 수 있는 권리를 말한다. 경찰공무원이면 누구나 위법한 처분의 존재를 전제로 함이 없이 직무조건·신상문제 등 그 어떠한 문제에 대해서도 기간의 제약이 없이 고충심사의 청구가 가능하다. 고충처리는 행정상 쟁송의 대상이 되는 처분이 아니다(판례).

▷ **국가공무원법 제76조의2(고충 처리)** ① 공무원은 누구나 인사·조직·처우 등 각종 직무 조건과 그 밖에 신상 문제에 대하여 인사 상담이나 고충 심사를 청구할 수 있으며, 이를 이유로 불이익한 처분이나 대우를 받지 아니한다.

▷ **경찰공무원법 제31조(고충심사위원회)** ① 경찰공무원의 인사상담 및 고충을 심사하기 위하여 경

찰청, 해양경찰청, 시·도자치경찰위원회, 시·도경찰청, 대통령령으로 정하는 경찰기관 및 지방해양경찰관서에 경찰공무원 고충심사위원회를 둔다.

▷ **지방공무원법 제67조의2(고충처리)** ① 공무원은 누구나 인사·조직·처우 등 각종 근무조건과 그 밖의 신상문제에 대하여 인사상담이나 고충의 심사를 청구할 수 있으며, 임용권자는 이를 이유로 불이익을 주는 처분이나 대우를 하여서는 아니 된다.

5. 처분사유설명서를 교부받을 권리

처분사유설명서를 교부받을 권리란 공무원이 징계처분 등을 받을 때에 그 사유를 기재한 설명서를 교부받을 권리를 말한다. 처분사유설명서의 교부제도는 처분청으로 하여금 처분을 신중하게 하고, 정당한 이유의 제시를 통해 처분의 적법성과 정당성을 확보하고, 이로써 상대방이 처분을 받아들이게 하며, 아울러 상대방으로 하여금 행정쟁송의 제기 여부를 판단할 수 있는 소재를 제공해주는 등의 의미를 갖는다. 처분사유설명서를 교부받는 것은 처분의 상대방이 갖는 개인적 공권이다.

▷ **국가공무원법 제75조(처분사유 설명서의 교부)** 공무원에 대하여 징계처분등을 할 때나 강임·휴직·직위해제 또는 면직처분을 할 때에는 그 처분권자 또는 처분제청권자는 처분사유를 적은 설명서를 교부(交付)하여야 한다. 다만, 본인의 원(願)에 따른 강임·휴직 또는 면직처분은 그러하지 아니하다.

▷ **지방공무원법 제67조(처분사유 설명서의 교부 및 심사의 청구)** ① 임용권자가 공무원에 대하여 징계처분등을 할 때와 강임·휴직·직위해제 또는 면직처분을 할 때에는 그 공무원에게 처분의 사유를 적은 설명서를 교부하여야 한다. 다만, 본인의 원(願)에 따른 강임·휴직 또는 면직처분의 경우에는 그러하지 아니하다.

6. 소청권·제소권

(1) 소청권   소청권, 즉 소청을 제기할 수 있는 권리란 경찰공무원 등이 「징계처분 기타 그 의사에 반하는 불리한 처분이나 부작위」에 대하여 소청심사위원회에 이의를 제기할 수 있는 권리를 말한다.

	고충처리제도	소청심사제도
행정소송과의 관계	관계가 없다	관계가 있다(행정소송의 전심절차이다)
심사의 대상	근무조건·처우 등 일상의 모든 신상문제가 대상이다	주로 신분상 불이익처분이 대상이다
관할행정청	복수기관(중앙인사기관의 장·임용권자등)이 관장한다	소청심사위원회가 전담한다
결정의 효력(기속력)	법적 기속력을 갖지 아니한다	법적 기속력을 갖는다

▷ **국가공무원법 제9조(소청심사위원회의 설치)** ① 행정기관 소속 공무원의 징계처분, 그 밖에 그 의사에 반하는 불리한 처분이나 부작위에 대한 소청을 심사·결정하게 하기 위하여 인사혁신처에 소청심사위원회를 둔다.
▷ **지방공무원법 제13조(소청심사위원회의 설치)** 공무원의 징계, 그 밖에 그 의사에 반하는 불리한 처분이나 부작위(不作爲)에 대한 소청을 심사·결정하기 위하여 시·도에 제6조에 따른 임용권자별로(임용권을 위임받은 자는 제외한다) 지방소청심사위원회 및 교육소청심사위원회(이하 "심사위원회"라 한다)를 둔다.

　　(2) 제소권　　제소권, 즉 행정소송을 제기할 수 있는 권리란 경찰행정청의 위법한 공권력 행사(처분 등)로 법률상 이익이 침해된 경찰공무원이 행정법원에 소송을 제기할 수 있는 권리를 말한다. 행정소송의 피고는 원칙적으로 경찰청장 또는 해양경찰청장이다.

▷ **경찰공무원법 제34조(행정소송의 피고)** 징계처분, 휴직처분, 면직처분, 그 밖에 의사에 반하는 불리한 처분에 대한 행정소송은 경찰청장 또는 해양경찰청장을 피고로 한다. 다만, 제7조 제3항 및 제4항에 따라 임용권을 위임한 경우에는 그 위임을 받은 자를 피고로 한다.
제7조(임용권자) ③ 경찰청장은 대통령령으로 정하는 바에 따라 경찰공무원의 임용에 관한 권한의 일부를 특별시장·광역시장·도지사·특별자치시장 또는 특별자치도지사(이하 "시·도지사"라 한다), 국가수사본부장, 소속 기관의 장, 시·도경찰청장에게 위임할 수 있다. 이 경우 시·도지사는 위임받은 권한의 일부를 대통령령으로 정하는 바에 따라 「국가경찰과 자치경찰의 조직 및 운영에 관한 법률」 제18조에 따른 시·도자치경찰위원회(이하 "시·도자치경찰위원회"라 한다), 시·도경찰청장에게 다시 위임할 수 있다.
④ 해양경찰청장은 대통령령으로 정하는 바에 따라 경찰공무원의 임용에 관한 권한의 일부를 소속 기관의 장, 지방해양경찰관서의 장에게 위임할 수 있다.

[경찰공무원의 공로보상, 소송지원, 형의 감면]
경찰관 직무집행법은 경찰공무원의 공로에 대한 보상, 소송지원, 직무 수행으로 인한 형의 감면에 관한 규정을 두고 있다. 이러한 규정으로 인해 경찰관이 누릴 수 있는 이익은 권리로서 보장된다고 단언하기 어렵다. 그러나 그것이 경찰관의 사기진작에 유익한 것임은 분명하다.

▷ **경찰관 직무집행법 제11조의3(범인검거 등 공로자 보상)** ① 경찰청장, 해양경찰청장, 시·도경찰청장, 지방해양경찰청장, 경찰서장 또는 해양경찰서장(이하 이 조에서 "경찰청장등"이라 한다)은 다음 각 호의 어느 하나에 해당하는 사람에게 보상금을 지급할 수 있다.
1. 범인 또는 범인의 소재를 신고하여 검거하게 한 사람
2. 범인을 검거하여 경찰공무원에게 인도한 사람
3. 테러범죄의 예방활동에 현저한 공로가 있는 사람
4. 그 밖에 제1호부터 제3호까지의 규정에 준하는 사람으로서 대통령령으로 정하는 사람
② 경찰청장등은 제1항에 따른 보상금 지급의 심사를 위하여 대통령령으로 정하는 바에 따라 각각 보상금심사위원회를 설치·운영하여야 한다.
③ 제2항에 따른 보상금심사위원회는 위원장 1명을 포함한 5명 이내의 위원으로 구성한다.
④ 제2항에 따른 보상금심사위원회의 위원은 소속 경찰공무원 중에서 경찰청장등이 임명한다.

⑤ 경찰청장등은 제2항에 따른 보상금심사위원회의 심사·의결에 따라 보상금을 지급하고, 거짓 또는 부정한 방법으로 보상금을 받은 사람에 대하여는 해당 보상금을 환수한다. <개정 2020. 12. 22., 2024. 3. 19.>

⑥ 경찰청장등은 제5항에 따라 보상금을 반환하여야 할 사람이 대통령령으로 정한 기한까지 그 금액을 납부하지 아니한 때에는 국세강제징수의 예에 따라 징수할 수 있다.

⑦ 제1항에 따른 보상 대상, 보상금의 지급 기준 및 절차, 제2항 및 제3항에 따른 보상금심사위원회의 구성 및 심사사항, 제5항 및 제6항에 따른 환수절차, 그 밖에 보상금 지급에 관하여 필요한 사항은 대통령령으로 정한다

제11조의4(소송 지원) 경찰청장과 해양경찰청장은 경찰관이 제2조 각 호에 따른 직무의 수행으로 인하여 민·형사상 책임과 관련된 소송을 수행할 경우 변호인 선임 등 소송 수행에 필요한 지원을 할 수 있다.

제11조의5(직무 수행으로 인한 형의 감면) 다음 각 호의 범죄가 행하여지려고 하거나 행하여지고 있어 타인의 생명·신체에 대한 위해 발생의 우려가 명백하고 긴급한 상황에서, 경찰관이 그 위해를 예방하거나 진압하기 위한 행위 또는 범인의 검거 과정에서 경찰관을 향한 직접적인 유형력 행사에 대응하는 행위를 하여 그로 인하여 타인에게 피해가 발생한 경우, 그 경찰관의 직무수행이 불가피한 것이고 필요한 최소한의 범위에서 이루어졌으며 해당 경찰관에게 고의 또는 중대한 과실이 없는 때에는 그 정상을 참작하여 형을 감경하거나 면제할 수 있다.

1. 「형법」 제2편 제24장 살인의 죄, 제25장 상해와 폭행의 죄, 제32장 강간과 추행의 죄 중 강간에 관한 범죄, 제38장 절도와 강도의 죄 중 강도에 관한 범죄 및 이에 대하여 다른 법률에 따라 가중처벌하는 범죄

2. 「가정폭력범죄의 처벌 등에 관한 특례법」에 따른 가정폭력범죄, 「아동학대범죄의 처벌 등에 관한 특례법」에 따른 아동학대범죄

[43] 재산상 권리

1. 보수청구권

공무원은 국가나 지방자치단체에 대하여 보수를 청구할 권리를 가진다. "보수"란 봉급과 그 밖의 각종 수당을 합산한 금액을 말한다. 다만, 연봉제 적용대상 공무원은 연봉과 그 밖의 각종 수당을 합산한 금액을 말한다(국가공무원법 제47조 제1항; 공무원보수규정 제4조 제1호). 보수청구권은 공무원법관계에서 발생하는 것이므로 공법상의 권리이다. 따라서 보수에 관한 분쟁은 민사소송이 아니라 행정소송의 대상이 된다(판례).

❍ **판례** 공무원에게 지급되는 보수는 근로의 대가로서의 성격만 가지는 것이 아니라 안정적인 직업공무원 제도의 유지를 위한 목적도 포함되어 있다. 이 사건 각 수당 중 직급보조비는 지급 대상자인 공무원의 직급에 따른 업무 수행에 수반되는 제 비용을 보전해 주는 차원에서 지급되는 수당이고, 성과상여금은 실적과 성과가 우수한 공무원에게 더 많은 동기를 부여함으로써 공무원들의 근무의욕을 고

취시켜 업무수행능력의 지속적 향상을 유도하고 공직사회의 경쟁력과 생산성을 제고하기 위한 목적에서 도입된 것이다. 가족수당 역시 공무원의 처우 개선 및 생활비 보조를 위하여 도입된 것이다. 이처럼 공무원에게 지급되는 각 수당은 공무원 조직의 특수성을 반영하거나 공무원의 생활 보장 등 정책적 목적을 함께 가지고 있다(대판 2023. 9. 21., 2016다255941).

2. 연금청구권·재해보상금청구권

공무원이 질병·부상·폐질·퇴직·사망 또는 재해를 입었을 때에는 본인 또는 그 유족에게 법률이 정하는 바에 따라 적절한 급여를 지급한다(국가공무원법 제77조 제1항; 지방공무원법 제68조 제1항). 이 법률들이 규정하는 내용 중 공무원 및 그 유족의 생활안정과 복리향상을 위한 부분을 구체화하기 위하여 공무원연금법 및 동법시행령, 재해보상 부분을 구체화하기 위하여 공무원재해보상법 및 동법시행령이 제정되었다.

3. 보훈을 받을 권리

경찰공무원으로서 전투나 그 밖의 직무 수행 또는 교육훈련 중 사망한 사람(공무상 질병으로 사망한 사람을 포함한다) 및 부상(공무상의 질병을 포함한다)을 입고 퇴직한 사람과 그 유족 또는 가족은 「국가유공자 등 예우 및 지원에 관한 법률」 또는 「보훈보상대상자 지원에 관한 법률」에 따라 예우 또는 지원을 받는다(경찰공무원법 제21조; 제주특별법 제119조 제1항).

4. 실비변상청구권

경찰공무원은 보수 외에 대통령령으로 정하는 바에 따라 직무 수행에 필요한 실비(예: 여비·숙박·일당) 변상을 받을 수 있다(국가공무원법 제48조 제1항; 지방공무원법 제46조 제1항).

Ⅱ. 경찰공무원의 의무

국가와 경찰공무원의 관계는 공법관계이므로 경찰공무원에게 의무를 부과하기 위해서는 법적 근거가 필요하다. 경찰공무원의 의무는 경찰법령에서 규정된 것과 국가공무원법 등에서 규정된 것이 있다. 한편, 국가와 지방자치단체는 소속 경찰공무원이 공공의 이익을 위하여 적극적으로 직무를 수행할 수 있도록 제반 여건을 조성하고, 이와 관련된 시책 및 조치를 추진하여야 한다 (행정기본법 제4조 제2항).

[44] 경찰법령상 의무

1. 정치 관여 금지의무
경찰공무원은 정당이나 정치단체에 가입하거나 정치활동에 관여하는 행위를 하여서는 아니 된다(경찰공무원법 제23조 제1항). 제1항에서 정치활동에 관여하는 행위란 다음 각 호 (1. 정당이나 정치단체의 결성 또는 가입을 지원하거나 방해하는 행위, 제2호 이하 생략)의 어느 하나에 해당하는 행위를 말한다(경찰공무원법 제23조 제1항).

2. 상관의 지휘·감독에 따른 직무수행의무
경찰공무원은 상관의 지휘·감독을 받아 직무를 수행하고, 그 직무수행에 관하여 서로 협력하여야 한다(국가경찰과 자치경찰의 조직 및 운영에 관한 법률 제6조 제1항). 경찰공무원은 구체적 사건수사와 관련된 제1항의 지휘·감독의 적법성 또는 정당성에 대하여 이견이 있을 때에는 이의를 제기할 수 있다(국가경찰과 자치경찰의 조직 및 운영에 관한 법률 제6조 제2항).

3. 거짓 보고·직무태만 금지의무
경찰공무원은 직무에 관하여 거짓으로 보고나 통보를 하여서는 아니 된다 (경찰공무원법 제24조 제1항). 경찰공무원은 직무를 게을리하거나 유기해서는 아니 된다(경찰공무원법 제24조 제2항).

4. 지휘권 남용 등의 금지의무
전시·사변, 그 밖에 이에 준하는 비상사태이거나 작전수행 중인 경우 또는 많은 인명 손상이나 국가재산 손실의 우려가 있는 위급한 사태가 발생한 경우, 경찰공무원을 지휘·감독하는 사람은 정당한 사유 없이 그 직무 수행을 거부 또는 유기하거나 경찰공무원을 지정된 근무지에서 진출·퇴각 또는 이탈하게 하여서는 아니 된다(경찰공무원법 제25조).

5. 제복착용·무기휴대의 의무

경찰공무원은 제복을 착용하여야 한다(경찰공무원법 제26조 제1항). 제복착용은 권리의 성질도 갖는다. 경찰공무원은 직무 수행을 위하여 필요하면 무기를 휴대할 수 있다(경찰공무원법 제26조 제2항). 휴대명령에 따른 휴대는 의무의 성질을 갖는다.

✚ 경찰공무원 복무규정상 의무

경찰공무원의 복무에 관한 사항을 규정함을 목적으로 경찰공무원 복무규정이 제정되어 있다. 이 규정은 경찰공무원법과 국가공무원법 등의 집행을 위한 명령, 즉 집행명령의 성질을 갖는다. 그 내용이 경찰공무원의 자유의 제한과 관련되는바, 단순히 행정규칙으로 보기는 어렵다. 경찰공무원 복무규정은 지정장소 외에서의 직무수행금지의무, 근무시간 중 음주금지의무, 민사분쟁에의 부당개입금지의무, 상관에 대한 인사관련 사항 신고의무, 업무보고의무, 여행제한의무, 비상대기의무 등을 규정하고 있다(경찰공무원 복무규정 제8조~제14조).

---

[45] 국가공무원법상 의무

1. 선서의무

경찰공무원은 취임할 때에 소속 기관장 앞에서 대통령령등으로 정하는 바에 따라 선서하여야 한다. 다만, 불가피한 사유가 있으면 취임 후에 선서하게 할 수 있다(국가공무원법 제55조). 경찰공무원 복무규정에서 상관에 대한 신고의무로 구체화되고 있다(경찰공무원 복무규정 제11조).

2. 법령준수의무

경찰공무원은 법령을 준수하여야 한다(국가공무원법 제56조). 법령준수의무는 법치국가에서 경찰공무원이 부담하는 가장 기본적인 의무 중의 하나이다. 경찰공무원의 법령위반행위는 그 행위의 무효·취소, 손해배상, 공무원 개인의 책임 등의 문제를 야기한다.

3. 성실의무

경찰공무원은 성실히 직무를 수행하여야 한다(국가공무원법 제56조). 경찰공무원에게 부과된 가장 기본적인 의무이다. 성실이란 자신의 임무수행에 있어서 자신의 인격과 양심에 입각하여 최선을 다하여야 함을 뜻한다. 성실의무는 때와 장소를 가리지 않는다.

4. 복종의무

경찰공무원은 직무를 수행할 때 소속 상관의 직무상 명령에 복종하여야 한다(국가공무원법 제57조; 지방공무원법 제49조). 복종의무는 계층적 조직체로서 행정조직의 원리상 필수적이다. 왜냐하면 상명하복의 원칙 없이는 조직의 유지가 곤란하기 때문이다. 소속 상관이란 해당 경찰공무원의 직무에 관해 지휘·감독할 수 있는 권한을 가진 기관을 말한다. "복종하여야 한다"는 것은 소속 상관의 명령을 이행하여야 함을 의미한다.

5. 직장이탈금지의무

경찰공무원은 소속상관의 허가 또는 정당한 이유 없이 직장을 이탈하지 못한다(국가공무원법 제58조 제1항). 이러한 의무는 근무시간뿐만 아니라 경찰행정기관의 장이 시간외근무를 명한 경우에도 존재한다. 그러나 공휴일·휴가·휴직·직위해제 중에는 이러한 의무는 인정되지 않는다. 경찰공무원 복무규정에서 「지정장소 외에서의 직무수행금지의무」로 구체화되고 있다(경찰공무원 복무규정 제8조).

6. 친절공정의무

경찰공무원은 국민 전체의 봉사자로서 친절하고 공정하게 직무를 수행하여야 한다(국가공무원법 제59조). 친절의무 역시 법적 의무이다.

7. 종교중립의 의무

경찰공무원은 종교에 따른 차별 없이 직무를 수행하여야 한다(국가공무원법 제59조의2 제1항). 경찰공무원은 소속 상관이 제1항에 위배되는 직무상 명령을 한 경우에는 이에 따르지 아니할 수 있다(국가공무원법 제59조의2 제2항).

8. 비밀엄수의무

경찰공무원은 재직 중은 물론 퇴직 후에도 직무상 알게 된 비밀을 엄수하여야 한다(국가공무원법 제60조). 경찰공무원의 비밀엄수의무는 경찰공무원이 직무상 지득한 비밀을 엄수함으로써 행정상 비밀을 보호하고 이로써 행정상 질서를 확보함을 목적으로 한다. 직무상 비밀사항에는「① 법률이 직무상 비밀로 정한 사항(예: 군사기밀보호법 제2조)」과「② 법률이 비밀로 정한 것은 아니지만 비밀인 사항」이 있다. ②의 비밀사항인지 여부는 객관적·실질적으로 보호할 가치 있는 것인가의 여부를 기준으로 비밀 여부를 판단한다(판례). 국민의 알권리의 보장 및 정보공개의 원칙에 비추어 판례가 취하는 실질설이 타당하다. 비밀엄수의무를 위반하면 징계처분을 받을 뿐만 아니라 형사처벌을 받게 된다[형법 제126조(피의사실공표죄)·제127조(공무상비밀의 누설죄)]. 퇴직 후에 누설하면 징계처분은 성질상 불가할 것이다.

9. 청렴의무

경찰공무원은 직무와 관련하여 직접적이든 간접적이든 사례·증여 또는 향응을 주거나 받을 수 없다(국가공무원법 제61조 제1항). 경찰공무원은 직무상의 관계가 있든 없든 그 소속 상관에게 증여하거나 소속 경찰공무원으로부터 증여를 받아서는 아니 된다(국가공무원법 제61조 제2항). 청렴의무 위반은 징계사유가 될 뿐만 아니라 경우에 따라서는 형법상 뇌물에 관한 죄를 구성할 수도 있다(형법 제129조 내지 제135조).

10. 영예의 제한

경찰공무원이 외국 정부로부터 영예나 증여를 받을 경우에는 대통령의 허가를 받아야 한다(국가공무원법 제62조).

11. 품위유지의무

경찰공무원은 직무의 내외를 불문하고 그 품위가 손상되는 행위를 하여서는 아니 된다(국가공무원법 제63조). 품위손상행위란 국가의 권위·위신·체면·신용 등에 영향을 미칠 수 있는 경찰공무원의 불량하거나 불건전한 행위를 말한다(예: 도박·마약·알코올 중독).

12. 영리업무금지의무 및 겸직금지의무

경찰공무원은 공무 외에 영리를 목적으로 하는 업무에 종사하지 못하며 소속 기관장의 허가 없이 다른 직무를 겸할 수 없다(국가공무원법 제64조 제1항). 이러한 의무는 경찰공무원의 직무상의 능률의 저하, 공무에 대한 부당한 영향, 국가의 이익과 상반되는 이득의 취득 또는 정부에 대한 불명예스러운 영향의 초래 등을 방지하기 위한 것이다.

13. 정치운동금지의무

경찰공무원은 정치운동이 금지된다(국가공무원법 제65조).

▷ **국가공무원법 제65조(정치 운동의 금지)** ① 공무원은 정당이나 그 밖의 정치단체의 결성에 관여하거나 이에 가입할 수 없다.
② 공무원은 선거에서 특정 정당 또는 특정인을 지지 또는 반대하기 위한 다음의 행위를 하여서는 아니 된다.
1. 투표를 하거나 하지 아니하도록 권유 운동을 하는 것
2. 서명 운동을 기도(企圖)·주재(主宰)하거나 권유하는 것
3. 문서나 도서를 공공시설 등에 게시하거나 게시하게 하는 것
4. 기부금을 모집 또는 모집하게 하거나, 공공자금을 이용 또는 이용하게 하는 것
5. 타인에게 정당이나 그 밖의 정치단체에 가입하게 하거나 가입하지 아니하도록 권유 운동을 하는 것

14. 집단행위의 금지

경찰공무원은 집단 행위가 금지된다(국가공무원법 제66조). 경찰공무원은 국민전체의 이익을 위해 봉사하는 자이므로 경찰공무원 자신의 개인적 이익을 위한 집단행동은 금지된다.

▷ **국가공무원법 제66조(집단 행위의 금지)** ① 공무원은 노동운동이나 그 밖에 공무 외의 일을 위한 집단 행위를 하여서는 아니 된다. 다만, 사실상 노무에 종사하는 공무원은 예외로 한다.

---

[46] 공직자윤리법상 의무

1. 재산등록의무

총경(자치총경을 포함한다) 이상의 경찰공무원과 소방정 이상의 소방공무원은 ① 본인, ② 배우자(사실상의 혼인관계에 있는 사람을 포함한다), ③ 본인의 직계존비속(다만, 혼인한 직계비속인 여성과 외증조부모, 외조부모, 외손자녀 및 외증손자녀는 제외한다)의 일정한 재산을 등록하여야 한다(공직자윤리법 제3조 제1항, 제4조

제1항·제2항).

2. 선물신고의무

경찰공무원은 외국으로부터 선물(대가 없이 제공되는 물품 및 그 밖에 이에 준하는 것을 말하되, 현금은 제외한다. 이하 같다)을 받거나 그 직무와 관련하여 외국인(외국단체를 포함한다)에게 선물을 받으면 지체 없이 소속 기관·단체의 장에게 신고하고 그 선물을 인도하여야 한다. 이들의 가족이 외국으로부터 선물을 받거나 그 공무원이나 공직유관단체 임직원의 직무와 관련하여 외국인에게 선물을 받은 경우에도 또한 같다(공직자윤리법 제16조 제1항).

◑ 판례 공무원이 외국인이나 외국단체로부터 일정한 가액 이상의 선물을 받았다면, 그 선물을 반환하였는지 여부와 관계없이 신고의무를 부담한다고 할 것이고, 이와 달리 선물의 반환에 따라 신고의무가 면제 또는 소멸된다고 해석할 법령상 근거가 없다(대판 2023. 3. 30., 2022두59783).

3. 취업금지의무

재산등록의무자는 퇴직일부터 3년간 퇴직 전 5년 동안 소속하였던 부서 또는 기관의 업무와 밀접한 관련성이 있는 다음 각 호(생략)의 어느 하나에 해당하는 기관에 취업할 수 없다. 다만, 관할 공직자윤리위원회의 승인을 받은 때에는 그러하지 아니하다(공직자윤리법 제17조 제1항).

Ⅲ. 경찰공무원의 책임

경찰공무원의 책임이란 경찰공무원이 앞에서 본 의무를 위반한 경우에 불이익한 법적 제재를 받게 되는 것을 말한다. 경찰행정법의 영역에서 경찰공무원의 책임에는 징계책임과 변상책임이 중심에 놓인다.

[47] 징계책임(징계벌)

1. 징계책임의 의의·법적 근거

① 징계란 경찰공무원이 의무를 위반하였을 때, 경찰공무원법관계의 질서유지를 위해 경찰공무원법에 따라 그 경찰공무원에게 법적 제재를 가하는 것을 말한다. 의무위반에 대하여 가해지는 처벌이 징계벌이고, 처벌을 받게 되

는 지위를 징계책임이라 한다. ② 징계는 기본권으로 보장되는 공무담임권에 대한 제한을 가져오는 것이므로, 헌법 제37조 제2항 및 헌법 제7조 제2항에 따라서 법률의 근거가 필요하다. 근거법으로 경찰공무원법과 경찰공무원징계령, 국가공무원법과 공무원징계령 등이 있다.

❍ **판례** 공무원이 상급행정기관이나 감독권자의 직무상 명령을 위반하였다는 점을 징계사유로 삼으려면 그 직무상 명령이 상위법령에 반하지 않는 적법·유효한 것이어야 한다(대판 2020. 11. 26., 2020두42262).

2. 징계벌과 형벌

고통 내지 불이익의 부과라는 점에서 징계벌과 형벌은 같다. 그러나 ① 형벌은 국가와 일반사회공공의 질서유지를 목적으로 하지만, 징계벌은 경찰행정조직 내부에서 경찰공무원법관계의 질서유지를 목적으로 하는바, ② 형벌은 일반국민을 대상으로 하고, 징계벌은 경찰공무원을 대상으로 하며, ③ 형벌은 인간의 신체상의 자유와 재산권의 박탈을 내용으로 하나, 징계벌은 경찰공무원의 신분상 이익의 전부 또는 일부의 박탈을 내용으로 한다. 따라서 ④ 형벌은 경찰공무원의 퇴직 여하에 관계가 없으나, 징계벌은 퇴직 후에는 문제되지 아니한다. 양자는 목적·내용 등에 있어서 상이하므로, 하나의 행위(예: 뇌물수수)에 대하여 양자를 병과할 수 있다. 즉 양자의 병과는 일사부재리의 원칙(헌법 제13조 제1항)에 반하는 것이 아니다(판례).

3. 징계의 종류

국가공무원법과 지방공무원법은 징계로 파면·해임·강등·정직·감봉·견책의 여섯 가지를 규정하고 있다(국가공무원법 제79조). 경찰공무원 징계령은 파면, 해임, 강등 및 정직을 중징계, 감봉 및 견책을 경징계로 규정하고 있다 (경찰공무원 징계령 제2조).

4. 징계의 절차

경찰공무원의 징계는 징계위원회의 의결을 거쳐 징계위원회가 설치된 소속 기관의 장이 하되,「국가공무원법」에 따라 국무총리 소속으로 설치된 징계위원회에서 의결한 징계는 경찰청장 또는 해양경찰청장이 한다. 다만, 파면·해임·강등 및 정직은 징계위원회의 의결을 거쳐 해당 경찰공무원의 임용권자가 하되, 경무관 이상의 강등 및 정직과 경정 이상의 파면 및 해임은 경찰 청장 또는 해양경찰청장의 제청으로 행정안전부장관 또는 해양수산부장관과 국무총리를 거쳐 대통령이 하고, 총경 및 경정의 강등 및 정직은 경찰청장 또 는 해양경찰청장이 한다(경찰공무원법 제33조).

5. 징계위원회

① 경무관 이상의 경찰공무원에 대한 징계의결은 「국가공무원법」에 따라 국무총리 소속으로 설치된 징계위원회에서 한다(경찰공무원법 제32조 제1항). ② 총경 이하의 경찰공무원에 대한 징계의결을 하기 위하여 대통령령으로 정하 는 경찰기관 및 해양경찰관서에 경찰공무원 징계위원회를 둔다(경찰공무원법 제32조 제2항). 한편, 경찰공무원 징계위원회는 경찰공무원 중앙징계위원회와 경찰공무원 보통징계위원회로 구분하여 설치되고 있다(경찰공무원 징계령 제3 조 참조).

6. 징계위원회의 심의와 진술기회

징계위원회가 징계등 심의 대상자의 출석을 요구할 때에는 별지 제2호서 식의 출석 통지서로 하되, 징계위원회 개최일 5일 전까지 그 징계등 심의 대 상자에게 도달되도록 해야 한다(경찰공무원 징계령 제12조 제1항). 징계위원회는 징계등 심의 대상자가 그 징계위원회에 출석하여 진술하기를 원하지 아니할 때에는 진술권 포기서를 제출하게 하여 이를 기록에 첨부하고 서면심사로 징 계등 의결을 할 수 있다(경찰공무원 징계령 제12조 제2항). 진술기회를 주지 아니 한 결정은 무효이다(국가공무원법 제81조 제3항 · 제13조 제2항).

7. 징계처분에 대한 불복(소청과 행정소송)

(1) 소청　　① 소청이란 공무원이 징계처분, 그 밖에 그 의사에 반하는 불리한 처분(예: 의원면직·전보·복직청구·강임·휴직·면직처분)이나 부작위에 대 한 불복신청을 말한다(국가공무원법 제9조 제1항). ② 소청에 대한 심사는 합의 제기관인 소청심사위원회가 행한다. ③ 소청인의 진술권은 보장된다. 진술 기 회를 주지 아니한 결정은 무효로 한다(국가공무원법 제13조). 소청심사위원회의 결정은 그 이유를 구체적으로 밝힌 결정서로 하여야 한다(국가공무원법 제14조 제8항).

(2) 행정소송

(가) 의의　　　소청심사위원회의 결정에 불복이 있으면 행정소송을 제기할수 있다. 만약 소청심사위원회의 결정에 고유한 위법이 있다면, 위원회의 결정을 소의 대상으로 할 것이고, 고유의 위법이 없다면 원처분주의의 원칙에따라 원징계처분을 소의 대상으로 하여야 한다(행정소송법 제19조 단서).

(나) 필요적 심판전치　　　공무원에 대한 불이익처분(국공법 제75조의 처분) 그밖에 본인의 의사에 반한 불리한 처분이나 부작위에 관한 행정소송은 소청심사위원회의 심사·결정을 거치지 아니하면 제기할 수 없다(국가공무원법 제16조제1항).

(다) 피고　　　징계처분, 휴직처분, 면직처분, 그 밖에 의사에 반하는 불리한 처분에 대한 행정소송은 경찰청장 또는 해양경찰청장을 피고로 한다. 다만, 제7조 제3항 및 제4항에 따라 임용권을 위임한 경우에는 그 위임을 받은자를 피고로 한다(경찰공무원법 제34조).

[48] 변상책임

1. 의의

변상책임이란 공무원이 의무위반행위를 함으로써 국가나 지방자치단체에재산상의 손해를 발생케 한 경우, 그에 대하여 공무원이 부담하는 재산상의책임을 말한다. 변상책임에는 회계관계직원 등의 변상책임과 국가배상법상변상책임의 두 가지 경우가 있다.

2. 회계관계직원 등의 변상책임

회계관계직원의 책임에 관하여 일반법으로 회계관계직원 등의 책임에 관한 법률이 있다(동법은 국가는 물론 지방자치단체에도 적용된다. 동법 제1조). 이 법률상 변상책임으로는 ① 회계관계직원 등이 고의 또는 중대한 과실로 법령 기타 관계규정 및 예산에 정해진 바에 위반하여 손해를 끼친 때에 지는 변상책임(회계관계직원 등의 책임에 관한 법률 제4조 제1항), ② 현금 또는 물품을 출납보관하는 자가 그 보관에 속하는 현금 또는 물품을 망실·훼손하였을 경우에 선량한 관리자의 주의를 태만히 하지 아니한 증명을 못하였을 때에 지는 변상책임(회계관계직원 등의 책임에 관한 법률 제4조 제1항·제2항).

3. 국가배상법에 의한 변상책임

경찰공무원의 직무상 불법행위로 타인에게 손해가 발생하여 국가나 지방
자치단체가 그 손해를 배상하면, 국가나 지방자치단체는 그 경찰공무원에게
고의 또는 중대한 과실이 있으면 그 경찰공무원에게 구상할 수 있다(국가배상
법 제2조 제2항). 여기서 국가의 구상에 응하여야 하는 경찰공무원의 책임이 바
로 변상책임이다.

[49] 기타 책임

1. 형사상 책임

(1) 의의　　　　형사법상 책임은 경찰공무원이 형법 제7장에서 규정하는 공
무원의 직무에 관한 죄 등을 범한 경우에 부담한다. 형법 제7장은 직무유기
(제122조), 직권남용(제123조), 불법체포·불법감금(제124조), 폭행·가혹행위(제
125조), 피의사실공표(제126조), 공무상비밀의 누설(제127조), 선거방해(제128
조), 수뢰·사전수뢰(제129조), 제삼자뇌물제공(제130조), 수뢰후부정처사·사후
수뢰(제131조), 알선수뢰(제132조), 뇌물공여등(제133조)의 죄를 규정하고 있다.

한편, 경찰관 직무집행법은 "이 법에 규정된 경찰관의 의무를 위반하거나
직권을 남용하여 다른 사람에게 해를 끼친 사람은 1년 이하의 징역이나 금고
또는 300만원 이하의 벌금에 처한다(경직접 제12조)"고 규정하고 있다.

(2) 직무수행으로 인한 형의 감면　　　　경찰관 직무집행법 제11조의5는 경찰관
의 행위에 대하여 책임을 묻는 것이 부적절한 경우에 그 행위로 인한 형의 감
면에 관하여 규정하고 있다.

▷ **경찰관 직무집행법 제11조의5(직무 수행으로 인한 형의 감면)** 다음 각 호의 범죄가 행하여지려고
하거나 행하여지고 있어 타인의 생명·신체에 대한 위해 발생의 우려가 명백하고 긴급한 상황에서, 경
찰관이 그 위해를 예방하거나 진압하기 위한 행위 또는 범인의 검거 과정에서 경찰관을 향한 직접적
인 유형력 행사에 대응하는 행위를 하여 그로 인하여 타인에게 피해가 발생한 경우, 그 경찰관의 직무
수행이 불가피한 것이고 필요한 최소한의 범위에서 이루어졌으며 해당 경찰관에게 고의 또는 중대한
과실이 없는 때에는 그 정상을 참작하여 형을 감경하거나 면제할 수 있다.
1. 「형법」 제2편 제24장 살인의 죄, 제25장 상해와 폭행의 죄, 제32장 강간과 추행의 죄 중 강간에 관

한 범죄, 제38장 절도와 강도의 죄 중 강도에 관한 범죄 및 이에 대하여 다른 법률에 따라 가중처벌하는 범죄
2.「가정폭력범죄의 처벌 등에 관한 특례법」에 따른 가정폭력범죄,「아동학대범죄의 처벌 등에 관한 특례법」에 따른 아동학대범죄

2. 민사상 배상책임

민사상 배상책임이란 경찰공무원의 직무상 불법행위의 경우, 그 경찰공무원이 피해자인 사인에게 직접 배상책임을 부담하는 것을 말한다. 판례는 "공무원이 직무수행 중 불법행위로 타인에게 손해를 입힌 경우에 국가 등이 국가배상책임을 부담하는 외에 공무원 개인도 고의 또는 중과실이 있는 경우에는 불법행위로 인한 손해배상책임을 진다고 할 것이지만, 공무원에게 경과실뿐인 경우에는 공무원 개인은 손해배상책임을 부담하지 아니한다고 해석하는 것이 헌법 제29조 제1항 본문과 단서 및 국가배상법 제2조의 입법취지에 조화되는 올바른 해석이다(대판 1996. 2. 15., 95다38677 전원합의체)"라 하였다.

제3장

경찰행정작용법

제1절 경찰작용의 법적 근거와 한계

[50] 법적 근거 일반론

1. 경찰법률유보의 원칙

헌법 제37조 제2항은 자유와 권리에 대한 제한은 법률로 정하도록 규정하고 있다. 따라서 도로상 통행을 금지하여 자유로운 통행을 제한하거나 건축허가제를 도입하여 자유로운 건축을 제한하거나, 총기판매허가제를 도입하여 총기의 자유로운 거래를 제한하는 등 국민의 자유와 권리를 제한하는 침익적인 경찰작용에는 법적 근거가 요구된다. 달리 말하면 침익적인 경찰작용에는 경찰법률유보의 원칙이 적용된다. 행정기본법도 이를 규정하고 있다(행정기본법 제8조).

▷**헌법 제37조** ② 국민의 모든 자유와 권리는 국가안전보장·질서유지 또는 공공복리를 위하여 필요한 경우에 한하여 법률로써 제한할 수 있으며, 제한하는 경우에도 자유와 권리의 본질적인 내용을 침해할 수 없다.

▷**행정기본법 제8조(법치행정의 원칙)** 행정작용은 법률에 위반되어서는 아니 되며, 국민의 권리를 제한하거나 의무를 부과하는 경우와 그 밖에 국민생활에 중요한 영향을 미치는 경우에는 법률에 근거하여야 한다.

2. 경찰법률유보의 방식

경찰작용의 법적 근거를 규정하는 방식에는 법기술상 ① 특별경찰법상 조항(예: 식품위생법)에 의한 특별수권의 방식, ② 일반경찰법상 특별조항(예: 경찰관 직무집행법 제3조 이하)에 의한 특별수권의 방식, ③ 일반경찰법상 일반조항(개괄조항)에 의한 일반수권의 방식이 있다. 특별법은 일반법에 우선하는 것이므로, ①은 ②에 우선하고, ②는 ③에 우선한다. 따라서 경찰행정청은 ①이 있는 경우에는 ①을 적용하고, ①이 없는 경우에는 ②를 적용하게 된다. 만약

②도 없다면 ③을 적용하게 된다. ③의 인정 여부에 대해서는 논란이 있다.

[51] 특별경찰법상 특별수권

1. 의의

특별경찰법상 특별수권이란 일반경찰법(경찰관 직무집행법)이 아닌 행정법률 (예: 건축법·식품위생법)에서 특정의 행정기관(예: 지방자치단체의 장)에게 그 행정법률의 목적을 추구하는 과정에서 발생할 수 있는 위험의 방지를 위한 사무처리권한(예: 건축허가권한·단란주점영업허가권한)을 부여하는 것을 말한다. 그 행정법률을 특별경찰법률, 그 특정의 행정기관을 특별경찰기관이라 한다. 특별경찰법은 일반경찰법에 우선하는바, 특별경찰법이 적용되는 한, 일반경찰법은 보충적으로 적용될 뿐이다. 특별경찰법은 위험방지의 목적 외에 다른 목적도 추구한다(예: 건축법상 건축허가제는 건축상 위험방지를 위한 의미도 갖지만, 동시에 도시의 아름다움을 위한 건축물의 확보라는 의미도 갖는다).

2. 유형

특별경찰법상 특별수권의 종류는 매우 다양하다. 예컨대, ① 의료법상 위험 방지(건강경찰), ② 식품위생법상 위험방지(식품경찰), ③ 도로법상 위험방지(도로경찰), ④ 도로교통법상 위험방지(교통경찰), ⑤ 건축법상 위험방지(건축경찰), ⑥ 총포·도검·화약류 등의 안전관리에 관한 법률상 위험방지(무기·폭발물경찰), ⑦ 집회 및 시위에 관한 법률상 위험방지(집회·시위경찰), ⑧ 출입국관리법상 위험방지(외국인경찰), ⑨ 재난 및 안전관리 기본법상 위험방지(재난경찰) 등에 관한 규정은 모두 특별경찰법상 특별수권조항에 해당한다. 그 예를 아래에서 보기로 한다.

▷ **의료법 제16조(세탁물 처리)** ① 의료기관에서 나오는 세탁물은 의료인·의료기관 또는 특별자치시장·특별자치도지사·시장·군수·구청장(자치구의 구청장을 말한다. 이하 같다)에게 신고한 자가 아니면 처리할 수 없다.
▷ **식품위생법 제21조(특정 식품등의 수입·판매 등 금지)** ① 식품의약품안전청장은 특정 국가 또는 지역에서 채취·제조·가공·사용·조리 또는 저장된 식품등이 그 특정 국가 또는 지역에서 위해한 것으로 밝혀졌거나 위해의 우려가 있다고 인정되는 경우에는 그 식품등을 수입·판매하거나 판매할 목적으로 제조·가공·사용·조리·저장·소분·운반 또는 진열하는 것을 금지할 수 있다.

▷ **도로법 제77조(차량의 운행 제한 및 운행 허가)** ① 도로관리청은 도로 구조를 보전하고 도로에서의 차량 운행으로 인한 위험을 방지하기 위하여 필요하면 대통령령으로 정하는 바에 따라 도로에서의 차량 운행을 제한할 수 있다. 다만, 차량의 구조나 적재화물의 특수성으로 인하여 도로관리청의 허가를 받아 운행하는 차량의 경우에는 그러하지 아니하다.

▷ **도로교통법 제5조(신호 또는 지시에 따를 의무)** ① 도로를 통행하는 보행자, 차마 또는 노면전차의 운전자는 교통안전시설이 표시하는 신호 또는 지시와 다음 각 호의 어느 하나에 해당하는 사람이 하는 신호 또는 지시를 따라야 한다.(각호 생략)

▷ **건축법 제11조(건축허가)** ① 건축물을 건축하거나 대수선하려는 자는 특별자치시장·특별자치도지사 또는 시장·군수·구청장의 허가를 받아야 한다. 다만, 21층 이상의 건축물 등 대통령령으로 정하는 용도 및 규모의 건축물을 특별시나 광역시에 건축하려면 특별시장이나 광역시장의 허가를 받아야 한다.

▷ **총포·도검·화약류 등의 안전관리에 관한 법률 제4조(제조업의 허가)** ① 총포·화약류의 제조업(총포의 개조·수리업과 화약류의 변형·가공업을 포함한다. 이하 같다)을 하려는 자는 제조소마다 행정안전부령으로 정하는 바에 따라 경찰청장의 허가를 받아야 한다. 제조소의 위치·구조·시설 또는 설비를 변경하거나 제조하는 총포·화약류의 종류 또는 제조방법을 변경하려는 경우에도 또한 같다.

▷ **집회 및 시위에 관한 법률 제12조(교통 소통을 위한 제한)** ① 관할경찰관서장은 대통령령으로 정하는 주요 도시의 주요 도로에서의 집회 또는 시위에 대하여 교통 소통을 위하여 필요하다고 인정하면 이를 금지하거나 교통질서 유지를 위한 조건을 붙여 제한할 수 있다.

▷ **출입국관리법 제11조(입국의 금지 등)** ① 법무부장관은 다음 각 호의 어느 하나에 해당하는 외국인에 대하여는 입국을 금지할 수 있다.

1. 감염병환자, 마약류중독자, 그 밖에 공중위생상 위해를 끼칠 염려가 있다고 인정되는 사람 (제2호 이하 생략)

▷ **재난 및 안전관리 기본법 제40조(대피명령)** ① 시장·군수·구청장과 지역통제단장(대통령령으로 정하는 권한을 행사하는 경우에만 해당한다. 이하 이 조에서 같다)은 재난이 발생하거나 발생할 우려가 있는 경우에 사람의 생명 또는 신체에 대한 위해를 방지하기 위하여 필요하면 해당 지역 주민이나 그 지역 안에 있는 사람에게 대피하거나 선박·자동차 등을 대피시킬 것을 명할 수 있다. 이 경우 미리 대피장소를 지정할 수 있다.

② 제1항에 따른 대피명령을 받은 경우에는 즉시 명령에 따라야 한다.

[52] 일반경찰법상 특별수권(경찰관 직무집행법상 표준처분)

1. 일반론

(1) 의의　　　일반경찰법상 특별수권이란 위험방지 그 자체를 목적으로 하는 법률인 일반경찰법률(현행법상 경찰관 직무집행법)에서 사항별로 한정하여 경찰기관(현행법상 경찰청과 그 소속기관)이나 경찰공무원에 위험방지를 위한 사무처리권한을 부여하는 것을 말한다. 말하자면 경찰관 직무집행법은 공적 안전과 질서의 유지를 위하여 제3조 이하 여러 조문에 걸쳐 개인의 자유영역에 대하여 유형별로 침해할 수 있음을 규정하고 있다. 이러한 규정을 특별구성요

건이라 부른다. 이러한 규정상의 처분을 표준처분, 표준조치, 표준적 직무행위 등으로 부르고 있다. 특별법은 일반법에 우선하는바, 일반경찰법상 특별수권조항이 적용되는 한, 일반경찰법상 일반수권조항은 보충적으로 적용될 뿐이다. 물론 특별법상 특별수권조항이 일반법상 특별수권조항에 우선한다.

(2) 표준처분의 성질

(가) 행정행위 표준처분은 대체로 침익적인 행정행위로서의 성질을 갖는다. 표준처분은 그 표준처분의 사실상의 집행과 구분되어야 한다. 예를 들어 수색처분은 상대방에게 수색행위에 참아야 하는 의무(수인의무)를 부과하는 행정행위이면서 동시에 수색이라는 사실로써 이루어지는 행위이기도 하다.

(나) 재량행위 표준처분의 근거규정은 "…을 할 수 있다"고 하여 경찰관에게 재량권을 부여하고 있다. 그러나 재량권도 구체적인 경우에는 영으로 수축될 수도 있다. 재량권이 영으로 수축된 경우에는 경찰관의 부작위가 위법한 것이 되고, 따라서는 국가배상책임이 인정될 수도 있다(판례).

○판례 경찰은 범죄의 예방, 진압 및 수사와 함께 국민의 생명, 신체 및 재산의 보호 기타 공공의 안녕과 질서유지를 직무로 하고 직무의 원활한 수행을 위하여 경찰관 직무집행법, 형사소송법 등 관계 법령에 의하여 여러 가지 권한이 부여되어 있다. 구체적인 직무를 수행하는 경찰관으로서는 여러 상황에 대응하여 자신에게 부여된 여러 가지 권한을 적절하게 행사하여 필요한 조치를 취할 수 있고, 그러한 권한은 일반적으로 경찰관의 전문적 판단에 기한 합리적인 재량에 위임되어 있는 것이다. 그러나 구체적인 사정에서 경찰관이 권한을 행사하여 필요한 조치를 하지 아니하는 것이 현저하게 불합리하다고 인정되는 경우 그러한 권한의 불행사는 직무상의 의무를 위반한 것으로 위법하다(대판 2022. 7. 14., 2017다29053).

(3) 표준처분의 주체(경찰관)
경찰관 직무집행법 제3조(불심검문)·제4조(보호조치 등)·제5조(위험 발생의 방지 등)·제6조(범죄의 예방과 제지)·제7조(위험 방지를 위한 출입)를 보면, 경찰조직법상 경찰행정청인 경찰서장 등(실정법상 경찰관서의 장)이 아니라 경찰관이 표준처분을 할 수 있음을 규정하고 있다. 표준처분은 현장에서 즉시에 이루어져야 하는 것인바, 경찰관을 권한행사자로 규정하고 있는 것이다. 위의 조문에 따른 표준처분과 관련하는 한, 경찰관은 경찰행정청의 성격을 갖는다(기능상 의미의 경찰행정청).

(4) 표준처분과 영장주의의 관계
표준처분에는 영장이 요구되지 아니한다. 말하자면 표준처분을 규정하는 경찰관 직무집행법 관련 규정은 영장주의의 예외를 규정하고 있다.

(5) 표준처분의 유형(경찰관 직무집행법상 표준처분)   경찰관 직무집행법상 인정되고 있는 표준처분으로는 불심검문, 보호조치, 위험발생의 방지, 범죄의 예방과 제지, 위험방지를 위한 출입, 확인을 위한 출석요구, 경찰장비의 사용 등이 있다(경찰관 직무집행법 제3조 내지 제8조, 제10조). 제주자치도 자치경찰에도 경찰관 직무집행법이 준용된다(제주특별법 제96조).

2. 불심검문

경찰관 직무집행법 제3조는 불심검문이라는 제목 하에 제1항에서 질문, 제2항에서 동행요구, 제3항에서 흉기소지여부조사, 제4항 내지 제6항은 제1항 내지 제3항과 관련하여 절차에 관한 사항을 규정하고 있는바, 경찰관 직무집행법 제3조의 불심검문이란 질문과 동행요구 및 흉기소지여부조사를 내용으로 하는 개념이다. 경찰관 직무집행법 제3조는 불심검문의 주체로 경찰관을 규정하고 있다. 경찰관이란 경찰공무원법이 규정하는 공무원을 뜻한다.

(1) 질문

제3조(불심검문) ① 경찰관은 다음 각 호의 어느 하나에 해당하는 사람을 정지시켜 질문할 수 있다.
1. 수상한 행동이나 그 밖의 주위 사정을 합리적으로 판단하여 볼 때 어떠한 죄를 범하였거나 범하려 하고 있다고 의심할 만한 상당한 이유가 있는 사람
2. 이미 행하여진 범죄나 행하여지려고 하는 범죄행위에 관한 사실을 안다고 인정되는 사람

① 규정내용 중 "어떠한 죄를 범하였…다고 의심할 만한 상당한 이유가 있는 사람" 또는 "이미 행하여진 범죄…에 관하여 그 사실을 안다고 인정되는 사람"에 대한 질문은 새로운 범죄를 방지하기 위한 예방경찰의 성격도 갖는다. ② 정지는 경찰관 앞에서 장소적 이동을 하지 아니하는 것을 말한다. 질문을 위해 정지는 불가피하게 요구된다. 질문을 위한 정지는 동시에 피질문자에게 행동의 자유의 일시정지를 가져올 수 있다. ③ 질문은 무엇인가를 알기 위해서 묻는 행위이다. 따라서 성질상 경찰상 조사의 성질을 갖는다. 질문은 비권력적 사실행위이다.

◉판례 경찰관이 법 제3조 제1항에 규정된 대상자(이하 '불심검문 대상자'라 한다) 해당 여부를 판단할 때에는 불심검문 당시의 구체적 상황은 물론 사전에 얻은 정보나 전문적 지식 등에 기초하여 불심검문 대상자인지를 객관적·합리적인 기준에 따라 판단하여야 하나, 반드시 불심검문 대상자에게 형사소송법상 체포나 구속에 이를 정도의 혐의가 있을 것을 요한다고 할 수는 없다(대판 2014. 2. 27., 2011도13999).

(2) 동행요구

제3조(불심검문) ② 경찰관은 제1항에 따라 같은 항 각 호의 사람을 정지시킨 장소에서 질문을 하는 것이 그 사람에게 불리하거나 교통에 방해가 된다고 인정될 때에는 질문을 하기 위하여 가까운 경찰서·지구대·파출소 또는 출장소(지방해양경찰관서를 포함하며, 이하 "경찰관서"라 한다)로 동행할 것을 요구할 수 있다. 이 경우 동행을 요구받은 사람은 그 요구를 거절할 수 있다.

① 제2항은 임의동행에 관한 규정이다. 임의동행은 위험방지의 목적을 위한 경찰법상제도이고, 수사목적의 임의동행은 형사소송법상 제도로서 양자는 목적이 다르다. ② 경찰관의 동행요구에 대하여 동행요구를 받은 사람은 거절할 수 있다(경찰관 직무집행법 제3조 제2항). 동행요구는 동행요구를 받은 사람의 협력을 전제로 하는 비강제적인 수단이다. ③ 동행요구는 그 장소에서 질문하는 것이 동행요구를 받은 사람에게 불리하거나(예: 동행요구를 받은 사람에게 수치심을 야기시키는 경우, 추운 겨울 노상에서 질문하는 경우) 교통에 방해가 된다(예: 동행요구를 받은 사람 자체가 교통에 방해되거나, 동행요구를 받은 사람에게 많은 사람이 모여드는 경우)고 인정되는 때에 가능하다.

◯판례 경찰관이 임의동행요구에 응하지 않는다 하여 강제연행하려고 대상자의 양팔을 잡아 끈 행위는 적법한 공무집행이라고 할 수 없으므로 그 대상자가 이러한 불법연행으로부터 벗어나기 위하여 저항한 행위는 정당한 행위라고 할 것이고 이러한 행위에 무슨 과실이 있다고 할 수 없다(대판 1992. 5. 26., 91다38334).

(3) 흉기소지여부의 조사

제3조(불심검문) ③ 경찰관은 제1항 각 호의 어느 하나에 해당하는 사람에게 질문을 할 때에 그 사람이 흉기를 가지고 있는지를 조사할 수 있다.

① 흉기란 위험을 야기할 수 있는 일체의 물건을 말한다. ② 흉기소지 여부의 조사는 질문을 받는 사람의 신체나 소지품에 대하여 이루어진다. ③ 흉기소지 여부의 조사는 영장 없이 이루어지는 강제조사에 해당한다. ④ 조사결과 흉기가 발견되면, 경범죄처벌법이나 폭력행위 등 처벌에 관한 법률에 따라 처벌할 수 있다.

▷ **경범죄처벌법 제3조(경범죄의 종류)** ① 다음 각 호의 어느 하나에 해당하는 사람은 10만원 이하의 벌금, 구류 또는 과료(科料)의 형으로 처벌한다.
2. (흉기의 은닉휴대) 칼·쇠몽둥이·쇠톱 등 사람의 생명 또는 신체에 중대한 위해를 끼치거나 집이나 그 밖의 건조물에 침입하는 데에 사용될 수 있는 연장이나 기구를 정당한 이유 없이 숨겨서 지니고 다니는 사람

▷ **폭력행위 등 처벌에 관한 법률 제7조(우범자)** 정당한 이유 없이 이 법에 규정된 범죄에 공용(供用)될 우려가 있는 흉기나 그 밖의 위험한 물건을 휴대하거나 제공 또는 알선한 사람은 3년 이하의 징역 또는 300만원 이하의 벌금에 처한다.

●**판례** 경찰관은 불심검문 대상자에게 질문을 하기 위하여 범행의 경중, 범행과의 관련성, 상황의 긴박성, 혐의의 정도, 질문의 필요성 등에 비추어 목적 달성에 필요한 최소한의 범위 내에서 사회통념상 용인될 수 있는 상당한 방법으로 대상자를 정지시킬 수 있고 질문에 수반하여 흉기의 소지 여부도 조사할 수 있다(대판 2014. 2. 27., 2011도13999).

(4) 증표제시, 동행목적 설명 등

제3조(불심검문) ④ 경찰관은 제1항이나 제2항에 따라 질문을 하거나 동행을 요구할 경우 자신의 신분을 표시하는 증표를 제시하면서 소속과 성명을 밝히고 질문이나 동행의 목적과 이유를 설명하여야 하며, 동행을 요구하는 경우에는 동행 장소를 밝혀야 한다.

증표의 제시와 동행목적 설명등을 규정하는 제4항은 경찰관의 권한남용을 방지하기 위한 것이다. 만약 경찰관이 증표를 제시함이 없이 질문을 하거나, 동행목적 등을 설명함이 없이 동행을 요구하면, 그러한 경찰관의 행위는 위법한 것이 된다.

(5) 가족에 연락기회 부여, 변호인 조력을 받을 권리 고지

제3조(불심검문) ⑤ 경찰관은 제2항에 따라 동행한 사람의 가족이나 친지 등에게 동행한 경찰관의 신분, 동행 장소, 동행 목적과 이유를 알리거나 본인으로 하여금 즉시 연락할 수 있는 기회를 주어야 하며, 변호인의 도움을 받을 권리가 있음을 알려야 한다.

① 제5항은 임의동행을 한 사람의 인신보호를 위한 것이다. ② 고지는 지체 없이 이루어져야 한다. ③ 고지는 반드시 문서로 이루어져야 하는 것은 아니고, 구두에 의할 수도 있다.

(6) 임의동행의 시간상 제한

제3조(불심검문) ⑥ 경찰관은 제2항에 따라 동행한 사람을 6시간을 초과하여 경찰관서에 머물게 할 수 없다.

① 동행한 사람의 동의가 있다고 하여도 6시간을 초과하여 계속 경찰관서에 머물게 하는 것은 제6항을 위반하는 것이 된다. ② 6시간이 경과하기 전이라도 동행사유가 소멸되면 즉시 내보내야 한다.

(7) 신체구속·답변강요의 금지

제3조(불심검문) ⑦ 제1항부터 제3항까지의 규정에 따라 질문을 받거나 동행을 요구받은 사람은 형사소송에 관한 법률에 따르지 아니하고는 신체를 구속당하지 아니하며, 그 의사에 반하여 답변을 강요당하지 아니한다.

① 질문에는 영장주의가 적용되지 아니하지만, 신체구속에는 영장주의가 적용된다. ② 불심검문의 상대방은 경찰관의 질문에 대하여 참고 정지하게 되지만, 질문에 대하여 답변할 의무는 지지 아니한다. ③ 임의동행한 후 질문한 결과 범죄를 범하였다는 사실이 밝혀진다면, 형사절차로 전환하게 될 것이다(판례).

3. 보호조치

(1) 의의

제4조(보호조치 등) ① 경찰관은 수상한 행동이나 그 밖의 주위 사정을 합리적으로 판단해 볼 때 다음 각 호의 어느 하나에 해당하는 것이 명백하고 응급구호가 필요하다고 믿을 만한 상당한 이유가 있는 사람(이하 "구호대상자"라 한다)을 발견하였을 때에는 보건의료기관이나 공공구호기관에 긴급구호를 요청하거나 경찰관서에 보호하는 등 적절한 조치를 할 수 있다.
1. 정신착란을 일으키거나 술에 취하여 자신 또는 다른 사람의 생명·신체·재산에 위해를 끼칠 우려가 있는 사람
2. 자살을 시도하는 사람
3. 미아, 병자, 부상자 등으로서 적당한 보호자가 없으며 응급구호가 필요하다고 인정되는 사람. 다만, 본인이 구호를 거절하는 경우는 제외한다.

① 제1항에 따른 보호조치는 위험방지를 목적으로 하는 것이며, 범죄수사의 목적으로 활용될 수는 없다. ② 제4조 제1항 제1호와 제2호의 사람들에게는 본인의 의사와 관계없이 보호가 이루어지고(강제보호), 제3호의 사람들은 본인의 거부의 의사표시가 없으면 보호가 이루어진다(임의보호). ③ 구호대상자는 보호조치에 대하여 참아야 할 의무를 진다는 의미에서 보호조치는 법적 행위이고 순수한 사실행위는 아니다. 강제보호조치는 대인적 즉시강제의 성질을 가지며, 임의보호조치는 비권력적 사실행위의 성질을 갖는다.

◐판례 경찰관 직무집행법 제4조 제1항 제1호(이하 '이 사건 조항'이라 한다)에서 규정하는 술에 취한 상태로 인하여 자기 또는 타인의 생명·신체와 재산에 위해를 미칠 우려가 있는 피구호자에 대한 보호조치는 경찰 행정상 즉시강제에 해당하므로, 그 조치가 불가피한 최소한도 내에서만 행사되도록 발동·행사 요건을 신중하고 엄격하게 해석하여야 한다. 따라서 이 사건 조항의 '술에 취한 상태'란 피구호자가 술에 만취하여 정상적인 판단능력이나 의사능력을 상실할 정도에 이른 것

을 말하고, 이 사건 조항에 따른 보호조치를 필요로 하는 피구호자에 해당하는지는 구체적인 상황을 고려하여 경찰관 평균인을 기준으로 판단하되, 그 판단은 보호조치의 취지와 목적에 비추어 현저하게 불합리하여서는 아니 되며, 피구호자의 가족 등에게 피구호자를 인계할 수 있다면 특별한 사정이 없는 한 경찰관서에서 피구호자를 보호하는 것은 허용되지 않는다(대판 2012. 12. 13., 2012도11162).

④ 보호조치는 보건의료기관이나 공공구호기관에 긴급구호를 요청하여 이루어질 수도 있고, 경찰관서에서의 보호로 이루어질 수도 있다.

◐판례 경찰서에 설치되어 있는 보호실은 영장대기자나 즉결대기자 등의 도주방지와 경찰업무의 편의 등을 위한 수용시설로서 사실상 설치, 운영되고 있으나 현행법상 그 설치근거나 운영 및 규제에 관한 법령의 규정이 없고, 이러한 보호실은 그 시설 및 구조에 있어 통상 철창으로 된 방으로 되어 있어 그 안에 대기하고 있는 사람들이나 그 가족들이 출입이 제한되는 등 일단 그 장소에 유치되는 사람은 그 의사에 기하지 아니하고 일정장소에 구금되는 결과가 되므로, 경찰관 직무집행법상 정신착란자, 주취자, 자살기도자 등 응급의 구호를 요하는 자를 24시간을 초과하지 아니하는 범위 내에서 경찰관서에 보호조치할 수 있는 시설로 제한적으로 운영되는 경우를 제외하고는 구속영장을 발부받음이 없이 피의자를 보호실에 유치함은 영장주의에 위배되는 위법한 구금으로서 적법한 공무수행이라고 볼 수 없다(대판 1994.3.11., 93도958).

(2) 보호의무

제4조(보호조치 등) ② 제1항에 따라 긴급구호를 요청받은 보건의료기관이나 공공구호기관은 정당한 이유 없이 긴급구호를 거절할 수 없다.

경찰관으로부터 긴급구호요청을 받은 보건의료기관이나 공공구호기관은 정당한 이유가 있는 경우에는 긴급구호를 거절할 수 있다. 정당한 이유의 유무는 객관적으로 판단되어야 한다. 정당한 이유 없이 거부하면 불이익을 받을 수도 있다.

▷**응급의료에 관한 법률 제6조(응급의료의 거부금지 등)** ② 응급의료종사자는 업무 중에 응급의료를 요청받거나 응급환자를 발견하면 즉시 응급의료를 하여야 하며 정당한 사유 없이 이를 거부하거나 기피하지 못한다.
제60조(벌칙) ② 다음 각 호의 어느 하나에 해당하는 사람은 3년 이하의 징역 또는 1천만원 이하의 벌금에 처한다.
1. 제6조 제2항을 위반하여 응급의료를 거부 또는 기피한 응급의료종사자

(3) 임시영치

제4조(보호조치 등) ③ 경찰관은 제1항의 조치를 하는 경우에 구호대상자가 휴대하고 있는 무기·흉기 등 위험을 일으킬 수 있는 것으로 인정되는 물건을 경찰관서에 임시로 영치하여 놓을 수 있다.

① 흉기란 위험을 야기할 수 있는 것으로 인정되는 일체의 물건으로서 무기를 제외한 것을 말한다. ② 임시영치는 영장 없이 이루어지는 강제처분의 성격을 갖는다. 임시영치는 대물적 즉시강제의 성격을 갖는다.

(4) 후속절차

제4조(보호조치 등) ④ 경찰관은 제1항의 조치를 하였을 때에는 지체 없이 구호대상자의 가족, 친지 또는 그 밖의 연고자에게 그 사실을 알려야 하며, 연고자가 발견되지 아니할 때에는 구호대상자를 적당한 공공보건의료기관이나 공공구호기관에 즉시 인계하여야 한다.
⑤ 경찰관은 제4항에 따라 구호대상자를 공공보건의료기관이나 공공구호기관에 인계하였을 때에는 즉시 그 사실을 소속 경찰서장이나 해양경찰서장에게 보고하여야 한다.
⑥ 제5항에 따라 보고를 받은 소속 경찰서장이나 해양경찰서장은 대통령령으로 정하는 바에 따라 구호대상자를 인계한 사실을 지체 없이 해당 공공보건의료기관 또는 공공구호기관의 장 및 그 감독행정청에 통보하여야 한다.

가족 등에 통지(제4조 제4항), 소속 경찰서장 등에 보고(제4조 제5항), 감독행정청 등에 대한 통보는 경찰관의 보호조치에 대한 사후적인 통제절차이다. 이러한 사후적인 통제절차는 경찰관의 보호조치의 적정성을 제고하는 의미를 갖는다.

(5) 보호기간·영치기간

제4조(보호조치 등) ⑦ 제1항에 따라 구호대상자를 경찰관서에서 보호하는 기간은 24시간을 초과할 수 없고, 제3항에 따라 물건을 경찰관서에 임시로 영치하는 기간은 10일을 초과할 수 없다.

① 보건의료기관이나 공공구호기관에서의 보호기간에는 제한이 없으나, 경찰관서에서의 보호는 24시간을 초과할 수 없다. 만약 경찰관이 구속영장을 받음이 없이 24시간을 초과하여 경찰서 보호실에 유치하는 것은 영장주의에 위배되는 위법한 구금이다(판례). ② 임시영치기간은 10일을 초과할 수 없다(경찰관 직무집행법 제4조 제7항). 임시영치는 보상을 요하지 아니하는 재산권의 내재적 제약에 해당한다.

◆판례 경찰관 직무집행법 제4조 제1항, 제4항에 의하면 경찰관은 수상한 거동 기타 주위의 사정을 합리적으로 판단하여 술취한 상태로 인하여 자기 또는 타인의 생명, 신체와 재산에 위해를 미칠 우려가 있는 자에 해당함이 명백하며 응급의 구호를 요한다고 믿을만한 상당한 이유가 있는 자를 발견한 때에는 24시간을 초과하지 아니하는 범위 내에서 동인을 경찰관서에 보호하는 등 적절한 조치를 취할 수 있으나, 이 경우에도 경찰관이 이러한 조치를 한 때에는 지체 없이 이를 피구호자의 가족, 친지 기타의 연고자에게 그 사실을 통지하여야 한다(대판 1994. 3. 11., 93도958).

4. 위험 발생의 방지 등

(1) 필요한 조치의 사유

제5조(위험 발생의 방지 등) ① 경찰관은 사람의 생명 또는 신체에 위해를 끼치거나 재산에 중대한 손해를 끼칠 우려가 있는 천재, 사변, 인공구조물의 파손이나 붕괴, 교통사고, 위험물의 폭발, 위험한 동물 등의 출현, 극도의 혼잡, 그 밖의 위험한 사태가 있을 때에는 다음 각 호의 조치를 할 수 있다. (각호 생략)

위험 발생의 방지를 위한 조치는 인명 또는 신체에 위해를 미치거나 재산에 중대한 손해를 끼칠 우려가 있는 위험한 사태가 있을 때에 가능하다. 위험한 사태의 내용 중 천재는 자연의 재해(예: 화산폭발, 대홍수), 사변은 사회적 변란(예: 전쟁, 내란, 폭동), 공작물의 손괴는 파괴나 노후화 등으로 인한 공작물의 불안전한 상태를 뜻한다. 조치를 할 것인지의 여부는 재량적이지만, 재량이 영으로 수축되어 반드시 필요한 조치를 하여야 하는 경우도 있다. 경우에 따라 재량행사는 신속하게 이루어져야 한다.

◐판례 [1] 경찰관 직무집행법 제5조는 경찰관은 인명 또는 신체에 위해를 미치거나 재산에 중대한 손해를 끼칠 우려가 있는 위험한 사태가 있을 때에는 그 각 호의 조치를 취할 수 있다고 규정하여 형식상 경찰관에게 재량에 의한 직무수행권한을 부여한 것처럼 되어 있으나, 경찰관에게 그러한 권한을 부여한 취지와 목적에 비추어 볼 때 구체적인 사정에 따라 경찰관이 그 권한을 행사하여 필요한 조치를 취하지 아니하는 것이 현저하게 불합리하다고 인정되는 경우에는 그러한 권한의 불행사는 직무상의 의무를 위반한 것이 되어 위법하게 된다(대판 1998. 8. 25., 98다16890).
[2] 「집회 및 시위에 관한 법률」 제20조 제1항 제5호, 제16조 제4항 제2호는 폭행, 협박, 손괴, 방화 등으로 질서를 유지할 수 없는 집회 또는 시위의 경우에는 해산을 명할 수 있도록 정하고 있다. 집회·시위의 경우 많은 사람이 관련되고 시위 장소 주변의 사람이나 시설에 적지 않은 영향을 줄 수 있으므로 집회 장소에서 예상치 못한 행동이 발생했을 때 경찰공무원이 집회를 허용할 것인지는 많은 시간을 두고 심사숙고하여 결정할 수 있는 것이 아니고, 현장에서 즉시 허용 여부를 결정하여 이에 따른 조치를 신속하게 취해야 할 사항이다(대판 2021. 10. 28., 2017다219218).

(2) 필요한 조치의 내용

제5조(위험 발생의 방지 등) (제1항 본문 생략)
1. 그 장소에 모인 사람, 사물의 관리자, 그 밖의 관계인에게 필요한 경고를 하는 것
2. 매우 긴급한 경우에는 위해를 입을 우려가 있는 사람을 필요한 한도에서 억류하거나 피난시키는 것
3. 그 장소에 있는 사람, 사물의 관리자, 그 밖의 관계인에게 위해를 방지하기 위하여 필요하다고 인정되는 조치를 하게 하거나 직접 그 조치를 하는 것

(가) 경고(제1호)　　　① 사물의 관리자란 그 사물에 대한 법률상 또는 사실상 지배권을 갖고 있는 자를 말한다(예: 자동차의 운전자, 동물의 주인, 공연사업의

주최자). ② 경고란 위험이 존재한다는 것을 알리고 동시에 위험에 대비하도록 하는 행위(예: 홍수로 인해 조만간 제방붕괴의 가능성이 있으니 대피를 준비하라는 통지)로서의 지도·권고 등을 말한다. ③ 경고는 위험의 존재와 대비를 알리는 사실행위일 뿐, 상대방에게 법적 효과를 가져오는 행정행위는 아니다. 비권력적 사실행위로서 경찰지도의 성격을 갖는다.

(나) 억류·피난(제2호)　　　① 긴급한 경우란 위험에 대한 사전 경고를 발할 만큼 시간적 여유가 있는 것이 아니라 위험의 현실화가 목전에 급박하다는 것을 의미한다. ② 필요한 한도란 억류 또는 도피시키는 것이 비례원칙에 따라야 한다는 것을 의미한다. ③ 억류란 위험한 장소에의 출입을 막는 것을 의미하고(출입제한), 피난이란 위험한 장소로부터 떠나는 것을 말한다(퇴거명령). 요컨대 경찰관은 위험발생의 방지를 위해 위해를 입을 우려가 있는 사람을 일정한 장소로부터 떠날 것을, 또는 일정한 장소의 출입을 금할 것을 명할 수 있다. 경우에 따라서는 사람을 원거리에 강제로 옮겨 놓는 것도 퇴거명령의 한 방법일 수 있다. ④ 퇴거명령이나 출입제한은 경찰상 즉시강제의 성질을 갖는다.

(다) 기타 필요한 위험방지조치(제3호)　　　① 필요하다고 인정되는 조치란 경찰관 직무집행법 제5조 제1항 제1호와 제2호에서 규정되지 아니한 사항으로서 위해방지에 필요한 것을 말한다(예: 위험한 상태의 제거, 시설의 폐쇄). ② 조치명령의 법적 성질은 경찰하명에 해당한다. 이러한 명령에 불응하면 경범죄처벌법 제3조 제29호의 적용을 받을 가능성이 많다. ③ 경찰관 스스로 조치를 하는 것은 대체적 작위의 경우에 가능하다. 파기나 압류 등이 스스로 취할 수 있는 조치에 해당할 것이다.

▷ **경범죄처벌법 제3조(경범죄의 종류)** 다음 각호의 1에 해당하는 사람은 10만원 이하의 벌금, 구류 또는 과료의 형으로 벌한다.
29. (공무원 원조불응) 눈·비·바람·해일·지진 등으로 인한 재해, 화재·교통사고·범죄, 그 밖의 급작스러운 사고가 발생하였을 때에 현장에 있으면서도 정당한 이유 없이 관계 공무원 또는 이를 돕는 사람의 현장출입에 관한 지시에 따르지 아니하거나 공무원이 도움을 요청하여도 도움을 주지 아니한 사람

○**판례** 교통사고 발생신고를 받고 현장에 나온 경찰관으로서는 사고내용에 관한 다툼이 있어 사고현장보존의 필요성이 있다 하더라도 사고발생의 위험성이 예견되는 경우 그 관계자에게 사고발생을 막을 안전조치를 하도록 지시하거나 그것이 여의치 아니할 경우 위와 같은 조치(도로상에 장애물을 부득이 방치하는 경우에도 통행차량이 쉽게 식별할 수 있도록 점멸등과 같은 조명시설이나

야광안전표지판 등의 식별표지를 설치하거나 안전관리근무자를 배치하여 사고의 발생을 미리 막아야 하는 조치)를 직접 하여야 할 주의의무가 있다(대판 1992. 10. 27., 92다21371).

(3) 국가 중요시설 접근금지 등

제5조(위험 발생의 방지 등) ② 경찰관서의 장은 대간첩 작전의 수행이나 소요 사태의 진압을 위하여 필요하다고 인정되는 상당한 이유가 있을 때에는 대간첩 작전지역이나 경찰관서·무기고 등 국가중요시설에 대한 접근 또는 통행을 제한하거나 금지할 수 있다.

① 제2항에 따른 접근 또는 통행의 제한과 금지는 제1항에 대한 특례가 된다. ② 접근 또는 통행을 제한하거나 금지할 수 있는 권한을 가진 자는 경찰관이 아니고 경찰관서의 장이라는 점이 제1항의 경우와 다르다. ③ 접근 또는 통행의 제한과 금지는 하명에 해당한다.

(4) 보고와 협조

제5조(위험 발생의 방지 등) ③ 경찰관은 제1항의 조치를 하였을 때에는 지체 없이 그 사실을 소속 경찰관서의 장에게 보고하여야 한다.
④ 제2항의 조치를 하거나 제3항의 보고를 받은 경찰관서의 장은 관계 기관의 협조를 구하는 등 적절한 조치를 하여야 한다.

① 소속 경찰관서의 장에 대한 보고는 경찰관의 조치에 대한 사후적인 통제절차이다. ② 이러한 절차와 보고를 받은 경찰관서의 장이 관계 기관의 협조를 구하는 것은 경찰관의 조치의 적정성을 제고하는 의미를 갖는다.

5. 범죄의 예방과 제지

제6조(범죄의 예방과 제지) 경찰관은 범죄행위가 목전(目前)에 행하여지려고 하고 있다고 인정될 때에는 이를 예방하기 위하여 관계인에게 필요한 경고를 하고, 그 행위로 인하여 사람의 생명·신체에 위해를 끼치거나 재산에 중대한 손해를 끼칠 우려가 있는 긴급한 경우에는 그 행위를 제지할 수 있다.

(1) 의의　　　범죄행위의 예방 그 자체는 위험방지작용, 즉 경찰작용이다. 제6조에 따라 경찰관이 경고를 발하거나 그 행위를 제지할 수 있는 범죄행위의 종류에는 제한이 없다. 경고는 비권력적 사실행위로서 경찰지도의 성격을 갖지만, 범죄의 제지는 대인적 즉시강제의 성질을 갖는다.

○판례 [1] 경찰관의 제지에 관한 부분은 범죄의 예방을 위한 경찰행정상 즉시강제, 즉 눈앞의 급박한 경찰상 장해를 제거하여야 할 필요가 있고 의무를 명할 시간적 여유가 없거나 의무를 명하는 방법으로는 그 목적을 달성하기 어려운 상황에서 의무불이행을 전제로 하지 아니하고 경찰이 직접

실력을 행사하여 경찰상 필요한 상태를 실현하는 권력적 사실행위에 관한 근거조항이다. 경찰행정상 즉시강제는 그 본질상 행정 목적 달성을 위하여 불가피한 한도 내에서 예외적으로 허용되는 것이므로, 위 조항에 의한 경찰관의 제지 조치 역시 그러한 조치가 불가피한 최소한도 내에서만 행사되도록 그 발동·행사 요건을 신중하고 엄격하게 해석하여야 하고, 그러한 해석·적용의 범위 내에서만 우리 헌법상 신체의 자유 등 기본권 보장 조항과 그 정신 및 해석 원칙에 합치될 수 있다(대판 2021. 11. 11., 2018다288631).

[2] 경찰관의 경고나 제지는 그 문언과 같이 범죄의 예방을 위하여 범죄행위에 관한 실행의 착수 전에 행하여질 수 있을 뿐만 아니라, 이후 범죄행위가 계속되는 중에 그 진압을 위하여도 당연히 행하여질 수 있다고 보아야 한다. 이와 같은 법리에 비추어, 공사현장 출입구 앞 도로 한복판을 점거하고 공사차량의 출입을 방해하던 피고인의 팔과 다리를 잡고 도로 밖으로 옮기려고 한 경찰관의 행위를 적법한 공무집행으로 보고 경찰관의 팔을 물어뜯은 피고인에 대한 공무집행방해 및 상해의 공소사실을 모두 유죄로 인정한 원심의 판단은 정당하다(대판 2013. 9. 26., 2013도643).

(2) 경고 ① 범죄행위란 근거법령을 불문하고 처벌(형벌·행정형벌)이 예정된 모든 행위를 말하고, ② 목전이란 범죄행위의 실현이 급박함을 의미하고, ③ 예방이란 범죄의 실행을 막는 것과 범죄로 인한 피해의 발생을 방지하는 것을 의미한다. ④ 관계인이란 범죄행위를 하려고 하는 사람뿐만 아니라 그 사람과 관련 있는 사람(예: 범죄행위의 대상자, 시설의 관리인)을 포함한다. ⑤ 경고는 범죄행위로 나아가지 말 것을 통고·권고하는 것을 말한다. 경고의 방법에는 특별한 제한이 없다. 구두로 할 수도 있고 경적이나 확성기사용을 통해 할 수도 있다. 경고는 비권력적 사실행위로서 경찰지도의 성격을 갖는다.

(3) 제지 제지란 경찰관이 신체상의 힘 또는 경찰장구를 이용하여 범죄행위를 실행에 옮기지 못하도록 하는 것을 말한다. 경찰장구의 사용은 경찰관 직무집행법 제10조의2에 따라야 한다. 제지를 위해 사전에 반드시 경고를 거쳐야 하는 것은 아니다. 제지를 위해 도입되는 수단은 비례원칙을 준수하여야 한다.

○판례 경찰관 직무집행법 제6조 제1항에 따른 경찰관의 제지 조치가 적법한 직무집행으로 평가될 수 있기 위해서는, 형사처벌의 대상이 되는 행위가 눈앞에서 막 이루어지려고 하는 것이 객관적으로 인정될 수 있는 상황이고, 그 행위를 당장 제지하지 않으면 곧 인명·신체에 위해를 미치거나 재산에 중대한 손해를 끼칠 우려가 있는 상황이어서, 직접 제지하는 방법 외에는 위와 같은 결과를 막을 수 없는 절박한 사태이어야 한다. 다만, 경찰관의 제지 조치가 적법한지 여부는 제지 조치 당시의 구체적 상황을 기초로 판단하여야 하고 사후적으로 순수한 객관적 기준에서 판단할 것은 아니다(대판 2013. 6. 13., 2012도9937).

6. 위험 방지를 위한 출입

(1) 의의　　경찰관 직무집행법 제7조는 경찰관이 위험방지를 위해 토지·건물 등에 출입할 수 있음을 규정하고 있다. 경찰관 직무집행법 제7조에 의한 출입은 경찰상 즉시강제의 의미도 갖는다. 경찰관 직무집행법 제7조에 의한 출입 외에 특별법에서 정하는 출입도 있다(예: 총포·도검·화약류 등의 안전 관리에 관한 법률 제44조).

▷ **총포·도검·화약류 등의 안전관리에 관한 법률 제44조(출입·검사 등)** ① 허가관청은 재해 예방 또는 공공의 안전유지를 위하여 필요하다고 인정되면 관계 공무원으로 하여금 총포·도검·화약류·분사기·전자충격기·석궁의 제조소·판매소 또는 임대소, 화약류저장소, 화약류의 사용장소, 그 밖에 필요한 장소에 출입하여 장부·서류나 그 밖에 필요한 물건을 검사하게 하거나 관계자에 대하여 질문을 하도록 할 수 있다.
② 제1항에 따라 출입·검사에 종사하는 공무원은 그 권한을 표시하는 증표를 지니고 관계자에게 보여주어야 한다.

(2) 긴급출입(제7조 제1항에 따른 출입)

제7조(위험 방지를 위한 출입) ① 경찰관은 제5조 제1항·제2항 및 제6조에 따른 위험한 사태가 발생하여 사람의 생명·신체 또는 재산에 대한 위해가 임박한 때에 그 위해를 방지하거나 피해자를 구조하기 위하여 부득이하다고 인정하면 합리적으로 판단하여 필요한 한도에서 다른 사람의 토지·건물·배 또는 차에 출입할 수 있다.

① 제1항에 따른 출입을 긴급출입 또는 일반출입이라 부른다. ② 긴급출입은 임박한 위해를 방지하거나 피해자를 구조하기 위하여 부득이하다고 인정할 때에만 가능하므로, 다른 적절한 방법이 있으면 출입할 수 없다(보충성의 원칙). 제1항을 근거로 하여 범죄수사를 목적으로 출입할 수는 없다. ③ 출입은 다른 사람의 토지·건물·배 또는 차에 들어가는 것을 의미한다. 타인의 동의를 요하지 아니한다. ④ 현재의 위험을 방지하기 위한 것이기 때문에, 야간에도 출입이 가능하다. ⑤ 긴급출입은 대가택 즉시강제의 성질을 갖는다.

(3) 예방출입(제7조 제2항에 따른 출입)

제7조(위험 방지를 위한 출입) ② 흥행장, 여관, 음식점, 역, 그 밖에 많은 사람이 출입하는 장소의 관리자나 그에 준하는 관계인은 경찰관이 범죄나 사람의 생명·신체·재산에 대한 위해를 예방하기 위하여 해당 장소의 영업시간이나 해당 장소가 일반인에게 공개된 시간에 그 장소에 출입하겠다고 요구하면 정당한 이유 없이 그 요구를 거절할 수 없다.

① 제2항에 따른 출입을 예방출입이라 부른다. ② 흥행장, 여관, 음식점, 역,

그 밖에 많은 사람이 출입하는 장소를 "경찰상 공개된 장소"라 부른다. 다수인이 출입한다고 하여도 불특정다수인이 아니라 한정된 특정다수인이 출입하는 지역(예: 회갑연회장, 비공개세미나장)은 경찰상 공개된 장소에 해당하지 아니한다. ③ 출입은 위험방지의 목적으로 개인사업장 등에 들어가는 것을 말한다. ④ 관리자 또는 이에 준하는 관계인은 정당한 이유가 없는 한 경찰관의 출입을 거절할 수 없다. 정당한 이유가 없는 한 관리자 또는 이에 준하는 관계인은 경찰관의 출입에 수인의무를 진다.

(4) 대간첩작전검색(제7조 제3항에 따른 검색)

제7조(위험 방지를 위한 출입) ③ 경찰관은 대간첩 작전 수행에 필요할 때에는 작전지역에서 제2항에 따른 장소를 검색할 수 있다.

① 대간첩작전검색 요건이 예방출입(제7조 제2항에 따른 출입)의 요건보다 완화되어 있다. ② 제3항에 따른 검색은 작전지역 안에 한정된다. ③ 검색이란 물건이나 사람을 직접 찾는 행위 등을 말한다. 발견된 간첩을 체포하는 것도 검색에 포함된다. ④ 본 조항에 따른 검색에는 시간상 제한이 없다. 영업시간이나 공개시간이 아니라도 가능하다. ⑤ 관리자 또는 이에 준하는 관계인의 동의도 요하지 아니한다.

(5) 통제(제7조 제4항에 따른 증표의 제시)

제7조(위험 방지를 위한 출입) ④ 경찰관은 제1항부터 제3항까지의 규정에 따라 필요한 장소에 출입할 때에는 그 신분을 표시하는 증표를 제시하여야 하며, 함부로 관계인이 하는 정당한 업무를 방해해서는 아니 된다.

① 경찰관의 신분을 표시하는 증표의 제시는 주거권자 등의 보호를 위한 것이다. ② 뿐만 아니라 명시적으로 규정된 것은 아닐지라도 출입 시에는 출입의 목적도 알려야 할 것이다.

(6) 필요한 조치

① 본조에 근거하여 출입한 후에 위험방지를 위해 필요하다면, 경찰관은 경찰관 직무집행법상 다른 수권조항(예: 제3조 제4조, 제5조, 제6조)이 정하는 처분도 할 수 있다. 한편 ② 도청기 설치는 주거침입에 해당하는 것이므로, 법률에 개별적인 근거가 있는 경우에만 가능할 것이다. ③ 출입 시에는 주거권자 또는 그 대리인 등에게 경찰의 활동을 지켜볼 수 있는 권

리를 보장하여야 할 것이다.

(7) 특별법에 의한 출입 개별 법률상 위험방지목적을 위해 출입을 규정하고 있는 법률로 공중위생관리법 제9조 제1항, 마약류 관리에 관한 법률 제41조 등을 볼 수 있다. 이러한 개별 법률의 규정은 특별법상 특별수권조항에 해당한다.

▷ **공중위생관리법 제9조(보고 및 출입·검사)** ①특별시장·광역시장·도지사(이하 "시·도지사"라 한다) 또는 시장·군수·구청장은 공중위생관리상 필요하다고 인정하는 때에는 공중위생영업자에 대하여 필요한 보고를 하게 하거나 소속공무원으로 하여금 영업소·사무소 등에 출입하여 공중위생영업자의 위생관리의무이행 등에 대하여 검사하게 하거나 필요에 따라 공중위생영업장부나 서류를 열람하게 할 수 있다.
▷ **마약류 관리에 관한 법률 제41조(출입·검사와 수거)** ① 식품의약품안전처장(대통령령으로 정하는 그 소속 기관의 장을 포함한다), 시·도지사 또는 시장·군수·구청장은 마약류 및 원료물질의 취급을 감시하고 단속할 필요가 있다고 인정하면 관계 공무원으로 하여금 마약류취급자, 마약류취급승인자 및 원료물질취급자에 대하여 해당 업소나 공장·창고, 대마초 재배지, 약국, 조제 장소, 그 밖에 마약류 및 원료물질에 관계 있는 장소에 출입하여 다음 각 호의 업무를 하게 할 수 있다. (각호 생략)

7. 사실의 확인 등

(1) 사실의 조회와 확인

제8조(사실의 확인 등) ① 경찰관서의 장은 직무 수행에 필요하다고 인정되는 상당한 이유가 있을 때에는 국가기관이나 공사 단체 등에 직무 수행에 관련된 사실을 조회할 수 있다. 다만, 긴급한 경우에는 소속 경찰관으로 하여금 현장에 나가 해당 기관 또는 단체의 장의 협조를 받아 그 사실을 확인하게 할 수 있다.

① 제8조는 제2조가 정하는 경찰관의 직무수행에 필요한 자료를 국내의 관계기관으로부터 확보하기 위한 규정이다. 제8조에 의한 사실조회는 형사소송법상 조회나 출석요구와 성질을 달리한다.

▷ **형사소송법 제199조(수사와 필요한 조사)** ②수사에 관하여는 공무소 기타 공사단체에 조회하여 필요한 사항의 보고를 요구할 수 있다.
제200조(피의자의 출석요구) 검사 또는 사법경찰관은 수사에 필요한 때에는 피의자의 출석을 요구하여 진술을 들을 수 있다.

② 사실조회의 주체는 경찰관이 아니라 경찰관서의 장이다. ③ 조회의 방법에는 제한이 없다. 서면뿐만 아니라 구두로도 가능하다. ④ 조회의 상대방은 국가기관 또는 공사단체 등이다. 국가란 국회·정부·법원·헌법재판소등 모든 국가기관을 포함하는 개념이다. ⑤ 사실의 조회는 행정응원의 성질을 가지므로,

조회를 요청받은 국가기관이나 지방자치단체는 행정절차법 제8조가 정하는 바에 따라야 한다. 공공단체의 경우는 사정이 다르다([122] 1. 판례를 보라).

▷**행정절차법 제8조(행정응원)** ① 행정청은 다음 각 호의 어느 하나에 해당하는 경우에는 다른 행정청에 행정응원(行政應援)을 요청할 수 있다.
1. (생략) 2. (생략)
3. 다른 행정청에 소속되어 있는 전문기관의 협조가 필요한 경우
4. 다른 행정청이 관리하고 있는 문서(전자문서를 포함한다. 이하 같다)·통계 등 행정자료가 직무 수행을 위하여 필요한 경우
5. 다른 행정청의 응원을 받아 처리하는 것이 보다 능률적이고 경제적인 경우
② 제1항에 따라 행정응원을 요청받은 행정청은 다음 각 호의 어느 하나에 해당하는 경우에는 응원을 거부할 수 있다.
1. 다른 행정청이 보다 능률적이거나 경제적으로 응원할 수 있는 명백한 이유가 있는 경우
2. 행정응원으로 인하여 고유의 직무 수행이 현저히 지장받을 것으로 인정되는 명백한 이유가 있는 경우
③ 행정응원은 해당 직무를 직접 응원할 수 있는 행정청에 요청하여야 한다.
④ 행정응원을 요청받은 행정청은 응원을 거부하는 경우 그 사유를 응원을 요청한 행정청에 통지하여야 한다.

(2) 출석요구

제8조(사실의 확인 등) ② 경찰관은 다음 각 호의 직무를 수행하기 위하여 필요하면 관계인에게 출석하여야 하는 사유·일시 및 장소를 명확히 적은 출석 요구서를 보내 경찰관서에 출석할 것을 요구할 수 있다.
1. 미아를 인수할 보호자 확인
2. 유실물을 인수할 권리자 확인
3. 사고로 인한 사상자 확인
4. 행정처분을 위한 교통사고 조사에 필요한 사실 확인

① 제8조에 따른 출석요구가 출석의무를 부과하는 행정행위인지, 아니면 단순히 사인의 협력을 구하는 사실행위인지의 여부는 조문상 불분명하므로 해석문제가 된다. 출석요구에 불응한다고 하여도 이를 강제할 수단이 없는바, 출석요구는 출석의무를 부과하는 행정행위로 보기 어렵다. 따라서 출석요구는 경찰법상 사실행위로 볼 것이다. ② 경찰서장이 아니라 경찰관이 출석요구서를 보낼 수 있는 것으로 규정되고 있는데, 이것은 신속한 업무처리를 위한 것으로 이해된다. ③ 출석요구를 사인의 임의적 협력을 전제로 하는 사실행위로 이해하면, 전화나 팩스 등으로 출석을 요구할 수도 있을 것이다.

(3) 정보의 수집 등

제8조의2(정보의 수집 등) ① 경찰관은 범죄·재난·공공갈등 등 공공안녕에 대한 위험의 예방과 대응을 위한 정보의 수집·작성·배포와 이에 수반되는 사실의 확인을 할 수 있다.
② 제1항에 따른 정보의 구체적인 범위와 처리 기준, 정보의 수집·작성·배포에 수반되는 사실의 확인 절차와 한계는 대통령령으로 정한다.

제8조의2는 공공안녕에 대한 위험의 예방과 대응을 위한 정보의 수집·작성·배포와 이에 수반되는 사실의 확인의 법적 근거를 마련하고 아울러 구체적인 처리 기준 등을 대통령령으로 정할 수 있는 위임 근거를 마련하는 의미를 갖는다.

(4) 국제협력

제8조의3(국제협력) 경찰청장 또는 해양경찰청장은 이 법에 따른 경찰관의 직무수행을 위하여 외국 정부기관, 국제기구 등과 자료 교환, 국제협력 활동 등을 할 수 있다.

제8조의2는 제2조가 정하는 경찰관의 직무수행에 필요한 자료를 국외의 관계기관으로부터 확보하기 위한 규정이다. 국제기구 등과 자료 교환, 국제협력 등의 구체적인 방법은 해당 국제기구 등과의 협의로 정해질 것이다.

8. 직무수행의 보조수단
(1) 경찰장비의 사용

제10조(경찰장비의 사용 등) ① 경찰관은 직무수행 중 경찰장비를 사용할 수 있다. 다만, 사람의 생명이나 신체에 위해를 끼칠 수 있는 경찰장비(이하 이 조에서 "위해성 경찰장비"라 한다)를 사용할 때에는 필요한 안전교육과 안전검사를 받은 후 사용하여야 한다.
② 제1항 본문에서 "경찰장비"란 무기, 경찰장구(警察裝具), 경찰착용기록장치, 최루제(催淚劑)와 그 발사장치, 살수차, 감식기구(鑑識機具), 해안 감시기구, 통신기기, 차량·선박·항공기 등 경찰이 직무를 수행할 때 필요한 장치와 기구를 말한다
③ 경찰관은 경찰장비를 함부로 개조하거나 경찰장비에 임의의 장비를 부착하여 일반적인 사용법과 달리 사용함으로써 다른 사람의 생명·신체에 위해를 끼쳐서는 아니 된다.
④ 위해성 경찰장비는 필요한 최소한도에서 사용하여야 한다.
⑤ 경찰청장은 위해성 경찰장비를 새로 도입하려는 경우에는 대통령령으로 정하는 바에 따라 안전성 검사를 실시하여 그 안전성 검사의 결과보고서를 국회 소관 상임위원회에 제출하여야 한다. 이 경우 안전성 검사에는 외부 전문가를 참여시켜야 한다.
⑥ 위해성 경찰장비의 종류 및 그 사용기준, 안전교육·안전검사의 기준 등은 대통령령으로 정한다.

경찰장비의 사용은 경찰상 즉시강제의 성질을 갖는다. 경찰장비의 사용은 경찰관 직무집행법 제3조에서 제7조 등에서 규정하는 경찰상 즉시강제 또는 조사수단의 도입 시에 활용되는 보조수단의 한 종류이다. 제10조 제2항에 따

른 살수차를 사용하는 경우 그 책임자는 사용 일시·장소·대상, 현장책임자, 종류, 수량 등을 기록하여 보관하여야 한다(경직법 제11조).

경찰장비의 사용에는 행정기본법이 규정하는 비례원칙이 적용된다.

● **판례** 구 경찰관직무집행법 제10조 제3항은 "경찰장비를 임의로 개조하거나 임의의 장비를 부착하여 통상의 용법과 달리 사용함으로써 타인의 생명·신체에 위해를 주어서는 아니된다."라고 정하고, 구 『경찰장비의 사용기준 등에 관한 규정』 제3조는 "경찰장비는 통상의 용법에 따라 필요한 최소한의 범위 안에서 사용하여야 한다."라고 정하고 있는바, 위 조항에서 말하는 경찰장비는 '인명 또는 신체에 위해를 가할 수 있는 경찰장비(이하 '위해성 경찰장비'라 한다)'를 뜻한다(위 규정 제2조 참조). 위 규정들은 경찰비례의 원칙에 따라 경찰관의 직무수행 중 경찰장비의 사용 여부, 용도, 방법 및 범위에 관하여 재량의 한계를 정한 것이라 할 수 있고, 특히 위해성 경찰장비는 그 사용의 위험성과 기본권 보호 필요성에 비추어 볼 때 본래의 사용방법에 따라 지정된 용도로 사용되어야 하며 다른 용도나 방법으로 사용하기 위해서는 반드시 법령에 근거가 있어야 한다(대판 2022. 11. 30., 2016다26662).

(2) 경찰장구의 사용

제10조의2(경찰장구의 사용) ① 경찰관은 다음 각 호의 직무를 수행하기 위하여 필요하다고 인정되는 상당한 이유가 있을 때에는 그 사태를 합리적으로 판단하여 필요한 한도에서 경찰장구를 사용할 수 있다.
1. 현행범이나 사형·무기 또는 장기 3년 이상의 징역이나 금고에 해당하는 죄를 범한 범인의 체포 또는 도주 방지
2. 자신이나 다른 사람의 생명·신체의 방어 및 보호
3. 공무집행에 대한 항거(抗拒) 제지
② 제1항에서 "경찰장구"란 경찰관이 휴대하여 범인 검거와 범죄 진압 등의 직무 수행에 사용하는 수갑, 포승(捕繩), 경찰봉, 방패 등을 말한다.

경찰장구는 경찰장비의 일종이다. 경찰관 직무집행법 제10조의2 제1항은 경찰장구의 사용에 비례원칙이 적용됨을 명시적으로 규정하고 있다.

(3) 분사기 등의 사용

제10조의3(분사기 등의 사용) 경찰관은 다음 각 호의 직무를 수행하기 위하여 부득이한 경우에는 현장책임자가 판단하여 필요한 최소한의 범위에서 분사기(『총포·도검·화약류 등의 안전관리에 관한 법률』에 따른 분사기를 말하며, 그에 사용하는 최루 등의 작용제를 포함한다. 이하 같다) 또는 최루탄을 사용할 수 있다.
1. 범인의 체포 또는 범인의 도주 방지
2. 불법집회·시위로 인한 자신이나 다른 사람의 생명·신체와 재산 및 공공시설 안전에 대한 현저한 위해의 발생 억제

분사기등은 경찰장비의 일종이다. 제10조의3에 따른 분사기, 최루탄을 사용하는 경우 그 책임자는 사용 일시·장소·대상, 현장책임자, 종류, 수량 등을

기록하여 보관하여야 한다(경직법 제11조). 경찰관 직무집행법 제10조의3 본문은 분사기 등의 사용에 비례원칙이 적용됨을 명시적으로 규정하고 있다.

(4) 무기의 사용

제10조의4(무기의 사용) ① 경찰관은 범인의 체포, 범인의 도주 방지, 자신이나 다른 사람의 생명·신체의 방어 및 보호, 공무집행에 대한 항거의 제지를 위하여 필요하다고 인정되는 상당한 이유가 있을 때에는 그 사태를 합리적으로 판단하여 필요한 한도에서 무기를 사용할 수 있다. 다만, 다음 각 호의 어느 하나에 해당할 때를 제외하고는 사람에게 위해를 끼쳐서는 아니 된다.
1. 「형법」에 규정된 정당방위와 긴급피난에 해당할 때
2. 다음 각 목의 어느 하나에 해당하는 때에 그 행위를 방지하거나 그 행위자를 체포하기 위하여 무기를 사용하지 아니하고는 다른 수단이 없다고 인정되는 상당한 이유가 있을 때
가. 사형·무기 또는 장기 3년 이상의 징역이나 금고에 해당하는 죄를 범하거나 범하였다고 의심할 만한 충분한 이유가 있는 사람이 경찰관의 직무집행에 항거하거나 도주하려고 할 때
나. 체포·구속영장과 압수·수색영장을 집행하는 과정에서 경찰관의 직무집행에 항거하거나 도주하려고 할 때
다. 제3자가 가목 또는 나목에 해당하는 사람을 도주시키려고 경찰관에게 항거할 때
라. 범인이나 소요를 일으킨 사람이 무기·흉기 등 위험한 물건을 지니고 경찰관으로부터 3회 이상 물건을 버리라는 명령이나 항복하라는 명령을 받고도 따르지 아니하면서 계속 항거할 때
3. 대간첩 작전 수행 과정에서 무장간첩이 항복하라는 경찰관의 명령을 받고도 따르지 아니할 때
② 제1항에서 "무기"란 사람의 생명이나 신체에 위해를 끼칠 수 있도록 제작된 권총·소총·도검 등을 말한다.
③ 대간첩·대테러 작전 등 국가안전에 관련되는 작전을 수행할 때에는 개인화기(個人火器) 외에 공용화기(共用火器)를 사용할 수 있다.

무기는 경찰장비의 일종이다. 경찰관 직무집행법 제10조의4 제1항 본문은 무기의 사용에 비례원칙이 적용됨을 명시적으로 규정하고 있다. 제10조의4에 따른 무기를 사용하는 경우 그 책임자는 사용 일시·장소·대상, 현장책임자, 종류, 수량 등을 기록하여 보관하여야 한다(경직법 제11조). 무기사용 중에서도 총기사용은 그 자체가 목적이 아니다. 바꾸어 말하면, 총기사용은 정당한 고권적인 처분과 명령상의 특정 목적의 실현을 위한 도구일 뿐이라는 점을 유념하여야 한다.

[53] 일반경찰법상 일반수권(일반조항, 개괄조항)

1. 의의
위험의 예방과 진압이 필요한 경우이지만, 그 위험의 예방과 진압을 위한

규정이 특별경찰법에도 없고 일반경찰법상 특별한 규정(예: 경찰관 직무집행법 제3조 이하의 규정)에도 없는 경우에 최종적으로 그 위험의 예방과 진압을 위한 법적 근거로서 적용되는 일반경찰법상 개괄적인 조항을 일반조항이라 부른다. 일반조항을 개괄조항이라 부르기도 한다.

✚ 호스트바(남자들이 여자 손님의 술시중을 드는 술집)는 공공의 질서에 해롭다는 여론이 있다고 가정할 때, 경찰이 호스트바 영업을 단속할 수 있는가의 문제가 발생한다. 영업의 단속은 영업의 자유에 대한 제한이므로 법적 근거가 필요하다. 이와 관련하여 보면, ① 먼저 특별경찰법인 식품위생법 등에서 호스트바에 관한 규정을 찾아볼 수 없다. 호스트바를 규제하는 특별경찰법상 특별수권조항은 보이지 아니한다. ② 다음으로, 일반경찰법인 경찰관 직무집행법상 표준처분을 규정하는 조문에 호스트바에 관한 것을 찾아볼 수 없다. 호스트바를 규제하는 일반경찰법상 특별수권조항은 보이지 아니한다. ③ 마지막으로, 경찰관 직무집행법 제2조 제7호를 근거로 단속할 수 있는가의 문제가 있다. 이것이 일반경찰법상 일반수권의 문제이다.

✚ 식품위생법 시행령 제22조 제1항은 유흥종사자로 부녀자만을 규정하고 있는바, 이 조항의 해석상 ⓐ 남자는 유흥종사자가 될 수 없다는 견해와 ⓑ 남자에 관해서는 입법상 미비라는 견해가 있을 수 있다. ⓐ의 견해에 대해서는 남녀 차별(불평등)의 문제가 제기될 수 있다. 이 책은 ⓑ의 견해를 바탕으로 한다.

▷**식품위생법 시행령 제22조(유흥종사자의 범위)** ① 제21조 제8호라목에서 "유흥종사자"란 손님과 함께 술을 마시거나 노래 또는 춤으로 손님의 유흥을 돋우는 부녀자인 유흥접객원을 말한다.
제21조(영업의 종류) 법 제36조 제2항에 따른 영업의 세부 종류와 그 범위는 다음 각 호와 같다.
8. 식품접객업
라. 유흥주점영업: 주로 주류를 조리·판매하는 영업으로서 유흥종사자를 두거나 유흥시설을 설치할 수 있고 손님이 노래를 부르거나 춤을 추는 행위가 허용되는 영업
▷**식품위생법 제36조(시설기준)** ① 다음의 영업을 하려는 자는 총리령으로 정하는 시설기준에 맞는 시설을 갖추어야 한다.
1. 식품 또는 식품첨가물의 제조업, 가공업, 운반업, 판매업 및 보존업
2. 기구 또는 용기·포장의 제조업
3. 식품접객업
② 제1항 각 호에 따른 영업의 세부 종류와 그 범위는 대통령령으로 정한다.

2. 필요성

새로이 나타나는 각종의 위험을 예방·극복하기 위한 특별법이 증가하고 있으나, 입법보다 앞서가는 기술의 진보, 사회의 변화, 위험발생 상황의 다양성 때문에 모든 종류의 위험을 예방·극복할 수 있는 완비된 경찰법을 가질 수가 없다. 이 때문에 미비된 경찰법률이 마련되기까지 입법의 공백을 메우기 위해 경찰의 영역에서 일반조항에 따른 일반수권제도가 필요하다.

3. 인정여부

(1) 학설　　　학설은 긍정설·부정설·입법필요설로 나뉜다. ① 긍정설에도 ⓐ 경찰관 직무집행법 제2조 제7호를 근거로 하는 견해, ⓑ 법문상 "기타 위험한 사태"에 초점을 두고 경찰관 직무집행법 제5조를 근거로 보는 견해, ⓒ 경찰관 직무집행법 제2조와 제5조 그리고 제6조를 종합하여 근거로 보는 견해가 있다.

▷**경찰관 직무집행법 제2조(직무의 범위)** 경찰관은 다음 각 호의 직무를 수행한다.
7. 그 밖에 공공의 안녕과 질서 유지
제5조(위험 발생의 방지) ① 경찰관은 인명 또는 신체에 위해를 미치거나 재산에 중대한 손해를 끼칠 우려가 있는 천재, 사변, 공작물의 손괴, 교통사고, 위험물의 폭발, 광견·분마류등의 출현, 극단한 혼잡 그 밖의 위험한 사태가 있을 때에는 다음의 조치를 할 수 있다.
1. 그 장소에 집합한 자, 사물의 관리자 기타 관계인에게 필요한 경고를 발하는 것
2. 특히 긴급을 요할 때에는 위해를 받을 우려가 있는 자를 필요한 한도 내에서 억류하거나 피난시키는 것
3. 그 장소에 있는 자, 사물의 관리자 기타 관계인에게 위해방지상 필요하다고 인정되는 조치를 하게 하거나 스스로 그 조치를 하는 것
제6조(범죄의 예방과 제지) ① 경찰관은 범죄행위가 목전에 행하여지려고 하고 있다고 인정될 때에는 이를 예방하기 위하여 관계인에게 필요한 경고를 발하고, 그 행위로 인하여 인명·신체에 위해를 미치거나 재산에 중대한 손해를 끼칠 우려가 있어 긴급을 요하는 경우에는 그 행위를 제지할 수 있다.

② 부정설은 "경찰권을 포함한 권력적 행정작용에는 법률의 근거를 요하는데, 그 법률은 당연히 개별적인 작용법률만을 의미하는바, 헌법상 경찰권발동의 수권조항으로서 개괄조항을 인정하기는 어렵다"고 한다. ③ 입법필요설은 현행법상 일반조항은 없지만, 경찰관 직무집행법의 개정을 통해 일반조항이 규정되어야 한다는 견해이다.

(2) 판례　　　경찰관 직무집행법 제2조 제7호를 일반조항으로 본 것 같은 판례가 있으나, 판례가 자신의 견해를 명시한 경우는 찾아보기 어렵다.

❍**판례** 군도시과 단속계요원인 청원경찰관이 경찰관 직무집행법 제2조에 따라 허가 없이 창고를 주택으로 개축하는 것을 단속하는 것은 정당한 공무집행에 속한다(대판 1986. 1. 28., 85도2448).

(3) 사견　　　① 경찰관 직무집행법 제2조 제7호는 임무규범이지 권한규범이 아니므로, 동 조항을 권한규범으로서 일반수권조항으로 보기 어렵다.

✚ 검찰청법이 범죄수사를 검사의 직무로 규정한다고 하여 검사가 검찰청법에 근거하여 범죄혐의가 있는 사람을 구속할 수 있는 것은 아니고, 형사소송법상 구속에 관한 규정에 따라 구속할 수 있

을 뿐이다. 검찰청법은 임무규범(직무조항)이고 형사소송법은 권한규범이다.

경찰관 직무집행법 제5조의 "그 밖의 위험한 사태"는 모든 종류의 위험한 사태가 아니라 동 조항에서 예시된 위험과 유사한 위험에 한정된다고 보아야 할 것이므로 일반조항으로 보기 어렵다. 경찰관 직무집행법 제6조도 모든 종류의 위험에 대한 규정이 아니므로 일반조항으로 보기 어렵다. 현행법상 일반 조항은 보이지 아니한다. ② 일반조항이 필요한 이상, 법률(경찰관 직무집행법)의 개정을 통해 일반조항을 도입하는 것이 필요하다. ③ 침해수단이 요구되지 아니하는 단순한 위험방지영역(예: 교통안전 캠페인을 통한 도로상 위험의 예방)에는 법적 근거로서 임무규정만으로도 족하다.

✚ 경찰관 직무집행법 제2조 제7호를 직무규정으로 보면, 경찰은 이 조문을 근거로 호스트바를 단속할 수는 없다. 만약 경찰관 직무집행법 제2조 제7호를 일반경찰법상 일반조항으로 본다면, 호스트바가 과연 공공의 안녕과 질서 유지에 대한 침해를 가져오는지 여부에 대한 판단에 따라 단속이 가능한지 여부가 정해질 것이다.

[54] 경찰작용의 한계

1. 의의
법치행정의 원칙상 경찰권은 법령이 정하는 범위 내에서 합목적적으로 행사될 때, 적법·타당한 것이 된다. 만약 그 범위를 벗어나면 위법하거나 부당한 것이 된다. 경찰권의 행사가 적법·타당한 것으로서 효과를 발생할 수 있는 한계를 경찰권의 한계라 한다. 경찰권의 한계는 경찰의 법적 성질에서 나오는 한계와 행정기본법상「행정의 법 원칙」으로부터 나오는 한계로 나누어 볼 수 있다.

2. 경찰의 본질에서 나오는 한계
경찰의 본질에서 나오는 한계란 경찰법의 해석상 나오는 한계를 말한다. 여기서 경찰법이란 경찰행정을 규정하는 일반경찰법인 국가경찰과 자치경찰의 조직 및 운영에 관한 법률과 경찰관직무집행법, 그리고 집회 및 시위에 관한 법률 등의 특별(개별) 경찰법률의 총체를 말한다.

(1) 위험방지 목적의 한계(경찰소극의 원칙)　　　경찰법은 공공의 안녕과 질서유지를 경찰의 임무로 규정하고 있다(국가경찰과 자치경찰의 조직 및 운영에 관한 법률 제3조 제8호). 이것은 「경찰권은 적극적인 복리의 증진이 아니라 소극적인 질서의 유지를 위해서만 발동될 수 있다」는 것을 의미한다.

(2) 공공 목적의 한계

(가) 의의　　　국가경찰과 자치경찰의 조직 및 운영에 관한 법률은 공공의 안녕과 질서유지를 경찰의 임무로 규정하고 있다. 이것은 경찰권은 공공의 안녕과 질서의 유지를 위해서만 발동될 수 있는 것이며, 사적 이익만을 위해 발동될 수는 없다는 것을 의미한다. 공공목적의 한계는 다음을 내용으로 한다.

(나) 사생활불간섭의 한계　　　사생활불간섭(사생활불가침)의 한계란 경찰권은 공공의 안녕과 질서에 관계가 없는 개인의 사생활영역에는 개입할 수 없다는 것을 말한다. 사생활은 헌법상으로 보호되는 영역이다(헌법 제17조). 한편, 사생활의 보호가 헌법상 보호되는 기본권이라 하여도 특정인의 사생활을 방치하는 것이 공공의 안녕과 질서에 중대한 위험을 초래할 수 있다면 경찰이 개입하지 않을 수 없다(예: AIDS환자나 법정감염병감염자의 강제격리 및 치료).

(다) 사주소불간섭의 한계　　　사주소불간섭의 한계란 경찰권은 사인의 주소 내에서 일어나는 행위에 대해서는 침해(관여)할 수 없다는 것을 말한다. 그러나 사주소 내의 행위가 공공의 안녕이나 질서에 직접 중대한 장해를 가져오는 경우(예: 지나친 소음·악취·음향의 발생)에는 경찰의 개입이 가능하게 된다. 그리고 사주소라도 공개된 사주소의 경우(예: 흥행장(공연장)·여관·음식점)는 사주소로 보기가 곤란하고 경찰권발동의 대상이 된다(경직법 제7조 제2항).

(라) 민사관계불관여의 한계　　　민사관계불관여(민사관계불간섭)의 한계란 경찰권은 민사상의 법률관계 내지 권리관계에 개입할 수 없다는 것을 말한다. 민사관계는 직접 공공의 안녕이나 질서에 위해를 가하는 것은 아니기 때문이다. 민사상의 행위가 특정인의 이해관계를 능가하여 사회공공에 직접 위해를 가하게 되는 경우에는(예: 암표매매행위) 공공의 안녕과 질서에 장해를 야기하는 것이므로 경찰의 개입이 가능하다. 한편, 민사상의 거래에 경찰상허가를 요하게 하는 경우도 있다(예: 총포·도검·화약류 등의 안전관리에 관한 법률 제21조).

▷ **총포·도검·화약류 등의 안전관리에 관한 법률 제21조(양도·양수 등의 제한)** ① 화약류를 양도하거나 양수하려는 자는 행정안전부령으로 정하는 바에 따라 그 주소지 또는 화약류의 사용장소를 관할하는 경찰서장의 허가를 받아야 한다. 다만, 다음 각 호의 어느 하나에 해당하는 경우에는 그러하

지 아니하다.

1. 제조업자가 제조할 목적으로 화약류를 양수하거나 제조한 화약류를 양도하는 경우 (2호 이하 생략)

(3) 경찰책임에 따른 한계　　경찰책임에 따른 한계란 경찰권은 관련 경찰법령이 정하는 「경찰상 위험의 발생 또는 위험의 제거에 책임이 있는 자」에게 발동되어야 한다는 것을 말한다. 경찰책임에 따른 한계는 경찰권발동의 상대방이 누구인가에 관련된 문제이다.

▷**집회 및 시위에 관한 법률 제8조(집회 및 시위의 금지 또는 제한 통고)** ① 제6조제1항에 따른 신고서를 접수한 관할경찰관서장은 신고된 옥외집회 또는 시위가 다음 각 호의 어느 하나에 해당하는 때에는 신고서를 접수한 때부터 48시간 이내에 집회 또는 시위를 금지할 것을 주최자에게 통고할 수 있다. 다만, 집회 또는 시위가 집단적인 폭행, 협박, 손괴, 방화 등으로 공공의 안녕 질서에 직접적인 위험을 초래한 경우에는 남은 기간의 해당 집회 또는 시위에 대하여 신고서를 접수한 때부터 48시간이 지난 경우에도 금지 통고를 할 수 있다.

1. 제5조제1항, 제10조 본문 또는 제11조에 위반된다고 인정될 때 (제2호 이하 생략)

3. 행정기본법 제2장의 「행정의 법 원칙」으로부터 나오는 한계

(1) 의의　　행정에 관하여 다른 법률에 특별한 규정이 있는 경우를 제외하고는 행정기본법에서 정하는 바에 따른다(행정기본법 제1조). 따라서 경찰행정의 영역에서도 특별한 규정이 없으면, 행정기본법이 규정하는 행정의 법 원칙이 적용된다.

(2) 평등의 원칙에 따른 한계　　행정청은 합리적 이유 없이 국민을 차별하여서는 아니 된다(행정기본법 제9조)([9]를 보라). 경찰권의 행사에 있어서 성별·종교·사회적 신분 등을 이유로 차별이 있어서는 아니 된다. 이에 어긋나면 평등의 원칙에 따른 한계를 벗어난 것이 된다.

(3) 비례의 원칙에 따른 한계　　행정작용은 다음 각 호(1. 행정목적을 달성하는 데 유효하고 적절할 것 2. 행정목적을 달성하는 데 필요한 최소한도에 그칠 것, 3. 행정작용으로 인한 국민의 이익 침해가 그 행정작용이 의도하는 공익보다 크지 아니할 것)의 원칙에 따라야 한다(행정기본법 제10조)(10)을 보라). 비례의 원칙에 따른 한계란 경찰권 발동의 목적과 그 목적을 위해 도입되는 경찰상 수단이 비례관계를 벗어나면, 그러한 경찰권의 발동은 비례원칙의 한계를 벗어난 것이 된다.

(4) 성실의무 및 권한남용금지의 원칙에 따른 한계　　행정청은 법령등에 따른 의무를 성실히 수행하여야 한다(행정기본법 제11조 제1항). 행정청은 행정권한을 남용하거나 그 권한의 범위를 넘어서는 아니 된다(행정기본법 제11조 제2항)

([11]을 보라). 이를 벗어난 경찰권의 행사는 성실의무 및 권한남용금지의 원칙에 따른 한계를 벗어난 것이 된다.

(5) 신뢰보호의원칙에 따른 한계　　행정청은 공익 또는 제3자의 이익을 현저히 해칠 우려가 있는 경우를 제외하고는 행정에 대한 국민의 정당하고 합리적인 신뢰를 보호하여야 한다(행정기본법 제12조 제1항)([12]를 보라). 행정청은 권한 행사의 기회가 있음에도 불구하고 장기간 권한을 행사하지 아니하여 국민이 그 권한이 행사되지 아니할 것으로 믿을 만한 정당한 사유가 있는 경우에는 그 권한을 행사해서는 아니 된다. 다만, 공익 또는 제3자의 이익을 현저히 해칠 우려가 있는 경우는 예외로 한다(행정기본법 제12조 제2항). 이를 벗어난 경찰권의 행사는 신뢰보호의 원칙에 따른 한계를 벗어난 것이 된다.

(6) 부당결부금지의 원칙에 따른 한계　　행정청은 행정작용을 할 때 상대방에게 해당 행정작용과 실질적인 관련이 없는 의무를 부과해서는 아니 된다(행정기본법 제13조)([13]을 보라). 이를 벗어난 경찰권의 행사는 부당결부금지의 원칙에 따른 한계를 벗어난 것이 된다.

제2절 경찰책임(경찰작용의 상대방)

✦제1항 경찰책임의 관념

경찰책임은 위험방지를 위한 법령에서 「누가 위험의 방지·제거의 의무를 지는가?」를 내용으로 한다. 경찰법령의 규정내용이 언제나 명확한 것은 아니므로, 법해석을 통해 경찰책임의 내용과 주체 등을 명확히 할 필요가 있다. 뿐만 아니라 경찰상 위험의 야기와 무관한 사람에게 경찰책임을 부과하는 경찰상 긴급상태의 경우에는 경찰책임의 내용과 주체 등을 더욱더 분명히 하여야 한다는 점에서도 경찰책임에 대한 논의가 필요하다.

[55] 경찰책임의 의의와 성질

1. 경찰책임(경찰의무)의 의의

① 교통이 빈번한 도로에서 어린이를 놀게 하면, 교통안전에 위험이 야기될 수 있으므로, 어린이의 보호자는 교통이 빈번한 도로에서 어린이가 놀지 않도록 해야 한다(도로교통법 제11조 제1항). 만약 놀게 하였다면, 어린이를 신속히 보행자구역으로 이동시켜 위험한 상태를 제거하여야 한다. 이와 같이 공공의 안녕이나 질서를 침해하지 말아야 하는, 그리고 침해하는 경우에는 침해의 근원과 결과를 제거하여야 할 의무(위험방지의무)를 경찰책임이라 부른다. ② 이러한 의무를 위반(불이행)한 자는 공공의 안녕이나 질서의 회복을 위한 경찰행정청의 명령에 복종하여야 한다. ①을 실질적 경찰책임, ②를 형식적 경찰책임이라 부른다. 경찰책임을 경찰의무로 부르기도 한다.

2. 경찰책임의 성질

① 경찰책임, 예를 들어 교통이 빈번한 도로에서 어린이를 놀지 않도록 하는 보호자의 책임은 공법상 의무이며, 사법상 계약의 대상이 아니다. ② 경찰책임은 책임자의 고의·과실, 즉 보호의 잘잘못과 무관하다. 예를 들어 어린이가 보호자 몰래 교통이 빈번한 도로에서 자전거를 타고 있는 경우에도 보호자는 경찰책임을 진다. ③ 경찰책임은 공적 안전이나 질서에 대한 위험을 제거하는 책임을 진다는 것이며, 처벌과는 무관하다. ④ 경찰책임은 소멸시효와 무관하다. 경찰상 책임을 야기하는 행위나 상태가 존속하는 한, 그 기간이 어느 정도이든 불문하고, 그러한 행위나 상태를 야기한 자는 경찰책임을 부담한다(계속책임). 예를 들어 도로상에 위험한 물건을 투기한 지 오랜 기간이 경과하였다고 하여 경찰책임(그 물건 제거 의무)이 소멸되는 것은 아니다. 그 물건을 제거할 때에 경찰책임은 소멸된다.

[56] 경찰책임의 주체

1. 사인

(1) 실질적 경찰책임　　① 모든 자연인은 공공의 안녕이나 질서를 침해하지 말아야 하는, 그리고 자신으로 인해 침해가 현실화되면 그 침해의 근원과 결과를 제거해야 할 의무, 즉 실질적 경찰책임을 진다. 어린이나 정신질환자도 마찬가지이다. 다만 이러한 자의 경우에는 그들의 법정대리인도 책임을 진다. 외국인이나 무국적자도 실질적 경찰책임을 진다. ② 사법상 법인(예: 각종 회사)이나 사법상 권리능력이 없는 사단도 실질적 경찰책임을 진다. 사법상 법인은 그들의 종업원의 책임에 대하여 부가적인 책임을 진다(예: 종업원이 도로상에 위험한 물건을 방치하면, 그 종업원도 그 물건을 치워야 하는 책임을 지지만 그 법인도 사용자로서 그러한 책임을 진다).

(2) 형식적 경찰책임　　① 모든 자연인은 공공의 안녕이나 질서의 회복을 위한 경찰행정청의 명령에 복종하여야 하는 형식적 경찰책임을 진다. 다만 면책특권을 가진 외국인은 형식적 경찰책임에서 벗어나 있다. ② 사법상 법인이나 사법상 권리능력이 없는 사단도 형식적 경찰책임을 진다.

2. 국가와 지방자치단체

(1) 실질적 경찰책임　　모든 국가작용은 국가의 법질서에 부합하여야 하는바 국가나 지방자치단체도 실질적 경찰책임의 주체가 된다(예: 공직자가 공무를 수행하기 위해 관용차를 운행하는 경우에도 공공의 안녕이나 질서를 침해하지 말아야 하는, 그리고 자신으로 인해 침해가 현실화되면 그 침해의 근원과 결과를 제거해야 할 책임을 진다). 다만, 법률이 국가나 지방자치단체의 공적 임무수행을 위해 실질적 경찰책임의 범위를 사인과 다르게 규정할 수는 있다(예: 도로교통법 제29조 제1항).

▷**도로교통법 제29조(긴급자동차의 우선 통행)** ① 긴급자동차는 제13조 제3항에도 불구하고 긴급하고 부득이한 경우에는 도로의 중앙이나 좌측 부분을 통행할 수 있다.
② 긴급자동차는 이 법이나 이 법에 따른 명령에 따라 정지하여야 하는 경우에도 불구하고 긴급하고 부득이한 경우에는 정지하지 아니할 수 있다.

(2) 형식적 경찰책임

(가) 공법상 행위　　국가나 지방자치단체의 기관이 공법상 행위로 인해 공적 안전이나 질서에 위험을 야기하는 경우, 경찰행정청이 국가나 지방자치단체의 기관에 대하여 경찰상 명령이나 금지를 명할 수 있는가(A소방서가 도로상에 많은 소방차량을 주차시키고 있는 경우, 관할 경찰서장이 도로상 위험방지를 위해 A소방서장에게 그 소방차량을 치울 것을 명령하면 A소방서장이 따라야 하는가)의 여부, 즉 국가나 지방자치단체의 기관도 형식적 경찰책임을 지는가의 여부와 관련하여 학설은 부정설(국가의 모든 공법적인 기능이 기본적으로 동등하다는 것을 전제로 한다)과 긍정설(국가기능 중 경찰기능이 다른 기능에 비해 우월하다는 것을 전제로 한다)로 나뉘고 있다. 저자는 부정설을 취한다. 부정설의 입장에 서면, 국가와 지방자치단체가 협의하여 해결할 수밖에 없다.

(나) 사법상 행위　　국가나 지방자치단체의 기관이 사법상 행위로 인해 공적 안전이나 질서에 위험을 야기하는 경우와 관련하여 ⓐ **행정사법작용**의 경우에는 공법작용의 경우와 같이 형식적 경찰책임을 부정함이 타당하다(예를 들어, B시립극장에서 상영하는 영화를 보기 위해 연일 너무 많은 사람이 몰려 도로상 통행이 어려운 경우, 관할 경찰서장이 B시립극장의 책임자에게 상영의 중지를 요구할 수는 없다고 볼 것이다. 단순히 상영중지의 협조를 구하는 것은 가능하다). 그러나 ⓑ **좁은 의미의 국고작용**의 경우에는 사인의 경우와 같이 경찰행정청의 개입이 가능하다

(예를 들어, C우체국 증축 후 도로상에 방치된 건축자재가 교통에 장애를 주는 경우, 관할 경찰서장은 C우체국장에게 방치한 건축자재를 치울 것을 요구할 수 있고, 우체국장은 그 요구에 응하여야 한다).

✦제2항 경찰책임의 유형

경찰책임을 부담하는 사유를 기준으로 할 때, 경찰책임에는 행위책임·상태책임과 책임이 경합되는 경우가 있다. ① 행위책임이란 자연인이나 법인의 행위(타인을 사용하는 경우에는 타인을 포함)로 인해 공공의 안녕이나 질서에 대한 위험을 야기함으로써 발생되는 경찰책임을 말하고, ② 상태책임이란 물건으로 인해 공공의 안녕이나 질서에 대한 위험을 야기함으로써 발생되는 경찰책임을 말하며, ③ 행위책임과 상태책임의 병합은 행위책임과 상태책임이 공존하는 경우이다(예: 승용차의 소유자가 사고를 낸 후 그 차를 버리고 가버린 경우, 그 소유자는 사고행위로 유발되는 행위책임과 도로상에 차량을 방치함으로써 교통방해를 야기하는 상태책임이 동시에 존재한다).

[57] 행위책임

1. 행위책임의 개념
술 취한 사람이 도로 위에 누워있거나 차량통행이 빈번한 도로에서 어린이가 놀고 있으면, 교통사고가 발생할 위험성이 있다. 따라서 경찰은 도로교통상 위험발생의 방지를 위해 도로 위에 누워있는 사람, 어린이나 어린이의 보호자에게 도로에서 떠날 것을 명할 수 있다(도로교통법 제11조). 이와 같이 사람의 행위(누워있는 행위, 노는 행위)로 인해 야기되는 위험을 방지·제거하여야 할 책임을 행위책임이라 한다. 행위자가 성년인가 미성년인가는 가리지 않는다. 행위책임은 고의나 과실과 무관하다(도로를 걷다가 실신하여도 경찰책임은 발생한다. 이러한 경우에 실신한 사람이 스스로 위험을 제거할 수 없는 것은 별개의 문제이다).

▷ **경찰관 직무집행법 제4조(보호조치 등)** ① 경찰관은 수상한 행동이나 그 밖의 주위 사정을 합리적으로 판단해 볼 때 다음 각 호의 어느 하나에 해당하는 것이 명백하고 응급구호가 필요하다고 믿을 만한 상당한 이유가 있는 사람(이하 "구호대상자"라 한다)을 발견하였을 때에는 보건의료기관이나 공공구호기관에 긴급구호를 요청하거나 경찰관서에 보호하는 등 적절한 조치를 할 수 있다.
1. 정신착란을 일으키거나 술에 취하여 자신 또는 다른 사람의 생명·신체·재산에 위해를 끼칠 우려가 있는 사람
▷ **도로교통법 제11조(어린이 등에 대한 보호)** ① 어린이의 보호자는 교통이 빈번한 도로에서 어린이를 놀게 하여서는 아니 되며, 영유아(6세 미만인 사람을 말한다. 이하 같다)의 보호자는 교통이 빈번한 도로에서 영유아가 혼자 보행하게 하여서는 아니 된다.

2. 행위와 위험 사이의 인과관계

(1) 의의　구체적인 상황에서 행위자의 특정 행위가 위험발생의 원인이 될 수 있을 때, 달리 말하면 행위자의 특정 행위와 위험발생 사이에 인과관계가 있을 때 행위책임이 인정된다. 그러나 행위자의 특정 행위가 경찰상 위험을 야기하고 있는가의 여부에 대한 판단은 용이하지 않다. 원칙적으로 말해, 위험에 대하여 직접적으로 원인을 야기하는 행위(예: 도로에서 자고 있는 행위)만이 원인제공적이고, 그러한 행위를 한 사람만이 경찰상 책임을 부담하는 것으로 본다(예: 지나가는 행인에게 도로에서 자고 있는 사람을 깨워 도로 밖으로 데려가라고 할 수는 없다. 이러한 행위는 경찰관이 직접하면 된다). 이를 직접원인제공이론이라 한다.

(2) 예외　원인제공이 간접적이지만, 경찰책임을 지는 경우도 있다. 예를 들어, ① 상업광고목적으로 도로변의 진열장에 수백억 원을 호가하는 다이아몬드를 전시하자, 그 다이아몬드를 보러 많은 사람들이 모여들어 교통안전에 위험이 발생하는 경우, 다이아몬드를 보러 모인 사람들이 교통안전에 위험을 야기하는 사람이지만, 다이아몬드를 전시한 소유자도 교통안전에 위험을 야기하는 사람이 된다. 말하자면 이러한 자도 경찰상 책임을 부담한다. ② A기업이 폐기물처리업자(B)가 폐기물을 금지된 방법으로 처리하고 있다는 것을 알면서 폐기물처리업자(B)에게 폐기물처리를 맡겼다면, A기업은 자신의 행위가 명백히 위법하고 또한 환경상 위험발생을 내포하고 있음을 알고 있기 때문에 경찰책임을 진다. 물론 폐기물처리업자(B)는 당연히 행위자로서 경찰책임을 진다.

3. 타인의 행위에 대한 책임

(1) 의의　타인의 행위에 대한 책임이란 특정인(A)에게 타인(B)에 대한

감독의무가 있는 경우, 피감독자(B)의 행위에 대하여 감독자(A)가 책임을 진다는 것을 말한다. 이와 관련하여 두 가지 경우를 생각할 수 있다. ① 하나는 자신이 보호하여야 하는 미성년자 등(B)에 대하여 감독의무 내지 후견권을 가진 사람(A)의 경찰책임이고, ② 또 하나는 자신이 고용한 사람(B)의 사무처리 행위에 대하여 고용한 사람인 사용자(A)가 부담하는 경찰책임이다. 이러한 경우에는 사무처리와 관련된 범위 안에서 감독자(A)가 책임을 진다. 한편, 누가 법정대리인 내지 후견인인지, 누가 사용자인지의 여부는 사법규정에 따라 판단할 사항이다.

(2) 책임의 성격　　미성년자 등(B)의 법정대리인(A)이나 사용자(A)의 책임은 원인제공자로서의 책임이 아니다. 원인제공자인 미성년자 등(B)이나 피용자(B)가 지는 책임과 병행하여 지는 책임이다. 왜냐하면 미성년자 등(B)이나 피용자(B)도 경찰상 책임(의무)를 지고 있기 때문이다. 미성년자 등과 그의 법정대리인(A) 사이에서 또는 피용자와 사용자(A) 사이에서 누구에게 구체적인 처분을 할 것인가는 경찰이 의무에 합당한 재량에 따라 정할 사항이다.

[58] 상태책임

1. 상태책임의 개념

도로상에 사나운 개가 돌아다니는 경우, 차량 통행의 위험뿐만 아니라 보행하는 사람의 생명·신체에 위험하기 때문에 경찰관은 위험의 방지를 위해 개 주인에게 그 개를 빨리 데려갈 것을 명할 수 있다(경찰관 직무집행법 제5조 제1항 제3호). 이와 같이 사람의 행위가 아니라 물건의 상태로부터 야기되는 위험을 방지·제거하여야 할 책임을 상태책임이라 한다. 상태책임은 "물건으로부터 이익을 얻는 자는 그 물건으로부터 발생하는 위험에 대하여도 부담하여야 한다"는 사고에 근거한다.

▷ **경찰관 직무집행법 제5조(위험 발생의 방지 등)** ① 경찰관은 사람의 생명 또는 신체에 위해를 끼치거나 재산에 중대한 손해를 끼칠 우려가 있는 천재(天災), 사변(事變), 인공구조물의 파손이나 붕괴, 교통사고, 위험물의 폭발, 위험한 동물 등의 출현, 극도의 혼잡, 그 밖의 위험한 사태가 있을 때에는 다음 각 호의 조치를 할 수 있다.
1. (생략)

2. (생략)

3. 그 장소에 있는 사람, 사물의 관리자, 그 밖의 관계인에게 위해를 방지하기 위하여 필요하다고 인정되는 조치를 하게 하거나 직접 그 조치를 하는 것

2. 상태와 위험 사이의 인과관계

상태책임을 가져오는 위험은 ① 물건이 놓인 상태 그 자체가 위험을 가져오는 경우(예: 횡단보도상 주차금지)(도로교통법 제32조 제1항)와 ② 물건 자체가 위험을 가져오는 경우(예: 사인이 화약류를 보관하는 경우)(총포·도검·화약류 등의 안전관리에 관한 법률 제12조 제1항)가 있다. ②의 경우에는 인과관계가 특별히 문제되지 아니하지만, ①의 경우에는 행위책임의 경우와 같이 그 물건의 상태와 위험발생의 개연성 사이에 인과관계가 있어야 한다. 이 경우의 인과관계 역시 직접원인제공이론(경찰상 위험은 물건으로부터 직접 나오는 것이어야 한다는 이론)에 따라 책임성이 판단되어야 한다.

▷**도로교통법 제32조(정차 및 주차의 금지)** 모든 차의 운전자는 다음 각 호의 어느 하나에 해당하는 곳에서는 차를 정차하거나 주차하여서는 아니 된다. 다만, 이 법이나 이 법에 따른 명령 또는 경찰공무원의 지시를 따르는 경우와 위험방지를 위하여 일시정지하는 경우에는 그러하지 아니하다.
1. 교차로·횡단보도·건널목이나 보도와 차도가 구분된 도로의 보도(「주차장법」에 따라 차도와 보도에 걸쳐서 설치된 노상주차장은 제외한다) (이하 생략)
▷**총포·도검·화약류 등의 안전관리에 관한 법률 제12조(총포·도검·화약류·분사기·전자충격기·석궁의 소지허가)** ① 제10조 각 호의 어느 하나에 해당하지 아니하는 자가 총포·도검·화약류·분사기·전자충격기·석궁을 소지하려는 경우에는 행정안전부령으로 정하는 바에 따라 다음 각 호의 구분에 따라 허가를 받아야 한다. 다만, 제1호 및 제2호의 총포 소지허가를 받으려는 경우에는 신청인의 정신질환 또는 성격장애 등을 확인할 수 있도록 행정안전부령으로 정하는 서류를 허가관청에 제출하여야 한다.(각호 생략)

3. 상태책임의 주체

(1) 정당한 권리자　　소유권자(예: 맹견이 도로를 돌아다니거나 개인 집의 담이 무너질 지경인 경우)나 임차인(예: 전세를 들어 사는 집의 담이 무너질 지경인 경우) 등 기타 정당한 권리자들이 상태책임의 주체가 된다(경찰관 직무집행법 제5조 제1항 제3호의 사물의 관리자). 소유자의 상태책임은 물건을 양도하는 때에 종료된다. 양도가 있게 되면 양수인이 경찰책임을 진다.

(2) 사실상 지배권을 행사하는 자　　소유권자 등 정당한 권리자의 의사에 관계없이 사실상 지배권을 행사하는 자가 있는 경우에는 이들도 책임자가 된다(경찰관 직무집행법 제5조 제1항 제3호의 그 밖의 관계인). 사실상 지배권을 행사하

는 자의 책임은 그 지배권의 근거 여하와 무관하다. 그 지배권을 부당하게 가져도 책임이 있다(예: 타인의 차를 훔쳐 운행하다가 도로상에 버린 사람의 경우). 사실상의 지배권의 종료로 사실상 지배권자의 상태책임은 소멸한다. 정당한 권리자는 자신의 처분권이 법률상 또는 사실상 미치지 않는 범위에서는 상태책임이 없다(예: 도난, 국가에 의한 압류의 경우).

4. 상태책임의 범위

(1) 의의　　소유권자의 상태책임의 범위는 기본적으로 무제한적이다. 소유권자는 원인에 관계없이(즉, 자신의 행위에 의한 것이든, 자연현상이든, 다른 강한 힘의 행사에 의한 것이든, 우연이든 불문하고) 자신의 물건의 상태로 인한 위험에 대하여 책임을 져야 한다. 말하자면 위험방지가 이루어지기까지 상태책임을 진다. 그러나 현실적으로 개입이 불가능한 것까지 책임의 내용이 될 수는 없다(경찰관 직무집행법 제5조 제1항 제3호의 '위해를 방지하기 위하여 필요하다고 인정되는 조치').

(2) 사례　　① 정당한 재산권의 행사로 나타나는 위험은 상태책임을 가져오는 위험이 아니다. 예컨대 도로의 교차로를 옮긴 경우, 옮긴 장소부근의 사소유지에 나무가 있어서 교차로의 시야가 침해받고, 그로 인해 교통상의 위험이 야기된다고 하여도 그 나무로 인해 위험이 야기된다고 할 수 없다(이러한 경우에는 경찰행정청이 소유권자에게 경찰책임을 물을 수는 없는바, 경찰행정청은 소유권자에게 협조를 요청하든지 아니면 다른 평화로운 방법을 강구하여야 한다). ② 자연재해에 의한 경우(예: 대폭풍우로 유조탱크가 파괴된 경우)에도 소유권자는 상태책임을 져야 한다.

---

[59] 경찰책임자의 경합

1. 의의

위험이 여러 사람에 의해 야기되어, 그 위험을 방지하여야 할 책임이 여러 사람에게 있는 경우를 경찰책임자의 경합이라 한다. 경찰책임자의 경합에는 ① 여러 사람의 행위로 인한 경우, 예를 들어 여러 사람이 도로에서 불법시위를 하여 차량통행에 위험을 가져오는 경우(행위책임자의 경합), ② 여러 사람 소유의 물건들의 상태로 인한 경우, 예를 들어 몇몇 사람이 오래된 차량을 각각 도로주변에 버린 탓으로 차량통행에 위험을 가져오는 경우(상태책임자의 경합), ③ 한 사람 또는 다수의 사람의 행위와 다른 사람 또는 다른 다수의 사람 소유의 물건의 상태가 결합하는 경우, 예를 들어 A가 도로로 사용되는 B의 토지에 위험한 물건을 버린 탓으로 A는 행위책임을 지고, B는 상태책임을 지는 경우(행위책임자와 상태책임자의 경합)가 있다. 경찰책임자의 경합의 경우, 경찰행정청은 위험한 행위나 위험한 상태를 야기하고 있는 모든 사람에게 필요한 처분을 할 것인가 아니면 그 모든 사람 중 일부의 사람에게 위험방지·제거를 위한 처분을 하여도 좋을 것인가의 여부가 문제된다.

2. 처분의 상대방

① 위험을 야기하고 있는 모든 사람들 각자가 경찰책임이 있다. 따라서 경찰은 위험을 야기하고 있는 모든 사람들에게 위험의 방지·제거를 명할 수 있다(예: 위법한 집회·시위에 참가한 자에게 해산명령을 하는 경우)(집회 및 시위에 관한 법률 제20조 제1항). ② 한편, 신속하고 효과적인 위험의 방지·제거가 무엇보다 중요하므로 경찰은 경우에 따라 위험을 야기하고 있는 사람 중에서 위험의 방지·제거를 신속하고도 효과적으로 할 수 있는 사람에게 위험의 방지·제거를 명할 수 있다(예: 위법한 집회·시위에 주최자·주관자 등이 있는 경우에는 주최자·주관자 등에게 집회·시위의 종결, 자진해산등을 요구하는 경우)(집회 및 시위에 관한 법률 제20조 제1항). 달리 말하면, 시간적으로나 장소적으로 위험에 가장 근접해 있는 자가 경찰처분의 상대방이 될 것이지만, 언제나 그렇다고 말하기 어렵다. 그것은 비례원칙을 고려하면서 의무에 합당한 재량으로 정할 문제이다.

▷**집회 및 시위에 관한 법률 제20조(집회 또는 시위의 해산)** ① 관할경찰관서장은 다음 각 호의 어느 하나에 해당하는 집회 또는 시위에 대하여는 상당한 시간 이내에 자진(自進) 해산할 것을 요청하고 이에 따르지 아니하면 해산(解散)을 명할 수 있다.
1. 제5조 제1항, 제10조 본문 또는 제11조를 위반한 집회 또는 시위
② 집회 또는 시위가 제1항에 따른 해산 명령을 받았을 때에는 모든 참가자는 지체 없이 해산하여야 한다.
③ 제1항에 따른 자진 해산의 요청과 해산 명령의 고지(告知) 등에 필요한 사항은 대통령령으로 정한다.
▷**집회 및 시위에 관한 법률 시행령 제17조(집회 또는 시위의 자진 해산의 요청 등)** 법 제20조에 따라 집회 또는 시위를 해산시키려는 때에는 관할 경찰관서장 또는 관할 경찰관서장으로부터 권한을 부여받은 국가경찰공무원은 다음 각 호의 순서에 따라야 한다. 다만, 법 제20조 제1항 제1호·제2호

또는 제4호에 해당하는 집회·시위의 경우와 주최자·주관자·연락책임자 및 질서유지인이 집회 또는 시위 장소에 없는 경우에는 종결 선언의 요청을 생략할 수 있다.

1. 종결 선언의 요청

주최자에게 집회 또는 시위의 종결 선언을 요청하되, 주최자의 소재를 알 수 없는 경우에는 주관자·연락책임자 또는 질서유지인을 통하여 종결 선언을 요청할 수 있다.

2. 자진 해산의 요청

제1호의 종결 선언 요청에 따르지 아니하거나 종결 선언에도 불구하고 집회 또는 시위의 참가자들이 집회 또는 시위를 계속하는 경우에는 직접 참가자들에 대하여 자진 해산할 것을 요청한다.

3. 해산명령 및 직접 해산

제2호에 따른 자진 해산 요청에 따르지 아니하는 경우에는 세 번 이상 자진 해산할 것을 명령하고, 참가자들이 해산명령에도 불구하고 해산하지 아니하면 직접 해산시킬 수 있다.

✚ 학자에 따라서는 ① 많은 행위책임자 중에서 시간상 최후의 자 또는 가장 중대한 원인을 제공한 자가 경찰처분의 상대방이고, ② 행위책임과 상태책임이 경합하는 경우에는 일반적으로 상태책임자는 행위책임자의 희생자라는 이유로 행위책임자가 경찰처분의 상대방이고, ③ 하나의 책임사유를 가진 사람보다 동시에 여러 개의 책임사유를 가진 사람이 우선 경찰처분의 상대방이 되어야 한다는 주장을 하기도 한다. 이러한 기준이 일면 정당하다고 보이지만, 개개의 경우에 비례원칙에 따라「신속하고 효과적인 위험의 방지·제거」가 가능한 사람을 경찰처분의 상대방으로 할 수밖에 없을 것이다.

3. 비용상환

(1) 문제상황　　　A, B, C가 도로상 같은 곳에 위험한 물건을 버린 경우, 경찰관이 A에게 제거를 명하였고 A가 이에 따라 제거를 하면서 비용이 발생하였다면, A는 B와 C에게 B와 C가 부담해야 할 몫에 해당하는 비용의 상환을 청구할 수 있는가의 문제가 있다.

(2) 사견　　　경찰책임자가 여러 사람인 경우, 경찰처분의 상대방인 사람(A)은 경찰의 하자 없는 재량행사에 따라 위험방지를 위해 광범위한 책임이 있는 자로 판단되었기 때문에 다른 사람(B와 C)에게 상환청구를 할 수 없다고 본다. 여기서는 민법상 사무관리규정이 적용될 수 없다. 경찰처분의 상대방인 사람(A)은 경우에 따라 경찰관 직무집행법 제11조의2 제1항에 근거하여 국가에 대하여 비용(손실) 청구를 할 수는 있을 것이다.

[60] 경찰책임의 법적 승계

1. 의의

A가 필요한 허가를 받지 않고, 자기의 토지 위에 안전성이 결여된 건물을 축조하자, 이를 적발한 B군수는 A에게 건물철거를 명하였고, 철거명령이 있은 지 얼마 후 A가 사망하였다면, ① 상속인은 A에게 발해진 철거명령에 따라서 건물을 철거하여야 하는가, ② 사망 전에 A로부터 그 창고를 양수한 C는 A에게 발해진 철거명령에 따라서 건물을 철거하여야 하는가의 문제가 발생한다. 이와 같이 경찰책임을 지는 사람이 사망하거나 물건을 양도하면, 그 경찰책임이 상속인이나 양수인에게 승계되는가의 문제가 경찰책임의 법적 승계의 문제이다.

2. 논의의 의미

경찰책임의 승계문제는 경찰책임자에게 발해진 처분의 효력이 그 승계인에게도 미치는가의 여부를 논의의 대상으로 한다. 경찰책임의 승계 여부는 법령에 명시적인 규정이 없는 경우에 문제된다. 경찰책임의 승계가 인정된다면 승계인에게 새로운 행정행위를 발령함이 없이 피승계인에게 발령된 행정행위를 근거로 하여 승계인에 대하여 집행할 수 있는 것이 되고, 승계가 부정된다면 피승계인에게 발령된 행정행위는 승계인에게 효과가 없고, 승계인에게 새로운 처분을 발령한 후 집행할 수 있다는 의미이다.

3. 행위책임의 법적 승계

전통적 견해는, 행위책임은 특정인의 행위에 대한 법적 평가와 관련된 공법상 의무이므로, 행위책임자에게 발령된 행정행위는 법률의 근거 없이는 승계인(개별승계인·포괄승계인)에게 효력을 갖지 못하는 것으로 본다. 즉 법적 승계(개별승계·포괄승계)를 부인한다(승계부정설). 예를 들어, 도로에서 잠자는 자(A)가 도로 밖으로 나와야 할 행위책임은 A의 행위로 인한 것이므로, A가 사망한다고 하여 A의 유족이 도로 밖으로 나와야 할 의무를 상속한다고 볼 수는 없다. A의 유족이 A의 사체를 법절차에 따라 처리하는 것은 별개의 문제이다. 요컨대 행위책임은 위험을 야기한 자에게만 문제되고, 그 자의 사망으로 책임 문제는 끝난다고 보는 전통적 견해가 타당하다. 만약 법령이 명시적으로 승계를 규정한다면, 그것은 예외적인 경우에 해당한다.

4. 상태책임의 법적 승계

(1) 견해의 변화 ① 오래전에는 상태책임도 행위책임과 마찬가지로 승계되지 아니하는 것으로 보았다. ② 근년에는 경찰처분에 의해 구체화된 상태책임은 승계되지만, 구체화되지 아니한 상태책임은 승계되지 아니한다는 것이 지배적 견해이다. 상태책임을 현실화하는 행정행위는 물적 행정행위라는 점과 절차상 경제를 논거로 한다.

✚ 물적 행정행위
예를 들어, 횡단보도의 설정은 도로상 특정지점의 이용 등에 관한 것을 내용으로 하여 발령되는 행정행위이다. 도로상 횡단보도에는 그 누구도 주차할 수 없다. 사소유지에 횡단보도가 설정되어 있다고 하여도, 소유권자는 주차할 수 없다. 이와 같이 사람의 권리와 의무를 직접 규율하는 것이 아니라, 물건의 상태를 직접 규율하는 행정행위를 물적 행정행위라 부르는 것이 일반적이다. 물적 행정행위도 간접적으로는 사람의 권리·외무와 연결된다.

(2) 실제상 차이 ①에 의하면, 위 「1. 의의」에서 언급한 상속인이나 양수인은 A의 상태책임을 부담하지 아니한다. 달리 말하면, B군수로부터 새로운 철거명령을 받기 전까지 상속인이나 양수인은 건물철거의무를 부담하지 아니한다. ②에 의하면, 상속인이나 양수인은 A의 상태책임을 승계하는바, B군수로부터 새로운 철거명령이 없다고 하여도 건물철거의무를 이행하여야 한다.

[61] 경찰상 긴급상태(경찰책임자로서 제3자)

1. 관념

(1) 의의 ① A빌딩 옆에 있는 B빌딩에서 화재가 발생하자 소방서장이 「소방기본법」에 따라 A빌딩관리책임자에게 화재진압에 참여토록 명령하는 경우, 또는 ② 적법하게 집회(C집회)가 열리고 있음에도 불구하고, C집회의 반대집회(D집회)가 폭력을 수반한 채 위법하게 열리게 되자, 경찰이 D집회에 대하여 강제해산을 하려는 과정에서, 예기치 않은 위험이 C집회의 참가자에게 발생할 수 있다고 보아 「집회 및 시위에 관한 법률」에 따라 C집회의 주최자와 참가자에게도 해산명령을 내리는 경우, A빌딩관리책임자나 C집회의 주최

자와 참가자는 위험의 야기와 직접적으로 관련이 있는 것은 아니지만, 경찰의 화재진압명령 또는 해산명령으로 위험방지의무를 지게 된다. 이와 같이 공공의 안전이나 질서에 대한 위험의 방지·제거를 위해 위험의 발생과 무관한 사람에게 경찰책임이 부과되는 경우를 경찰상 긴급상태라 한다.

▷ **소방기본법 제24조(소방활동 종사 명령)** ① 소방본부장, 소방서장 또는 소방대장은 화재, 재난·재해, 그 밖의 위급한 상황이 발생한 현장에서 소방활동을 위하여 필요할 때에는 그 관할구역에 사는 사람 또는 그 현장에 있는 사람으로 하여금 사람을 구출하는 일 또는 불을 끄거나 불이 번지지 아니하도록 하는 일을 하게 할 수 있다. 이 경우 소방본부장, 소방서장 또는 소방대장은 소방활동에 필요한 보호장구를 지급하는 등 안전을 위한 조치를 하여야 한다.

▷ **집회 및 시위에 관한 법률 제20조(집회 또는 시위의 해산)** ① 관할경찰관서장은 다음 각 호의 어느 하나에 해당하는 집회 또는 시위에 대하여는 상당한 시간 이내에 자진(自進) 해산할 것을 요청하고 이에 따르지 아니하면 해산(解散)을 명할 수 있다.
5. 제16조 제4항 각 호의 어느 하나에 해당하는 행위로 질서를 유지할 수 없는 집회 또는 시위

제16조(주최자의 준수 사항) ④ 집회 또는 시위의 주최자는 다음 각 호의 어느 하나에 해당하는 행위를 하여서는 아니 된다.
1. 총포, 폭발물, 도검, 철봉, 곤봉, 돌덩이 등 다른 사람의 생명을 위협하거나 신체에 해를 끼칠 수 있는 기구를 휴대하거나 사용하는 행위 또는 다른 사람에게 이를 휴대하게 하거나 사용하게 하는 행위
2. 폭행, 협박, 손괴, 방화 등으로 질서를 문란하게 하는 행위
3. 신고한 목적, 일시, 장소, 방법 등의 범위를 뚜렷이 벗어나는 행위

(2) 특징　　위험의 발생에 관계가 없는 사람(제3자)에게 침익적 처분(예: 화재진압명령, 해산명령)을 가져오는 경찰상 긴급상태는 법치국가에서 예외적인 상황이다. 경찰상 긴급상태는 ① 경찰이 중대한 위험을 방관할 수 없다는 점, ② 위험의 발생에 관계가 없는 사람이 경찰책임을 진다는 점이 특징이다. 「위험의 야기에 관계가 없는 사람(제3자)」에 대한 경찰의 개입은 「위험을 발생시키거나 발생시킬 우려가 있는 사람」에 대한 경찰개입의 경우에 비하여 엄격한 요건 하에서 제한적으로 인정될 수밖에 없다.

(3) 제3자의 성격　　경찰상 긴급상태에서 경찰책임자로서 제3자는 현재의 중대한 위험을 방지하는 일을 돕는 경찰의 도구에 해당한다. 따라서 「위험을 발생시키거나 발생시킬 우려가 있는 사람」이 그 제3자에 저항하면, 그것은 공무방해에 해당한다. 그 제3자에게 피해가 발생하면 보상되어야 한다.

▷ **소방기본법 제24조(소방활동 종사 명령)** ③ 제1항에 따른 명령에 따라 소방활동에 종사한 사람은 시·도지사로부터 소방활동의 비용을 지급받을 수 있다. 다만, 다음 각 호의 어느 하나에 해당하는 사람의 경우에는 그러하지 아니하다.
1. 소방대상물에 화재, 재난·재해, 그 밖의 위급한 상황이 발생한 경우 그 관계인

2. 고의 또는 과실로 화재 또는 구조·구급 활동이 필요한 상황을 발생시킨 사람

3. 화재 또는 구조·구급 현장에서 물건을 가져간 사람

▷ **경찰관 직무집행법 제11조의2(손실보상)** ① 국가는 경찰관의 적법한 직무집행으로 인하여 다음 각 호의 어느 하나에 해당하는 손실을 입은 자에 대하여 정당한 보상을 하여야 한다.

1. 손실발생의 원인에 대하여 책임이 없는 자가 생명·신체 또는 재산상의 손실을 입은 경우(손실발생의 원인에 대하여 책임이 없는 자가 경찰관의 직무집행에 자발적으로 협조하거나 물건을 제공하여 생명·신체 또는 재산상의 손실을 입은 경우를 포함한다)

2. 손실발생의 원인에 대하여 책임이 있는 자가 자신의 책임에 상응하는 정도를 초과하는 생명·신체 또는 재산상의 손실을 입은 경우

2. 법적 근거

(1) 필요성   경찰상 긴급상태는 급박한 위험에 대비하는 것이지만, 처분의 상대방에 기본권의 침해를 가져오므로 헌법 제37조 제2항에 비추어 법률의 근거가 필요하다. 법률의 근거 없는 경찰상 긴급상태는 인정될 수 없다.

(2) 입법상황   현재 경찰상 긴급상태에 대한 일반규정은 없다. 앞에서 본 소방기본법 제24조, 경찰관 직무집행법 제5조 등 몇몇 개별 법률에서 나타나고 있을 뿐이다. 인간생활의 실제상 경찰상 긴급상태의 발생은 불가피하므로 경찰상 긴급상태에 관한 일반적인 규정을 두는 것이 필요하다. 이에 관한 입법적 보완이 요청된다. 현재로서는 경범죄 처벌법 제3조 제29호가 제한된 범위 안에서 경찰상 긴급상태의 일반적인 법적 근거로 기능할 수도 있을 것이다.

▷ **경찰관 직무집행법 제5조(위험발생의 방지)** ① 경찰관은 인명 또는 신체에 위해를 미치거나 재산에 중대한 손해를 끼칠 우려가 있는 천재, 사변, 공작물의 손괴, 교통사고, 위험물의 폭발, 광견·분마류등의 출현, 극단한 혼잡 기타 위험한 사태가 있을 때에는 다음의 조치를 할 수 있다.

3. 그 장소에 있는 자, 사물의 관리자 기타 관계인에게 위해방지상 필요하다고 인정되는 조치를 하게 하거나 스스로 그 조치를 하는 것

▷ **경범죄 처벌법 제3조(경범죄의 종류)** ① 다음 각 호의 어느 하나에 해당하는 사람은 10만원 이하의 벌금, 구류 또는 과료(科料)의 형으로 처벌한다.

29. (공무원 원조불응) 눈·비·바람·해일·지진 등으로 인한 재해, 화재·교통사고·범죄, 그 밖의 급작스러운 사고가 발생하였을 때에 현장에 있으면서도 정당한 이유 없이 관계 공무원 또는 이를 돕는 사람의 현장출입에 관한 지시에 따르지 아니하거나 공무원이 도움을 요청하여도 도움을 주지 아니한 사람

3. 요건

경찰상 긴급상태에 관한 요건을 일반적으로 규정하는 법률은 없지만, 경찰상 긴급상태를 규정하는 개별법으로부터 다음을 요건으로 추출할 수 있다.

(1) 현재의 중대한 위험의 방지   경찰상 긴급상태가 적용되기 위해서는 우

선 중대한 위험(예: 화재나 폭력집회로 인한 생명·신체의 훼손)이 현실화되었거나 또는 현실화가 목전에 급박하여야 한다. 급박하여야 한다는 것은 위험의 현실화가 시간적으로 근접하여야 함을 의미한다.

(2)「위험을 발생시키거나 발생시킬 우려가 있는 사람」에 대한 처분이 무의미할 것　　「위험을 발생시키거나 발생시킬 우려가 있는 사람」에 대한 처분을 통해서는 위험의 방지·제거가 불가능하거나 상당히 불완전하여야 한다.

(3) 경찰 자신이나 위임에 의해서 해결이 불가능할 것　　경찰상 긴급상태의 개념상 경찰 스스로 또는 경찰의 위임을 받은 제3자가 적시에 위험을 방지할 수 있는 상태가 아니어야 한다. 만약 경찰이나 위임받은 제3자가 그러한 상태에 있다면, 그러한 자가 위험을 방지하여야 한다.

(4) 위험의 발생에 관계가 없는 사람에 수인가능성이 있을 것　　수인가능성(참고 견딜 수 있는 한계)의 관점에서 볼 때,「위험의 발생에 아무런 관계가 없는 사람」인 제3자에 대한 경찰의 처분이 그 제3자 자신에 중대한 위험이나 침해를 가져올 수 있는 경우에는 경찰상 긴급상태의 성립이 인정될 수 없다. 예컨대 심장병환자에게 신체적으로 힘이 드는 일에 참여할 것을 요구하는 행위를 할 수는 없다. 그러한 경찰처분은 수인할 수 없고 따라서 위법한 것이 된다.

4. 처분

앞에서 말한 요건이 갖추어진 경우, 경찰상 긴급상태의 예외적인 성격에 비추어 「위험의 발생에 아무런 관계가 없는 사람」에 대한 처분은 행정행위에 의해서만 가능하다(농어업재해대책법 제7조 제2항 참조). 위험을 방지·제거할 수 있는 제3자가 여러 사람이 있는 경우, 경찰관은 의무에 합당한 재량에 따라 경찰책임을 질 사람을 선택하여야 한다. 경찰상 긴급상태의 처분은 비례원칙상 물적이나 시간적으로 최소한의 범위에 그쳐야 한다.

▷ **농어업재해대책법 제7조(응급조치)** ① 지방자치단체의 장은 재해가 발생하거나 발생할 우려가 있어 응급조치가 필요하면 해당 지역의 주민을 응급조치에 종사하게 할 수 있으며, 그 지역의 토지·가옥·시설·물자를 사용 또는 수용하거나 제거할 수 있다.
② 지방자치단체의 장이 제1항에 따른 응급조치를 할 때에는 대통령령으로 정하는 바에 따라 재해대책 명령서로 집행하여야 한다.

5. 결과제거청구권과 보상

(1) 결과제거청구권   갑작스런 대형 교통사고의 발생으로 경찰관이 사고지점 부근에 있는 주민과 공동으로 안전조치를 취한 후에도 계속하여 그 주민의 주택에 경찰차량 등을 무단으로 계속 방치하였다면, 그것은 위법한 것이고, 경찰은 빨리 치워야 한다. 그 주민은 위법하게 방치된 경찰차량이 치워질 때까지 그 차량을 치울 것을 청구할 수 있는 권리를 갖는다. 이와 같이 경찰행정청은 「위험의 발생에 아무런 관계가 없는 사람」에 대한 처분으로 인하여 그 사람에게 위법한 상태를 사실상 야기하였다면, 경찰은 그러한 위법한 사실상의 상태(무단주차)를 제거하여야 하고, 이에 대응하여 「위험의 발생에 아무런 관계가 없는 사람」은 경찰행정청을 상대로 결과제거청구권을 갖는다.

(2) 보상청구권   「위험의 발생에 아무런 관계가 없는 사람(타인)」은 위험에 대해 원래 책임을 부담하여야 하는 사람이 아니므로, 그 타인은 자신에게 위험방지·제거의 책임을 부과한 경찰행정청이 속한 국가에 대하여 그 책임(위험의 방지·제거)의 이행으로 인해 생긴 불이익의 보전을 청구할 수 있다(농어업재해대책법 제7조 제3항 참조). 한편, 보상을 한 국가는 경우에 따라 「위험을 발생시키거나 발생시킬 우려가 있는 사람」에게 국가가 부담한 비용(보상금)에 대한 변상을 요구할 수도 있을 것이다.

▷ **농어업재해대책법 제7조(응급조치)** ① 지방자치단체의 장은 재해가 발생하거나 발생할 우려가 있어 응급조치가 필요하면 해당 지역의 주민을 응급조치에 종사하게 할 수 있으며, 그 지역의 토지·가옥·시설·물자를 사용 또는 수용하거나 제거할 수 있다.
③ 지방자치단체의 장은 제1항에 따른 처분으로 인하여 손실을 받은 자에게 대통령령으로 정하는 바에 따라 정당한 보상을 하여야 한다.
▷ **소방기본법 제24조(소방활동 종사 명령)** ③ 제1항에 따른 명령에 따라 소방활동에 종사한 사람은 시·도지사로부터 소방활동의 비용을 지급받을 수 있다. 다만, 다음 각 호의 어느 하나에 해당하는 사람의 경우에는 그러하지 아니하다.
1. 소방대상물에 화재, 재난·재해, 그 밖의 위급한 상황이 발생한 경우 그 관계인
2. 고의 또는 과실로 화재 또는 구조·구급 활동이 필요한 상황을 발생시킨 사람
3. 화재 또는 구조·구급 현장에서 물건을 가져간 사람

✚ **결과제거청구권**
(1) 개념의 발전
결과제거청구권은 「집행되었으나 위법하여 사후에 폐지된 행정행위의 결과」와 관련하여 발전된 개념이다. 예를 들어, 도로교통법에 따라 운전면허취소처분을 받은 甲은 주소지를 관할하는 A지방경찰청장에게 운전면허증을 반납하였다. 甲은 A지방경찰청장의 운전면허취소처분의 취소를 구하는 소송을 제기하여 승소하였다. 그런데 A지방경찰청장은 패소한 뒤에 甲에게 운전면허증을 되돌

려주지 않고 있다면, 이것은 A지방경찰청장이 甲에 대한 위법한 침해를 계속하고 있는 것이 된다. 이러한 경우에 甲이 A지방경찰청장에게 운전면허증을 되돌려 받아야 위법한 결과는 제거된다. 여기서 甲이 A지방경찰청장에게 운전면허증을 되돌려 줄 것을 요구할 수 있는 권리가 바로 결과제거청구권이다.

▷ **도로교통법 제95조(운전면허증의 반납)** ① 운전면허증을 받은 사람이 다음 각 호의 어느 하나에 해당하면 그 사유가 발생한 날부터 7일 이내(…)에 주소지를 관할하는 시·도경찰청장에게 운전면허증을 반납(모바일운전면허증의 경우 전자적 반납을 포함한다. 이하 이 조에서 같다)하여야 한다.
1. 운전면허 취소처분을 받은 경우 (제2호 이하 생략)

(2) 일반적 개념으로서 결과제거청구권
오늘날의 지배적 견해는 「집행되었으나 위법하여 사후에 폐지된 행정행위의 결과」와 관련하여서만 결과제거청구권을 인정하는 것이 아니라 그 밖의 위법한 공법상의 행정작용(사실행위)에도 결과제거청구권을 인정한다. 따라서 경찰상 긴급상태에서도 결과제거청구권이 인정될 수 있음은 물론이다.

제3절 경찰작용의 행위형식

경찰작용의 행위형식이란 경찰법령상 위험의 방지·제거를 위한 수단(형식)을 말한다. 경찰작용의 행위형식은 일반행정법(행정법총론)상 행정작용의 행위형식(공법상 형식으로 행정입법·행정계획·행정행위·공법상 계약·사실행위, 사법상 형식으로 행정사법작용과 협의의 국고작용)과 다를 바 없다. 다만 경찰작용의 경우에는 위험방지·제거를 위해 사실행위가 비교적 많이 활용된다.

✦제1항 경찰상 행정입법(법규명령·행정규칙)

경찰상 행정입법이란 국가 등의 경찰행정주체가 경찰행정영역에서 일반적·추상적인 법규범을 정립하는 작용 또는 그에 따라 정립된 법규범을 의미한다. 경찰상 행정입법에는 경찰상 법규명령과 경찰상 행정규칙이 있다.

[62] 경찰상 법규명령

1. 의의
전통적 견해에 의하면, 경찰상 법규명령이란 도로교통법 제34조의 위임(수권)에 따라 만들어진 도로교통법 시행령 제11조 제1항이나 도로교통법 제11조의 위임(수권)에 따라 만들어진 도로교통법 시행규칙 제13조 제1항과 같이 상위법의 수권에 근거하여 경찰행정권이 정립하는 규범으로서 국민과의 관계에서 일반구속적인 경찰법규범을 말한다. 경찰상 법규명령을 경찰명령으로 부르기도 한다.

[시행령의 경우]

▷**도로교통법 제34조(정차 또는 주차의 방법 및 시간의 제한)** 도로 또는 노상주차장에 정차하거나 주차하려고 하는 차의 운전자는 차를 차도의 우측 가장자리에 정차하는 등 대통령령으로 정하는 정차 또는 주차의 방법·시간과 금지사항 등을 지켜야 한다.

▷**도로교통법 시행령 제11조(정차 또는 주차의 방법 등)** ① 차의 운전자가 법 제34조에 따라 지켜야 하는 정차 또는 주차의 방법 및 시간은 다음 각 호와 같다.

1. 모든 차의 운전자는 도로에서 정차할 때에는 차도의 오른쪽 가장자리에 정차할 것. 다만, 차도와 보도의 구별이 없는 도로의 경우에는 도로의 오른쪽 가장자리로부터 중앙으로 50센티미터 이상의 거리를 두어야 한다.

[시행규칙의 경우]

▷**도로교통법 제11조(어린이 등에 대한 보호)** ③ 어린이의 보호자는 도로에서 어린이가 자전거를 타거나 행정안전부령으로 정하는 위험성이 큰 움직이는 놀이기구를 타는 경우에는 어린이의 안전을 위하여 행정안전부령으로 정하는 인명보호 장구(裝具)를 착용하도록 하여야 한다.

▷**도로교통법 시행규칙 제13조(어린이의 보호)** ① 법 제11조 제3항에서 "행정안전부령이 정하는 위험성이 큰 놀이기구"라 함은 다음 각 호의 어느 하나에 해당하는 놀이기구를 말한다.

1. 킥보드
2. 롤러스케이트
3. 인라인스케이트
4. 스케이트보드
5. 그 밖에 제1호 내지 제4호의 놀이기구와 비슷한 놀이기구

2. 성질

① 경찰상 법규명령은 일반적·추상적인 법규인 점에서 개별 사건을 규율하는 경찰상 행정행위(예: 위험지점에서 운전자 甲에 대한 운전 일시정지 명령)와 구분된다. ② 경찰상 법규명령의 효력은 원칙적으로 경찰 외부(국민)에 미친다(국민들은 도로교통법 시행령 제11조 제1항이나 도로교통법 시행규칙 제13조 제1항을 반드시 준수하여야 한다)는 점에서 경찰 내부적으로만 효력을 갖는 경찰상 행정규칙과 구분된다. ③ 경찰상 법규명령은 법규이므로 경찰상 법규명령에 위반하는 행위는 위법행위가 된다. 그러나 규정 내용의 성질상 행정 내부적으로만 구속력을 갖는 경찰상 법규명령은 국민과의 관계에서 위법이 문제되지 아니한다(예를 들어, A경찰서장이 형사과의 사무에 관해 형사과장의 보조를 받지 않고 수사과장의 보조를 받아 사인 B에게 처분을 하는 경우, 사인 B는 수사과장이 보조하였음을 이유로 A경찰서장의 처분을 다툴 수 없다. 왜냐하면 경찰서 사무를 형사과와 수사과 등으로 나누는 경찰청과 그 소속기관 직제 시행규칙은 부령(행정안전부령)이지만 경찰서 내부적으로만 구속력을 갖는다고 보기 때문이다).

▷**경찰청과 그 소속기관 직제 제42조(경찰서)** ② 경찰서의 하부조직, 위치 및 관할구역과 그 밖에 필요한 사항은 행정안전부령으로 정한다.
▷**경찰청과 그 소속기관 직제 시행규칙 제74조(하부조직)** ① 경찰서의 사무를 분장하기 위하여 각 경찰서에 두는 청문감사인권관 및 과는 별표 3과 같다.

3. 종류

경찰상 법규명령은 헌법상 ① 내용을 기준으로 위임명령과 집행명령, ② 제정권자를 기준으로 대통령령·총리령·부령으로 구분된다. 행정규제기본법 제4조 제2항 단서로 인해 고시형식의 경찰상 법규명령도 가능하다.

▷**헌법 제75조** 대통령은 법률에서 구체적으로 범위를 정하여 위임받은 사항과 법률을 집행하기 위하여 필요한 사항에 관하여 대통령령을 발할 수 있다.
제95조 국무총리 또는 행정각부의 장은 소관사무에 관하여 법률이나 대통령령의 위임 또는 직권으로 총리령 또는 부령을 발할 수 있다.
▷**행정규제기본법 제4조(규제 법정주의)** ② 규제는 법률에 직접 규정하되, 규제의 세부적인 내용은 법률 또는 상위법령에서 구체적으로 범위를 정하여 위임한 바에 따라 대통령령·총리령·부령 또는 조례·규칙으로 정할 수 있다. 다만, 법령에서 전문적·기술적 사항이나 경미한 사항으로서 업무의 성질상 위임이 불가피한 사항에 관하여 구체적으로 범위를 정하여 위임한 경우에는 고시 등으로 정할 수 있다.

(1) 위임명령 ① 위임명령이란 상위법령의 위임을 받아 제정된 행정입법을 말한다[위 '1.의의' 부분을 보라]. ② 헌법 제75조의 규정내용 중 "대통령은 법률에서 구체적으로 범위를 정하여 위임받은 사항…에 관하여 대통령령을 발할 수 있다"와 제95조의 규정내용 중 "국무총리 또는 행정각부의 장은 소관사무에 관하여 법률이나 대통령령의 위임…으로 총리령 또는 부령을 발할 수 있다"는 부분이 위임입법의 헌법적 근거이다. ③ 헌법 제75조는 '구체적으로 범위를 정하여 위임받은 사항'만을 위임명령으로 정할 수 있게 하는바, 포괄적 위임 내지 골격입법은 금지된다. 구체적 위임이란 "법률에 이미 대통령령으로 규정될 내용 및 범위의 기본사항이 구체적으로 규정되어 있어서 누구라도 당해 법률로부터 대통령령에 규정될 내용의 대강을 예측할 수 있어야 함"을 의미한다(판례). 헌법 제95조에 명시적 표현이 없다고 하여도, 헌법 제95조에 따른 위임도 구체적 위임이어야 한다.

▷**도로교통법 제80조(운전면허)** ② 시·도경찰청장은 운전을 할 수 있는 차의 종류를 기준으로 다음 각 호와 같이 운전면허의 범위를 구분하고 관리하여야 한다. 이 경우 운전면허의 범위에 따라 운전할 수 있는 차의 종류는 행정안전부령으로 정한다.

▷ **도로교통법 시행규칙 제53조(운전면허에 따라 운전할 수 있는 자동차등의 종류)** 법 제80조 제2항에 따라 운전면허를 받은 사람이 운전할 수 있는 자동차등의 종류는 별표 18과 같다.

▷ **도로교통법 시행규칙 [별표 18] 운전할 수 있는 차의 종류**

    제2종 보통면허 1. 승용자동차
                          2. 승차정원 10명 이하의 승합자동차 (이하 생략)

◉ **판례** **[1]** 헌법 제75조는 '법률에서 구체적으로 범위를 정하여 위임받은 사항'에 관하여 대통령령을 발할 수 있다고 규정하고 있는바, 이는 법률에 이미 대통령령으로 규정될 내용 및 범위의 기본사항이 구체적으로 규정되어 있어서 누구라도 당해 법률로부터 대통령령에 규정될 내용의 대강을 예측할 수 있어야 함을 의미한다. 만일 법률이 행정부에 대하여 일반적이고 포괄적인 위임을 할 수 있도록 허용한다면 이는 사실상 입법권을 백지위임하는 것이나 다름없어 의회입법의 원칙이나 법치주의를 부인하는 것이 되고 행정권의 부당한 자의와 기본권행사에 대한 침해를 초래할 위험이 있기 때문이다(헌재 2023. 9. 26., 2020헌바575).

[2] 특정 사안과 관련하여 법령에서 위임을 한 경우 위임의 한계를 준수하고 있는지 여부를 판단할 때는 당해 법령 규정의 입법 목적과 규정 내용, 규정의 체계, 다른 규정과의 관계 등을 종합적으로 살펴야 하고, 수권 규정에서 사용하고 있는 용어의 의미를 넘어 그 범위를 확장하거나 축소하여 위임 내용을 구체화하는 단계를 벗어나 새로운 입법을 하였는지 여부 등도 아울러 고려하여야 한다(대판 2023. 8. 18., 2021두41495).

[3] 하위법령에 규정된 내용이 상위법령이 위임한 범위 안에 있는지 여부를 판단함에 있어서는, 당해 특정 법령조항 하나만 가지고 판단할 것이 아니라 관련 법령조항 전체를 유기적·체계적으로 고려하여 종합적으로 판단하여야 한다. 수권법령조항 자체가 위임하는 사항과 그 범위를 명확히 규정하고 있지 않다고 하더라도 관련 법규의 전반적 체계와 관련 규정에 비추어 위임받은 내용과 범위의 한계를 객관적으로 확인할 수 있다면 그 범위 안에서 규정된 하위법령 조항은 위임입법의 한계를 벗어난 것이 아니다(헌재 2024. 3. 28., 2020헌마1401).

[4] 법률의 시행령이나 시행규칙은 그 법률에 의한 위임이 없으면 개인의 권리·의무에 관한 내용을 변경·보충하거나 법률이 규정하지 아니한 새로운 내용을 정할 수 없지만, 그 내용이 모법의 입법 취지와 관련 조항 전체를 유기적·체계적으로 살펴보아 모법의 해석상 가능한 것을 명시한 것에 지나지 아니하거나 모법 조항의 취지에 근거하여 이를 구체화하기 위한 것인 때에는 모법의 규율 범위를 벗어난 것으로 볼 수 없다(헌재 2024. 3. 28., 2020헌마1401).

[5] 제95조는 부령에의 위임근거를 마련하면서 '구체적으로 범위를 정하여'라는 문구를 사용하고 있지는 않지만, 법률의 위임에 의한 대통령령에 가해지는 헌법상의 제한은 당연히 법률의 위임에 의한 부령의 경우에도 적용된다[헌재 2024. 6. 27., 2020헌바233, 302(병합)].

   (2) 집행명령   ① 집행명령이란 법령을 집행하기 위하여 제정된 행정입법을 말한다(예: 도로교통법 제11조 제2항을 집행하기 위한 도로교통법 시행령 제8조). ② 헌법 제75조의 규정내용 중 "대통령은 … 법률을 집행하기 위하여 필요한 사항에 관하여 대통령령을 발할 수 있다"와 제95조의 규정내용 중 "국무총리 또는 행정각부의 장은 소관사무에 관하여 … 직권으로 총리령 또는 부령을 발할 수 있다"는 부분이 집행명령의 헌법적 근거이다. ③ 집행명령은 집행에 필요한 세칙을 정하는 범위 내에서만 가능하고, 새로운 국민의 권리·의무를

정할 수 없다.

▷**도로교통법 제11조(어린이 등에 대한 보호)** ② 앞을 보지 못하는 사람(이에 준하는 사람을 포함한다. 이하 같다)의 보호자는 그 사람이 도로를 보행할 때에는 흰색 지팡이를 갖고 다니도록 하거나 앞을 보지 못하는 사람에게 길을 안내하는 개로서 행정안전부령으로 정하는 개(이하 "장애인보조견"이라 한다)를 동반하도록 하는 등 필요한 조치를 하여야 한다.

▷**도로교통법 제8조(앞을 보지 못하는 사람에 준하는 사람의 범위)** 법 제11조 제2항에 따른 앞을 보지 못하는 사람에 준하는 사람은 다음 각 호의 어느 하나에 해당하는 사람을 말한다.
1. 듣지 못하는 사람
2. 신체의 평형기능에 장애가 있는 사람
3. 의족 등을 사용하지 아니하고는 보행을 할 수 없는 사람

❍**판례** 집행명령의 경우 법률의 구체적·개별적 위임 여부 등이 문제되지 않고, 다만 상위법의 집행과 무관한 독자적인 내용을 정할 수 없다는 한계가 있다(헌재 2024. 5. 30., 2023헌마820등).

4. 적법요건

① 경찰상 법규명령은 대통령·국무총리·행정안전부장관 등 정당한 권한을 가진 기관이 권한 내의 사항에 관해(주체요건) ② 법률의 우위의 원칙과 법률의 유보의 원칙 등에 반하지 아니하는 사항을 내용으로 하면서(내용요건), ③ 법정절차(국민의 권리·의무 또는 일상생활과 밀접한 관련이 있는 법령 등을 제정·개정 또는 폐지하고자 할 때에는 국무회의심의 또는 법제처심사에 앞서서 당해 입법안을 마련한 행정청은 행정절차법 제46조 내지 제47조가 정하는 예고절차를 거쳐야 한다)에 따라 제정하고(절차요건), ④ 이를 문서로 제정하되 법조문 형식에 의하고(형식요건), ⑤ 이것이 행정의 상대방에 공포되고(공포요건) 시행기일이 도래함으로써 효력을 발생한다.

5. 효력

경찰상 법규명령은 사인에 대하여 구속력을 갖는바, 사인은 경찰상 법규명령에 따라야 한다. 경찰상 법규명령에 위반되는 사인의 행위는 위법행위가 된다. 위법행위 대해서는 벌칙이 가해질 수 있다. 예를 들어 총리령인 「식품위생법 시행규칙 제36조 [별표 14] 업종별시설기준(제36조 관련). 8. 식품접객업의 시설기준」을 따르지 아니하는 식품접객업자에게는 식품위생법 제97조 제4호에 따라 벌칙이 가해질 수 있다.

▷**식품위생법 제97조(벌칙)** 다음 각 호의 어느 하나에 해당하는 자는 3년 이하의 징역 또는 3천만원

이하의 벌금에 처한다.

4. 제36조에 따른 시설기준을 갖추지 못한 영업자

제36조(시설기준) ① 다음의 영업을 하려는 자는 **총리령**으로 정하는 시설기준에 맞는 시설을 갖추어야 한다.

3. 식품접객업

▷ **식품위생법 시행규칙 제36조(업종별 시설기준)** 법 제36조에 따른 업종별 시설기준은 별표 14와 같다.

[별표 14] 업종별시설기준(제36조 관련)

8. 식품접객업의 시설기준 (내용 생략)

6. 하자

① 경찰상 법규명령의 적법요건에 흠이 있으면 위법한 법규명령이 된다. ② 위법한 경찰상 법규명령은 무효이다. 경찰상 행정행위의 경우와 달리 위법한 법규명령의 취소는 인정되지 아니한다. ③ 하자있는 경찰상 법규명령에 따른 경찰상 행정행위는 당연히 하자있는 것이 된다. 하자있는 경찰상 법규명령에 따른 경찰상 행정행위는 내용상 하자가 중대하므로, ⓐ 그 하자가 외관상 명백하면, 그러한 행정행위는 무효가 되고, ⓑ 외관상 명백하지 않다면 취소할 수 있는 행위가 된다. 경찰상 법규명령의 하자는 판결로써 확정되기 전까지는 명백하다고 보기 어려우므로 하자있는 경찰상 법규명령에 따른 행정행위는 일반적으로 취소할 수 있는 행위가 된다(예: A군수가 B법률 시행령에 따라 甲에게 C처분을 하였는데, C처분이 있은 후 대법원의 판결로 B법률 시행령이 무효로 되었다면, C처분은 취소할 수 있는 행위가 된다).

7. 통제

(1) 내부적 통제　　　정부 내부의 통제방식으로 절차상 통제(예: 입법예고제, 국무회의의 심의, 법제처의 심사), 감독권에 의한 통제(예: 대통령의 도로교통법 시행규칙 개정지시), 경찰공무원·경찰기관의 법령심사, 중앙행정심판위원회의 시정조치 요구(행정심판법 제59조) 등이 있다.

▷ **행정심판법 제59조(불합리한 법령 등의 개선)** ① 중앙행정심판위원회는 심판청구를 심리·재결할 때에 처분 또는 부작위의 근거가 되는 명령 등(대통령령·총리령·부령·훈령·예규·고시·조례·규칙 등을 말한다. 이하 같다)이 법령에 근거가 없거나 상위 법령에 위배되거나 국민에게 과도한 부담을 주는 등 크게 불합리하면 관계 행정기관에 그 명령 등의 개정·폐지 등 적절한 시정조치를 요청할 수 있다. 이 경우 중앙행정심판위원회는 시정조치를 요청한 사실을 법제처장에게 통보하여야 한다.

② 제1항에 따른 요청을 받은 관계 행정기관은 정당한 사유가 없으면 이에 따라야 한다.

(2) 국회에 의한 통제　　법률대위명령인 긴급명령이나 긴급재정·경제명령의 경우에는 적극적 결의의 방식인 승인유보제도가 도입되어 있다(헌법 제76조 제3항·제4항). 그러나 법률종속명령인 대통령령 등의 경우에는 국회법 제98조의2 제1항에 제출절차가 도입되어 있다.

▷ **헌법 제76조** ③ 대통령은 제1항과 제2항의 처분 또는 명령을 한 때에는 지체없이 국회에 보고하여 그 승인을 얻어야 한다.
④ 제3항의 승인을 얻지 못한 때에는 그 처분 또는 명령은 그때부터 효력을 상실한다. 이 경우 그 명령에 의하여 개정 또는 폐지되었던 법률은 그 명령이 승인을 얻지 못한 때부터 당연히 효력을 회복한다.
▷ **국회법 제98조의2(대통령령 등의 제출 등)** ① 중앙행정기관의 장은 법률에서 위임한 사항이나 법률을 집행하기 위하여 필요한 사항을 규정한 대통령령·총리령·부령·훈령·예규·고시 등이 제정·개정 또는 폐지되었을 때에는 10일 이내에 이를 국회 소관 상임위원회에 제출하여야 한다. 다만, 대통령령의 경우에는 입법예고를 할 때(입법예고를 생략하는 경우에는 법제처장에게 심사를 요청할 때를 말한다)에도 그 입법예고안을 10일 이내에 제출하여야 한다.
② 중앙행정기관의 장은 제1항의 기간 이내에 제출하지 못한 경우에는 그 이유를 소관 상임위원회에 통지하여야 한다.
③ 상임위원회는 위원회 또는 상설소위원회를 정기적으로 개회하여 그 소관 중앙행정기관이 제출한 대통령령·총리령 및 부령(이하 이 조에서 "대통령령등"이라 한다)의 법률 위반 여부 등을 검토하여야 한다.

(3) 법원에 의한 통제(구체적 규범통제)　　① 헌법 제107조 제2항은 구체적 규범통제를 규정하고 있다. 헌법 제107조 제2항에서 '재판의 전제가 된다'는 것은 특정의 사건을 재판할 때에 그 사건에 적용되는 명령·규칙의 위헌·위법 여부가 문제됨을 뜻한다(예: 식품위생법 시행령 제A조 위반을 이유로 단란주점영업허가 취소처분을 받은 영업자가 「식품위생법 시행령 제A조는 식품위생법 제B조에 위반되어 무효이고, 따라서 무효인 식품위생법 시행령 제A조에 근거한 단란주점영업허가 취소처분은 취소되어야 한다」고 하면서 취소소송을 제기하는 경우). ② 위헌·위법의 처분적 법규명령이 직접 개인의 권리를 침해하는 경우에는 처분의 무효확인소송에 준하여 바로 그 법규명령을 다툴 수 있다(판례).

▷ **헌법 제107조** ② 명령·규칙 또는 처분이 헌법이나 법률에 위반되는 여부가 재판의 전제가 된 경우에는 대법원은 이를 최종적으로 심사할 권한을 가진다.

(4) 헌법재판소에 의한 통제　　① 재판의 전제가 된 경우가 아닌 경찰상 법규명령이 기본권을 침해하면, 헌법소원을 제기할 수 있다. ② 경찰법령이 명시적으로 경찰상 행정입법으로 정하도록 위임하고 있음에도 경찰상 행정입법을 부작위하는 경우, 그 부작위가 기본권을 중대하게 침해하면 헌법재판소는

그러한 경찰상 행정입법의 부작위의 위법 여부를 심사할 수 있다.

(5) 국민에 의한 통제　　국민이 법규명령에 대한 통제수단으로는 행정상 입법예고제(행정절차법 제41조~제44조)·여론·자문·청원·압력단체의 활동 등 간접적인 것밖에 없다.

[63] 경찰상 행정규칙

1. 의의

전통적인 견해에 의하면, 경찰상 행정규칙이란 경찰행정조직 내부에서 그 조직과 활동을 규율하는 일반추상적인 명령으로서 법규적 성질(외부법으로서 국민에 대하여 갖는 구속력)을 갖지 않는 경찰상 행정입법(예: 경찰청 사무분장규칙, 실종아동 등 및 가출인 업무처리 규칙)을 말한다. 경찰상 행정규칙의 제정권능은 「경찰행정권에 내재하는 고유한 권능인 경찰행정권의 사무집행권」에 근거한다. 경찰상 행정규칙을 경찰규칙으로 부르기도 한다.

2. 성질

① 경찰상 행정규칙은 기본적으로 경찰조직 내부에 효력을 미치는 내부법이라는 점에서 통상적으로 외부적으로 효력을 미치는 경찰상 법규명령과 구분된다. ② 경찰상 행정규칙은 내부법이지만, 그 내용이 일반·추상적이라는 점에서 경찰조직내부에서의 개별·구체적인 직무상 명령과 구분된다. ③ 경찰상 행정규칙은 법규가 아니므로 경찰상 행정규칙에 위반한다고 하여 위법행위라 단언할 수 없다.

◉판례 수용구분 및 이송 기록 등에 관한 지침(법무부예규 제820)은 교정시설에 수용 중인 수용자의 수용기록 업무 및 이송 업무, 수용구분에 관한 세부사항을 규정한 교정시설 내부의 업무처리지침 내지 사무처리준칙으로서 행정규칙에 불과하다(헌재 2024. 6. 27., 2021헌마753).

3. 종류

(1) 형식에 따른 구분　　행정기관의 행정업무 운영에 관한 사항을 규정하는 「행정 효율과 협업 촉진에 관한 규정」은 행정규칙과 관련된 공문서의 종류를 ① 지시문서로 훈령(상급기관이 하급기관에 대하여 장기간에 걸쳐 그 권한의 행

사를 일반적으로 지시하기 위하여 발하는 명령)·지시(상급기관이 직권 또는 하급기관의 문의에 의하여 하급기관에 개별적·구체적으로 발하는 명령)·예규(행정사무의 통일을 기하기 위하여 반복적 행정사무의 처리기준을 제시하는 명령)·일일명령(당직·출장·시간외근무·휴가등 일일업무에 관한 명령) 등과 ② 공고문서로 고시·공고 등을 구분하여 규정하고 있다. 지시문서와 공고문서는 명칭이 다르지만, 법적 성질이나 효과에 차이가 없다.

▷**행정업무의 운영 및 혁신에 관한 규정 제4조(공문서의 종류)** 공문서(이하 "문서"라 한다)의 종류는 다음 각 호의 구분에 따른다.
2. 지시문서: 훈령·지시·예규·일일명령 등 행정기관이 그 하급기관이나 소속 공무원에 대하여 일정한 사항을 지시하는 문서
3. 공고문서: 고시·공고 등 행정기관이 일정한 사항을 일반에게 알리는 문서

　　(2) 내용에 따른 구분　　경찰상 행정규칙은 내용에 따라 조직규칙(경찰의 내부조직·질서·권한·절차를 규율하는 규칙)·근무규칙(하급기관이나 기관구성자인 경찰공무원의 근무에 관한 규칙), 법령해석규칙(경찰법령의 통일적·단일적인 적용을 위한 법규범의 해석과 적용에 관한 규칙. 해석준칙이라고도 한다), 재량지도규칙(통일적이고도 동등한 재량행사를 확보하기 위해 어떠한 방식으로 재량권을 행사할 것인가에 관한 규칙)으로 구분할 수 있다.

✚ **경찰조직규칙의 예**
▷**경찰청사무분장규칙 제1조(목적)** 이 규칙은 경찰청의 각 담당관·과의 세부적인 사무분장에 관한 사항을 규정함을 목적으로 한다.
(제2조 이하 생략)

✚ **경찰근무규칙의 예**
▷**실종아동등 및 가출인 업무처리 규칙 제1조(목적)** 이 규칙은 실종아동등 및 가출인의 신속한 발견 등을 위한 업무를 효율적으로 처리하기 위해 필요한 사항을 규정함을 목적으로 한다. (제2조 이하 생략)

　　4. 적법요건
　　경찰상 행정규칙은 ① 권한 있는 경찰기관이 제정하여야 하고, ② 그 내용이 법규나 상위규칙에 반하지 않고, 실현불가능하지 않고, 명확하여야 하며, ③ 법정의 절차와 형식이 있으면 그것을 갖추어야 적법한 것이 된다. 개별법령상의 수권을 요하는 것은 아니다. 경찰상 행정규칙은 국민의 법적 지위에 직접 영향을 미치는 것이 아니고, 하급기관의 권한행사를 지휘하는 것이므로,

개별적인 근거법이 없어도 일반적인 조직규범(예: 정부조직법, 경찰법)에 근거하여 발령될 수 있다. ④ 행정규칙은 적당한 방법으로 통보되고 도달하면 효력을 갖는다. 반드시 국민에게 공포되어야만 하는 것은 아니다.

5. 효력

① 경찰상 행정규칙은 경찰조직 내부에서 구속력을 갖는다(예컨대, 경찰청장의 지시는 전체 경찰조직에 미치고, 서울지방경찰청장의 지시는 서울지방경찰조직에 미친다). 경찰상 행정규칙에 반하는 행위를 한 경찰공무원에게는 징계벌이 가해질 수 있다. 이러한 내부적 구속력 역시 일종의 법적인 구속력이다. ② 경찰상 행정규칙은 경찰상 행정조직내부의 규율일 뿐이므로 사인의 권리·의무를 규정하지 못하고, 법원도 구속하지 못한다. 다만 경찰행정의 자기구속의 원칙에 따라 외부적으로 간접적 구속효를 갖기도 한다(이에 관해「[4]4(2)」를 보라).

6. 하자

① 적법요건을 구비하지 아니한 경찰상 행정규칙은 하자 있는 경찰상 행정규칙이다. 하자 있는 경찰상 행정규칙은 위법하며 무효이다. ② 하자 있는 경찰상 행정규칙에 따른 행정행위가 위법한지의 여부는 그 행정행위와 관련된 법률과 법규명령에 위반되는가의 여부에 따라 판단하여야 한다. 그 하자 있는 경찰상 행정규칙에 위반되는가의 여부에 따라 판단할 것이 아니다.

7. 통제

① 내부적 통제는 경찰상 법규명령의 내부적 통제와 같다. ② 국회의 통제 방식도 경찰상 법규명령의 경우와 유사하다. ③ 법원에 의한 통제와 관련하여 경찰상 행정규칙은 항고소송의 대상인 처분도 아니고 법규도 아니므로 법원을 구속하는 재판기준이 되지 아니한다. ④ 헌법재판소에 의한 통제로, 행정규칙이 기본권을 침해하고 아울러 다른 방법으로는 이러한 침해를 다툴 수가 없어서 결과적으로 권리보호가 불가능하다면, 헌법소원의 방식으로 이를 다툴 수 있다. ⑤ 국민에 의한 통제의 방식으로 여론·자문·청원·압력단체의 활동 등을 들 수 있다. 그러나 이러한 통제는 효과가 간접적이다.

[64] 행정입법의 규율사항과 규율형식의 불일치

법규명령형식(대통령령·총리령·부령)으로 규정해야 할 사항을 행정규칙형식(고시·훈령)으로 규정하는 경우와 행정규칙형식(고시·훈령)으로 규정해야 할 사항을 법규명령형식(대통령령·총리령·부령)으로 규정하는 경우가 입법의 실제상 나타난다. 이에 관해 보기로 한다.

1. 행정규칙형식의 법규명령(법률보충규칙)

행정기본법 제2조 제1호 가목 3)이 규정하는 훈령·예규 및 고시 등 행정규칙을 말한다. 행정기본법상 법령등은 국민에게도 구속력을 갖는 규범이므로, 이러한 훈령·예규 및 고시 등 행정규칙은 성질상 법규명령에 해당한다. 이러한 행정규칙을 고시(훈령)형식의 법규명령 또는 법률보충규칙이라고도 부른다. 법규명령은 법형식과 관련하여 「대통령령·총리령·부령형식의 법규명령」과 「훈령·예규 및 고시 등 행정규칙형식의 법규명령」으로 구분될 수 있다. 시행령·시행규칙의 형식의 법규명령이 원칙적인 법형식이다.

▷**행정기본법 제2조(정의)** 이 법에서 사용하는 용어의 뜻은 다음과 같다.
1. "법령등"이란 다음 각 목의 것을 말한다.
가. 법령: 다음의 어느 하나에 해당하는 것
1) 법률 및 대통령령·총리령·부령
2) 국회규칙·대법원규칙·헌법재판소규칙·중앙선거관리위원회규칙 및 감사원규칙
3) 1) 또는 2)의 위임을 받아 중앙행정기관(「정부조직법」 및 그 밖의 법률에 따라 설치된 중앙행정기관을 말한다. 이하 같다)의 장이 정한 훈령·예규 및 고시 등 행정규칙
나. 자치법규: 지방자치단체의 조례 및 규칙

●**판례** 구 국민건강보험법 제41조 제2항, 구 국민건강보험 요양급여의 기준에 관한 규칙 제5조 제1항 [별표 1] 제1호 (마)목, 제2항의 위임에 따라 보건복지부장관이 정하여 고시한 '요양급여의 적용기준 및 방법에 관한 세부사항'(2008. 1. 24. 보건복지부 고시 제2008-5호) Ⅰ. '일반사항' 중 '요양기관의 시설·인력 및 장비 등의 공동이용 시 요양급여비용 청구에 관한 사항' 부분(이하 '고시 규정'이라 한다)은 상위법령의 위임에 따라 제정된 '요양급여의 세부적인 적용기준'의 일부로 상위법령과 결합하여 대외적으로 구속력 있는 '법령보충적 행정규칙'에 해당한다(대판 2021. 1. 14., 2020두38171).

2. 법규명령형식의 행정규칙(대통령령·총리령·부령 형식의 행정규칙)

① 행정규칙형식(고시·훈령)으로 규정해야 할 사항을 법규명령형식(대통령령·총리령·부령)으로 규정하는 경우, 그러한 대통령령·총리령·부령을 법규명

령형식의 행정규칙이라 부른다. ② 행정사무처리기준 등과 같은 행정내부적 사항이 대통령령·총리령·부령의 형식으로 규정되면, 판례는 법규명령이 아니라 행정규칙이라 한다.

○판례 구 식품위생법 시행규칙(2013. 3. 23. 총리령 제1010호로 개정되기 전의 것, 이하 같다) 제89조에서 [별표 23]으로 구 식품위생법(2013. 3. 23. 법률 제11690호로 개정되기 전의 것, 이하 같다) 제75조에 따른 행정처분의 기준을 정하였다 하더라도, 이는 행정기관 내부의 사무처리준칙을 규정한 것에 불과한 것으로서 보건복지부장관이 관계행정기관 및 직원에 대하여 직무권한행사의 지침을 정하여 주기 위하여 발한 행정명령의 성질을 가지는 것이지 같은 법 제75조 제1항의 규정에 의하여 보장된 재량권을 기속하는 것이라고 할 수 없고, 대외적으로 국민이나 법원을 기속하는 힘이 있는 것은 아니다(대판 2014. 6. 12., 2014두2157).

✦제2항 경찰상 행정행위

제1목 경찰상 행정행위일반론

Ⅰ. 경찰상 행정행위의 관념

[65] 경찰상 행정행위의 의의

1. 경찰상 행정행위의 개념

경찰상 행정행위란 서울지방경찰청장이 A의 신청에 따라 일정한 절차를 거쳐 A에게 운전면허를 내주는 것과 같이 경찰행정청(서울지방경찰청장)이 법 (도로교통법 제80조 등) 아래서 구체적 사실(A의 운전면허신청)에 대한 법집행(도로교통법 제80조 등의 집행)으로서 행하는 권력적 단독행위(A와 합의가 아니라 서울지방경찰청장이 일방적으로 결정하는 행위)로서 공법행위(공법인 도로교통법에 따른 행위)를 말한다. 경찰상 행정행위는 경찰행정영역에서의 행정행위를 말한다. 경찰상 행정행위는 학문상 용어이다. 법령상으로는 허가·면허·확인·면제 등의 다양한 용어가 사용된다. 행정기본법은 관련 개념으로 처분이라는 용어를 사용하고 있으나, 행정행위와 처분이 동일한 개념인지의 여부에 관해 학설상 다툼이 있다.

▷**도로교통법 제80조(운전면허)** ① 자동차등을 운전하려는 사람은 시·도경찰청장으로부터 운전면허를 받아야 한다. ….

▷**행정기본법 제2조(정의)** 4. "처분"이란 행정청이 구체적 사실에 관하여 행하는 법 집행으로서 공권력의 행사 또는 그 거부와 그 밖에 이에 준하는 행정작용을 말한다.

2. 경찰상 행정행위의 특징

① 경찰상 행정입법은 도로교통법 시행령 등과 같이 일반적(운전면허를 신청하고자 하는 모든 사람에게 적용)·추상적(모든 운전면허신청에 적용)인 법규범이지만, 경찰상 행정행위는 도로교통법에 따른 운전면허와 같이 개별적(운전면허를 신청한 특정인에 대한 것)·구체적(현실적으로 운전면허가 신청된 사건에 대한 것)인 처분이라는 점에서 다르다. ② 운전면허를 받은 사람은 운전할 수 있는 권리를 가질 뿐만 아니라 도로교통법이 정하는 여러 사항을 준수하여야 하는 의무가 발생하는 것과 같이 경찰상 행정행위는 상대방에게 권리·의무를 발생시키는 법적 행위이다. 경찰관이 도로에서 위험한 물건을 치우는 행위와 같이 사인에게 권리·의무를 발생시키지 아니하는 사실행위와 다르다.

✚ 일반처분

(1) 의의

교통신호등의 신호와 같이 관련자의 범위는 일반적(준수하여야 하는 사람의 범위가 불특정)이나 규율하는 대상은 구체적인(준수하여야 하는 시간과 장소가 특정) 행정의 행위형식을 일반처분이라 한다. 특정의 구체적 사건을 대상으로 한다는 점에서 입법과 구분된다. 통설은 일반처분을 행정행위의 한 유형으로 본다. 일반처분으로 법률상 이익이 침해된 자는 항고소송을 제기할 수 있다(대판 2000. 10. 27., 98두8964).

(2) 종류

(가) 인적 일반처분　　인적 일반처분이란 행정행위의 발령당시에는 인적 범위가 특정되어 있지 않으나, 구체적인 경우에 있어서 일반적인 징표(예: 주택소유자·임차인·교통참여자·공공시설이용자)를 근거로 하여 특정되어지거나 특정되어질 수 있는 인적 범위를 대상으로 하는 행위(예: A단체 주도의 반 정부시위 금지처분)를 말한다.

(나) 물적 일반처분　　물적 일반처분이란 물건에 공법적 성격을 부여·변경·박탈 또는 다른 방식으로 공법상 조건을 변경하는 행위(예: 신설도로를 고속국도로 공용지정하는 행위)를 말한다. 즉 특정물건의 공법적 특성을 결정하는 행위를 말한다(예: 고속국도로 지정되면, 사인은 도로에서 건축물의 건축, 공작물의 설치 등을 할 수 없다). 이는 인적 범위를 전혀 특정할 수 없다는 점에서 일반처분의 성질을 가진다고 할 수 있다.

(다) 이용규율의 일반처분　　이용규율의 일반처분이란 영조물 기타 공공시설의 이용에 관한 규율(예: 교통표지판에 의한 교통제한표시, 일방통행구역표시, 박물관·도서관의 이용규율)을 내용으로 하는 행위를 말한다. 이를 인적 일반처분이나 물적 일반처분으로 보는 견해도 있다.

✚ 각종 표지·표시

(1) 도로교통상 위험표지·안내

① 교차로·커브길·경사 등에 관한 표지는 명령도 금지도 아니다. 말하자면 경찰상 법규명령도 아니고 경찰상 행정행위도 아니다. ② 교통사고시 오로지 도로교통의 원활을 위한 방향표시도 아무런 명령·금지도 아니다. 우선통행·주차금지·대기선은 명령·금지처분에 해당한다.

(2) 경찰공무원의 표시·지시

① 특정인, 특정다수인에 향해진 경찰공무원의 표시·지시는 경찰상 행정행위에 해당한다. 여기서 특정인이란 경찰공무원의 표시·지시 앞에 있는 사람들을 지칭한다. ② 교차로상의 신호(즉, 계속적으로 변화하는 손전등 색깔의 표시를 통한 교통규율)는 일반처분에 해당한다. 색깔표시는 행정행위의 통지에 해당한다고 말하기도 한다.

(3) 교통신호등

교통신호등에 의한 신호는 일반처분으로 이해된다. 신호의 변경은 반복적인 고지로 이해될 수 있다.

[66] 경찰상 행정행위의 종류

1. 수익적 행위·침익적 행위·복효적 행위(법적 효과에 따른 분류)

① 수익적 행위란 통행금지구역을 일시 통행할 수 있도록 허가하는 행위와 같이 권리·이익을 부여하는 경찰상 행정행위를 말하고, ② 침익적 행위란 과속을 이유로 한 범칙금납부 통보처분과 같이 권리·이익을 침해하는 경찰상 행정행위를 말하고, ③ 복효적 행위란 수익적인 것과 침익적인 것을 동시에 부여하는 경찰상 행정행위를 말하는데, 복효적 행위에도 이중의 효과가 동일인에게 귀속하는 경우를 혼효적 행위(예: 단란주점영업허가를 하면서 청결한 위생상태유지를 의무로 부과하는 경우)와 이중의 효과가 상이한 자에게 분리되는 3자효 있는 행위(예: 이웃주민의 환경권에 대한 침해를 수반하는 연탄공장허가)가 있다.

2. 기속행위·재량행위(경찰행정청의 법령에의 구속의 정도에 따른 구분)

▷ **도로교통법 제93조 (운전면허의 취소·정지)** ① 시·도경찰청장은 운전면허(조건부 운전면허는 포함하고, 연습운전면허는 제외한다. 이하 이 조에서 같다)를 받은 사람이 다음 각 호의 어느 하나에 해당하면 행정안전부령으로 정하는 기준에 따라 운전면허(운전자가 받은 모든 범위의 운전면허를 포함한다. 이하 이 조에서 같다)를 취소하거나 1년 이내의 범위에서 운전면허의 효력을 정지시킬 수 있다. 다만, 제2호, 제3호, 제7호, 제8호, 제8호의2, 제9호(정기 적성검사 기간이 지난 경우는 제외한다), 제14호, 제16호, 제17호, 제20호부터 제23호까지의 규정에 해당하는 경우에는 운전면허를 취소하여야 하고(제8호의2에 해당하는 경우 취소하여야 하는 운전면허의 범위는 운전자가 거짓이나 그 밖의 부정한 수단으로 받은 그 운전면허로 한정한다), 제18호의 규정에 해당하는 경우에는 정당한 사유가 없으면 관계 행정기관의 장의 요청에 따라 운전면허를 취소하거나 1년 이내의 범위에서 정지하여야 한다.

12. 다른 사람의 자동차등을 훔치거나 빼앗은 경우

14. 이 법에 따른 교통단속 임무를 수행하는 경찰공무원등 및 시·군공무원을 폭행한 경우

(1) 기속행위와 재량행위의 의의

(가) 기속행위   행정청이 다수의 효과 중에서 하나의 효과를 선택할 수 없고, 행정청은 반드시 기계적으로 특정의 효과를 선택하여야 하는 행위를 기속행위라 한다. 기속행위는 행정청(경찰행정청 포함)에게 선택의 자유가 주어지지 아니하는 행위이다(예: A가 도로교통법법에 따른 교통단속 임무를 수행하는 경찰공무원등 및 시·군공무원을 폭행하였다면, 지방경찰청장은 도로교통법 제93조 제1항 단서 및 제14호에 근거하여 A의 운전면허를 반드시 취소하여야 한다. 지방경찰청장은 A에 대하여 운전면허의 취소 또는 1년 이내의 범위에서 운전면허의 효력정지처분 중에서 선택할 수 있는 것이 아니라 반드시 면허취소처분을 하여야 한다).

(나) 재량행위   행정청(경찰행정청 포함)이 다수의 효과 중에서 특정의 효과를 선택할 수 있는 행위를 재량행위라 한다(예: C가 D의 자동차를 훔치거나 빼앗으면, 지방경찰청장은 도로교통법 제93조 제1항 본문 및 제12호에 근거하여 행정안전부령이 정하는 기준에 따라 운전면허를 취소하거나 1년 이내의 범위에서 운전면허의 효력을 정지시킬 수 있다. 즉, 지방경찰청장은 C에 대하여 운전면허의 취소 또는 1년 이내의 범위에서 운전면허의 효력정지처분 중에서 선택하여 행정처분을 할 수 있다). 재량권의 행사는 행정의 고유영역에 속한다. 그렇다고 재량권의 행사가 행정청이 마음대로 할 수 있다는 것(임의, 자의)을 의미하는 것은 아니다. 재량권의 행사는 재량권을 부여한 입법의 취지·목적·성질과 당해 처분에 관련된 본질적인 관심사에 대한 고려 하에 행사되어야 한다. 따라서 재량은 언제나 '의무에 합당한 재량'이다. 의무에 합당한 재량은 '법에 구속된 재량'이라고도 한다. 순수한 의미의 자유재량은 법치국가에서 있을 수 없다.

(2) 기속행위와 재량행위의 구별필요성   기속행위와 재량행위를 구별하는 것은 아래의 그림에서 보는 바와 같이 행정쟁송(행정심판과 행정소송)에서 차이가 있기 때문이다.

행정심판의 대상 기속위반의 위법한 처분 + 위법한 재량처분(재량권의 일탈과 남용)

+ 부당한 재량처분(비합목적적 재량행사)

행정소송의 대상 기속위반의 위법한 처분 + 위법한 재량처분(재량권의 일탈과 남용)

✦ 행정심판과 행정소송의 대상

① 행정심판법 제1조와 제4조 제1호 등에 의하면 행정심판은 위법한 처분 외에 부당한 처분도 대상으로 한다. 행정심판법상 "부당한"이란 "비합목적적인"의 의미로 이해되고 있다. 부당 내지 비합목적적이란 재량권의 행사에 있어서 합리성을 다소 결한 경우(예: 운전면허 효력정지 1개월이 가장 합리적이지만, 45일간의 운전면허 효력정지처분을 한 경우)를 의미한다.

② 행정소송법 제1조와 제4조 제1호등에 의하면, 행정소송은 위법한 처분만을 대상으로 하고 부당한 처분은 대상으로 하지 아니한다. 동시에 행정소송법 제27조는 "행정청의 재량에 속하는 처분이라도 재량권의 한계를 넘거나 그 남용이 있는 때에는 법원은 이를 취소할 수 있다"라고 규정하고 있다. 행정소송법 제27조는 재량권의 행사에 있어서 합리성을 과다하게 결한 경우인 재량권의 일탈과 남용이 있는 행위(예: 운전면허 효력정지 1개월이 가장 합리적이지만, 운전면허 정지처분을 한 경우)는 위법한 행위라는 전제 하에, 그러한 행위는 행정소송의 대상이 된다는 것을 의미한다. 행정심판과 달리 부당한 처분은 행정소송의 대상이 되지 아니한다.

(3) 기속행위와 재량행위의 구별기준

(가) 문제상황 ① 앞에서 본 도로교통법 제93조 제1항과 같이 경찰법령 자체가 명백히 기속행위와 재량행위를 구분하여 규정하고 있는 경우에는 기속행위와 재량행위의 구별에 어려움이 없다. ② 법문상 명백하지 아니한 경우 (예: 자동차를 운전하려면 도로교통법 제80조 제1항에 근거하여 허가를 받아야 한다. 그런데 도로교통법 제80조 제1항 본문은 '자동차등을 운전하려는 사람은 시·도경찰청장으로부터 운전면허를 받아야 한다'고 규정하고 있을 뿐, '자동차를 운전하려는 사람이 운전허가를 신청하면, 지방경찰청장은 허가를 하여야 한다', 또는 '자동차를 운전하려는 사람이 운전허가를 신청하면, 지방경찰청장은 허가를 할 수 있다' 라고 규정하고 있지 않다) 에는 해석을 통해서 구별할 수밖에 없다.

(나) 해결방안 학설과 판례는 "처분의 근거가 된 법령의 규정방식, 그 취지·목적, 행정행위의 성질 등을 함께 고려하여 구체적 사안마다 개별적으로 기속행위인지 아니면 재량행위인지 여부를 판단하여야 한다"는 견해를 취한다(종합설). 이러한 기준에 따른 구분도 어렵다면, 기본권의 보장이 보다 강하게 요청되는 경우에는 사인의 기본권실현에 유리하게 판단하고, 공익실현이 보다 강하게 요청되는 경우에는 공익실현에 유익하도록 판단하여야 할 것이다.

◉ 판례 어느 행정행위가 기속행위인지 재량행위인지는 일률적으로 말할 수 없고, 당해 처분의 근거가 된 규정의 형식이나 체계 또는 문언에 따라 개별적으로 판단하여야 한다(대판 2024. 4. 25., 2023두54242).

(4) 재량하자(재량구속) 행정청은 재량이 있는 처분을 할 때에는 관련 이익을 정당하게 형량하여야 하며, 그 재량권의 범위를 넘어서는 아니 된다(행정

기본법 제21조). 이에 반하는 행위는 재량하자가 있는 처분으로서 위법하여 사법심사의 대상이 된다(행정소송법 제27조). 재량하자에는 관련 이익을 정당하게 형량하지 아니한 재량권의 남용과 재량권의 범위를 벗어난 재량권의 일탈이 있다

(가) 재량권의 남용　　재량권의 남용이란 관련 이익을 정당하게 형량하지 아니하는 것, 즉 법령상 주어진 재량권의 범위 내에서 재량권이 행사되었지만, 잘못된 방향으로 재량행사가 이루어지는 경우를 말한다. 재량권의 남용의 사유는 다양하다. ① 甲과 乙이 동일한 장소에서 동시에 교통신호를 위반하였음에도 甲에게는 1월의 운전면허정지처분을 하고, 乙에게는 2월의 운전면허정지처분을 하였다면, 그것은 평등위반으로 인한 재량권 남용의 경우에 해당한다. ② 운전면허취득 후 20년 만에 처음으로, 그것도 실수로 교통신호를 위반한 丙에게 운전면허취소처분을 하였다면, 운전면허취소처분은 丙의 위반행위에 대한 제재적 처분으로서는 과다한 것으로서 비례원칙위반으로 인한 재량권 남용의 경우에 해당한다. 丙에 대해서는 1월의 운전면허정지처분만으로도 충분하다고 보기 때문이다. ③ 평소에 경찰에 대한 비판을 자주하는 사람이 교통신호를 위반하여 단속에 걸리자, 지방경찰청장은 그 사람이 경찰에 대하여 비협조적이라는 판단에서 운전면허취소처분을 한다면, 그것은 비이성적인 형량에 따른 재량권 남용의 경우에 해당한다. ④ 교통경찰관 A의 지시에 의하여 빨간신호등불이 켜져 있음에도 불구하고 甲이 직진하였는데, 교통경찰관 B가 교통경찰관 A의 지시가 있었음을 모르고 단속하여 법정절차를 거쳐 甲에게 운전면허정지처분을 하였다면, 그것은 사실의 오인에 기인한 재량권 남용의 경우에 해당한다.

(나) 재량권의 일탈　　도로교통법 제93조 제1항은 운전면허의 취소 또는 1년 이내의 범위에서 운전면허정지처분을 규정하고 있는데, 지방경찰청장이 음주운전을 한 사람에게 2년의 운전면허정지처분을 하였다면, 그것은 도로교통법 제93조 제1항이 규정한 재량권의 한계를 일탈한 것이 된다. 이와 같이 법령상 주어진 재량의 한계를 벗어난 재량하자를 재량권의 일탈이라 한다.

○**판례** 증명책임 분배의 일반원칙에 따라 일반적으로 항고소송에서는 처분의 적법성을 주장하는 피고 행정청에 그 처분사유의 존재에 관한 증명책임이 있으나, 재량권 일탈·남용에 해당하는 특별한 사정은 이를 주장하는 원고가 증명하여야 한다(대판 2023. 12. 21., 2023두42904).

(5) 영으로 재량수축

▷ **경찰관직무집행법 제4조 (보호조치등)** ① 경찰관은 수상한 거동 기타 주위의 사정을 합리적으로 판단하여 다음 각호의 1에 해당함이 명백하며 응급의 구호를 요한다고 믿을 만한 상당한 이유가 있는 자를 발견한 때에는 보건의료기관 또는 공공구호기관에 긴급구호를 요청하거나 경찰관서에 보호하는 등 적당한 조치를 할 수 있다.
1. 정신착란 또는 술취한 상태로 인하여 자기 또는 타인의 생명·신체와 재산에 위해를 미칠 우려가 있는 자와 자살을 기도하는 자

영하 20도의 추운날씨에 술취한 甲이 도로에서 잠들어 있는 것을 새벽 2시에 경찰관 A가 보았다고 하자. 이러한 경우, 경찰관 직무집행법 제4조 제1항 제1호가 경찰관에게 재량권을 부여하고 있다고 하여 경찰관 A가 甲에 대하여 '적당한 조치를 할 수도 있고 아니할 수도 있다'고 말할 수는 없다. 경찰관 A는 甲에 대하여 반드시 '적당한 조치를 하여야 한다'고 말할 수밖에 없다. 이러한 경우, 경찰관 A에게는 '적당한 조치를 하여야 한다'는 점에서는 재량권이 없다. 이와 같이 외관상 경찰관 A에게 재량권이 있다고 하여도 사람의 생명이나 신체가 중대한 위험에 직면한 경우에는 재량권이 없다고 보아야 할 때도 있다. 이러한 경우를 영으로의 재량수축이라 부른다. 영으로 재량이 수축되는 경우에는 기속행위와 마찬가지로 경찰관 A는 반드시 일정한 행위를 하여야 한다. 물론 여러 개의 적당한 조치 중 어떠한 조치를 취한 것인지는 경찰관 A에게 재량이 있다. 만약 경찰관 A가 적당한 조치를 하지 아니하여 甲이 사망하였다면, 경찰관 A가 적당한 조치를 하지 아니한 부작위는 위법한 것이 되고, 甲의 유족은 국가배상법 제2조에 근거하여 국가를 상대로 국가배상(손해배상)을 청구할 수도 있다.

3. 부분승인·예비결정·가행정행위(의사결정단계에 따른 분류)

(1) 부분승인　　　부분승인(부분허가)이란 단계화된 행정절차에서 사인이 원하는 특정부분에 대해서만 승인하는 행위를 말한다(예: 하나의 대단위사업을 위한 건축허가·시설허가·영업허가 신청의 경우에 우선 건축이나 시설의 설치만을 허가하는 경우, 원자력안전법 제10조 제3항). 부분승인을 받은 자는 승인을 받은 범위 안에서 승인을 받은 행위를 할 수 있다. 행정청은 나머지 부분에 대한 결정에서 부분승인을 한 내용과 상충되는 결정을 할 수 없다. 부분승인으로 법률상 이익이 위법하게 침해된 사람은 행정쟁송을 제기할 수 있다.

▷**원자력안전법 제10조(건설허가)** ③ 위원회는 발전용원자로 및 관계시설을 건설하려는 자가 건설허가신청 전에 부지에 관한 사전 승인을 신청하면 이를 검토한 후에 승인할 수 있다.
④ 제3항에 따라 부지에 관한 승인을 받은 자는 총리령으로 정하는 범위에서 공사를 할 수 있다.

(2) 예비결정　　　예비결정이란 「건축법 제10조에서 보는 건축허가의 사전결정」과 같이 종국적인 행정행위(건축허가)를 하기 앞서서 종국적인 행정행위에 요구되는 여러 요건 중 개개의 요건들에 대해 사전적으로 심사하여 내리는 결정을 말한다. 행정청은 예비결정의 구속력 때문에 합리적 사유 없이 종국적인 결정에서 예비결정의 내용과 상충되는 결정을 할 수 없다. 예비결정으로 법률상 이익이 위법하게 침해된 사람은 행정쟁송을 제기할 수 있다.

▷**건축법 제10조(건축 관련 입지와 규모의 사전결정)** ① 제11조에 따른 건축허가 대상 건축물을 건축하려는 자는 건축허가를 신청하기 전에 허가권자에게 그 건축물의 건축에 관한 다음 각 호의 사항에 대한 사전결정을 신청할 수 있다.
1. 해당 대지에 건축하는 것이 이 법이나 관계 법령에서 허용되는지 여부 (이하 생략)

(3) 가행정행위　　　가행정행위란 「먹는물관리법 제10조 제1항에서 보는 샘물등 개발의 가허가」와 같이 사실관계와 법률관계가 확정되기 전이지만, 잠정적(임시적) 규율의 필요성으로 인해 사실관계와 법률관계의 계속적 심사를 유보한 상태에서 행정법관계의 권리·의무를 잠정적으로 규율하는 행위를 말한다. 종국적인 행정행위가 있게 되면 가행정행위는 종국적 행정행위로 대체되고 효력을 상실한다. 가행정행위로 법률상 이익이 위법하게 침해된 사람은 행정쟁송을 제기할 수 있다.

▷**먹는물관리법 제10조(샘물등의 개발의 가허가)** ① 시·도지사는 제9조에 따라 샘물등의 개발을 허가하기 전에 제13조 제1항에 따른 환경영향조사의 대상이 되는 샘물등을 개발하려는 자에게는 환경영향조사를 실시하고, 그에 관한 서류(이하 "조사서"라 한다)를 환경부령으로 정하는 기간에 제출할 것을 조건으로 샘물등의 개발을 가허가할 수 있다.
② 시·도지사는 제1항에 따라 가허가를 받은 자가 정당한 사유 없이 그 기간에 조사서를 제출하지 아니하면 가허가를 취소하여야 한다.

4. 자동적 처분
(1) 의의　　　행정청이 법률로 정하는 바에 따라 완전히 자동화된 시스템(인공지능 기술을 적용한 시스템을 포함한다)으로 하는 처분을 말한다. 자동적 처분은 사람인 행위자(처분권자, 공무원)의 인식(의사적용) 없이 완전히 자동화된

시스템으로 발급되는 처분으로 이해된다. 자동적 처분이 행정에 활용되기 위해서는 법령의 근거가 필요하다. 도로에서 인공지능을 가진 기기가 직접 운전자에게 진입 금지 등을 명하게 한다면, 그 기기의 명령은 자동적 처분에 해당할 것이다.

▷ **행정기본법 제20조(자동적 처분)** 행정청은 법률로 정하는 바에 따라 완전히 자동화된 시스템(인공지능 기술을 적용한 시스템을 포함한다)으로 처분을 할 수 있다. 다만, 처분에 재량이 있는 경우는 그러하지 아니하다.

(2) 자동적으로 결정되는 처분과 구별　　「자동적으로 결정되는 처분」은 처분 내용이 자동적으로 결정되지만, 처분의 통지는 처분청이 한다는 점에서 자동적 처분과 다르다. 자동적으로 결정되는 처분의 예로 세금의 부과결정, CCTV에 의한 과속단속, 컴퓨터추첨에 의한 학교배정 등을 볼 수 있다.

5. 확약

(1) 의의　　법령등에서 당사자가 신청할 수 있는 처분을 규정하고 있는 경우, 행정청이 당사자의 신청에 따라 장래에 어떤 처분을 하거나 하지 아니할 것을 내용으로 하는 의사표시를 확약이라 한다(행정절차법 제40조의2 제1항). 예를 들어 A의 신청이 있는 경우, 관할 경찰서장이 A에게 화약류발파허가를 하겠다고 하는 의사표시를 말한다. 확약은 본처분인 화약류발파허가를 하겠다는 의사표시이다. 다수 견해는 확약을 행정행위의 한 종류로 본다.

(2) 특징　　① 확약은 문서로 하여야 한다(행정절차법 제40조의2 제2항). ② 행정청은 다른 행정청과의 협의 등의 절차를 거쳐야 하는 처분에 대하여 확약을 하려는 경우에는 확약을 하기 전에 그 절차를 거쳐야 한다(행정절차법 제40조의2 제3항). ③ 행정청은 확약을 이행하여야 하지만, 행정절차법 제40조의2 제4항이 정하는 경우에는 기속되지 아니한다.

▷ **행정절차법 제40조의2(확약)** ④ 행정청은 다음 각 호의 어느 하나에 해당하는 경우에는 확약에 기속되지 아니한다.
1. 확약을 한 후에 확약의 내용을 이행할 수 없을 정도로 법령등이나 사정이 변경된 경우
2. 확약이 위법한 경우

Ⅱ. 경찰상 행정행위의 내용

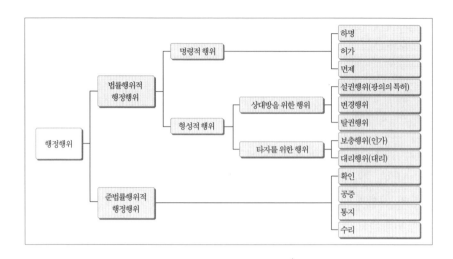

---

[67] 법률행위적 행정행위

법률행위적 행정행위란 행정청의 효과의사에 기하여 법률효과가 발생하는 행정행위를 말한다.

1. 명령적 행위

명령적 행위란 사인이 원래부터 갖고 있는 자연적 자유를 제한하여 일정한 행위를 할 의무를 부과하거나 또는 부과된 의무를 해제하는 행위를 말한다.

① 경찰상 하명이란 작위(예: 위험한 물건제거)·부작위(예: 통행금지)·급부(예: 수수료 납부)·수인(가택출입시 참는 것)을 명하는 행정행위를 말한다(이에 관해 [86]을 보라).

② 경찰상 허가란 법령에 의해 개인의 자연적 자유가 제한되고 있는 경우에 그 제한을 해제하여 자연의 자유를 적법하게 행사할 수 있도록 회복하여 주는 행정행위를 말한다(예: 단란주점영업허가·운전면허)(이에 관해 [89]를 보라).

③ 경찰상 면제란 작위의무·수인의무·급부의무를 특정한 경우에 해제하여 주는 행위를 말한다(예: 소방차에 대한 통행료 납부면제). 의무해제라는 점에서 면제는 허가와 같지만, 허가는 부작위의무를 대상으로 한다는 점이 다르다.

▷ **유료도로법 제15조(통행료 납부의 대상 등)** ② 제1항에 따른 차량 중 군작전용 차량, 구급 및 구호 차량, 소방활동에 종사하는 차량, 그 밖에 대통령령으로 정하는 차량에 대하여는 본래의 목적을 위하여 운행되는 경우에만 대통령령으로 정하는 바에 따라 통행료를 감면할 수 있다.

③ 유료도로관리청 또는 유료도로관리권자는 설날·추석 등 대통령령으로 정하는 날에는 대통령령으로 정하는 바에 따라 고속국도를 이용하는 차량의 통행료를 감면할 수 있다.

▷ **유료도로법 시행령 제8조(통행료의 감면대상 차량 및 감면비율)** ① 법 제15조 제2항에서 "대통령령으로 정하는 차량"이란 다음 각 호의 차량을 말한다.

1. 경찰작전용 차량, 교통단속용 차량 및 유료도로의 건설·유지관리용 차량

1의2. 천재지변 또는 파업 등으로 인한 국가의 물류마비 그 밖에 이에 준하는 긴급 사태에 대처하기 위한 수송용 차량으로서 일정기간 통행료의 수납이 부적당하다고 인정하여 국토교통부장관이 정하는 차량

(이하 생략)

② 법 제15조 제3항에서 "설날·추석 등 대통령령으로 정하는 날"이란 다음 각 호의 날을 말한다.

1. 설날 전날, 설날, 설날 다음날(음력 12월 말일, 1월 1일 및 2일)

2. 추석 전날, 추석, 추석 다음날(음력 8월 14일부터 16일까지)

3. 그 밖에 국무회의 심의를 거쳐 지정된 날

③ 제1항·제2항 및 법 제15조 제2항에 따른 감면대상 차량의 통행료의 감면율은 다음 각 호의 구분에 따른다. 다만, 감면대상차량의 요건(제6항의 경우를 포함한다)이 둘 이상 중복되는 경우에는 가장 높은 감면율만을 적용한다.

1. 통행료의 100분의 100 (이하 생략)

2. 형성적 행위

형성적 행위란 자연적 자유의 회복이 아니라, 사인에 대하여 특별한 권리·능력 기타 법적 지위를 설정·변경·박탈하는 행위를 말한다.

(1) 상대방을 위한 행위　　일반행정법상 상대방을 위한 ① 설권행위(광의의 특허)에는 권리설정행위(협의의 특허)(예: 자동차운송사업면허)·능력설정행위·포괄적 법률관계설정행위가 있으나, 위험방지를 내용으로 하는 경찰행정법에서 권리설정행위·능력설정행위는 찾아보기 어렵다. 다만 포괄적 법률관계설정행위로 경찰공무원임명을 볼 수 있다. ② 설권행위를 찾아보기 어려운바, 설권된 행위를 변경하거나 탈권하는 행위도 찾아보기 어렵다(물론 공무원의 강등처분은 변경행위, 파면처분은 탈권행위에 해당한다).

(2) 타인을 위한 행위　　타인을 위한 행위로서 ① 인가란 행정청이 타인의 법률행위를 동의로써 보충하여 그 행위의 효력을 완성시켜주는 행위를 말한다(예 : 총포·화약안전기술협회의 정관은 경찰청장의 승인을 받아아 효력이 발생한다).

▷ **총포·도검·화약류 등의 안전관리에 관한 법률 제51조(정관)** ① 협회의 정관에는 다음 각 호의 사항이 포함되어야 한다.

1. 목적 (제2호 이하 생략)
② 제1항에 따른 정관은 경찰청장의 승인을 받아야 한다. 정관을 변경하려는 경우에도 또한 같다.

　② 대리란 공법상 행정주체가 제3자가 할 행위를 대신하여 행한 경우에 그 효과를 직접 제3자에게 귀속하게 하는 제도를 말한다(예: 경찰이 미아에게 응급 구호가 필요하다고 보아 보건의료기관에 긴급구호를 요청한 경우, 경찰의 요청은 미아의 부모를 대리한 것으로 볼 수 있다).

▷ **경찰관 직무집행법 제4조(보호조치 등)** ① 경찰관은 수상한 행동이나 그 밖의 주위 사정을 합리적으로 판단해 볼 때 다음 각 호의 어느 하나에 해당하는 것이 명백하고 응급구호가 필요하다고 믿을 만한 상당한 이유가 있는 사람(이하 "구호대상자"라 한다)을 발견하였을 때에는 보건의료기관이나 공공구호기관에 긴급구호를 요청하거나 경찰관서에 보호하는 등 적절한 조치를 할 수 있다.
3. 미아, …

[68] 준법률행위적 행정행위

　준법률행위적 행정행위란 행정청의 효과의사의 표시가 아니라, 행정청의 판단 내지 인식의 표시에 대해 법률에서 일정한 법적 효과를 부여하는 결과 행정행위가 되는 행위를 말한다.

1. 확인행위
　확인행위란 특정의 사실 또는 법률관계의 존재여부를 공권적으로 판단하여 이것을 확정하는 행위를 말한다(예: 운전면허를 취소당한 자가 중앙행정심판위원회에 운전면허취소처분 무효확인심판을 제기하여 중앙행정심판위원회로부터 무효확인의 재결을 받는 경우, 그 무효확인의 재결은 기존의 운전면허취소처분의 무효 여부를 판단하는 것일 뿐 새로운 운전면허관계를 만들어 내는 것이 아니다).

▷ **행정심판법 제5조(행정심판의 종류)** 행정심판의 종류는 다음 각 호와 같다.
2. 무효등확인심판: 행정청의 처분의 효력 유무 또는 존재 여부를 확인하는 행정심판
제43조(재결의 구분) ④ 위원회는 무효등확인심판의 청구가 이유가 있다고 인정하면 처분의 효력 유무 또는 처분의 존재 여부를 확인한다.

2. 공증행위
　공증행위란 특정의 사실 또는 법관계의 존재여부를 공적으로 증명하는 행

위이다. 그것이 진실이 아닐 수도 있다. 따라서 공증행위는 반증에 의해 전복될 수도 있다. 공증행위의 예로 운전면허증이나 통행료 납부영수증 등 각종 증명서의 발급행위를 볼 수 있다.

▷ **도로교통법 제85조(운전면허증의 발급 등)** ② 시·도경찰청장은 운전면허시험에 합격한 사람에 대하여 행정안전부령으로 정하는 운전면허증을 발급하여야 한다.

3. 통지행위

통지행위란 특정인 또는 불특정다수인에게 어떠한 사실을 알리는 행위를 말한다. 통지행위는 독립된 행위이기 때문에 이미 성립된 행정행위의 효력발생요건으로 하는 통지와 구별된다. 통지행위의 예로 통행금지의 공고, 대집행의 계고 등을 볼 수 있다.

▷ **행정대집행법 제3조(대집행의 절차)** ① 전조의 규정에 의한 처분(이하 대집행이라 한다)을 하려 함에 있어서는 상당한 이행기한을 정하여 그 기한까지 이행되지 아니할 때에는 대집행을 한다는 뜻을 미리 문서로써 계고하여야 한다. ….

4. 수리행위

수리행위란 행정청이 타인의 행위를 유효한 행위로 받아들이는 행위를 말한다. 수리행위는 하나의 의사작용인 까닭에 단순한 사실로서의 도달과 다르다. 법이 정한 특별한 사정이 없는 한 소정의 형식적 요건을 갖춘 신고는 수리되어야 한다(행정절차법 제40조 제2항). 여기서 신고란 수리를 요하는 신고를 말한다. 수리행위의 예로 총포·화약류 제조업의 양수인이 지위승계를 신고한 경우, 지방경찰청장이 그 신고를 받아들이는 경우를 볼 수 있다.

▷ **총포·도검·화약류 등의 안전관리에 관한 법률 제4조의2(제조업자의 지위승계)** ① 다음 각 호의 어느 하나에 해당하는 자는 종전 제조업자의 지위를 승계한다.
2. 제조업자가 제조업을 양도한 경우 그 양수인
③ 제1항 또는 제2항에 따라 제조업자의 지위를 승계한 자는 행정안전부령으로 정하는 바에 따라 그 지위를 승계한 날부터 1개월 이내에 승계 사실을 경찰청장 또는 시·도경찰청장에게 신고하여야 한다.
제4조(제조업의 허가) ① 총포·화약류의 제조업(총포의 개조·수리업과 화약류의 변형·가공업을 포함한다. 이하 같다)을 하려는 자는 제조소마다 행정안전부령으로 정하는 바에 따라 경찰청장의 허가를 받아야 한다. ….

Ⅲ. 경찰상 행정행위의 적법요건(성립·발효요건)

[69] 형식적 요건

1. 주체요건

(1) 권한행정청의 의미　　　경찰상 행정행위는 권한을 가진 경찰행정청이 권한의 범위 내에서 정상적인 의사작용에 따른 것이어야 한다. 경찰행정청이란 경찰서장·지방경찰청장·경찰청장과 같이 경찰조직법상 경찰행정청을 뜻한다(예: 교통에 방해가 될 만한 물건을 도로에 함부로 내버려둔 사람에 대한 제거명령은 도로교통법 제71조 제1항 제2호에 따라 경찰서장이 권한행정청이다).

▷**도로교통법 제71조(도로의 위법 인공구조물에 대한 조치)** ① 경찰서장은 다음 각 호의 어느 하나에 해당하는 사람에 대하여 위반행위를 시정하도록 하거나 그 위반행위로 인하여 생긴 교통장해를 제거할 것을 명할 수 있다.
2. 제68조 제2항을 위반하여 물건을 도로에 내버려 둔 사람
제68조(도로에서의 금지행위 등) ② 누구든지 교통에 방해가 될 만한 물건을 도로에 함부로 내버려두어서는 아니 된다.

(2) 권한위임의 경우　　　권한이 위임된 경우에는 수임청이 권한을 행사한다(예: 운전면허 정지처분은 지방경찰청장이 아니라 경찰서장이 하여야 한다).

▷**도로교통법 제93조(운전면허의 취소·정지)** ① 시·도경찰청장은 운전면허(조건부 운전면허는 포함하고, 연습운전면허는 제외한다. 이하 이 조에서 같다)를 받은 사람이 다음 각 호의 어느 하나에 해당하면 행정안전부령으로 정하는 기준에 따라 운전면허(운전자가 받은 모든 범위의 운전면허를 포함한다. 이하 이 조에서 같다)를 취소하거나 1년 이내의 범위에서 운전면허의 효력을 정지시킬 수 있다. ….
제147조(위임 및 위탁 등) ③ 시·도경찰청장은 이 법에 따른 권한 또는 사무의 일부를 대통령령으로 정하는 바에 따라 관할 경찰서장에게 위임하거나 교통 관련 전문교육기관 또는 전문연구기관 등에 위탁할 수 있다.
▷**도로교통법 시행령 제86조(위임 및 위탁)** ③ 지방경찰청장은 법 제147조 제3항에 따라 다음 각 호의 권한을 관할 경찰서장에게 위임한다.
3. 법 제93조에 따른 운전면허효력 정지처분

(3) 권한행정청으로서 경찰공무원　　　경찰법령은 신속한 위험방지 등을 위하여 현장의 경찰공무원에게 권한을 부여하기도 한다(경찰관 직무집행법 제3조 내지 제7조). 이러한 경우의 경찰공무원은 기능적 의미에서 경찰행정청의 지위를 갖는다.

▷ **경찰관 직무집행법 제3조(불심검문)** ① 경찰관은 수상한 거동 기타 주위의 사정을 합리적으로 판단하여 어떠한 죄를 범하였거나 범하려 하고 있다고 의심할 만한 상당한 이유가 있는 자 또는 이미 행하여진 범죄나 행하여지려고 하는 범죄행위에 관하여 그 사실을 안다고 인정되는 자를 정지시켜 질문할 수 있다.

2. 형식요건

① 경찰법령에 「처분은 문서로 하여야 한다」는 규정이 있으면, 문서로 하여야 한다(예: 운전면허는 도로교통법 제85조, 도로교통법 시행규칙 제77조에 따라 서면(운전면허증)으로 하여야 한다).

▷ **도로교통법 제85조(운전면허증의 발급 등)** ② 지방경찰청장은 운전면허시험에 합격한 사람에 대하여 행정안전부령으로 정하는 운전면허증을 발급하여야 한다.
▷ **도로교통법 시행규칙 제77조(운전면허증의 발급 등)** ① 법 제85조에 따라 운전면허시험에 합격한 사람은 그 합격일부터 30일 이내에 운전면허시험을 실시한 경찰서장 또는 한국도로교통공단으로부터 운전면허증을 발급받아야 하며, 운전면허증을 발급받지 아니하고 운전하여서는 아니된다.
② 법 제85조제2항에서 "행정안전부령으로 정하는 운전면허증"이란 다음 각 호의 어느 하나에 해당하는 것을 말한다.
1. 별지 제55호서식의 운전면허증
2. 별지 제55호의2서식의 영문운전면허증(운전면허증의 뒤쪽에 영문으로 운전면허증의 내용을 표기한 운전면허증을 말하고, 이하 "영문운전면허증"이라 한다)
3. 삭제
※ 경찰법령에 「처분은 문서로 하여야 한다」는 규정이 없다고 하여도 일반법인 행정절차법 제24조제1항에 따라 원칙적으로 문서로 하여야 한다. 문서형식은 행정행위의 내용의 불명확성을 방지하는 데 기여한다.
▷ **행정절차법 제24조(처분의 방식)** ① 행정청이 처분을 할 때에는 다른 법령등에 특별한 규정이 있는 경우를 제외하고는 문서로 하여야 하며, 다음 각 호의 어느 하나에 해당하는 경우에는 전자문서로 할 수 있다.
1. 당사자등의 동의가 있는 경우
2. 당사자가 전자문서로 처분을 신청한 경우
② 제1항에도 불구하고 공공의 안전 또는 복리를 위하여 긴급히 처분을 할 필요가 있거나 사안이 경미한 경우에는 말, 전화, 휴대전화를 이용한 문자 전송, 팩스 또는 전자우편 등 문서가 아닌 방법으로 처분을 할 수 있다. 이 경우 당사자가 요청하면 지체 없이 처분에 관한 문서를 주어야 한다.

●**판례** 행정절차법 제24조는 행정의 공정성·투명성 및 신뢰성을 확보하고 국민의 권익을 보호하기 위한 것이므로 위 규정에 위반하여 행하여진 행정청의 처분은 그 하자가 중대하고 명백하여 원칙적으로 무효이다(대판 2011. 11. 10., 2011도11109).

② 현장에서 신속을 요하는 경찰상 행정행위는 구두로 이루어지는 경우도 적지 아니할 것이다(예: 도로교통법 제5조에 따른 교통경찰관의 지시, 제35조에 따른 차량 이동 명령). 경우에 따라서는 특정 표식 내지 표지판(예: 도로교통법 제5조에

따른 교통안전시설)이나 자동화된 기계에 의한 경찰처분도 가능하다.

▷도로교통법 제5조(신호 또는 지시에 따를 의무) ① 도로를 통행하는 보행자, 차마 또는 노면전차의 운전자는 교통안전시설이 표시하는 신호 또는 지시와 다음 각 호의 어느 하나에 해당하는 사람이 하는 신호 또는 지시를 따라야 한다.
1. 교통정리를 하는 국가경찰공무원(의무경찰을 포함한다. 이하 같다) 및 제주특별자치도의 자치경찰공무원(이하 "자치경찰공무원"이라 한다)
제35조(주차위반에 대한 조치) ① 다음 각 호의 어느 하나에 해당하는 사람은 제32조·제33조 또는 제34조를 위반하여 주차하고 있는 차가 교통에 위험을 일으키게 하거나 방해될 우려가 있을 때에는 차의 운전자 또는 관리 책임이 있는 사람에게 주차 방법을 변경하거나 그 곳으로부터 이동할 것을 명할 수 있다.
1. 경찰공무원
2. 시장등(도지사를 포함한다. 이하 이 조에서 같다)이 대통령령으로 정하는 바에 따라 임명하는 공무원(이하 "시·군공무원"이라 한다)
제156조(벌칙) 다음 각 호의 어느 하나에 해당하는 사람은 20만원 이하의 벌금이나 구류 또는 과료(科料)에 처한다.
1. 제5조…를 위반한 차마 또는 노면 전차의 운전자
4. … 제35조 제1항에 따른 명령을 위반한 사람

3. 절차요건

① 경찰법령에서 경찰상 행정행위의 발령을 위해 따라야 할 절차를 규정하고 있으면, 그 절차를 따라야 한다(예: 운전면허를 취소 또는 정지하려면 도로교통법 제93조 제4항에 따라 사전에 처분내용과 의견제출기회 등을 알려야 하고, 처분을 할 때에는 이유를 알려야 한다).

▷도로교통법 제93조(운전면허의 취소·정지) ④ 시·도경찰청장은 제1항 또는 제2항에 따라 운전면허의 취소처분 또는 정지처분을 하려고 하거나 제3항에 따라 연습운전면허 취소처분을 하려면 그 처분을 하기 전에 미리 행정안전부령으로 정하는 바에 따라 처분의 당사자에게 처분 내용과 의견제출 기한 등을 통지하여야 하며, 그 처분을 하는 때에는 행정안전부령으로 정하는 바에 따라 처분의 이유와 행정심판을 제기할 수 있는 기간 등을 통지하여야 한다. …

② 경찰법령에 절차에 관한 규정이 없다고 하여도 일반법인 행정절차법에서 정하는 처분의 사전통지, 의견청취절차, 처분의 이유제시가 적용된다.

▷행정절차법 제21조(처분의 사전 통지) ① 행정청은 당사자에게 의무를 부과하거나 권익을 제한하는 처분을 하는 경우에는 미리 다음 각 호의 사항을 당사자등에게 통지하여야 한다. (각호 생략)
제22조(의견청취) ① 행정청이 처분을 할 때 다음 각 호의 어느 하나에 해당하는 경우에는 청문을 한다. (각호 생략)
② 행정청이 처분을 할 때 다음 각 호의 어느 하나에 해당하는 경우에는 공청회를 개최한다. (각호 생략)
③ 행정청이 당사자에게 의무를 부과하거나 권익을 제한하는 처분을 할 때 제1항 또는 제2항의 경우

외에는 당사자등에게 의견제출의 기회를 주어야 한다.

제23조(처분의 이유 제시) ① 행정청은 처분을 할 때에는 다음 각 호의 어느 하나에 해당하는 경우를 제외하고는 당사자에게 그 근거와 이유를 제시하여야 한다.

[70] 실질적 요건(내용요건)

① 경찰상 행정행위는 경찰법률 우위의 원칙상 모든 법률, 비례원칙 등 모든 경찰법원칙에 합당한 것이어야 한다. 또한 경찰법률 유보의 원칙과 관련하여 적어도 침익적 행위의 발령에는 법적 근거가 있어야 한다. ② 경찰상 행정행위의 내용은 당연히 명확하여야 한다. ③ 경찰상 행정행위는 사실상으로나 법률상으로 실현이 가능한 것이어야 한다.

◉판례 망인이 음주운전을 하다가 사망하였다면 망인에 대하여 음주운전을 이유로 한 운전면허 취소처분은 불가능하…다(대판 2008. 5. 15., 2007두26001).

[71] 표시요건(송달·통지)

1. 송달의 방법

수령을 요하는 경찰상 행정행위는 통지(송달)되어야 한다. 경찰법령에 특별한 규정이 없다면, 송달은 행정절차법 제14조가 정하는 바에 의한다.

▷**행정절차법 제14조(송달)** ① 송달은 우편, 교부 또는 정보통신망 이용 등의 방법으로 하되, 송달받을 자(대표자 또는 대리인을 포함한다. 이하 같다)의 주소·거소(居所)·영업소·사무소 또는 전자우편주소(이하 "주소등"이라 한다)로 한다. 다만, 송달받을 자가 동의하는 경우에는 그를 만나는 장소에서 송달할 수 있다.
② 교부에 의한 송달은 수령확인서를 받고 문서를 교부함으로써 하며, 송달하는 장소에서 송달받을 자를 만나지 못한 경우에는 그 사무원·피용자(被傭者) 또는 동거인으로서 사리를 분별할 지능이 있는 사람(이하 이 조에서 "사무원등"이라 한다)에게 문서를 교부할 수 있다. 다만, 문서를 송달받을 자 또는 그 사무원등이 정당한 사유 없이 송달받기를 거부하는 때에는 그 사실을 수령확인서에 적고, 문서를 송달할 장소에 놓아둘 수 있다.
③ 정보통신망을 이용한 송달은 송달받을 자가 동의하는 경우에만 한다. 이 경우 송달받을 자는 송달받을 전자우편주소 등을 지정하여야 한다.
④ 다음 각 호의 어느 하나에 해당하는 경우에는 송달받을 자가 알기 쉽도록 관보, 공보, 게시판, 일간신문 중 하나 이상에 공고하고 인터넷에도 공고하여야 한다.

1. 송달받을 자의 주소등을 통상적인 방법으로 확인할 수 없는 경우
2. 송달이 불가능한 경우
⑤ 제4항에 따른 공고를 할 때에는 민감정보 및 고유식별정보 등 송달받을 자의 개인정보를 「개인정보 보호법」에 따라 보호하여야 한다.

○판례 구 전자정부법, 구 사무관리규정, 현행 '행정 효율과 협업 촉진에 관한 규정' 제6조 제1항 등을 종합하여 보면, 공문서(전자공문서 포함)는 결재권자가 서명 등의 방법으로 결재함으로써 성립된다. 여기서 '결재'란 문서의 내용을 승인하여 문서로서 성립시킨다는 의사를 서명 등을 통해 외부에 표시하는 행위이다. 결재권자의 결재가 있었는지 여부는 결재권자가 서명을 하였는지 뿐만 아니라 문서에 대한 결재권자의 지시 사항, 결재의 대상이 된 문서의 종류와 특성, 관련 법령의 규정 및 업무 절차 등을 종합적으로 고려하여야 한다(대판 2020. 12. 10., 2015도19296).

2. 송달의 효력발생(도달주의)

송달은 다른 법령등에 특별한 규정이 있는 경우를 제외하고는 해당 문서가 송달받을 자에게 도달됨으로써 그 효력이 발생한다(행정절차법 제15조 제1항).

▷ **행정절차법 제15조(송달의 효력 발생)** ① 송달은 다른 법령등에 특별한 규정이 있는 경우를 제외하고는 해당 문서가 송달받을 자에게 도달됨으로써 그 효력이 발생한다.
② 제14조 제3항에 따라 정보통신망을 이용하여 전자문서로 송달하는 경우에는 송달받을 자가 지정한 컴퓨터 등에 입력된 때에 도달된 것으로 본다.
③ 제14조 제4항의 경우에는 다른 법령등에 특별한 규정이 있는 경우를 제외하고는 공고일부터 14일이 지난 때에 그 효력이 발생한다. 다만, 긴급히 시행하여야 할 특별한 사유가 있어 효력 발생 시기를 달리 정하여 공고한 경우에는 그에 따른다.

○판례 우편물이 등기취급의 방법으로 발송된 경우에는 반송되는 등의 특별한 사정이 없는 한 그 무렵 수취인에게 배달되었다고 보아야 한다(대판 2007. 12. 27., 2007다51758).

Ⅳ. 경찰상 행정행위의 효력

[72] 내용상 구속력

경찰상 행정행위는 적법요건을 갖추면 일정한 권리·의무관계를 발생시킨다. 따라서 당사자인 경찰행정청은 행정행위에 따라 특정의 권리를 취득하고 (예: 경찰행정청이 범칙금 부과처분을 하면, 범칙금징수권이 발생한다), 상대방은 특정의 의무를 부담하게 된다(예: 지방경찰청장이 운전면허를 취소하면 상대방에게는 운전을 하지 말아야 할 의무가 생겨난다). 이와 같이 경찰상 행정행위는 그 내용에

관해 당사자를 구속하는 힘을 갖는데, 이러한 힘을 내용상의 구속력이라 부른다.

[73] 공정력

지방경찰청장의 운전면허취소처분이 위법하다고 하여도 당연무효가 아니라면 직권취소, 취소심판 또는 취소판결이 있기 전까지는 유효한 행위로서 상대방을 구속한다. 이와 같이 경찰상 행정행위는 당연무효가 아닌 한, 권한을 가진 기관에 의해 취소될 때까지 유효한 행위로서 상대방이나 이해관계자를 구속한다. 이러한 구속력을 공정력이라 부른다. 공정력은 행정기본법 제15조에 규정되고 있다.

▷ **행정기본법 제15조(처분의 효력)** 처분은 권한이 있는 기관이 취소 또는 철회하거나 기간의 경과 등으로 소멸되기 전까지는 유효한 것으로 통용된다. 다만, 무효인 처분은 처음부터 그 효력이 발생하지 아니한다.

[74] 구성요건적 효력

A시에서 공무용 차량운행을 위해 이미 운전면허를 받은 사람을 상대로 운전자 채용공고를 하였고, 이에 따라 甲이 채용신청을 한 경우, 심사과정에서 甲에게 내준 B지방경찰청장의 운전면허에 위법이 있다고 하여도 무효가 아닌 한, A시장은 甲이 운전면허를 소지하고 있음을 인정하여야 한다. 이와 같이 유효한 경찰상 행정행위(甲에게 내준 운전면허)가 존재하는 한 취소할 수 있는 행위인가를 불문하고 다른 행정기관(A시장) 또는 법원은 그 행위(甲에게 내준 운전면허)와 관련이 있는 자기들의 결정(운전자 채용결정)에 그 행위(甲에게 내준 운전면허)의 존재와 법적 효과를 인정해야 하고, 아울러 그 내용에 구속된다. 이러한 구속력을 구성요건적 효력이라 부른다.

[75] 존속력(확정력)

1. 형식적 존속력

운전면허가 취소된 사람은 일정한 기간 내에 이의를 신청하지 아니하면 더 이상 다툴 수 없는 것과 같이 쟁송제기기간의 경과, 판결의 확정 등의 사유가 있으면 상대방이나 이해관계가 있는 제3자는 더 이상 그 경찰상 행정행위를 다툴 수 없다. 이와 같이 당사자등이 그 경찰상 행정행위의 효력을 더 이상 다툴 수 없는 구속을 받는데, 그러한 구속력을 형식적 존속력이라 한다. 불가쟁력이라고도 한다. 한편, 불가쟁력이 발생한 행정행위일지라도 행정기본법 제37조가 규정하는 처분에 해당하면, 그 처분의 상대방은 처분의 재심사를 신청할 수 있다(행정기본법 제37조).

▷ **도로교통법 제94조(운전면허 처분에 대한 이의신청)** ① 제93조 제1항 또는 제2항에 따른 운전면허의 취소처분 또는 정지처분이나 같은 조 제3항에 따른 연습운전면허 취소처분에 대하여 이의(異議)가 있는 사람은 그 처분을 받은 날부터 60일 이내에 행정안전부령으로 정하는 바에 따라 시·도경찰청장에게 이의를 신청할 수 있다.
③ 제1항에 따라 이의를 신청한 사람은 그 이의신청과 관계없이「행정심판법」에 따른 행정심판을 청구할 수 있다. 이 경우 이의를 신청하여 그 결과를 통보받은 사람(결과를 통보받기 전에「행정심판법」에 따른 행정심판을 청구한 사람은 제외한다)은 통보받은 날부터 90일 이내에「행정심판법」에 따른 행정심판을 청구할 수 있다.
▷ **행정심판법 제27조(심판청구의 기간)** ① 행정심판은 처분이 있음을 알게 된 날부터 90일 이내에 청구하여야 한다.
③ 행정심판은 처분이 있었던 날부터 180일이 지나면 청구하지 못한다. 다만, 정당한 사유가 있는 경우에는 그러하지 아니하다.

2. 실질적 존속력

① 전통적 견해는 위법하거나 부당한 행정행위는 처분청이 직권으로 취소할 수 있지만(예: 위법한 운전면허의 직권취소), 준사법적 합의제 행정기관의 일정한 행정행위(예: 중앙행정심판위원회의 운전면허취소처분취소재결)는 처분청(중앙행정심판위원회)도 그 행위에 구속되어 직권으로 취소·변경할 수 없다고 하고, 행정행위가 갖는 이러한 힘을 실질적 존속력 또는 불가변력(협의의 불가변력)이라 불러왔다. ② 행정행위의 하자의 유무를 불문하고, 행정행위의 폐지·변경에는 특별한 제한이 따른다는 의미(즉, 폐지·변경이 자유롭지 않다는 의미)에서 나타나는 구속력을 실질적 존속력 또는 불가변력(광의의 불가변력)이라 부르기도

한다. ③ 일반적인 견해는 불가변력을 협의로 이해한다. 판례도 불가변력을 협의로 이해하고 있다. ④ 실질적 존속력이 있는 행정행위를 취소하거나 철회하면 그것은 위법한 것이 된다.

[76] 강제력

강제력은 법적 근거가 있는 경우에 인정된다. 강제력에는 제재력과 자력집행력이 있다.

1. 제재력
경찰행정법상 의무위반자에게 행정벌인 경찰상 행정형벌(예: 도로교통법 제148조의2)과 경찰상 행정질서벌(도로교통법 제160조)을 부과할 수 있는 힘을 제재력이라 한다.

▷ **도로교통법 제148조의2(벌칙)** ① 제44조제1항 또는 제2항을 위반(자동차등 또는 노면전차를 운전한 경우로 한정한다. 다만, 개인형 이동장치를 운전한 경우는 제외한다. 이하 이 조에서 같다)하여 벌금 이상의 형을 선고받고 그 형이 확정된 날부터 10년 내에 다시 같은 조 제1항 또는 제2항을 위반한 사람(형이 실효된 사람도 포함한다)은 다음 각 호의 구분에 따라 처벌한다.
1. 제44조 제2항을 위반한 사람은 1년 이상 6년 이하의 징역이나 500만원 이상 3천만원 이하의 벌금에 처한다.
2. 제44조 제1항을 위반한 사람 중 혈중알코올농도가 0.2퍼센트 이상인 사람은 2년 이상 6년 이하의 징역이나 1천만원 이상 3천만원 이하의 벌금에 처한다.
3. 제44조 제1항을 위반한 사람 중 혈중알코올농도가 0.03퍼센트 이상 0.2퍼센트 미만인 사람은 1년 이상 5년 이하의 징역이나 500만원 이상 2천만원 이하의 벌금에 처한다.
제160조(과태료) ① 다음 각 호의 어느 하나에 해당하는 사람에게는 500만원 이하의 과태료를 부과한다.
7. 제52조 제1항에 따라 어린이통학버스를 신고하지 아니하고 운행한 운영자

2. 자력집행력
행정법상 의무자가 의무를 불이행하는 경우, 법원의 도움을 받지 아니하고 경찰행정청 스스로 강제집행을 할 수 있는 힘을 자력집행력이라 한다(예: 주차위반차량에 대하여 경찰서장은 경우에 따라 차량을 다른 곳으로 직접 이동할 수 있다).

▷ **도로교통법 제35조(주차위반에 대한 조치)** ② 경찰서장이나 시장등은 제1항의 경우 차의 운전자나 관리 책임이 있는 사람이 현장에 없을 때에는 도로에서 일어나는 위험을 방지하고 교통의 안전과

원활한 소통을 확보하기 위하여 필요한 범위에서 그 차의 주차방법을 직접 변경하거나 변경에 필요한 조치를 할 수 있으며, 부득이한 경우에는 관할 경찰서나 경찰서장 또는 시장등이 지정하는 곳으로 이동하게 할 수 있다.

Ⅴ. 경찰상 행정행위의 하자

[77] 하자의 관념

1. 하자의 의의

경찰상 행정행위의 적법요건에 미비가 있는 경찰상 행정행위, 즉 위법한 경찰상 행정행위와 비합목적적인 재량행사가 이루어진 경찰상 부당한 행정행위(이에 관해 [12]2[참고]를 보라)를 합하여 경찰상 하자 있는 행정행위라 한다. 경찰상 위법한 행정행위는 행정소송절차 외에 행정심판절차로도 다툴 수 있으나, 경찰상 부당한 행정행위는 행정심판절차에서만 다툴 수 있을 뿐이다. 현재로서 경찰상 행정행위의 하자 내지 하자 있는 경찰상 행정행위에 관한 일반법은 없다.

2. 하자 유무 판단의 기준 법령

행정행위의 하자 유무의 판단은 발급된 행정행위의 근거법령을 기준으로 판단하여야 한다. 행정행위의 발급근거가 되는 법령은 다음의 경우로 나누어 살펴볼 필요가 있다.

(1) 일반적인 경우(처분시주의)   행정행위가 적법한 것인지 또는 위법한 것인지의 여부는 행정행위가 발급되는 시점의 법령등을 기준으로 한다. 행정행위가 적법하게 발령된 이상 발령 후에 법령이 개정되어도 위법한 행위로 되지 아니한다(예: 2030년 9월 1일에 건축법에 따라 적법하게 건축허가를 받았는데, 2030년 9월 2일에 건축법이 개정되었고, 개정된 건축법은 개정 전의 건축법과 내용이 충돌된다고 하여도 2030년 9월 1일에 적법하게 받은 건축허가는 2030년 9월 2일에도 여전히 적법한 행위이다).

(2) 당사자의 신청에 따른 처분   ① 당사자의 신청에 따른 처분은 처분 당시의 법령등에 따른다(행정기본법 제14조 제2항)(예: 2월 2일에 단란주점영업허가를 신

청하였는데, 2월 5일에 관련 법령등의 개정이 있었고, 허가권자가 2월 10일에 처분을 하려고 하면, 허가권자는 2월 5일에 개정된 법령을 따라야 한다). ② 한편, "법령등에 특별한 규정이 있거나 처분 당시의 법령등을 적용하기 곤란한 특별한 사정이 있는 경우"에는 2월 5일에 개정된 법령을 따르지 않을 수 있다(행정기본법 제14조 제2항).

(3) 제재처분

(가) 일반적인 경우　① 법령등을 위반한 행위의 성립과 이에 대한 제재처분은 법령등을 위반한 행위 당시의 법령등에 따른다(행정기본법 제14조 제3항 본문)(예: 2월 2일에 음주운전을 하였는데, 2월 10일에 관련 법령등의 개정으로 제재처분이 강화되었고, 운전면허권자가 2월 20일에 처분을 하려고 하면, 면허권자는 2월 2일에 유효한 법령등을 준수하여야 한다). 한편, ② "특별한 규정이 있는 경우"에는 2월 2일에 유효한 법령등을 따르지 아니할 수 있다.

(나) 제재내용이 완화된 경우　① 법령등을 위반한 행위 후 법령등의 변경에 의하여 그 행위가 법령등을 위반한 행위에 해당하지 아니하거나 제재처분 기준이 가벼워진 경우에는 변경된 법령등을 적용한다(행정기본법 제14조 제3항 단서)(예: 2월 2일에 식품위생법 위반행위(A행위)를, 2월 10일에 관련 식품위생법의 개정으로 위반행위(A행위)에 대한 제재처분이 영업허가취소에서 영업정지 3개월로 완화되었고, 허가권자가 2월 20일에 처분을 하려고 하면, 허가권자는 영업정지 3개월로 하여야 한다). 한편, ② "해당 법령등에 특별한 규정이 있는 경우"에는 변경된 법령등을 적용하지 아니할 수 있다.

[78] 경찰상 행정행위의 하자의 효과로서 무효와 취소

1. 무효·취소의 의의

① 무효인 경찰상 행정행위는 처음부터 효력이 없지만, 취소할 수 있는 행정행위는 취소되기 전까지는 효력을 가진다는 점에서 구별된다. ② 경찰상 행정행위의 직권취소란 일단 유효하게 발령된 행정행위를 처분청이나 감독청이 그 행위에 위법 또는 부당한 하자가 있음을 이유로 하여 직권으로 그 효력을 소멸시키는 것을 말한다.

2. 구별필요성

불가쟁력의 유무(취소할 수 있는 행정행위에는 기간의 경과 등으로 불가쟁력(형식적 존속력)이 발생하지만, 무효인 행정행위에는 불가쟁력이 발생하지 아니한다)와 하자의 치유의 가능성(취소할 수 있는 행정행위에는 하자의 치유가 인정되지만, 무효인행정 행위에는 하자의 치유가 인정되지 아니한다) 등과 관련하여 무효와 취소의 구별이 필요하다.

3. 구별기준

학설과 판례는 구별기준으로 중대명백설을 취하고 있다. 중대명백설이란 하자가 중대하고 동시에 명백하면 무효사유가 되지만, 하자가 중대하지만 명백하지 않거나 명백하지만 중대하지 아니하면 취소사유가 된다는 견해이다.

[79] 경찰상 행정행위의 하자의 승계

1. 의의

둘 이상의 행정행위가 연속적으로 행해지는 경우, 선행행위에 하자가 있으면 후행행위 자체에 하자가 없어도 선행행위의 하자를 이유로 후행행위를 다툴 수 있는가의 문제가 하자의 승계의 문제이다(예: 불법건물에 대한 철거명령을 받은 후, 의무자가 철거하지 아니하면 행정청은 강제집행을 하게 된다. 철거명령에 위법이 있으면 철거명령의 취소를 구하여야 함에도 쟁송기간 경과로 다툴 수 없게 되었다면, 철거를 위한 계고처분을 받은 경우에 계고처분에 위법이 없다고 하여도 철거명령의 위법을 이유로 계고처분을 다툴 수 있는가의 문제가 하자의 승계문제이다). 다툴 수 있다면 승계된다고 하고, 다툴 수 없다고 하면 승계되지 아니한다고 표현한다. 하자의 승계는 선행행위가 취소할 수 있는 행위에서 문제된다. 선행행위가 무효인 경우에는 행정행위의 하자의 승계여부가 문제되지 아니한다. 왜냐하면 이 경우에는 후행행위를 다툴 필요 없이 바로 선행행위의 무효를 주장하면 되기 때문이다.

2. 승계 여부

전통적인 견해와 판례에 따르면, ① 선행행위와 후행행위가 상호관련적이나 별개의 목적으로 행하여지는 경우(예: 철거의무를 발생시키는 철거명령과 발생한 철거의무를 강제로 이행시키는 절차인 계고처분 사이), 선행행위의 단순위법은 후행행위에 승계되지 아니하지만, ② 선행행위와 후행행위가 일련의 절차를 구성하면서 하나의 효과를 목적으로 하는 경우(예: 이미 발생된 철거의무를 강제로 이행시키는 절차들인 계고처분과 대집행영장발부통보처분 사이)에는 예외적으로 선행행위의 위법성이 후행행위에 승계된다고 한다(판례).

[80] 경찰상 행정행위의 하자의 치유와 전환

1. 하자의 치유
행정행위가 발령 당시에는 적법요건을 완전히 구비한 것이 아니어서 위법·부당한 것이라고 하여도 사후에 흠결을 보완하게 되면(예컨대, 총포판매업 허가취소처분을 하면서 취소사유를 빠뜨렸다가 추후에 사유를 기재한 서면을 다시 보내는 경우), 발령 당시의 하자에도 불구하고 그 행위의 효과를 다툴 수 없도록 유지하는 것을 하자 있는 행정행위의 치유라 한다. 전통적 견해와 판례는 하자 있는 행정행위의 치유를 취소할 수 있는 행위에만 인정한다.

2. 하자의 전환
하자 있는 행정행위를 적법한 다른 행정행위로(예: 위법의 경찰공무원 징계면직처분을 적법의 직권면직처분으로) 유지시키는 것을 하자 있는 행정행위의 전환이라 한다. 전통적 견해와 판례는 하자 있는 행정행위의 전환을 무효인 행위에만 인정한다.

Ⅵ. 경찰상 행정행위의 행정행위의 폐지(직권취소·철회)

[81] 경찰상 행정행위의 직권취소

1. 의의
알코올 중독으로 도로교통법상 운전면허를 받을 수 없는 甲이 부정한 방법으로 운전면허를 신청하였고, A지방경찰청장이 그 사정을 모르고 운전면허를 내주었으나 그 후 A지방경찰청장이 그 사정을 알게 된 경우, A지방경찰청장은 甲에게 내준 운전면허를 직권으로 취소할 수 있다. 이와 같이 행정청은 위법 또는 부당한 처분의 전부나 일부를 소급하여 또는 장래를 향하여 취소할 수 있는바(행정기본법 제18조 제1항), 이를 행정행위의 직권취소라 한다.

▷ **도로교통법 제93조(운전면허의 취소·정지)** ① 시·도경찰청장은 운전면허(조건부 운전면허는 포함하고, 연습운전면허는 제외한다. 이하 이 조에서 같다)를 받은 사람이 다음 각 호의 어느 하나에 해당하면 행정안전부령으로 정하는 기준에 따라 운전면허(운전자가 받은 모든 범위의 운전면허를 포함한다. 이하 이 조에서 같다)를 취소하거나 1년 이내의 범위에서 운전면허의 효력을 정지시킬 수 있다. 다만, 제2호, 제3호, 제7호, 제8호, 제8호의2, 제9호(정기 적성검사 기간이 지난 경우는 제외한다), 제14호, 제16호, 제17호, 제20호부터 제23호까지의 규정에 해당하는 경우에는 운전면허를 취소하여야 하고(제8호의2에 해당하는 경우 취소하여야 하는 운전면허의 범위는 운전자가 거짓이나 그 밖의 부정한 수단으로 받은 그 운전면허로 한정한다), 제18호의 규정에 해당하는 경우에는 정당한 사유가 없으면 관계 행정기관의 장의 요청에 따라 운전면허를 취소하거나 1년 이내의 범위에서 정지하여야 한다.
8. 제82조에 따라 운전면허를 받을 수 없는 사람이 운전면허를 받거나 운전면허효력의 정지기간 중 운전면허증 또는 운전면허증을 갈음하는 증명서를 발급받은 사실이 드러난 경우
8의2. 거짓이나 그 밖의 부정한 수단으로 운전면허를 받은 경우
제82조(운전면허의 결격사유) ① 다음 각 호의 어느 하나에 해당하는 사람은 운전면허를 받을 수 없다.
5. 교통상의 위험과 장해를 일으킬 수 있는 마약·대마·향정신성의약품 또는 알코올 중독자로서 대통령령으로 정하는 사람
▷ **도로교통법 시행령 제42조(운전면허 결격사유에 해당하는 사람의 범위)** ③ 법 제82조 제1항 제5호에서 "대통령령으로 정하는 사람"이란 마약·대마·향정신성의약품 또는 알코올 관련 장애 등으로 인하여 정상적인 운전을 할 수 없다고 해당 분야 전문의가 인정하는 사람을 말한다.

2. 취소의 법적 근거(사유)

행정행위의 직권취소에 관한 일반법으로 행정기본법 제18조가 있다. 개별 법률에 명시적인 규정이 없다고 하여도 경찰행정청은 행정기본법 제18조를 근거로 직권취소할 수 있다.

3. 취소권자

직권취소의 취소권자는 행정청이다(행정기본법 제18조 제1항). 행정청은 처분청을 의미한다. 예컨대 서대문경찰서장이 甲에게 위법하게 화약류 사용허가 처분을 하였다면, 서대문경찰서장은 스스로 그 처분을 취소할 수 있다.

4. 사유와 대상

① 직권취소의 사유는 처분의 위법 또는 부당이다. 여기서 위법은 무효원인이 아닌 하자, 즉 단순위법을 말한다. 무효원인 아닌 하자란 중대하나 명백하지 않은 하자 또는 명백하나 중대하지 않은 하자를 말한다. ② 직권취소는 처분의 전부를 대상으로 할 수도 있고(전부취소), 처분의 일부를 대상으로 할 수도 있다(일부취소).

5. 제한(사익과 공익의 형량)

(1) 수익적 처분의 취소의 제한 당사자에게 권리나 이익을 부여하는 처분을 취소하려는 경우에는 처분의 상대방의 보호를 위해 처분청이 직권취소를 할 수 없는 제한을 받는다(기본법 제18조 제2항 본문). 즉, 행정청은 제1항에 따라 당사자에게 권리나 이익을 부여하는 처분을 취소하려는 경우에는 취소로 인하여 당사자가 입게 될 불이익을 취소로 달성되는 공익과 비교·형량하여야 한다(기본법 제18조 제2항 본문). 비교·형량의 결과 당사자의 불이익이 보다 크다면 직권취소를 할 수 없다,

> **[예]** 서대문구청장이 甲에게 건축허가를 하였고 이에 따라 甲이 건축을 완료한 후, 서대문구청장이 건축허가에 위법이 있음을 발견하였다고 하자. 이러한 경우에 그 위법을 바로 잡아야 할 필요(공익)와 건축허가의 취소로 인해 甲이 입게 될 손해(사익)를 비교하여 공익이 크다면 직권취소를 할 수 있지만, 사익이 크다면 직권취소를 할 수 없다.

수익적 처분일지라도 ① 거짓이나 그 밖의 부정한 방법으로 처분을 받은 경우나, ② 당사자가 처분의 위법성을 알고 있었거나 중대한 과실로 알지 못한 경우에는 직권취소를 할 수 있다(기본법 제18조 제2항 단서).

(2) 침익적 처분의 취소의 자유 행정기본법은 침익적 처분의 직권취소의 경우에는 사익과 공익의 형량을 요구하지 아니한다. 따라서 침익적 처분의 직권취소는 수익적 처분의 직권취소보다 용이하다고 하겠다.

6. 효과

행정청은 위법 또는 부당한 처분의 전부나 일부를 소급하여 또는 장래를 향하여 취소할 수 있다(행정기본법 제18 조제2항). 즉, 직권취소에는 소급효를 갖는 직권취소와 장래효를 갖는 직권취소가 있다.

(1) 소급효　　　적법요건에 하자가 있음을 이유로 행정행위의 효력을 부인하려는 것이 행정행위의 직권취소이므로, 직권취소의 효과는 소급하는 것이 원칙이다(예: 종로세무서장이 2030년 3월 15일에 甲에게 한 102만원의 과세처분이 위법하다고 판단하여 2030년 4월 10일에 그 과세처분(2030년 3월 15일자 과세처분)을 직권취소하였다면, 2030년 3월 15일부터 과세처분의 효력이 없었던 것으로 보아야 하며, 2030년 4월 10일부터 과세처분의 효력이 없는 것으로 보아서는 아니 된다). 침익적 행위의 직권취소의 효과는 대체로 소급한다.

(2) 장래효　　　경우에 따라서는 취소의 효과를 장래적인 것, 즉 장래효를 갖는 것으로 보아야 하는 경우도 있다(예: 종로구청장이 2030년 3월 15일 甲에게 내준 단란주점영업의 허가가 위법하다고 하여 2030년 4월 10일에 그 영업허가를 직권으로 취소하면, 2030년 4월 10일부터 영업허가의 효력이 없는 것으로 보아야 하며, 2030년 3월 15일부터 효력이 없는 것으로 보아서는 아니 된다. 만약 2030년 3월 15일부터 효력이 없는 것으로 보면, 甲은 2030년 3월 15일부터 2030년 4월 10일까지 불법영업을 한 셈이 된다. 위법하다고 하여도 종로구청장의 허가를 받은 후 경영한 단란주점영업을 불법이라고 하는 것은 甲의 보호나 일반 고객들의 보호에 어울리지 아니한다. 물론 甲이 악질적으로 허가를 받은 경우에는 사정이 다를 수도 있을 것이다).

[82] 경찰상 행정행위의 철회

1. 의의

A지방경찰청장으로부터 적법하게 운전면허를 받은 甲이 그 후 운전을 하다가 도로교통법에 따라 교통단속 업무를 수행하는 교통경찰관을 폭행한 사건이 발생하자 A지방경찰청장은 甲에게 내 준 운전면허를 철회하였다. 이와 같이 적법요건을 구비하여 완전히 효력을 발하고 있는 경찰상 행정행위(甲에게 내 준 운전면허)를 사후적으로 발생한 새로운 사정(교통경찰관 폭행)을 이유로 그 행위의 효력의 전부 또는 일부를 장래에 향해 소멸시키는 원행정행위(운전면허)와 독립된 별개의 의사표시(운전면허철회)를 경찰상 행정행위의 철회라 부른다. 철회는 학문상의 용어이며 실정법상으로는 빈번히 취소로 불리기도 한다. 도로교통법 제93조에서 운전면허의 취소라는 제목으로 여러 사유가 규정되고 있지만, 여기에는 직권취소에 해당하는 것도 있고, 철회에 해당하는 것

도 있다. 철회가 처벌은 아니다(판례).

▷**도로교통법 제93조(운전면허의 취소·정지)** ① 시·도경찰청장은 운전면허(…를 받은 사람이 다음 각 호의 어느 하나에 해당하면 행정안전부령으로 정하는 기준에 따라 운전면허(…)를 취소하거나 1년 이내의 범위에서 운전면허의 효력을 정지시킬 수 있다. 다만, …
14. 이 법에 따른 교통단속 임무를 수행하는 경찰공무원등 및 시·군공무원을 폭행한 경우

❍**판례** 헌법 제13조 제1항(모든 국민은 … 동일한 범죄에 대하여 거듭 처벌받지 아니한다)에서 말하는 "처벌"은 원칙적으로 범죄에 대한 국가의 형벌권 실행으로서의 과벌을 의미하는 것이고, 국가가 행하는 일체의 제재나 불이익처분을 모두 그 "처벌"에 포함시킬 수는 없는 것이다. 운전면허 취소처분은 형법상에 규정된 형(刑)이 아니고, 그 절차도 일반 형사소송절차와는 다를 뿐만 아니라, 주취 중 운전금지라는 행정상 의무의 존재를 전제하면서 그 이행을 확보하기 위해 마련된 수단이라는 점에서 형벌과는 다른 목적과 기능을 가지고 있다고 할 것이다. 따라서 운전면허 취소처분을 이중처벌금지원칙에서 말하는 "처벌"로 보기 힘들다(헌재 2010. 3. 25., 2009헌바83).

2. 법적 근거

행정행위의 철회에 관한 일반법으로 행정기본법 제19조가 있다. 철회를 규정하는 개별 법률도 적지 않다(예: 도로교통법 제93조). 개별 법률에 명시적인 규정이 없다고 하여도 경찰행정청은 행정기본법 제19조가 정하는 바에 따라 철회할 수 있다.

▷**도로교통법 제93조(운전면허의 취소·정지)** ① 시·도경찰청장은 운전면허(…를 받은 사람이 다음 각 호의 어느 하나에 해당하면 행정안전부령으로 정하는 기준에 따라 운전면허(…)를 취소하거나 1년 이내의 범위에서 운전면허의 효력을 정지시킬 수 있다. 다만, …
1. 제44조 제1항을 위반하여 술에 취한 상태에서 자동차등을 운전한 경우
▷**행정기본법 제19조(적법한 처분의 철회)** ① 행정청은 적법한 처분이 다음 각 호의 어느 하나에 해당하는 경우에는 그 처분의 전부 또는 일부를 장래를 향하여 철회할 수 있다.
1. 법률에서 정한 철회 사유에 해당하게 된 경우
2. 법령등의 변경이나 사정변경으로 처분을 더 이상 존속시킬 필요가 없게 된 경우
3. 중대한 공익을 위하여 필요한 경우

3. 철회권자

철회권자는 행정청이다(행정기본법 제18조 제1항). 행정청은 처분청을 의미한다. 행정기본법이 처분청을 철회권자로 규정한 것은 처분권한에는 기존의 처분을 변화하는 환경에 적합하도록 조정할 수 있는 권한도 포함되어 있다고 보았기 때문이다. 한편, 감독청은 철회권을 갖지 못한다. 왜냐하면 철회도 하나의 독립된 새로운 행정행위인데 감독청이 철회한다면, 이는 감독청이 합리

적인 이유 없이 처분청의 권한을 침해하는 결과가 되고, 이러한 결과는 처분청을 둔 행정조직의 목적에 반하기 때문이다.

4. 사유와 대상

(1) 사유　　철회의 사유는 ① 법률에서 정한 철회 사유에 해당하게 된 경우, ② 법령등의 변경이나 사정변경으로 처분을 더 이상 존속시킬 필요가 없게 된 경우, ③ 중대한 공익을 위하여 필요한 경우이다(행정기본법 제19조 제1항 각호).

(2) 대상　　철회는 처분의 전부 또는 일부를 대상으로 한다(행정기본법 제19조 제1항). 전부를 대상으로 하는 경우로 부담부 골재채취허가처분 전부의 철회(전부철회), 일부를 대상으로 하는 경우로 부담부 골재채취허가처분 중 부담 부분의 철회(일부철회)를 볼 수도 있다. 일부철회가 가능하다면 비례원칙상 전부철회가 아닌 일부철회를 하여야 한다.

> **[예]** 관계 행정청이 甲에게 100만평에 대한 공원묘지건설허가를 하였으나, 그 후에 甲의 건설예정부지가 월드컵주경기장 건설예정지로 지정된 경우, 월드컵주경기장이 30만평으로 가능하다면 100만평 전부에 대한 공원묘지건설허가를 철회할 것이 아니고 30만평 부분에 대해서만 공원묘지건설허가를 철회하여야 한다.

5. 제한(사익과 공익의 형량)

처분을 철회하려는 경우에는 철회로 인하여 당사자가 입게 될 불이익을 철회로 달성되는 공익과 비교·형량하여야 한다(행정기본법 제19조 제2항). 비교·형량의 결과 당사자의 불이익이 보다 크다면 철회를 할 수 없다(예: 서대문구청장이 甲에게 건축허가를 한 후, 그 허가지역 일대가 공항지구로 지정된 경우, 공항으로 하여야 할 필요(공익)와 건축허가의 취소로 인해 甲이 입게 될 손해(사익)를 비교하여 공익이 크다면 철회를 할 수 있지만, 사익이 크다면 철회를 할 수 없다). 침익적 행위의 철회는 수익적인 결과를 가져오기 때문에 비교적 자유롭다. 그러나 수익적 행정행위의 철회는 상대방에 불이익하므로 비교적 자유롭지 않다

6. 효과(장래효)

행정청은 적법한 …처분의 전부 또는 일부를 장래를 향하여 철회할 수 있다(행정기본법 제19조 제1항). 즉, 행정행위의 철회의 효과는 장래적이다. 그것은

처음부터 적법한 행위였기 때문이다(예: 예컨대 양천구청장이 2030년 3월 15일에 甲에게 단란주점영업허가를 내주었다가 2030년 4월 10일에 철회처분을 하였다면, 2030년 4월 10일부터 단란주점영업허가의 효력이 없어지는 것으로 보아야 하며, 2030년 3월 15일부터 효력이 없어지는 것으로 보아서는 아니 된다. 왜냐하면 만약 2030년 3월 15일부터 효력이 없는 것으로 보게 되면 甲은 2030년 3월 15일부터 무허가영업을 한 결과가 되기 때문이다).

VII. 경찰상 행정행위의 부관

[83] 부관의 관념

1. 의의

행정행위의 효과를 제한 또는 보충하기 위하여 경찰행정기관에 의하여 주된 행정행위에 부가된 종된 규율을 경찰상 행정행위의 부관이라 한다. 저자는 부관을 '행정행위의 효력범위를 보다 자세히 정하기 위하여 주된 행정행위에 부가된 규율'로 정의한다. 행정행위의 효과를 제한하거나 보충한다는 것은 결국 행정행위의 효력범위를 보다 자세히 정하는 것을 의미하기 때문이다.

2. 법적 근거

행정행위의 부관에 관한 일반법으로 행정기본법 제17조가 있다. 행정행위의 부관을 규정하는 개별 법률도 적지 않다(예: 식품위생법 제37조 제2항). 개별 법률에 규정이 없다고 하여도 행정청은 일반법인 행정기본법 제17조가 정하는 바에 따라 부관을 붙일 수 있다.

▷행정기본법 제17조(부관) ① 행정청은 처분에 재량이 있는 경우에는 부관(조건, 기한, 부담, 철회권의 유보 등을 말한다. 이하 이 조에서 같다)을 붙일 수 있다.
② 행정청은 처분에 재량이 없는 경우에는 법률에 근거가 있는 경우에 부관을 붙일 수 있다.
③ 행정청은 부관을 붙일 수 있는 처분이 다음 각 호의 어느 하나에 해당하는 경우에는 그 처분을 한 후에도 부관을 새로 붙이거나 종전의 부관을 변경할 수 있다.
1. 법률에 근거가 있는 경우
2. 당사자의 동의가 있는 경우
3. 사정이 변경되어 부관을 새로 붙이거나 종전의 부관을 변경하지 아니하면 해당 처분의 목적을 달성

할 수 없다고 인정되는 경우
④ 부관은 다음 각 호의 요건에 적합하여야 한다.
1. 해당 처분의 목적에 위배되지 아니할 것
2. 해당 처분과 실질적인 관련이 있을 것
3. 해당 처분의 목적을 달성하기 위하여 필요한 최소한의 범위일 것
▷ **식품위생법 제37조(영업허가 등)** ② 식품의약품안전처장 또는 특별자치시장·특별자치도지사·시장·군수·구청장은 제1항에 따른 영업허가를 하는 때에는 필요한 조건을 붙일 수 있다.

3. 종류

행정기본법은 부관의 종류로 조건, 기한, 부담, 철회권의 유보 등을 규정하고 있다(행정기본법 제17조 제1항). 행정기본법은 부관의 종류를 제한적이 아니라 예시적으로 규정하고 있다.

(1) 조건　① 조건이란 경찰상 행정행위의 효력의 발생·소멸을 장래에 발생여부가 객관적으로 불확실한 사실에 의존시키는 부관을 말한다. ② 조건에는 정지조건(일정 사실의 발생으로 수익이나 부담을 발생시키는 경우)과 해제조건(일정 사실의 발생으로 수익이나 부담을 소멸시키는 경우)이 있다.

[정지조건의 예] 2030년 3월 4일까지 A도로에 접속되는 B도로를 건설할 것을 조건으로 A도로의 점용을 허가한다. 점용기간은 2030년 3월 5일부터 3개월로 한다.
2029년 1월 4일 ○○군수 홍길동
[해제조건의 예] 2030년 3월 4일까지 A도로상 설치된 B시설의 수선을 조건으로 A도로의 점용을 허가한다. 점용기간은 2030년 2월 5일부터 1년으로 한다.
2029년 1월 4일 ○○군수 홍길동

(2) 기한　① 기한이란 행정행위의 효력의 발생·소멸을 장래에 그 발생여부가 확실한 사실, 즉 장래의 특정시점에 종속시키는 부관을 말한다. 시점이 특정되어 있다는 점에서 조건과 다르다. ② 기한에는 시기와 종기, 확정기한과 불확정기한(예: "영업은 2020년 첫눈이 오는 날부터 할 수 있습니다")이 있다.

[시기의 예] 석궁판매업을 허가합니다. 2030년 2월 1일부터 영업할 수 있습니다.
2030년 1월 4일 ○○지방경찰청장 홍길동
[종기의 예] A도로의 점용을 허가합니다. 허가기간은 허가일로부터 1년으로 합니다.
2030년 1월 4일 ○○군수 홍길동

(3) 철회권(취소권)의 유보　① 철회권의 유보란 일정요건 하에서 행정행위를 철회하여 행정행위의 효력을 소멸케 할 수 있음을 정하는 부관을 말한다. 취소권의 유보라 부르기도 한다. ② 철회권의 유보가 법규에서 직접 규정

되기도 한다(예: 도로교통법 제93조 제1항 제44호).

▷ **도로교통법 제93조(운전면허의 취소·정지)** ① 시·도경찰청장은 운전면허(…)를 받은 사람이 다음 각 호의 어느 하나에 해당하면 행정안전부령으로 정하는 기준에 따라 운전면허(…)를 취소하거나 1년 이내의 범위에서 운전면허의 효력을 정지시킬 수 있다. 다만, ….
1. 제44조 제1항을 위반하여 술에 취한 상태에서 자동차등(개인형 이동장치는 제외한다. 이하 이 조에서 같다)을 운전한 경우

(4) 부담 ① 부담이란 수익적 행정행위에 부가된 부관으로 상대방에게 작위·부작위·수인·급부를 명하는 것을 말한다. 법령상으로는 조건으로 불리기도 한다. ② 조건·기한·철회권의 유보와 달리 부담은 행정행위의 효과의 발생 또는 소멸과 직결된 것이 아니다. 말하자면 부담의 불이행이 있다고 하여 당연히 효력의 소멸을 가져오는 것은 아니다. 부담을 주된 행위로부터 상대적인 독립성을 갖는다. ③ 부담의 불이행은 행정강제의 사유가 되기도 하고, 행정행위의 철회의 사유가 되기도 한다.

[예] A도로의 점용을 허가합니다. 허가기간은 2020년 2월 1일부터 7월 31일까지로 합니다.
  다음의 조건을 준수하여야 합니다.
  ① A도로 주변에 안전망을 설치하여야 합니다. (작위부담)
  ② A도로의 주변이 훼손되지 않도록 하여야 합니다. (부작위부담)
  ③ 우리 군에서 A도로의 상태를 점검할 때 협조하여야 합니다. (수인부담)
  ④ 점용료 20만원을 매월 말일에 납부하여야 합니다. (급부부담)
  2020년 1월 20일 ○○군수 홍길동

(5) 부담유보 ① 부담유보란 사후적으로 부담을 설정·변경·보완할 수 있는 권리를 미리 유보해 두는 경우의 부관을 말한다. 부담유보는 사전에 상황변화를 예측하기 곤란하거나 또는 사후의 사정 변경에 대비하기 위한 것이다. ② 부담의 유보는 영속적인 효과를 갖는 행정행위에서 변화하는 환경에 적합한 행정을 실현하는 데에 의미를 갖는다.

[예] A단란주점영업을 허가합니다.
  우리 군에서는 보건위생상 필요한 준수사항을 추가할 수 있습니다..
  2020년 1월 20일 ○○군수 홍길동

[84] 행정행위의 부관의 가능성, 요건, 사후부관

1. 가능성

(1) 재량행위 행정청은 처분에 재량이 있는 경우에는 부관을 붙일 수 있다(행정기본법 제17조 제1항). 재량행위의 경우에도 성질상 부관을 붙일 수 없는 경우(예: 외국인 A를 한국인으로 귀화허가하면서, '만약 국법을 위반하면 귀화허가를 취소한다'라는 조건을 붙일 수는 없다)도 있다.

(2) 기속행위 행정청은 처분에 재량이 없는 경우에는 법률에 근거가 있는 경우에 부관을 붙일 수 있다(행정기본법 제17조 제2항). 기속행위의 경우에도 부관이 법상의 전제요건을 충족시키게 될 때(예: 허가에 5가지 서류가 필요하지만, 4가지 서류만 제출한 경우, 나머지 1가지 서류를 제출할 것을 조건으로 허가하는 경우)에는 부관을 붙일 수 있다고 볼 것이다.

2. 요건

행정기본법은 부관의 요건으로 다음의 3가지를 규정하고 있다(행정기본법 제17조 제4항).

(1) 목적상 요건 부관은 해당 처분의 목적에 위배되지 아니하여야 한다(행정기본법 제17조 제4항 제1호). 예컨대 숙박용 건축물의 건축허가를 하면서, '주거용으로만 사용하여야 한다'는 조건을 붙이면, 이러한 조건은 목적상 한계에 반하는 것이 된다.

(2) 실질적 관련성 요건 부관은 해당 처분과 실질적인 관련이 있어야 한다(행정기본법 제17조 제4항 제2호). 예컨대, 식품위생법에 따라 단란주점영업을 허가하면서 "고객용 주차장으로 100평 이상을 마련할 것"이라는 부관을 붙일 수는 없다. 왜냐하면 단란주점영업의 허가와 주차장의 마련은 사항적으로 상호 관련성이 없기 때문이다. 물론 식품위생법에 주차장설치에 관한 규정이 있거나, 아니면 주차장법이 정하는 바에 따라 주차장을 마련하라고 처분하는 것은 가능하다.

✚ 행정행위의 성질에 비추어 부관을 붙이는 것이 곤란한 경우, 예컨대, 다중이 모이는 단란주점의 성격에 비추어 어느 정도의 소음이 발생한다는 것은 불가피하기 때문에 단란주점영업허가를 하면서 '일체의 소음을 발생시켜서는 아니 된다'라는 조건을 붙인다면, 이러한 조건도 실질적 관련성 요건을 구비하지 못한 것으로 볼 것이다.

(3) 비례원칙 요건　　부관은 해당 처분의 목적을 달성하기 위하여 필요한 최소한의 범위 내에서 이루어져야 한다(행정기본법 제17조 제4항 제3호).

3. 사후부관

행정행위를 발령한 후에 새로이 부관을 붙이거나 변경을 할 수 있는가의 여부가 사후부관의 문제이다. 예컨대 2030년 5월 2일 허가처분을 한 후, 2030년 6월 5일에 부관을 붙일 수 있는가의 문제인 사후부관의 문제가 시간적 한계의 문제이다.　행정청은 부관을 붙일 수 있는 처분이 ① 법률에 근거가 있는 경우(행정기본법 제17조 제3항 제1호, 도로교통법 제80조 제4항), ② 당사자의 동의가 있는 경우(행정기본법 제17조 제3항 제2호), ③ 사정이 변경되어 부관을 새로 붙이거나 종전의 부관을 변경하지 아니하면 해당 처분의 목적을 달성할 수 없다고 인정되는 경우(행정기본법 제17조 제3항 제3호)에는 그 처분을 한 후에도 부관을 새로 붙이거나 종전의 부관을 변경할 수 있다(행정기본법 제17조 제3항).

▷ **도로교통법 제80조(운전면허)** ④ 시·도경찰청장은 제87조 및 제88조에 따라 적성검사를 받은 사람의 신체 상태 또는 운전 능력에 따라 제3항에 따른 조건을 새로 붙이거나 바꿀 수 있다.

---

[85] 부관의 하자

1. 위법 부관의 효력

① 부관상의 하자가 중대하고 명백하면 그 부관은 무효가 된다. 무효인 부관이 기본행위의 효력에 미치는 영향과 관련하여「원칙적으로 부관만 무효가 되어 전체로서는 부관 없는 단순행정행위가 되나, 예외적으로 부관이 없었다면 주된 행위를 하지 않았을 것이라고 인정되는 경우에만 부관부 행정행위의 전체가 무효로 된다」는 견해가 통설이며 합리적이다. ② 부관의 하자가 단순위법한 경우에는 취소되지 않는 한, 부관의 효력은 문제되지 아니한다. 이 경우에도 부관이 본질적인 부분을 이룬다면, 부관의 취소가능성은 주된 행위의 취소가능성을 가져온다.

2. 쟁송방법(권리보호)

종전의 판례는 부관에 하자가 있는 경우에는 주된 행위와 부관을 포함하여 전체로서 부관부 행정행위를 다투어야 한다는 입장이었다. 또한 종전의 판례는 일부취소를 인정하지 않았고, 다만 전부취소만을 행할 뿐이었다. 따라서 위법부관이 중요부분이면 전부취소의 판결을, 그렇지 않다면 기각판결을 하였다. 그러나 오늘날 대법원은 부담만은 독립하여 다툴 수 있다는 입장을 취한다.

○ 판례 행정행위의 부관은 행정행위의 일반적인 효력이나 효과를 제한하기 위하여 의사표시의 주된 내용에 부가되는 종된 의사표시이지 그 자체로서 직접 법적 효과를 발생하는 독립된 처분이 아니므로 현행 행정쟁송제도 아래서는 부관 그 자체만을 독립된 쟁송의 대상으로 할 수 없는 것이 원칙이나 행정행위의 부관 중에서도 행정행위에 부수하여 그 행정행위의 상대방에게 일정한 의무를 부과하는 행정청의 의사표시인 부담의 경우에는 다른 부관과는 달리 행정행위의 불가분적인 요소가 아니고 그 존속이 본체인 행정행위의 존재를 전제로 하는 것일 뿐이므로 부담 그 자체로서 행정쟁송의 대상이 될 수 있다(대판 1992. 1. 21., 91누1264).

제2목 경찰상 하명(경찰상 행정행위로서 하명)

[86] 경찰상 하명의 의의

1. 경찰상 하명의 개념

경찰상 하명이란 특정인이나 특정다수인에게 작위·부작위·수인·급부를 명하는 행정행위(처분)를 말한다. 경찰상 하명은 질서하명으로 불리기도 한다.

[작위하명의 예] 경찰관 직무집행법 제5조 제1항 제3호에 따라 집주인에게 무너진 담벼락을 치울 것을 명하는 경우
▷ **경찰관 직무집행법 제5조(위험 발생의 방지 등)** ① 경찰관은 사람의 생명 또는 신체에 위해를 끼…칠 우려가 있는 … 인공구조물의 파손이나 붕괴…가 있을 때에는 다음 각 호의 조치를 할 수 있다.
3. 그 장소에 있는 사람, 사물의 관리자, 그 밖의 관계인에게 위해를 방지하기 위하여 필요하다고 인정되는 조치를 하게 하거나 직접 그 조치를 하는 것

[부작위하명의 예] 도로교통법 제6조 제4항에 따라 보행자에게 일정 구역의 통행을 금지하는 경우
▷ **도로교통법 제6조(통행의 금지 및 제한)** ④ 경찰공무원은 도로의 파손, 화재의 발생이나 그 밖의 사정으로 인한 도로에서의 위험을 방지하기 위하여 긴급히 조치할 필요가 있을 때에는 필요한 범위에서 보행자, 차마 또는 노면전차의 통행을 일시 금지하거나 제한할 수 있다.

[수인하명의 예] 경찰관 직무집행법 제3조 제1항에 따른 불심검문이 있는 경우, 해당하는 사람은 불심검문을 참아야 한다.

▷ **경찰관 직무집행법 제3조(불심검문)** ① 경찰관은 다음 각 호의 어느 하나에 해당하는 사람을 정지시켜 질문할 수 있다.

[급부하명의 예] 속도제한을 위반한 운전자에게 하는 범칙금 납부 통고처분

▷ **도로교통법 제163조(통고처분)** ① 경찰서장…은 범칙자로 인정하는 사람에 대하여는 이유를 분명하게 밝힌 범칙금 납부통고서로 범칙금을 낼 것을 통고할 수 있다. …

제162조(통칙) ① 이 장에서 "범칙행위"란 제156조 각 호 또는 제157조 각 호의 죄에 해당하는 위반행위를 말하며, 그 구체적인 범위는 대통령령으로 정한다.

제156조(벌칙) 다음 각 호의 어느 하나에 해당하는 사람은 20만원 이하의 벌금이나 구류 또는 과료(科料)에 처한다.

1. … 제17조 제3항…을 위반한 차마 또는 노면전차의 운전자

제17조(자동차등과 노면전차의 속도) 자동차등과 노면전차의 운전자는 제1항과 제2항에 따른 최고속도보다 빠르게 운전하거나 최저속도보다 느리게 운전하여서는 아니 된다. 다만, 교통이 밀리거나 그 밖의 부득이한 사유로 최저속도보다 느리게 운전할 수밖에 없는 경우에는 그러하지 아니하다.

2. 다른 경찰작용과 구분

(1) 단순경찰작용과 구분 경찰상 하명은 경찰법상의 권리·의무를 발생시킨다는 점(작위하명의 경우에 무너진 담벼락을 치울 의무, 부작위하명의 경우에 통행하지 말아야 할 의무, 수인하명의 경우에 참아야 할 의무, 급부하명의 경우에 납부하여야 할 의무), 따르지 아니하면 법령이 정하는 바에 따라 벌칙이나 강제가 가해진다는 점에서 법적 효과의 발생과 무관한 단순경찰작용(예: 교통정보제공)과 구분된다.

▷ **도로교통법 제145조(교통정보의 제공)** ① 경찰청장은 교통의 안전과 원활한 소통을 확보하기 위하여 필요한 정보를 수집하여 분석하고 그 결과를 신속하게 일반에게 제공하여야 한다.

(2) 내부행위와 구분 경찰상 하명은 외부적으로 국민에 대하여 직접적인 법적 효과를 가지는 점에서 경찰조직 내부적으로만 효력을 갖는 경찰의 내부행위와 구분된다.

[내부행위의 예] A지역에 있는 B대형건물이 붕괴의 우려가 있다는 신고를 받은 지방경찰청장이 관할 경찰서장에게 경찰관 직무집행법 등이 정하는 바에 따라 필요한 안전조치를 신속히 취하라고 명하는 경우

(3) 경찰상 법규명령과 구분 외부적 효과(사인이 따라야 하는 효력)를 갖는다는 점에서 경찰상 행정행위로서 하명과 경찰상 법규명령은 동일하다. 그러

나 ① 경찰상 법규명령은 경찰상 행정행위를 통해 구체화 되어야 사인에 대하여 구속력을 갖는 것(예: 도로교통법 시행령 제14조에 따라 이해관계인 등에게 보관한 차의 매각계획을 통지하여야 매각이 가능)이 일반적이다. 그러나 ② 경찰상 법규명령 그 자체로서 직접 법적 효과를 발생하는 경우(예: 도로교통법 시행령 제11조 제1항 그 자체로 운전자에 대한 구속력 발생)에는 경찰상 하명과 유사한 면을 갖기도 한다.

▷**도로교통법 시행령 제14조(보관한 차의 매각 또는 폐차 등)** ① 경찰서장, 도지사 또는 시장등은 법 제35조 제5항에 따라 차를 매각하거나 폐차하려는 경우에는 미리 그 뜻을 자동차등록원부에 적힌 사용자와 그 밖의 이해관계인에게 통지하여야 한다.
▷**도로교통법 제35조(주차위반에 대한 조치)** ⑤ 경찰서장이나 시장등은 제3항과 제4항에 따라 차의 반환에 필요한 조치 또는 공고를 하였음에도 불구하고 그 차의 사용자나 운전자가 조치 또는 공고를 한 날부터 1개월 이내에 그 반환을 요구하지 아니할 때에는 대통령령으로 정하는 바에 따라 그 차를 매각하거나 폐차할 수 있다.
▷**도로교통법 시행령 제11조(정차 또는 주차의 방법 등)** ① 차의 운전자가 법 제34조에 따라 지켜야 하는 정차 또는 주차의 방법 및 시간은 다음 각 호와 같다.
1. 모든 차의 운전자는 도로에서 정차할 때에는 차도의 오른쪽 가장자리에 정차할 것. 다만, 차도와 보도의 구별이 없는 도로의 경우에는 도로의 오른쪽 가장자리로부터 중앙으로 50센티미터 이상의 거리를 두어야 한다.
▷**도로교통법 제34조(정차 또는 주차의 방법 및 시간의 제한)** 도로 또는 노상주차장에 정차하거나 주차하려고 하는 차의 운전자는 차를 차도의 우측 가장자리에 정차하는 등 대통령령으로 정하는 정차 또는 주차의 방법·시간과 금지사항 등을 지켜야 한다.

[87] 경찰상 하명의 효과

1. 효과의 내용
경찰상 하명은 상대방에 대하여 작위(예: 위험시설제거의무·집회해산의무)·부작위(예: 출입금지의무)·수인(예: 불심검문에 응할 의무)·급부(예: 범칙금을 납부할 의무) 등의 의무를 부과하게 된다. ② 경찰상 하명에 따른 의무의 이행이 법률관계의 발생원인이 될 수도 있다(예: 법정감염병환자의 강제입원은 영조물이용관계를 가져온다).

2. 효과가 미치는 범위
① 인적 범위에 관해서 보면, 대인적 처분은 특정인에게 효과가 미치지만

(예: 특정인에 대한 운전면허 정지처분은 정치처분을 받은 자에게만 미친다), 대물적 처분은 처분의 상대방이 아닌 자에게도 미친다(예: 위법건축물의 철거명령은 그 건물의 매수자에게도 미친다). 혼합적 허가는 인적 요소와 물적 요소를 모두 고려하여 판단할 수밖에 없다. ② 지역적 범위에 관해서 보면, 경찰상 하명은 원칙적으로 처분청의 관할구역에 미치지만, 그러하지 아니한 경우도 있다(예: 도로교통법 제93조에 따라 운전면허 정지처분권자는 지방경찰청장이지만, 지방경찰청장의 정지처분은 전국에 미친다).

3. 효과의 소멸

경찰상 하명은 경찰상 하명의 취소와 철회, 기간의 경과, 조건의 성취, 근거법의 폐지 등으로 인해 소멸된다.

[88] 경찰상 하명의 위반과 권리보호

1. 위반

경찰상 하명의 내용인 작위의무·부작위의무·수인의무·급부의무를 불이행하거나 위반하게 되면, 경찰상 강제집행이나 경찰행정벌(경찰벌)이 부과된다. 명시적 규정이 없는 한, 의무를 위반하면서 이루어진 법률행위는 무효인 행위가 된다고 볼 수는 없다.

2. 권리보호

① 하자 있는 경찰상 하명으로 인해 권리(법률상 이익)가 침해된 자는 행정심판법과 행정소송법이 정하는 바에 따라 행정심판이나 행정소송을 제기할 수 있다. ② 경찰관의 위법한 경찰상 하명으로 피해를 입은 자는 국가배상법이 정하는 바에 따라 손해배상을 청구할 수 있고, 경찰관의 적법한 경찰상 하명으로 피해를 입은 자는 경찰관 직무집행법 제11조의2 등에 근거하여 손실보상(피해보상)을 청구할 수 있다. ③ 그 밖에 진정이나 청원, 결과제거청구 등도 권리보호수단으로서 기능할 수 있다.

행정기본법은 사인의 권리보호의 확대를 위해 이의신청제도(제36조)와 처분의 재심사제도(제37조)를 도입하고 있다.

제3목 경찰상 허가(경찰상 행정행위로서 허가)

[89] 경찰상 허가의 의의

1. 경찰허가의 개념

경찰상 허가란 법령에 의해 개인의 자연적 자유가 예방적 통제의 목적으로 제한되고 있는 경우에 그 제한을 해제하여 자연의 자유를 적법하게 행사할 수 있도록 회복하여 주는 행정행위를 말한다(예: 운전면허). 경찰상 허가는 예방적인 금지의 해제이다. 법규허가는 없다. 실정법상으로 허가는 승인·면허·인가 등으로 불리기도 한다.

2. 경찰상 허가의 법적 성질

(1) 수익적 행정행위 경찰상 허가는 수익적 행정행위이다. 경우에 따라서는 수익에 부가하여 침익을 부과하는 경찰허가도 가능하다(예: 통행금지를 일시 해제하되, 통행료를 납부토록 하는 경우).

(2) 기속행위·재량행위 경찰법령이 요건을 구비한 경찰상 허가신청에 대하여 의무적으로 허가할 것을 규정한다면, 그 허가는 기속행위이다. 만약 선택적(재량적)으로 허가할 것을 규정한다면, 그 허가는 재량행위이다. 법문에서 명백히 규정하고 있지 않다면, 헌법상 기본권의 최대한 보장이라는 시각에서 허가는 원칙적으로 기속행위로 볼 것이고, 허가의 취소는 원칙적으로 재량행위로 볼 것이다.

(3) 명령적 행위 경찰상 허가(예: 운전면허·갓길통행허가)는 종래 자연적 자유의 회복이라는 점에서 명령적 행위로 이해되었다. 그러나 자연적 자유의 회복을 제한된 기본권(신체의 자유, 행동의 자유 등)의 회복으로 이해하면, 경찰상 허가는 형성적 행위의 성질도 갖는다. 영업관련 허가의 경우에도 직업 관련 기본권 회복으로 이해하면, 형성적 행위로서의 성질도 갖는다(예컨대, 단란주점허가로 인해 허가를 받은 자는 타인과 거래를 할 수 있는 법적 지위가 형성된다. 이러한 법적 지위는 제한된 직업선택의 자유의 회복의 한 부분이다).

(4) 협력을 요하는 행정행위 경찰상 허가는 수익적인 행위인 까닭에 상대방의 신청에 따라 이루어지는 경우가 많다. 따라서 경찰상 허가는 통상 신청을 요하는 행위로서 협력을 요하는 행정행위(쌍방적 행정행위)라 할 수 있다(예:

운전면허). 신청을 요하지 아니하는 경우도 있다(예: 도로통행금지의 해제).

(5) 처벌요건　　　허가가 요구됨에도 불구하고 허가를 받지 않고 한 행위에 대해서는 벌칙이 가해짐이 일반적이다. 그러나 별다른 규정이 없는 한, 그러한 행위는 효력을 갖는다.

3. 경찰상 허가의 종류

(1) 일반적 허가 · 예외적 허가　　　일반적 허가(예: 운전면허)는 해제를 예정하면서 금지하다가 일정한 전제요건 하에 그 행위를 할 수 있도록 허용하는 것을 말한다. 실정법상으로는 허가 · 승인 · 동의 등으로 불리기도 한다. 일반적 허가는 본래의 허가, 협의의 허가 또는 예방적 금지해제라고도 한다. 한편 예외적 허가(승인)는 입법자가 개인에게 특정행위를 기본적으로 금하고, 다만 예외적으로만 허용하는 경우를 말한다(예: 치료목적 등 특정의 경우에만 아편사용의 허가). 예외적 허가는 통제가 아니라 배제를 목적으로 하는 억제적인 금지의 해제이다. 형식상으로 보면 양자 모두 금지의 해제라는 점에서는 동일하다. 예외적 허가는 재량행위의 성질을 갖는다(판례). 예외적 금지해제라고도 한다.

(2) 인적 허가 · 물적 허가 · 혼합적 허가　　　인적 허가란 허가요건이 인적 특성(예: 기술 · 전문성)과 중요한 관련이 있는 경우의 허가를 말한다(예: 운전면허, 외국인의 체류허가, 무기소지허가). 물적 허가란 물건의 안정성이 허가요건인 허가를 말한다(예: 화약류저장소 설치허가, 건축허가, 원자력시설허가). 혼합적 허가란 인적 요소 · 물적 요소 · 공간요소 등이 고려되어 이루어지는 허가를 말한다. 예컨대 유흥음식점영업허가의 경우에는 건강, 화재예방, 도덕과 풍기 등의 문제와 관련하여 영업종사자의 인적 요소, 공간요소, 각종 시설 등이 통제되는 바, 혼합적 허가의 예가 된다.

(3) 일회적 허가 · 계속효 있는 허가　　　일회적 허가란 1회적 상황의 규율을 내용으로 하는 허가를 말하고(예: 총포 · 도검 · 화약류 등의 안전관리에 관한 법률 제18조에 따른 화약류의 사용허가), 계속효 있는 허가란 영속적인 법률관계를 가져오는 허가를 말한다(예: 운전면허). 계속효 있는 허가의 경우에 사후적인 물적 상황과 법적 상황의 변화는 그 행위의 철회사유가 된다.

▷ **총포 · 도검 · 화약류 등의 안전관리에 관한 법률 제18조(화약류의 사용)** ① 화약류를 발파하거나 연소시키려는 자는 행정안전부령으로 정하는 바에 따라 화약류의 사용장소를 관할하는 경찰서장의 화약류 사용허가를 받아야 한다. 다만, 「광업법」에 따라 광물을 채굴하는 자와 그 밖에 대통령령으로 정

하는 자는 그러하지 아니하다.

③ 경찰서장은 화약류 사용의 목적·장소·일시·수량 또는 방법이 적당하지 아니하거나 공공의 안전 유지에 지장이 있다고 인정되는 경우에는 제1항 또는 제2항의 허가를 하여서는 아니 된다.

4. 경찰상 허가의 근거법

경찰상 허가의 신청이 있었으나, 경찰상 허가가 발령되기 전에 근거법령의 개정으로 허가기준에 변경이 있다면, 그 신청에 대한 경찰상 허가는 원칙적으로 개정 시(처분 시)의 법령에 따라야 한다(판례).

[90] 경찰상 허가의 적법요건

경찰상 허가의 적법요건은 경찰상 하명의 적법요건(주체·형식·절차·내용·표시요건)에서 살펴본 바와 같다. 여기서는 허가제도에 초점을 맞추어 실질적 요건과 형식적 요건으로 구분하여 살펴보기로 한다.

1. 실질적 요건

개별법령이 규정하는 허가요건의 구체적인 내용은 상이하지만, 그 실질을 보면, 무위험성(예: 자동차운행허가는 자동차의 안전성확보를 전제로 한다)·신뢰성(예: 교통상의 위험과 장해를 일으킬 수 있는 마약·대마·향정신성의약품 또는 알콜중독자로서 대통령령이 정하는 사람은 운전면허를 받을 수 없다. 도로교통법 제82조 제1항 제5호)·전문성(예: 운전면허를 받기 위해서는 운전지식을 테스트하는 운전면허시험에 합격하여야 한다)을 내용으로 한다.

▷**도로교통법 제82조(운전면허의 결격사유)** ① 다음 각 호의 어느 하나에 해당하는 사람은 운전면허를 받을 수 없다.

5. 교통상의 위험과 장해를 일으킬 수 있는 마약·대마·향정신성의약품 또는 알코올 중독자로서 대통령령으로 정하는 사람

2. 형식적 요건

(1) 신청(출원)의 요부   ① 경찰상 허가에 상대방의 신청이 요구되는 것이 일반적이지만, 상대방의 신청 없이 허가가 발령되는 경우도 있다(도로교통법 제28조 제2항 단서). 허가가 신청을 요하는지의 여부는 일반론적으로 단정할 수

있는 것이 아니라 개별 법률의 해석문제이다.

▷ **도로교통법 제28조(보행자전용도로의 설치)** ② 차마 또는 노면전차의 운전자는 제1항에 따른 보행자전용도로를 통행하여서는 아니 된다. 다만, 지방경찰청장이나 경찰서장은 특히 필요하다고 인정하는 경우에는 보행자전용도로에 차마의 통행을 허용할 수 있다.

(2) 신청 없이 발령된 허가　　　신청을 요하는 경찰상 허가에서 신청이 없음에도 경찰상 허가가 발령된 경우, 신청의 결여는 경찰상 허가의 무효사유 내지 취소사유가 된다. 다만 취소사유인 경우에는 신청을 추완할 수 있다.

(3) 시험·확인·수수료　　　경찰상 허가를 위해 경우에 따라서는 ① 시험이 부과되기도 한다(예: 도로교통법 제85조 제1항). 시험의 합격·불합격은 준법률행위적 행정행위로서 확인행위의 성질을 갖는다. 따라서 불합격처분은 항고소송의 대상이 된다. ② 수수료나 조세의 납부 등이 요구되기도 한다(예: 도로교통법 제139조). 다만 수수료나 조세의 부과에는 법적 근거를 요한다. ③ 물건에 대한 확인(품질검사)이 요구되기도 한다(예: 수입식품안전관리특별법 제21조). 품질검사의 불합격 역시 확인행위의 성질을 가지며, 불합격처분은 항고소송의 대상이 된다.

▷ **도로교통법 제85조(운전면허증의 발급 등)** ① 운전면허를 받으려는 사람은 운전면허시험에 합격하여야 한다.
제139조(수수료) ① 다음 각 호의 어느 하나에 해당하는 사람은 행정안전부령으로 정하는 바에 따라 수수료를 내야 한다. ….
5. 제85조부터 제87조까지의 규정에 따라 운전면허증을 발급 또는 재발급받으려고 신청하는 사람
▷ **수입식품안전관리 특별법 제21조(수입검사 등)** ② 식품의약품안전처장은 제1항에 따른 검사를 할 때에는 수입식품등의 검사이력, 국내외 식품안전정보 등에 따라 수입식품등을 구분하여 차등 검사할 수 있다.

(4) 동의·협력　　　① 법률상 이웃주민의 동의가 경찰상 허가의 요건으로 요구될 수도 있다. 이것은 제3자효 있는 행위에서 특히 문제된다. 허가청은 법령의 근거 없이 이웃주민의 동의를 요구해서는 아니 된다. ② 경찰상 허가가 다른 행정청의 동의 또는 합의를 얻어야만 가능한 경우도 있다. 이러한 경우가 기속허가의 경우라면, 협력을 하여야 하는 행정청에 동의나 합의의 절차에 응할 의무가 부과된다(예: 소방시설 설치·유지 및 관리에 관한 법률 제6조).

▷ **소방시설 설치 및 관리에 관한 법률 제6조(건축허가등의 동의 등)** ① 건축물 등의 신축·증축·개축·재축(再築)·이전·용도변경 또는 대수선(大修繕)의 허가·협의 및 사용승인(「주택법」 제15조에

따른 승인 및 같은 법 제49조에 따른 사용검사, 「학교시설사업 촉진법」 제4조에 따른 승인 및 같은 법 제13조에 따른 사용승인을 포함하며, 이하 "건축허가등"이라 한다)의 권한이 있는 행정기관은 건축허가등을 할 때 미리 그 건축물 등의 시공지(施工地) 또는 소재지를 관할하는 소방본부장이나 소방서장의 동의를 받아야 한다.

④ 소방본부장 또는 소방서장은 제1항에 따른 동의를 요구받은 경우 해당 건축물 등이 다음 각 호의 사항을 따르고 있는지를 검토하여 행정안전부령으로 정하는 기간 내에 해당 행정기관에 동의 여부를 알려야 한다.

1. 이 법 또는 이 법에 따른 명령
2. 「소방기본법」 제21조의2에 따른 소방자동차 전용구역의 설치

[91] 경찰상 허가의 효과

1. 효과의 내용

(1) 금지의 해제(기본권의 회복)　　경찰상 허가로 인해 금지된 자유는 회복된다(예: 영업허가로 인해 금지되었던 영업의 자유가 회복된다). 자유의 회복은 기본권의 회복을 의미한다(예: 직업의 자유의 회복). 피허가자가 기본권으로서 누리는 이익은 법적 이익(법률상 이익)이다. 따라서 소극적인 관점에서 볼 때, 허가로 인한 이익은 법률상 이익에 해당한다. 허가로 인한 이익이 법률상 이익이라면, 허가를 구할 수 있는 이익도 당연히 법률상 이익이다(예: 운전면허시험응시의 이익). 한편, 경찰상 허가가 다른 법령상의 제한까지 자동적으로 해제하는 것은 아니다(예: 공무원이 식품위생법상 영업허가를 받았다고 하여도 현실적으로 영업을 하기 위해서는 공무원법상 허가까지 받아야 한다).

(2) 경영상 이익　　영업 관련 경찰상 허가를 받아 경영(영업)함으로써 누리는 이익은 사실상의 이익, 즉 반사적 이익에 불과하다(특허기업의 경우에 특허로 인해 누리는 경영상 이익은 법률상 이익으로서 독점적인 경영권이라는 점에서 허가영업의 허가로 인한 경영상의 이익과 다르다). 따라서 제3자가 위법하게 허가를 받아 동종의 허가영업을 한다고 하여도 기존업자는 이를 다툴 수 없다. 기존업자가 침해받은 이익은 반사적 이익에 불과하기 때문이다. 한편, 관련법령이 허가의 경우에도 경영상의 이익을 법률상 이익으로 보호할 수 있음은 물론이다. 그러나 그 예는 흔하지 않다(예: 구 오수·분뇨 및 축산폐수의 처리에 관한 법률과 같은 법 시행령상 업종을 분뇨와 축산폐수 수집·운반업 및 정화조청소업으로 하여 분뇨 등 관련 영업허가를 받아 영업을 하고 있는 기존업자의 이익. 대판 2006. 7. 28., 2004두6716).

2. 효과가 미치는 범위

(1) 인적 범위　　대인적 허가는 특정인에게 효과가 미치지만(예: 운전면허), 대물적 허가는 처분의 상대방이 아닌 자에게도 미친다(예: 건축허가). 혼합적 허가는 인적 요소와 물적 요소를 모두 고려하여 판단할 수밖에 없다. 한편, 경찰상 허가에 따른 법적 지위의 승계는 허가의 종류에 따라 다르다. 물적 허가(예: 건축허가)에 따른 법적 지위는 허가취득자의 개성과 무관하므로 승계될 수 있다(판례). 그러나 허가를 받은 자의 개성과 관련이 있는 인적 허가(예: 운전면허)에 따른 법적 지위는 승계되지 아니한다. 혼합적 허가는 상황에 따라 다르다. 물론 개별 법령에 정함이 있으면, 그에 따른다.

(2) 지역적 효력범위　　경찰상 허가의 효과는 허가청의 관할구역 안에 미치는 것이 원칙이지만, 타구역에 미치는 경우도 적지 않다(예: 도로교통법 제80조에 따라 운전면허권자는 지방경찰청장이지만, 지방경찰청장의 운전면허가 있으면 전국 어디에서나 운전을 할 수 있다).

▷**도로교통법 제80조(운전면허)** ① 자동차등을 운전하려는 사람은 시·도경찰청장으로부터 운전면허를 받아야 한다. ….

(3) 타 법령상 제한　　허가의 효과는 근거법상의 금지를 해제하는 효과만 있을 뿐, 다른 법령상의 금지까지 해제하는 효과가 있는 것은 아니다(예: 국가공무원이 총포제조업의 허가를 받았다고 하여도 국가공무원법상 영리행위의 금지의무가 해제되는 것은 아니므로 총포제조업의 허가만으로 영업을 할 수는 없다).

[92] 경찰상 허가의 위반(무허가행위)

허가를 요하는 행위임에도 무허가로 행하면 행정상 강제 또는 행정벌이 가해진다. 무허가행위에 대하여 무효를 규정하는 경우를 찾아보기는 어렵다. 경찰허가는 위험방지를 목적으로 하는 것이므로 허가를 요하는 행위(예: 총포·도검·화약류 등의 안전관리에 관한 법률 제21조 제1항)를 무허가로 한 경우에도 유효하다고 볼 것이다. 물론 행정벌이 가해지는 것은 별개의 문제이다(예: 총포·도검·화약류 등 단속법 제71조 제3호).

▷ **총포·도검·화약류 등의 안전관리에 관한 법률 제21조(양도·양수 등의 제한)** ① 화약류를 양도하거나 양수하려는 자는 행정안전부령으로 정하는 바에 따라 그 주소지 또는 화약류의 사용장소를 관할하는 경찰서장의 허가를 받아야 한다. 다만, ….

제71조(벌칙) 다음 각 호의 어느 하나에 해당하는 자는 5년 이하의 징역 또는 1천만원 이하의 벌금에 처한다.

3. 제21조 제1항·제3항·제4항 또는 제5항을 위반한 자

[93] 경찰상 허가의 소멸과 갱신

1. 소멸

경찰상 허가의 효과는 허가기간의 경과, 목적물의 소멸, 사업의 불착수, 허가의 효과의 포기, 상대방의 사망, 경찰허가의 취소나 철회 등으로 해소된다.

2. 갱신

기존 허가의 유효기한을 연장하는 것을 허가의 갱신이라 한다. 갱신이 기속적인지 또는 재량적인지의 여부는 법령이 정하는 바에 의한다. 법령에 특별한 규정이 없다면, 원칙적으로 갱신대상인 행위가 기속행위인지 아니면 재량행위인지의 여부를 기준으로 판단하여야 한다. 허가의 갱신은 기한의 도래 전에 이루어져야 한다. 기한의 도래 전에 갱신이 이루어지면, 갱신 전후의 행위는 하나의 행위가 된다. 이 경우 갱신은 종래의 경찰상 허가를 전제로 하여 그 효과를 존속시키는 행위 또는 기한의 연장이라고 설명하기도 한다. 갱신 신청 시점 등의 차이에 의해 여러 경우가 문제된다. 그림으로 보기로 한다.

신청시점	갱신시점(처분시점)	효과
기한 도래 전 갱신 신청	기한 도래 전 갱신허가	전형적인 경우
	기한 도래 후 갱신허가	전형적인 경우와 동일
기한 도래 후 갱신 신청	기한 도래 후 갱신허가	갱신하는 신규허가

[94] 경찰상 허가의 하자

1. 하자의 유형

① 하자가 중대하고 명백한 경찰허가는 무효이다. 경찰상 허가의 일부가

무효인 경우에는 무효부분이 중대하여 그것 없이는 경찰상 허가를 하지 아니하였으리라는 경우에만 전체로서 경찰상 허가는 무효가 된다. 무효인 경찰상 허가는 경찰이 직권으로 언제나 그 무효를 확인할 수 있다. ② 하자가 중대하지만 명백하지 않거나 명백하지만 중대하지 아니한 경찰허가는 취소할 수 있는 행위가 된다(이에 관해 [78]을 보라). ③ 위법한 경찰상 허가는 쟁송취소의 대상이 된다. 쟁송취소가 불가능한 경우에도 직권취소는 가능하다.

2. 하자의 치유와 전환

① 취소할 수 있는 경찰상 허가는 요건의 사후보완 등을 통해 완전한 행위로 치유될 수 있고(이에 관해 [80]1을 보라), 무효인 경찰상 허가는 일정한 전제요건 하에 다른 경찰상 허가로 전환될 수도 있다(이에 관해 [80]2를 보라). ② 적법한 경찰상 허가도 사후의 새로운 사정에 따라 일반행정법상의 철회의 법리에 따라 철회될 수 있다(이에 관해 [82]를 보라).

[95] 권리보호

1. 행정쟁송

하자 있는 경찰상 허가로 인해 권리(법률상 이익)가 침해된 자는 행정심판법과 행정소송법이 정하는 바에 따라 행정심판이나 행정소송을 제기할 수 있다. 실제상 하자 있는 경찰상 허가로 인해 권리침해는 경찰상 허가를 통해 제3자의 권리가 위법하게 침해되는 경우에 주로 문제될 것이다. 물론 하자 있는 경찰상 허가가 부관부 경찰상 허가인 경우에는 허가의 상대방도 당연히 권리보호를 주장할 수 있다. 행정기본법은 사인의 권리보호의 확대를 위해 이의신청제도(제36조)와 처분의 재심사제도(제37조)를 도입하고 있다.

2. 손해전보

경찰관의 위법한 경찰상 허가로 피해를 입은 사람은 국가배상법이 정하는 바에 따라 손해배상을 청구할 수 있고, 경찰관의 적법한 경찰상 허가로 피해를 입은 사람은 경찰관 직무집행법 제11조의2 등에 근거하여 손실보상을 청구할 수 있다.

3. 기타

진정이나 청원, 결과제거청구 등도 경찰상 허가로 인해 피해를 입은 사람에게 권리보호수단이 될 수 있다.

✦제3항 경찰상 사실행위

[96] 일반론

1. 의의

경찰관은 도로에 위험한 물건이 있으면 이를 제거하고, 한강의 범람이 우려되면 우회도로를 홍보함으로써 운전자나 보행인의 안전을 도모한다. 여기서 위험한 물건의 제거나 우회도로의 홍보는 운전자나 보행인에게 어떠한 권리를 설정하는 것도 아니고 어떠한 의무를 부과하는 것도 아니다. 이와 같이 일정한 법적 효과(권리·의무)의 발생을 목적으로 하는 것이 아니라, 사실상의 효과·결과의 실현을 목적으로 하는 경찰작용을 경찰상 사실행위라 한다.

2. 방식

경찰상 사실행위는 경찰관이 스스로 위험을 예방하거나 장해를 제거할 수 있는 경우에 나타난다. 경찰상 사실행위는 ① 교통교육과 같이 독립적인 방식으로 이루어질 수도 있고, ② 정지명령을 받은 현행범인에 대하여 총기를 발사하는 경우와 같이 행정행위(정지명령)와 동시에 이루어질 수도 있다(총기발사).

3. 법적 근거

위험방지를 위한 경찰상 사실행위일지라도 개인의 자유(기본권)를 침해하는 경우라면 헌법 제10조, 제11조 제1항, 제37조 제2항 등에 비추어 반드시 법률의 근거가 있어야 한다. 그 예로서 무기의 사용을 규정하는 경찰관 직무집행법 제10조의4를 볼 수 있다.

▷ **경찰관 직무집행법 제10조의4(무기의 사용)** ① 경찰관은 범인의 체포, 범인의 도주 방지, 자신이나 다른 사람의 생명·신체의 방어 및 보호, 공무집행에 대한 항거의 제지를 위하여 필요하다고 인정되는

상당한 이유가 있을 때에는 그 사태를 합리적으로 판단하여 필요한 한도에서 무기를 사용할 수 있다. 다만, 다음 각 호의 어느 하나에 해당할 때를 제외하고는 사람에게 위해를 끼쳐서는 아니 된다. (각호 생략)

4. 권리보호

(1) 행정쟁송　　도로에 있는 위험한 물건을 제거하는 행위와 같은 순수한 사실행위는 행정쟁송(행정심판·행정소송)의 대상이 되지 아니한다. 왜냐하면 행정쟁송은 법적 효과를 다툼의 대상으로 하기 때문이다. 이와 달리 사실행위(총기사용)와 행정행위(정지명령)가 동시에 이루어지는 행위의 경우에는 법적인 행위인 행정행위 부분이 행정쟁송의 대상이 된다. 그렇지만 행정실제상 사실행위(총기사용)는 단기간에 종료되며, 종료 후에는 총기를 사용하지 못하도록 행정쟁송으로 다툴 수 있는 실익(행정소송법에서는 권리보호의 필요라 부른다)이 없다. 실익이 있는 경우라면 행정쟁송으로 다툴 수 있다(예: 건물의 강제철거는 법적 행위인 철거명령에 따른 수인의무와 사실행위인 철거행위로 구성된다. 도로변에 있는 주택에 붕괴의 위험이 있다는 이유로 여러 채의 주택을 오랜 기간에 걸쳐 철거하는 경우, 철거행위를 다툴 실익이 있다. 이 경우에 다툼은 철거명령에 따른 수인의무를 행정쟁송으로 다툼으로써 사실행위인 철거행위를 다투는 효과를 가져 오는 방식을 취한다).

(2) 손해배상　　경찰관으로부터 정지명령을 받은 현행범인이 도망치는 경우, 경찰관 직무집행법 제10조의4 제1항이 정하는 요건이 미비되었음에도 불구하고 경찰관이 그 현행범인에게 총격을 가한다면, 그러한 총격은 위법하다. 만약 그러한 총격으로 그 현행범인이 피해를 입게 되면, 그 현행범인은 손해배상을 청구할 수 있다. 말하자면 경찰관의 위법한 사실행위로 피해를 입은 사람은 국가배상법이 정하는 바에 따라 손해배상을 청구할 수 있다.

▶ **국가배상법 제2조(배상책임)** ① 국가나 지방자치단체는 공무원 또는 공무를 위탁받은 사인(이하 "공무원"이라 한다)이 직무를 집행하면서 고의 또는 과실로 법령을 위반하여 타인에게 손해를 입히거나, 「자동차손해배상 보장법」에 따라 손해배상의 책임이 있을 때에는 이 법에 따라 그 손해를 배상하여야 한다. 다만, 군인·군무원·경찰공무원 또는 예비군대원이 전투·훈련 등 직무 집행과 관련하여 전사(戰死)·순직(殉職)하거나 공상(公傷)을 입은 경우에 본인이나 그 유족이 다른 법령에 따라 재해보상금·유족연금·상이연금 등의 보상을 지급받을 수 있을 때에는 이 법 및 「민법」에 따른 손해배상을 청구할 수 없다.

(3) 손실보상　　① 경찰관이 정지명령을 받고 도망가는 현행범인에게 적법하게 발사한 총알 때문에 그 현행범인과 무관한 甲의 대문이 부서진 경우,

甲은 국가에 대하여 손실보상을 청구할 수 있다. 이와 같이 경찰관의 적법한 직무집행으로 인하여 손실을 입은 자는 경찰관 직무집행법 제11조의2 등이 정하는 바에 따라 국가에 대하여 손실보상을 청구할 수 있다. ② 경찰기관이 교통상 안전을 위해 사인의 토지를 수용·사용 또는 제한을 하면, 그 사인은 국가에 대하여 손실보상을 청구할 수 있다.

▷ **경찰관 직무집행법 제11조의2(손실보상)** ① 국가는 경찰관의 적법한 직무집행으로 인하여 다음 각 호의 어느 하나에 해당하는 손실을 입은 자에 대하여 정당한 보상을 하여야 한다.
▷ **헌법 제23조** ③ 공공필요에 의한 재산권의 수용·사용 또는 제한 및 그에 대한 보상은 법률로써 하되, 정당한 보상을 지급하여야 한다.

(4) 기타　　위법한 경찰상 사실행위를 행한 경찰공무원에 대한 형사책임·징계책임의 추궁, 감독청의 직무상 감독, 관계자의 청원 등도 간접적이지만 피해자의 권리보호에 기여할 수 있다.

5. 공적 경고

(1) 의의　　식품경찰이 「A식품이 특정 체질의 사람에게는 건강에 해로울 수 있다」는 사실을 알게 되었다면, 식품경찰은 그 특정 체질의 사람이 A식품을 먹지 않도록 하기 위해 그 사실을 알려야 한다. 이와 같이 특정 공산품이나 농산품의 건강에 대한 위험을 식품경찰행정청이 사인에게 알리는 행위를 공적 경고라 부른다. 공적 경고는 공적으로 이루어지는 「공중이나 특정의 제3자에 대한 정보제공」이라 할 수 있다.

(2) 법적 근거　　① 공적 경고는 특정인의 이익을 직접 침해하는 것을 목적으로 하는 것이 아니므로 조직법상 권한에 관한 규정(경찰법상으로는 경찰관 직무집행법상 직무조항인 제2조)만으로도 가능하다. 그러나 ② A식품회사의 B제품을 마시는 것은 위험하다고 하는 경우와 같이 개인(법인 포함)의 이해와 직결된 공적 경고는 일반 경찰법상 임무규정(직무규정)인 경찰관 직무집행법 제2조 제7호만으로는 부족하고 경찰상 침해를 가능하게 하는 권한규정(예: 식품위생법 제73조, 제90조의2)이 필요하다고 볼 것이다.

▷ **식품위생법 제73조(위해식품등의 공표)** ① 식품의약품안전처장, 시·도지사 또는 시장·군수·구청장은 다음 각 호의 어느 하나에 해당되는 경우에는 해당 영업자에 대하여 그 사실의 공표를 명할 수 있다. 다만, 식품위생에 관한 위해가 발생한 경우에는 공표를 명하여야 한다. (각호 생략)
제90조의2(정보공개) ① 식품의약품안전처장은 보유·관리하고 있는 식품등의 안전에 관한 정보 중

국민이 알아야 할 필요가 있다고 인정하는 정보에 대하여는 「공공기관의 정보공개에 관한 법률」에서 허용하는 범위에서 이를 국민에게 제공하도록 노력하여야 한다.

[97] 경찰상 행정지도

1. 의의

경찰청장이나 지방경찰청장은 공익을 위하여 필요하거나 선량한 풍속을 유지하기 위하여 필요한 경우, 사행행위 영업자등을 지도할 수 있다. 이와 같이 경찰행정기관이 "그 소관 사무의 범위에서 일정한 행정목적을 실현하기 위하여 특정인에게 일정한 행위를 하거나 하지 아니하도록 지도, 권고, 조언 등을 하는 행정작용"을 경찰상 행정지도라 한다(행정절차법 제2조 제3호). 경찰지도라 부르기도 한다.

▷ **사행행위 등 규제 및 처벌 특례법 제2조(정의)** ① 이 법에서 사용하는 용어의 뜻은 다음과 같다.
1. "사행행위"란 여러 사람으로부터 재물이나 재산상의 이익(이하 "재물등"이라 한다)을 모아 우연적 방법으로 득실을 결정하여 재산상의 이익이나 손실을 주는 행위를 말한다.
제19조(행정지도 및 시정명령 등) ① 경찰청장이나 시·도경찰청장은 공익을 위하여 필요하거나 지나친 사행심 유발의 방지 등 선량한 풍속을 유지하기 위하여 필요한 경우 영업자등에게 필요한 지도와 명령을 할 수 있다.

2. 성질

① 경찰상 행정지도는 국민의 임의적인 협력을 전제로 하는 비권력적 사실행위이다. ② 경찰상 행정지도는 일정한 법적 효과의 발생을 목적으로 하는 의사표시가 아니다. 그것은 단지 상대방의 임의적인 협력을 통해 사실상의 효과를 기대하는 사실행위일 뿐이다. ③ 행정지도는 행정청이 원하는 사항에 대한 표현이라는 점에서 단순한 정보제공과 다르다.

● **판례** 행정지도는 원칙적으로 대외적 구속력이 없는 행정상의 사실행위로서 고권적 작용에 해당하지 아니한다. 그러나 행정지도라 하더라도 상대방의 자유나 권리를 제한하는 효과를 갖는 등 규제적 성격을 가지고 그 상대방에 대하여 사실상의 강제력을 미치는 경우에는 헌법소원의 대상이 되는 공권력의 행사라고 봄이 상당하다(헌재 2023. 3. 23., 2019헌마1399).

3. 법적 근거

① 개별 법령에서 행정지도의 근거에 관한 규정이 발견된다(예: 경찰관 직

무집행법 제5조 제1항의 경고, 사행행위 등 규제 및 처벌 특례법 제19조 제1항의 행정지도). ② 경찰상 행정지도는 비권력적·비강제적인 작용이므로 개별 법령상 근거 규정이 없다고 하여도 가능하다는 것이 일반적인 견해이다.

4. 원칙과 방식

개별 법령에 특별한 규정이 없는 한, 경찰상 행정지도에는 일반법인 행정절차법 제48조와 제49조 등이 적용된다. 행정절차법 제48조는 경찰이 행정지도를 함에 있어서 지켜야 할 원칙, 행정절차법 제49조는 행정지도의 방법을 규정하고 있다.

▷**행정절차법 제48조(행정지도의 원칙)** ① 행정지도는 그 목적 달성에 필요한 최소한도에 그쳐야 하며, 행정지도의 상대방의 의사에 반하여 부당하게 강요하여서는 아니 된다.
② 행정기관은 행정지도의 상대방이 행정지도에 따르지 아니하였다는 것을 이유로 불이익한 조치를 하여서는 아니 된다.
제49조(행정지도의 방식) ① 행정지도를 하는 자는 그 상대방에게 그 행정지도의 취지 및 내용과 신분을 밝혀야 한다.
② 행정지도가 말로 이루어지는 경우에 상대방이 제1항의 사항을 적은 서면의 교부를 요구하면 그 행정지도를 하는 자는 직무 수행에 특별한 지장이 없으면 이를 교부하여야 한다.

5. 위법지도와 위법성조각

도로에서 화재가 난 차량에 A물질을 살포하라는 경찰관의 지도에 따라 甲이 A물질을 그 차량에 살포하였으나 A물질이 법령상 살포금지 대상물품인 경우와 같이 사인의 행위(A물질의 살포)가 경찰의 위법한 지도(A물질을 살포하라)에 따른 경우에 그 사인의 행위의 위법 여부가 문제된다. 경찰상 행정지도에 따른 행위는 경찰의 강제가 아니라 상대방인 사인의 자의에 의한 행위이다. 따라서 위법한 행정지도에 따라 행한 사인의 행위는, 법령에 명시적으로 정함이 없는 한, 위법성이 조각된다고 할 수 없다(판례). 다만 벌칙을 부과함에 있어 경찰의 위법한 지도를 고려하여야 하는바, 처벌하기는 어려울 것이다.

✦제4항 기타 행위형식

[98] 경찰계획

1. 의의

서울특별시 A자치구에 소재하는 A경찰서장은 A자치구청장의 협조를 받아 교통사고다발지역 해소 3개년계획을 수립하고(Planning), 그 계획(Plan)을 실행에 옮길 수 있다. 이와 같이 경찰영역에서 이루어지는 행정계획을 경찰계획 또는 경찰상 행정계획이라 한다. 경찰계획은 목전에 급박한 위험의 방지보다 미래에 발생할 수 있는 위험에 대한 사전대비를 주된 내용으로 한다.

●판례 행정계획이라 함은 행정에 관한 전문적·기술적 판단을 기초로 하여 도시의 건설·정비·개량 등과 같은 특정한 행정목표를 달성하기 위하여 서로 관련되는 행정수단을 종합·조정함으로써 장래의 일정한 시점에 일정한 질서를 실현하기 위한 활동기준으로 설정된 것이다(대판 2023.10.12., 2022두61816).

2. 특성

경찰계획 전반에 관한 일반법은 없다. 사인을 규제(구속)하는 경찰계획은 법적 근거가 있어야 한다. 경찰계획은 법규범(경찰계획이 법령에 규정된 경우, 실제상 그 예를 찾아보기 어렵다)이나 행정행위(경찰법령에 근거하여 경찰행정청이 처분의 형식으로 경찰계획을 책정하는 경우, 실제상 그 예를 찾아보기 어렵다) 또는 단순한 사실행위로 나타날 수도 있는바, 개개의 경찰계획의 법적 성질은 계획마다 개별적으로 검토되어야 한다. 행정행위로 나타난 경찰계획은 행정쟁송의 대상이 된다.

3. 형량명령

경찰행정청은 자신이 수립하는 계획 중 국민의 권리의무에 직접 영향을 미치는 계획을 수립하거나 변경·폐지할 때에는 관련된 여러 이익을 정당하게 형량하여야 한다(행정절차법 제40조의4). 이를 형량명령이라 한다.

●판례 공원녹지법 등 관계 법령에는 추상적인 행정목표와 절차만이 규정되어 있을 뿐 행정계획의 내용에 대하여는 별다른 규정을 두고 있지 아니하므로 행정주체는 구체적인 행정계획을 입안·결정하

면서 비교적 광범위한 형성의 자유를 가진다고 할 것이다. 행정주체가 가지는 이와 같은 형성의 자유는 무제한적인 것이 아니라 그 행정계획에 관련되는 자들의 이익을 공익과 사익 사이에서는 물론이고 공익 상호간과 사익 상호간에도 정당하게 비교교량하여야 한다는 제한이 있다. 따라서 행정주체가 행정계획을 입안·결정하면서 이익형량을 전혀 행하지 아니하거나 이익형량의 고려 대상에 마땅히 포함시켜야 할 사항을 누락한 경우 또는 이익형량을 하였으나 정당성과 객관성이 결여된 경우에는 그 행정계획결정은 형량에 하자가 있어 위법하다(대판 2023.10.12., 2022두61816).

[99] 경찰계약

1. 의의

① 서울특별시 A구를 관할하는 B경찰서장은 지리적으로 이웃하는 경기도 C시를 관할하는 D경찰서장과 합의하여 A구와 C시의 경계가 되는 지역의 교통안전사무를 공동으로 처리하기 위한 내용의 계약을 체결할 수 있다. ② 뿐만 아니라 E지방경찰청장은 교통관련 전문학술단체와 「관할구역 내의 상습교통정체구역 해소를 위한 방안의 연구」를 내용으로 하는 연구용역계약을 체결할 수도 있다(②는 사법상 계약이라는 견해도 있다). 이와 같이 경찰행정청은 공법상 계약(공법상 효과의 발생을 목적으로 하는 복수당사자의 반대방향의 의사의 합치에 의해 성립되는 공법행위)을 통해 위험방지사무를 수행하기도 한다. 이러한 계약을 경찰계약 또는 경찰상 공법계약이라 한다. 행정기본법 제27조 제1항은 행정청이 행정목적을 달성하기 위하여 체결하는 공법상 법률관계에 관한 계약을 공법상 계약으로 부르고 있다.

❶판례 공법상 계약이란 공법적 효과의 발생을 목적으로 하여 대등한 당사자 사이의 의사표시 합치로 성립하는 공법행위를 말한다(대판 2023. 6. 29., 2021다250025).

2. 법적 근거

공법상 계약에 관한 일반조항으로 행정기본법 제27조가 있다. 개별 법률에 규정이 없다고 하여도 행정청은 일반법인 행정기본법 제27조가 정하는 바에 따라 공법상 계약을 체결할 수 있다. 경찰행정청은 법령등을 위반하지 아니하는 범위에서 경찰행정목적을 달성하기 위하여 필요한 경우에는 경찰계약을 체결할 수 있다(행정기본법 제27조 제1항).

3. 적법요건

① 공법상 계약의 한쪽 당사자는 행정청이다(행정기본법 제27조 제1항). ② 공법상 계약의 내용은 법령등을 위반하지 않아야 한다(행정기본법 제27조 제1항). ③ 공법상 계약의 체결은 계약의 목적 및 내용을 명확하게 적은 계약서(문서)로 하여야 한다(행정기본법 제27조 제1항). ④ 행정청은 공법상 계약의 상대방을 선정하고 계약 내용을 정할 때 공법상 계약의 공공성과 제3자의 이해관계를 고려하여야 한다(행정기본법 제27조 제2항).

4. 강제이행, 행정소송

① 경찰계약은 당사자가 대등한 지위에서 체결한 것이므로, 일방 당사자가 경찰계약상 의무를 이행하지 아니하면 상대방이 강제할 수 없고, 법원의 도움을 받아 이행을 강제할 수 있을 뿐이다. 예외적으로 명문의 규정이 있다면, 그에 따르면 된다. 법률에 반하는 경찰계약은 위법하다. ② 경찰계약에 관한 분쟁은 행정소송법 제3조 제2호에 따라 당사자소송의 대상이 된다.

● **판례** 공법상 계약의 한쪽 당사자가 다른 당사자를 상대로 그 이행을 청구하는 소송 또는 이행의무의 존부에 관한 확인을 구하는 소송은 공법상 법률관계에 관한 분쟁이므로 분쟁의 실질이 공법상 권리·의무의 존부·범위에 관한 다툼이 아니라 손해배상액의 구체적인 산정방법·금액에 국한되는 등의 특별한 사정이 없는 한 공법상 당사자소송으로 제기하여야 한다(대판 2023. 6. 29., 2021다250025).

[100] 사법작용(국고작용)

1. 의의

경찰은 ① 청소년범죄자의 재발방지 등을 프로그램으로 하는 (가칭) 경찰청 소년캠프를 설치·운영할 수도 있고, ② 경찰공무원들의 업무처리를 위해 민간기업체부터 문방구류를 구매하기 위해 계약을 체결할 수도 있고, ③ 경찰이 사용해온 낡은 용품을 경우에 따라 매각할 수도 있다. 이러한 행위들은 모두 공법이 아니라 사법에 따른 것이다. 이와 같이 경찰행정청이 사법관계의 한 당사자로서 행하는 작용을 사법형식의 경찰작용 또는 경찰의 국고작용이라 부른다.

2. 특성

위의 ①은 공적 목적(청소년범죄 재발방지)을 직접 실현하기 위한 것이고(행정사법작용), ②는 공적 목적(경찰사무의 수행)의 실현에 간접적으로 기여하는 것(행정사무수행에 필요한 사무용품의 제공)이고(조달작용), ③은 공행정목적의 직접적인 수행과는 관계없이 수익의 확보를 위한 것이다(영리활동). 어느 경우이든 평등원칙 등이 적용되어야 한다.

제4절 경찰절차와 경찰정보

✦제1항 경찰절차

Ⅰ. 경찰절차의 관념

[101] 경찰절차의 의의

만취운전을 이유로 A의 운전면허를 취소하려면, 관할 지방경찰청장은 도로교통법령이 정하는 바에 따라 취소에 앞서서 A에게 운전면허를 취소할 것임을 사전에 알리면서 동시에 의견이 있으면 의견을 제출하라고 서면으로 통지하여야 한다. 이와 같이 경찰행정에 적용되는 행정절차를 경찰상 행정절차 또는 경찰절차라 한다. 경찰절차는 경찰행정청이 각종 의사결정과정에서 따라야 하는 법절차를 말한다.

[102] 경찰절차의 법적 근거

1. 헌법

헌법 제12조 제1항과 제3항은 형사사건의 적법절차에 관해 명시적으로 규정하고 있을 뿐, 경찰절차를 포함하여 행정절차에 관해 규정하는 바가 없다. 그러나 판례와 학설은 이 규정들이 행정절차에도 적용된다고 새긴다. 따라서 이 조항들은 경찰절차의 헌법상 근거조항이다.

▷ **헌법 제12조** ① 모든 국민은 신체의 자유를 가진다. 누구든지 법률에 의하지 아니하고는 체포·구속·압수·수색 또는 심문을 받지 아니하며, 법률과 적법한 절차에 의하지 아니하고는 처벌·보안처분 또는 강제노역을 받지 아니한다.
③ 체포·구속·압수 또는 수색을 할 때에는 적법한 절차에 따라 검사의 신청에 의하여 법관이 발부한 영장을 제시하여야 한다. 다만, 현행범인인 경우와 장기 3년 이상의 형에 해당하는 죄를 범하고 도피 또는 증거인멸의 염려가 있을 때에는 사후에 영장을 청구할 수 있다.

● **판례** 적법절차의 원칙(due process of law)은 공권력에 의한 국민의 생명·자유·재산의 침해는 반드시 합리적이고 정당한 법률에 의거해서 정당한 절차를 밟은 경우에만 유효하다는 원리로서, 그 의미는 누구든지 합리적이고 정당한 법률의 근거가 있고 적법한 절차에 의하지 아니하고는 체포·구속·압수·수색을 당하지 아니함은 물론, 형사처벌 및 행정벌과 보안처분, 강제노역 등을 받지 아니한다고 이해되는바, 이는 형사절차상의 제한된 범위 내에서만 적용되는 것이 아니라 국가작용으로서 기본권 제한과 관련되든 아니든 모든 입법작용 및 행정작용에도 광범위하게 적용된다고 해석하여야 한다(헌재 2018. 4. 26., 2016헌바453).

2. 법률

① 경찰절차만을 일반적으로 규정하는 일반법은 없다. 경찰작용도 행정작용의 한 부분이므로, 행정절차에 관한 일반법인 행정절차법은 경찰절차에도 일반법으로 적용된다. ② 도로교통법 제93조 제4항과 같이 개별 경찰법령상 경찰절차에 관한 특별규정은 적지 않다(예: 집회 및 시위에 관한 법률 제20조 제1항의 해산요청, 경찰관 직무집행법 제5조의 경고). ③ 특별규정이 있으면, 특별규정이 우선 적용되고, 행정절차법이 보충적으로 적용된다. 특별규정이 없으면, 행정절차법이 적용된다.

▷ **집회 및 시위에 관한 법률 제20조(집회 또는 시위의 해산)** ① 관할경찰관서장은 다음 각 호의 어느 하나에 해당하는 집회 또는 시위에 대하여는 상당한 시간 이내에 자진(自進) 해산할 것을 요청하고 이에 따르지 아니하면 해산(解散)을 명할 수 있다. (각호 생략)
▷ **도로교통법 제93조(운전면허의 취소·정지)** ④ 시·도경찰청장은 제1항 또는 제2항에 따라 운전면허의 취소처분 또는 정지처분을 하려고 하거나 제3항에 따라 연습운전면허 취소처분을 하려면 그 처분을 하기 전에 미리 행정안전부령으로 정하는 바에 따라 처분의 당사자에게 처분 내용과 의견제출 기한 등을 통지하여야 하며, 그 처분을 하는 때에는 행정안전부령으로 정하는 바에 따라 처분의 이유와 행정심판을 제기할 수 있는 기간 등을 통지하여야 한다. 다만 …

Ⅱ. 경찰절차의 종류

행정절차법은 행정절차의 종류로 ① 처분, ② 신고, ③ 행정상 입법예고, ④ 행정예고, ⑤ 행정지도를 규정하고 있으므로, 행정절차법상 경찰절차도 다섯 종류가 있는 셈이다. 나누어서 보기로 한다.

[103] 경찰처분절차

1. 의의

경찰처분절차란 운전면허·불법집회해산명령 등과 같은 경찰처분을 하는 경우에 따라야 할 절차를 말한다. 경찰처분이란 행정절차법상 처분 개념 중 경찰행정영역에서 이루어지는 처분을 말한다. 경찰처분은 경찰상 행정행위와 유사한 개념이다.

▷**행정절차법 제2조(정의)** 이 법에서 사용하는 용어의 뜻은 다음과 같다.
2. "처분"이란 행정청이 행하는 구체적 사실에 관한 법 집행으로서의 공권력의 행사 또는 그 거부와 그 밖에 이에 준하는 행정작용(行政作用)을 말한다.

2. 신청과 접수

① 총포·도검 등의 판매업의 허가를 받기 위해서는 지방경찰청장에게 허가신청서를 제출하여야 한다(총포·도검·화약류 등의 안전관리에 관한 시행규칙 제16조). 이와 같이 경찰처분의 신청에 문서제출이 요구되는 것을 문서주의라 한다. 개별 법률에 문서주의에 관한 규정이 없다고 하여도 일반법인 행정절차법상 문서주의가 일반적으로 적용된다(행정절차법 제17조 제1항).

▷**총포·도검·화약류 등의 안전관리에 관한 법률 시행규칙 제16조(판매업 등 허가신청)** ① 법 제6조 제1항에 따라 총포·도검·화약류·분사기·전자충격기·석궁의 판매업의 허가를 받고자 하는 사람은 별지 제4호 서식의 판매업(임대업) 허가 신청서를 시·도경찰청장에게 제출하여야 한다.
▷**총포·도검·화약류 등의 안전관리에 관한 법률 제6조(판매업의 허가)** ① 총포·도검·화약류·분사기·전자충격기·석궁의 판매업을 하려는 자는 판매소마다 행정안전부령으로 정하는 바에 따라 판매소의 소재지를 관할하는 시·도경찰청장의 허가를 받아야 한다. ….
▷**행정절차법 제17조(처분의 신청)** ① 행정청에 처분을 구하는 신청은 문서로 하여야 한다. 다만, 다른 법령등에 특별한 규정이 있는 경우와 행정청이 미리 다른 방법을 정하여 공시한 경우에는 그러하지 아니하다.

② 신청의 접수는 의무적이다(행정절차법 제17조 제4항). ③ 구비서류에 미비가 있으면, 보완을 요구하여야 한다(행정절차법 제17조 제5항). ④ 신청내용의 보완·변경·취하도 가능하다(행정절차법 제17조 제8항).

▷**행정절차법 제17조(처분의 신청)** ④ 행정청은 신청을 받았을 때에는 다른 법령등에 특별한 규정이 있는 경우를 제외하고는 그 접수를 보류 또는 거부하거나 부당하게 되돌려 보내서는 아니 되며, 신청을 접수한 경우에는 신청인에게 접수증을 주어야 한다. 다만, 대통령령으로 정하는 경우에는 접수증을 주지 아니할 수 있다.

⑤ 행정청은 신청에 구비서류의 미비 등 흠이 있는 경우에는 보완에 필요한 상당한 기간을 정하여 지체 없이 신청인에게 보완을 요구하여야 한다.

⑧ 신청인은 처분이 있기 전에는 그 신청의 내용을 보완·변경하거나 취하(取下)할 수 있다. … .

3. 처리기간

① 경찰행정청은 처리기간을 사전에 공표하여야 한다(행정절차법 제19조 제1항). 처리기간 안에 처리가 곤란한 경우에는 처리기간의 연장도 가능하다(행정절차법 제19조 제2항). ② 처리기간 내에 처리되지 아니하면, 신청인은 신속한 처리를 요청할 수 있다(행정절차법 제19조 제4항).

▷**행정절차법 제19조(처리기간의 설정·공표)** ① 행정청은 신청인의 편의를 위하여 처분의 처리기간을 종류별로 미리 정하여 공표하여야 한다.

② 행정청은 부득이한 사유로 제1항에 따른 처리기간 내에 처분을 처리하기 곤란한 경우에는 해당 처분의 처리기간의 범위에서 한 번만 그 기간을 연장할 수 있다.

④ 행정청이 정당한 처리기간 내에 처리하지 아니하였을 때에는 신청인은 해당 행정청 또는 그 감독 행정청에 신속한 처리를 요청할 수 있다.

4. 처분기준

① 경찰행정청은 처분기준을 공표하여야 한다(행정절차법 제20조 제1항). ② 처분기준이 불명확한 경우, 당사자등은 처분기준에 대한 해석이나 설명을 요청할 수 있다(행정절차법 제20조 제3항).

▷**행정절차법 제20조(처분기준의 설정·공표)** ① 행정청은 필요한 처분기준을 해당 처분의 성질에 비추어 되도록 구체적으로 정하여 공표하여야 한다. 처분기준을 변경하는 경우에도 또한 같다.

④ 당사자등은 공표된 처분기준이 명확하지 아니한 경우 해당 행정청에 그 해석 또는 설명을 요청할 수 있다. 이 경우 해당 행정청은 특별한 사정이 없으면 그 요청에 따라야 한다.

5. 사전통지와 의견청취

① 개별 법령에 명시적 규정이 있는 경우(도로교통법 제93조 제4항)는 물론이고, 없다고 하여도 경찰행정청은 침익적 처분을 하는 경우에는 사전통지를 하여야 한다(행정절차법 제21조 제1항).

▷ **도로교통법 제93조(운전면허의 취소·정지)** ④ 시·도경찰청장은 제1항 또는 제2항에 따라 운전면허의 취소처분 또는 정지처분을 하려고 하거나 제3항에 따라 연습운전면허 취소처분을 하려면 그 처분을 하기 전에 미리 행정안전부령으로 정하는 바에 따라 처분의 당사자에게 처분 내용과 의견제출 기한 등을 통지하여야 … 한다. …

▷ **도로교통법 시행규칙 제93조(운전면허의 정지·취소처분 절차)** ① 시·도경찰청장 또는 경찰서장이 법 제93조에 따라 운전면허의 취소 또는 정지처분을 하려는 때에는 다음 각 호의 구분에 따른 사전통지서를 그 대상자에게 발송 또는 발급하여야 한다. … .

② 경찰행정청이 처분을 하기 전에 당사자 등으로부터 의견을 듣는 방식에는 청문, 공청회, 의견제출이 있다(행정절차법 제22조 제1항·제2항·제3항). 자세한 것은 뒤에서 보기로 한다.

▷ **행정절차법 제21조(처분의 사전 통지)** ① 행정청은 당사자에게 의무를 부과하거나 권익을 제한하는 처분을 하는 경우에는 미리 다음 각 호의 사항을 당사자등에게 통지하여야 한다. (각호 생략)
제22조(의견청취) ① 행정청이 처분을 할 때 다음 각 호의 어느 하나에 해당하는 경우에는 청문을 한다. (각호 생략)
② 행정청이 처분을 할 때 다음 각 호의 어느 하나에 해당하는 경우에는 공청회를 개최한다. (각호 생략)
③ 행정청이 당사자에게 의무를 부과하거나 권익을 제한하는 처분을 할 때 제1항 또는 제2항의 경우 외에는 당사자등에게 의견제출의 기회를 주어야 한다.

6. 처분의 발령
① 개별 법령에 명시적 규정이 있는 경우(도로교통법 시행규칙 제93조 제3항)는 물론이고, 없다고 하여도 경찰처분의 발령에는 문서주의가 적용된다(행정절차법 제24조 제1항).

▷ **도로교통법 시행규칙 제93조(운전면허의 정지·취소처분 절차)** ③ 시·도경찰청장 또는 경찰서장은 법 제93조에 따라 운전면허의 정지 또는 취소처분을 결정한 때에는 다음 각 호의 구분에 따른 결정통지서를 그 처분의 대상자에게 발송 또는 발급하여야 한다. 다만, 그 대상자의 주소 등을 통상적인 방법으로 확인할 수 없거나 발송이 불가능한 경우에는 운전면허대장에 기재된 그 대상자의 주소지를 관할하는 경찰관서의 게시판에 14일간 이를 공고함으로써 통지를 대신할 수 있다.
▷ **행정절차법 제24조(처분의 방식)** ① 행정청이 처분을 할 때에는 다른 법령등에 특별한 규정이 있는 경우를 제외하고는 문서로 하여야 하며, 다음 각 호의 어느 하나에 해당하는 경우에는 전자문서로 할 수 있다.
1. 당사자등의 동의가 있는 경우
2. 당사자가 전자문서로 처분을 신청한 경우
② 제1항에도 불구하고 공공의 안전 또는 복리를 위하여 긴급히 처분을 할 필요가 있거나 사안이 경미한 경우에는 말, 전화, 휴대전화를 이용한 문자 전송, 팩스 또는 전자우편 등 문서가 아닌 방법으로 처분을 할 수 있다. 이 경우 당사자가 요청하면 지체 없이 처분에 관한 문서를 주어야 한다.

② 개별 법령에 명시적 규정이 있는 경우는 물론이고(도로교통법 제93조 제4항), 없다고 하여도 처분에는 이유를 제시하여야 한다(행정절차법 제23조 제1항).

▷ **도로교통법 제93조(운전면허의 취소·정지)** ④ 시·도경찰청장은 제1항 또는 제2항에 따라 운전면허의 취소처분 또는 정지처분을 하려고 하거나 제3항에 따라 연습운전면허 취소…처분을 하는 때에는 행정안전부령으로 정하는 바에 따라 처분의 이유…등을 통지하여야 한다. …
▷ **행정절차법 제23조(처분의 이유 제시)** ① 행정청은 처분을 할 때에는 다음 각 호의 어느 하나에 해당하는 경우를 제외하고는 당사자에게 그 근거와 이유를 제시하여야 한다.
1. 신청 내용을 모두 그대로 인정하는 처분인 경우
2. 단순·반복적인 처분 또는 경미한 처분으로서 당사자가 그 이유를 명백히 알 수 있는 경우
3. 긴급히 처분을 할 필요가 있는 경우

③ 개별 법령에 명시적 규정이 있는 경우(도로교통법 제93조 제4항)는 물론이고, 없다고 하여도 처분에는 그 처분을 다툴 수 있는 방법을 기재하여야 한다(행정절차법 제26조).

▷ **도로교통법 제93조(운전면허의 취소·정지)** ④ 시·도경찰청장은 제1항 또는 제2항에 따라 운전면허의 취소처분 또는 정지처분을 … 하는 때에는 행정안전부령으로 정하는 바에 따라 … 행정심판을 제기할 수 있는 기간 등을 통지하여야 한다. ….
▷ **행정절차법 제26조(고지)** 행정청이 처분을 할 때에는 당사자에게 그 처분에 관하여 행정심판 및 행정소송을 제기할 수 있는지 여부, 그 밖에 불복을 할 수 있는지 여부, 청구절차 및 청구기간, 그 밖에 필요한 사항을 알려야 한다.

[104] 경찰신고절차

1. 의의
교통사고의 신고(도로교통법 제54조 제2항), 도로공사의 신고(도로교통법 제69조 제1항), 옥외집회의 신고(집회 및 시위에 관한 법률 제6조) 등과 같이 경찰행정영역에서 이루어지는 신고의 절차를 경찰신고절차라 한다.

▷ **도로교통법 제54조(사고발생 시의 조치)** ② 제1항(교통사고)의 경우 그 차 또는 노면전차의 운전자등은 경찰공무원이 현장에 있을 때에는 그 경찰공무원에게, 경찰공무원이 현장에 없을 때에는 가장 가까운 국가경찰관서(지구대, 파출소 및 출장소를 포함한다. 이하 같다)에 다음 각 호의 사항을 지체 없이 신고하여야 한다. ….
1. 사고가 일어난 곳 (제2호 이하 생략)
제69조(도로공사의 신고 및 안전조치 등) ① 도로관리청 또는 공사시행청의 명령에 따라 도로를 파거나 뚫는 등 공사를 하려는 사람(이하 이 조에서 "공사시행자"라 한다)은 공사시행 3일 전에 그 일시,

공사구간, 공사기간 및 시행방법, 그 밖에 필요한 사항을 관할 경찰서장에게 신고하여야 한다. … .

▷ **집회 및 시위에 관한 법률 제6조(옥외집회 및 시위의 신고 등)** ① 옥외집회나 시위를 주최하려는 자는 그에 관한 다음 각 호의 사항 모두를 적은 신고서를 옥외집회나 시위를 시작하기 720시간 전부터 48시간 전에 관할 경찰서장에게 제출하여야 한다. 다만, 옥외집회 또는 시위 장소가 두 곳 이상의 경찰서의 관할에 속하는 경우에는 관할 시·도경찰청장에게 제출하여야 하고, 두 곳 이상의 시·도경찰청 관할에 속하는 경우에는 주최지를 관할하는 시·도경찰청장에게 제출하여야 한다. (각호 생략)

2. 법적 근거

신고절차 전반에 관한 일반법은 없다. 다만 행정기본법은 수리를 요하는 신고의 효력발생에 관한 일반적 규정을 두고 있고(행정기본법 제34조), 행정절차법은 수리를 요하지 아니하는 신고의 요건 등에 관한 일반적 규정을 두고 있다(행정절차법 제40조). 행정기본법·행정절차법 그리고 개별 법률에 규정이 없는 사항에 관해서는 학설과 판례가 정하는 바에 의할 수밖에 없다.

▷ **행정절차법 제40조(신고)** ① 법령등에서 행정청에 일정한 사항을 통지함으로써 의무가 끝나는 신고를 규정하고 있는 경우 신고를 관장하는 행정청은 신고에 필요한 구비서류, 접수기관, 그 밖에 법령등에 따른 신고에 필요한 사항을 게시(인터넷 등을 통한 게시를 포함한다)하거나 이에 대한 편람을 갖추어 두고 누구나 열람할 수 있도록 하여야 한다.
② 제1항에 따른 신고가 다음 각 호의 요건을 갖춘 경우에는 신고서가 접수기관에 도달된 때에 신고 의무가 이행된 것으로 본다.
1. 신고서의 기재사항에 흠이 없을 것
2. 필요한 구비서류가 첨부되어 있을 것
3. 그 밖에 법령등에 규정된 형식상의 요건에 적합할 것
③ 행정청은 제2항 각 호의 요건을 갖추지 못한 신고서가 제출된 경우에는 지체 없이 상당한 기간을 정하여 신고인에게 보완을 요구하여야 한다.
④ 행정청은 신고인이 제3항에 따른 기간 내에 보완을 하지 아니하였을 때에는 그 이유를 구체적으로 밝혀 해당 신고서를 되돌려 보내야 한다.

3. 종류

신고에는 도달로써 효력이 발생하는 경우와 행정청의 수리가 있어야 효력이 발생하는 경우가 있다. 명시규정이 없는 한, 신고는 도달로써 효력이 발생한다(행정기본법 제34조 제1항).

▷ **행정기본법 제34조(수리 여부에 따른 신고의 효력)** 법령등으로 정하는 바에 따라 행정청에 일정한 사항을 통지하여야 하는 신고로서 법률에 신고의 수리가 필요하다고 명시되어 있는 경우(행정기관의 내부 업무 처리 절차로서 수리를 규정한 경우는 제외한다)에는 행정청이 수리하여야 효력이 발생한다.

4. 수리를 요하지 않는 신고의 절차

(1) 적용법령　　　법령등에서 행정청에 대하여 일정한 사항을 통지함으로써 의무가 끝나는 신고는 행정절차법의 적용을 받는다. 예컨대 도로상 통행인이 화재를 발견하고 소방서에 하는 신고는 의무적 신고가 아니므로 행정절차법의 적용을 받지 않지만, 전입신고나 출생신고는 주민등록법이나 가족관계의 등록 등에 관한 법률상 의무적이므로 행정절차법의 적용을 받는다.

(2) 신고의 요건　　　이러한 신고는 ① 신고서의 기재상에 흠이 없어야 하고, ② 필요한 구비서류가 첨부되어야 하며, ③ 그 밖에 법령등에서 규정된 형식상의 요건에 적합하여야 한다(행정절차법 제40조 제2항).

(3) 신고의 효과　　　법령등에서 행정청에 일정한 사항을 통지함으로써 의무가 끝나는 신고가 상기의 요건을 갖춘 경우에는 신고서가 접수기관에 도달된 때에 신고 의무가 이행된 것으로 본다(행정절차법 제40조 제2항). 발신주의가 아니라 도달주의가 채택되고 있다.

✚ **112신고·119신고**
112신고의 운영·처리에 관한 사항을 규정함으로써 범죄나 각종 사건·사고 등 위급한 상황으로부터 국민의 생명·신체 및 재산을 보호하고 공공의 안녕과 질서를 유지함을 목적으로 112신고의 운영 및 처리에 관한 법률이 제정(2024.1.2.)·시행(2024.7.3.) 시행에 들어갔다. 그리고 화재, 재난, 재해, 구조, 구급, 그 밖의 위급한 상황에서의 119긴급신고의 관리·운영에 관한 사항을 정하여 신고자 등의 개인정보를 보호하고 긴급신고 대응 역량을 강화함으로써 국민의 생명, 신체 및 재산을 보호하고 삶의 질 향상에 이바지함을 목적으로 119긴급신고의 관리 및 운영에 관한 법률이 제정(2024.1.2.)·시행(2024.7.3.)에 들어갔다. 두 법률에서 규정하는 신고에는 법적 행위로서 신고(신고로서 권리가 발생하거나 의무가 소멸되는 경우, 또는 미신고의 경우에 벌칙이 가해지는 경우)도 있고, 사실행위로서의 신고(화재신고)도 있다.

---

[105] 경찰입법예고절차

1. 의의

정부가 도로교통법 시행령을 개정하려고 할 때 도로교통법 시행령 개정안을 마련하여 이를 국민들에게 알리는 것과 같이 제정·개정 또는 폐지하려는 경찰상 행정입법안을 국민들에게 알리는 절차를 경찰입법예고절차라 한다.

▷**행정절차법 제41조(행정상 입법예고)** ① 법령등을 제정·개정 또는 폐지(이하 "입법"이라 한다)하

려는 경우에는 해당 입법안을 마련한 행정청은 이를 예고하여야 한다. 다만, 다음 각 호의 어느 하나에 해당하는 경우에는 예고를 하지 아니할 수 있다. (각호 생략)

2. 예고의 방법 등

행정절차법은 예고방법(행정절차법 제42조), 예고기간(행정절차법 제43조), 의견제출 및 처리(행정절차법 제44조)에 관한 규정을 두고 있다.

▷ **행정절차법 제42조(예고방법)** ① 행정청은 입법안의 취지, 주요 내용 또는 전문(全文)을 다음 각 호 (1. 법령의 입법안을 입법예고하는 경우: 관보 및 법제처장이 구축·제공하는 정보시스템을 통한 공고, 2. 자치법규의 입법안을 입법예고하는 경우: 공보를 통한 공고)의 구분에 따른 방법으로 공고하여야 하며, 추가로 인터넷, 신문 또는 방송 등을 통하여 공고할 수 있다.
제43조(예고기간) 입법예고기간은 예고할 때 정하되, 특별한 사정이 없으면 40일(자치법규는 20일) 이상으로 한다.
제44조(의견제출 및 처리) ① 누구든지 예고된 입법안에 대하여 의견을 제출할 수 있다.
③ 행정청은 해당 입법안에 대한 의견이 제출된 경우 특별한 사유가 없으면 이를 존중하여 처리하여야 한다.
④ 행정청은 의견을 제출한 자에게 그 제출된 의견의 처리결과를 통지하여야 한다.

[106] 경찰행정예고절차

1. 의의

교통사고가 빈번한 도로의 개선을 위한 계획을 수립·시행하는 경우, 경찰이 일정한 기간 해당 구역에 차량통행을 금지한다는 것을 국민들에게 사전에 알리는 것과 같이 일정한 행정사항을 국민들에게 알리는 절차를 경찰행정예고절차라 한다.

▷ **행정절차법 제46조(행정예고)** ① 행정청은 다음 각 호의 어느 하나에 해당하는 사항에 대한 정책, 제도 및 계획을 수립·시행하거나 변경하려는 경우에는 이를 예고하여야 한다. 다만, 예고로 인하여 공공의 안전 또는 복리를 현저히 해칠 우려가 있거나 그 밖에 예고하기 곤란한 특별한 사유가 있는 경우에는 예고하지 아니할 수 있다.
1. 국민생활에 매우 큰 영향을 주는 사항
2. 많은 국민의 이해가 상충되는 사항
3. 많은 국민에게 불편이나 부담을 주는 사항
4. 그 밖에 널리 국민의 의견을 수렴할 필요가 있는 사항

2. 예고의 방법 등

행정예고절차의 예고방법(행정절차법 제47조, 제42조), 의견제출 및 처리(행정절차법 제47조, 제44조)는 경찰입법예고절차의 경우와 유사하다.

---

[107] 경찰지도절차

1. 의의

지방경찰청장이 사행행위영업자에게 지나친 사행심 유발을 하는 행위를 하지 말 것을 지도하는 것(사행행위 등 규제 및 처벌 특례법 제19조 제1항)과 같이 경찰행정영역에서 이루어지는 행정지도의 절차를 경찰지도절차라 한다.

▷ **사행행위 등 규제 및 처벌 특례법 제19조(행정지도 및 시정명령 등)** ① 경찰청장이나 시·도경찰청장은 공익을 위하여 필요하거나 지나친 사행심 유발의 방지 등 선량한 풍속을 유지하기 위하여 필요한 경우 영업자등에게 필요한 지도와 명령을 할 수 있다.
▷ **행정절차법 제2조(정의)** 이 법에서 사용하는 용어의 뜻은 다음과 같다.
3. "행정지도"란 행정기관이 그 소관 사무의 범위에서 일정한 행정목적을 실현하기 위하여 특정인에게 일정한 행위를 하거나 하지 아니하도록 지도, 권고, 조언 등을 하는 행정작용을 말한다.

2. 지도의 원칙 등

행정절차법은 행정지도의 원칙(행정절차법 제48조), 행정지도의 방식(행정절차법 제49조), 의견제출(행정절차법 제50조) 등에 관한 규정을 두고 있다.

▷ **행정절차법 제48조(행정지도의 원칙)** ① 행정지도는 그 목적 달성에 필요한 최소한도에 그쳐야 하며, 행정지도의 상대방의 의사에 반하여 부당하게 강요하여서는 아니 된다.
② 행정기관은 행정지도의 상대방이 행정지도에 따르지 아니하였다는 것을 이유로 불이익한 조치를 하여서는 아니 된다.
제49조(행정지도의 방식) ① 행정지도를 하는 자는 그 상대방에게 그 행정지도의 취지 및 내용과 신분을 밝혀야 한다.
제50조(의견제출) 행정지도의 상대방은 해당 행정지도의 방식·내용 등에 관하여 행정기관에 의견제출을 할 수 있다.

Ⅲ. 경찰절차상 당사자의 권리

행정절차법상 당사자등이 절차에 참가할 수 있는 방식에는 의견제출·청
문·공청회의 세 가지가 있다. 행정절차법은 이 세 가지 절차를 의견청취라 부
른다(행정절차법 제22조). 의견청취절차 중에서 청문과 공청회의 개최는 비교적
제한적이고, 일반적으로는 약식절차인 당사자등의 의견제출절차가 널리 적용
된다. 의견청취절차에 참여하는 것은 권리로서 보호된다.

[108] 사전통지를 받을 권리(처분의 사전통지제도)

1. 의의

지방경찰청장이 음주운전을 이유로 A의 운전면허를 취소하려면, 운전면허
취소에 앞서서 운전면허를 취소할 예정이라는 사실 등을 A에게 미리 알려야
한다(도로교통법 제93조 제4항). 이와 같이 개별 법령에 명시적 규정이 있는 경
우는 물론이고, 없다고 하여도 경찰행정청은 침익적 처분을 하는 경우에 처분
내용 등을 당사자등에 사전통지를 어여야 한다(행정절차법 제21조 제1항). 사전
통지를 받는 것은 절차적 권리로서 당사자의 개인적 공권으로 보호된다. 예
외사유에 해당하지 않는 한, 사전통지는 의무적이다. 처분의 사전통지제도
는 수익적 행위의 거부(예: 총포판매업허가신청에 대한 거부처분)의 경우에는 적
용이 없다.

▷ **도로교통법 제93조(운전면허의 취소·정지)** ④ 시·도경찰청장은 제1항 또는 제2항에 따라 운전면
허의 취소처분 또는 정지처분을 하려고 하거나 제3항에 따라 연습운전면허 취소처분을 하려면 그 처
분을 하기 전에 미리 행정안전부령으로 정하는 바에 따라 처분의 당사자에게 처분 내용과 의견제출
기한 등을 통지하여야 … 한다. …
▷ **도로교통법 시행규칙 제93조(운전면허의 정지·취소처분 절차)** ① 시·도경찰청장 또는 경찰서장
이 법 제93조에 따라 운전면허의 취소 또는 정지처분을 하려는 때에는 다음 각 호의 구분에 따른 사
전통지서를 그 대상자에게 발송 또는 발급하여야 한다. … .
▷ **행정절차법 제21조(처분의 사전 통지)** ① 행정청은 당사자에게 의무를 부과하거나 권익을 제한하
는 처분을 하는 경우에는 미리 다음 각 호의 사항을 당사자등에게 통지하여야 한다.
1. 처분의 제목
2. 당사자의 성명 또는 명칭과 주소
3. 처분하려는 원인이 되는 사실과 처분의 내용 및 법적 근거

4. 제3호에 대하여 의견을 제출할 수 있다는 뜻과 의견을 제출하지 아니하는 경우의 처리방법
5. 의견제출기관의 명칭과 주소
6. 의견제출기한
7. 그 밖에 필요한 사항

2. 사전통지의 생략

경찰행정청이 침익적 처분을 하는 경우에도 행정절차법 제21조 제4항이 정하는 사유가 있으면 사전통지를 아니할 수 있다(행정절차법 제21조 제4항).

▷**행정절차법 제21조(처분의 사전 통지)** ④ 다음 각 호의 어느 하나에 해당하는 경우에는 제1항에 따른 통지를 하지 아니할 수 있다.
1. 공공의 안전 또는 복리를 위하여 긴급히 처분을 할 필요가 있는 경우
2. 법령등에서 요구된 자격이 없거나 없어지게 되면 반드시 일정한 처분을 하여야 하는 경우에 그 자격이 없거나 없어지게 된 사실이 법원의 재판 등에 의하여 객관적으로 증명된 경우
3. 해당 처분의 성질상 의견청취가 현저히 곤란하거나 명백히 불필요하다고 인정될 만한 상당한 이유가 있는 경우

3. 사전통지의 결여

사전통지가 필요한 경우임에도 사전통지를 결여한 채 이루어지는 침익적 경찰처분은 위법하다. 따라서 그 처분의 취소를 구할 수 있다. 예를 들어, A지방경찰청장이 B에게 사전통지를 하지 아니하고 음주운전을 이유로 운전면허를 취소한다면, 그러한 운전면허취소는 절차상 위법하다. 따라서 B는 절차상 하자(사전통지의 결여)를 이유로 운전면허취소처분의 취소를 구하는 행정심판의 제기를 통해 운전면허취소처분을 취소하는 인용재결을 받을 수 있다(운전면허취소의 경우, 행정심판을 거치지 아니하고 바로 행정소송을 제기할 수는 없다. 도로교통법 제142조).

▷**도로교통법 제142조(행정소송과의 관계)** 이 법에 따른 처분으로서 해당 처분에 대한 행정소송은 행정심판의 재결을 거치지 아니하면 제기할 수 없다.

[109] 의견제출권(의견제출제도)

1. 의견제출의 의의

① A지방경찰청장이 B에게 음주운전을 이유로 운전면허가 취소될 것이라

통지하면, B는 운전면허의 취소를 방지하는데 유익한 사실이 있는 경우에 그 사실을 A지방경찰청장에게 제시할 수 있다. 이와 같이 경찰행정청이 어떠한 행정작용을 하기 전에 당사자등이 의견을 제시하는 절차로서 청문이나 공청회에 해당하지 아니하는 절차를 의견제출이라 한다(행정절차법 제2조 제7호).

▶**행정절차법 제2조(정의)** 이 법에서 사용하는 용어의 뜻은 다음과 같다.
7. "의견제출"이란 행정청이 어떠한 행정작용을 하기 전에 당사자등이 의견을 제시하는 절차로서 청문이나 공청회에 해당하지 아니하는 절차를 말한다.

② 경찰행정청이 운전면허의 취소나 정지와 같은 침익적 처분을 하는 경우에는 당사자등에게 반드시 의견제출의 기회를 주어야 한다(행정절차법 제22조 제3항). 예외의 경우도 있다(행정절차법 제22조 제4항). 의견제출제도는 당사자등의 이익을 보호하는 데 그 취지가 있다. 침익적 처분에 앞서 당사자등이 경찰행정청이 의견제출을 할 수 있는 것은 당사자에게 주어진 절차적 권리로서 개인적 공권에 속한다.

▶**행정절차법 제22조(의견청취)** ③ 행정청이 당사자에게 의무를 부과하거나 권익을 제한하는 처분을 할 때 제1항(청문) 또는 제2항(공청회)의 경우 외에는 당사자등에게 의견제출의 기회를 주어야 한다.
④ 제1항부터 제3항까지의 규정에도 불구하고 제21조 제4항 각 호의 어느 하나에 해당하는 경우와 당사자가 의견진술의 기회를 포기한다는 뜻을 명백히 표시한 경우에는 의견청취를 하지 아니할 수 있다.

2. 의견제출의 방법
당사자등은 처분 전에 그 처분의 관할 행정청에 서면이나 말로 또는 정보통신망을 이용하여 의견제출을 할 수 있다(행정절차법 제27조 제1항). 당사자등은 제1항에 따라 의견제출을 하는 경우 그 주장을 입증하기 위한 증거자료 등을 첨부할 수 있다(행정절차법 제27조 제2항).

3. 의견제출의 효과
행정청은 처분을 할 때에 당사자등이 제출한 의견이 상당한 이유가 있다고 인정하는 경우에는 이를 반영하여야 한다(행정절차법 제27조의2 제1항). 행정청은 청문·공청회 또는 의견제출을 거쳤을 때에는 신속히 처분하여 해당 처분이 지연되지 아니하도록 하여야 한다(행정절차법 제22조 제5항). 당사자등이 정당한 이유 없이 의견제출기한까지 의견제출을 하지 아니한 경우에는 의견이 없는 것으로 본다(행정절차법 제27조 제4항).

4. 의견제출의 위반

의견제출기회의 부여는 의무적이다. 이에 위반하는 행위는 위법한 행위가 된다(판례). 예를 들어, A지방경찰청장이 B에게 의견제출기회를 주지 아니한 채 음주운전을 이유로 운전면허를 취소한다면, 그러한 운전면허취소는 절차상 위법하다. 따라서 B는 절차상 하자(의견제출기회 미부여의 결여)를 이유로 운전면허취소처분의 취소를 구하는 행정심판의 제기를 통해 운전면허취소처분을 취소하는 인용재결을 받을 수 있다. 의견제출권은 개인적 공권이지만, 당사자에 의해 포기될 수 있다(행정절차법 제22조 제4항).

▷ **행정절차법 제22조(의견청취)** ④ 제1항부터 제3항까지의 규정에도 불구하고 제21조 제4항 각 호의 어느 하나에 해당하는 경우와 당사자가 의견진술의 기회를 포기한다는 뜻을 명백히 표시한 경우에는 의견청취를 하지 아니할 수 있다.

---

[110] 청문권(청문제도)

1. 청문의 의의

청문이란 행정청이 어떠한 처분을 하기 전에 당사자등의 의견을 직접 듣고 증거를 조사하는 절차를 말한다(행정절차법 제2조 제5호). 행정절차법상 청문은 정식절차이고, 의견제출은 약식절차에 해당한다. 청문의 권리(청문권)는 개인적 공권이다.

2. 청문을 하는 경우

① 행정청이 처분을 할 때 청문을 하는 경우는 행정절차법에서 규정되고 있다(행정절차법 제22조 제1항). 그러나 의견청취(청문)를 하지 아니할 수 있는 경우도 있다(행정절차법 제22조 제4항).

▷ **행정절차법 제22조(의견청취)** ① 행정청이 처분을 할 때 다음 각 호의 어느 하나에 해당하는 경우에는 청문을 한다.
1. 다른 법령등에서 청문을 하도록 규정하고 있는 경우
2. 행정청이 필요하다고 인정하는 경우

3. 다음 각 목의 처분을 하는 경우

가. 인허가 등의 취소

나. 신분·자격의 박탈

다. 법인이나 조합 등의 설립허가의 취소

④ 제1항부터 제3항까지의 규정에도 불구하고 제21조 제4항 각 호의 어느 하나에 해당하는 경우와 당사자가 의견진술의 기회를 포기한다는 뜻을 명백히 표시한 경우에는 의견청취를 하지 아니할 수 있다.

② 청문의 실시를 개별 법령에서 규정하고 있는 예를 본다. 석궁의 판매업자가 거짓으로 허가를 받은 경우, 허가관청인 관할 지방경찰청장은 허가를 취소하여야 하는데(총포·도검·화약류 등의 안전관리에 관한 법률 제45조 제1항), 총포·도검·화약류 등의 안전관리에 관한 법률은 지방경찰청장이 허가를 취소하려면 청문을 거치도록 규정하고 있다(총포·도검·화약류 등의 안전관리에 관한 법률 제46조의3 제2호).

▷ **총포·도검·화약류 등의 안전관리에 관한 법률 제46조의3(청문)** 면허관청 또는 허가관청은 다음 각 호의 어느 하나에 해당하는 처분을 하려면 청문을 하여야 한다.

2. 제45조에 따른 총포·도검·화약류·분사기·전자충격기·석궁의 제조업 또는 판매업 허가의 취소 또는 영업의 정지

3. 청문의 진행

① 행정청은 소속 직원 또는 대통령령으로 정하는 자격을 가진 사람 중에서 청문 주재자를 공정하게 선정하여야 한다(행정절차법 제28조 제1항). ② 청문 주재자가 청문을 시작할 때에는 먼저 예정된 처분의 내용, 그 원인이 되는 사실 및 법적 근거 등을 설명하여야 한다(행정절차법 제31조 제1항). ③ 청문 주재자는 직권으로 또는 당사자의 신청에 따라 필요한 조사를 할 수 있으며, 당사자등이 주장하지 아니한 사실에 대하여도 조사할 수 있다(행정절차법 제33조 제1항). ④ 청문은 당사자가 공개를 신청하거나 청문 주재자가 필요하다고 인정하는 경우 공개할 수 있다. 다만, 공익 또는 제3자의 정당한 이익을 현저히 해칠 우려가 있는 경우에는 공개하여서는 아니 된다(행정절차법 제30조).

4. 청문의 종결

① 청문 주재자는 다음 각 호의 사항(당사자등의 진술의 요지 및 제출된 증거 등)이 적힌 청문조서를 작성하여야 한다(행정절차법 제34조 제1항). ② 청문 주재자는 다음 각 호의 사항(처분의 내용, 주요 사실 또는 증거 등)이 적힌 청문 주재자의

의견서를 작성하여야 한다(행정절차법 제34조의2). ③ 청문 주재자는 해당 사안에 대하여 당사자등의 의견진술, 증거조사가 충분히 이루어졌다고 인정하는 경우에는 청문을 마칠 수 있다(행정절차법 제35조 제1항).

5. 청문결과의 반영

행정청은 처분을 할 때에 제35조 제4항에 따라 받은 청문조서, 청문 주재자의 의견서, 그 밖의 관계 서류 등을 충분히 검토하고 상당한 이유가 있다고 인정하는 경우에는 청문결과를 반영하여야 한다(행정절차법 제35조의2).

6. 청문의 결여

청문이 필요한 경우임에도 청문을 결여한 채 이루어지는 침익적 경찰처분은 위법하다. 따라서 그 처분의 취소를 구할 수 있다. 예를 들어, 관할 지방경찰청장이 총포·도검·화약류 등의 안전관리에 관한 법률이 정하는 청문절차를 거치지 아니하고 석궁의 판매업자에게 내준 허가를 취소하면 그러한 허가취소는 절차상 위법하다. 따라서 석궁판매업자는 절차상 하자(청문의 결여)를 이유로 허가취소처분의 취소를 구하는 행정심판이나 행정소송의 제기를 통해 취소처분을 취소하는 인용재결이나 인용판결을 받을 수 있다.

[111] 공청회 참여권(공청회제도)

1. 공청회의 의의

공청회란 행정청이 공개적인 토론을 통하여 어떠한 행정작용에 대하여 당사자등, 전문지식과 경험을 가진 사람, 그 밖의 일반인으로부터 의견을 널리 수렴하는 절차를 말한다(행정절차법 제2조 제6호).

2. 공청회가 개최되는 경우

행정청이 처분을 할 때 공청회를 개최하는 경우는 행정절차법에서 규정되고 있다(행정절차법 제22조 제2항). 그러나 제21조 제4항 각 호의 어느 하나에 해당하는 경우와 당사자가 의견진술의 기회를 포기한다는 뜻을 명백히 표시한 경우에는 의견청취(공청회)를 하지 아니할 수 있다(행정절차법 제22조 제4항). 경찰처분을 하기 전에 공청회를 개최할 것을 규정하는 법령은 찾아보기 어렵다.

3. 공청회의 진행

① 공청회의 주재자는 해당 공청회의 사안과 관련된 분야에 전문적 지식이 있거나 그 분야에 종사한 경험이 있는 사람 중에서 행정청이 지명하거나 위촉하는 사람으로 한다(행정절차법 제38조의3 제1항). ② 공청회의 주재자는 공청회를 공정하게 진행하여야 하며, 공청회의 원활한 진행을 위하여 발표 내용을 제한할 수 있고, 질서유지를 위하여 발언 중지 및 퇴장 명령 등 행정안전부장관이 정하는 필요한 조치를 할 수 있다(행정절차법 제39조 제1항).

4. 공청회 결과의 반영

① 행정청은 처분을 할 때에 공청회, 전자공청회 및 정보통신망 등을 통하여 제시된 사실 및 의견이 상당한 이유가 있다고 인정하는 경우에는 이를 반영하여야 한다(행정절차법 제39조의2). ② 행정청은 청문·공청회 또는 의견제출을 거쳤을 때에는 신속히 처분하여 해당 처분이 지연되지 아니하도록 하여야 한다(행정절차법 제22조 제5항).

5. 공청회의 결여

처분의 상대방의 보호라는 시각에서 보면, 공청회는 의견수렴에 초점이 놓이는바, 의견제출이나 청문에 비해 상대방 보호의 의미가 비교적 약하다. 그럼에도 공청회가 필요한 경우임에도 공청회를 개최하지 아니하고 이루어지는 침익적 경찰처분은 경우에 따라 위법할 수 있다.

Ⅳ. 경찰절차상 하자

[112] 경찰절차상 하자의 관념

1. 경찰절차상 하자의 의의

경찰행정청에 의한 경찰작용은 적법요건을 갖추어야 한다. 적법요건에 절차요건이 포함된다. 경찰절차상 요구되는 처분의 사전통지나 의견청취 또는 이유제시 등이 없이 경찰처분(예: 운전면허취소처분)이 이루어지면, 그러한 경찰처분은 경찰절차상 하자 있는 것이 된다.

2. 위법사유로서 절차상 하자

과거에는 논란이 있었으나 오늘날에는 경찰절차의 하자가 독립의 위법사유가 된다는 것이 학설과 판례의 견해이다. 예를 들어 침익적 경찰처분에 이유제시가 없다면, 그러한 경찰처분은 위법하다.

[113] 절차상 하자의 효과(무효와 취소)

경찰절차상 하자가 위법사유라 하여도, 그것이 무효사유인지 아니면 취소사유인지의 여부는 중대명백설에 따라 판단하여야 한다. 즉 그 하자가 중대하고 동시에 명백하면 무효사유가 되지만, 중대하지만 명백하지 않거나 명백하지만 중대하지 아니한 경우에는 취소사유가 된다. 물론 개별 법령이 정함이 있다면, 그에 따라야 한다.

○판례 행정청이 침해적 행정처분을 하면서 위와 같은 절차(사전 통지, 의견청취, 이유 제시)를 거치지 않았다면 원칙적으로 그 처분은 위법하여 취소를 면할 수 없다(대판 2023. 9. 21., 2023두39724).

[114] 절차상 하자의 치유

1. 의의

법무부장관이 2020.2.1. A의 출국을 금지하는 처분을 하면서 금지사유를 기재하지 아니한 채 A에게 서면으로 통지하였으나, 통지 후에 금지사유가 누락된 것을 알게 된 법무부장관이 2020.2.20. 금지사유를 A에게 통지하면, 법무부장관의 출국금지처분의 절차상 하자는 치유되고, A는 절차상 하자(이유 기재의 미비)를 이유로 다툴 수 없다. 이와 같이 경찰상 행정행위가 발령 당시에는 적법요건의 하나인 절차요건에 흠결이 있으나 사후에 그 흠결을 보완하면, 발령 당시의 하자에도 불구하고 그 행위의 효과를 다툴 수 없도록 유지하는 것을 경찰절차상 하자의 치유라 한다. 경찰절차상 하자의 치유는 국민의 법생활의 안정과 신뢰보호를 위한 것이면서 동시에 불필요한 경찰상 행정행위의 반복을 방지하기 위한 것이다.

▷ **출입국관리법 제4조의4(출국금지결정 등의 통지)** ① 법무부장관은 제4조 제1항 또는 제2항에 따라 출국을 금지하거나 제4조의2 제1항에 따라 출국금지기간을 연장하였을 때에는 즉시 당사자에게 그 사유와 기간 등을 밝혀 서면으로 통지하여야 한다.
제4조(출국의 금지) ① 법무부장관은 다음 각 호의 어느 하나에 해당하는 국민에 대하여는 6개월 이내의 기간을 정하여 출국을 금지할 수 있다.
1. 형사재판에 계속(係屬) 중인 사람 (제2호 이하 생략)

2. 인정여부

이에 관한 명시적인 규정은 보이지 아니한다. 경찰절차상 하자의 치유는 원칙적으로 허용될 수 없지만, 예외적으로 국민의 권리나 이익을 침해하지 않는 범위 안에서는 인정될 수 있다는 것이 학설과 판례의 견해이다(제한적 긍정설)(이에 관해 [80]1을 보라).

3. 치유시기

경찰절차상 하자의 치유는 행정행위의 상대방이 행정심판이나 행정소송을 제기하기 이전까지만 가능하다는 것이 판례의 견해이다.

4. 효과

경찰절차상 하자의 치유를 인정하게 되면, 하자의 치유로 인해 절차상 위법은 제거되고, 그 경찰상 행정행위는 적법한 것으로 간주된다. 치유의 효과는 소급적이다. 처음부터 적법한 행위와 같은 효과를 가진다.

✦제2항 경찰정보(경찰상 개인정보와 행정정보)

Ⅰ. 경찰상 개인정보자기결정권

---

[115] 경찰상 개인정보자기결정권의 관념

1. 경찰상 개인정보자기결정권의 의의

자신에 관한 정보가 언제 누구에게 어느 범위까지 알려지고 또 이용되도록 할 것인지를 그 정보주체가 스스로 결정할 수 있는 권리, 즉 정보주체가 개인정보의 공개와 이용에 관하여 스스로 결정할 권리를 정보상 자기결정권 또는 개인정보자기결정권이라 한다. 경찰행정영역에서는 경찰상 개인정보자기결정권이라 부른다.

2. 경찰상 개인정보자기결정권의 법적 근거

① 경찰상 개인정보자기결정권은 헌법 제10조 제1문, 제17조에 의해 보장된다(대법원). 헌법에 명시되지 아니한 독자적 기본권이라고도 한다(헌법재판소). ② 경찰상 개인정보자기결정권의 보호를 위한 일반법으로 개인정보 보호법이 있다. 형법·통신비밀보호법·통계법·가족관계의 등록 등에 관한 법률 등 개별 법률에서도 단편적으로 개인의 정보보호에 관한 규정을 두고 있다.

▷**헌법 제10조** 모든 국민은 인간으로서의 존엄과 가치를 가지며, 행복을 추구할 권리를 가진다. ….
제17조 모든 국민은 사생활의 비밀과 자유를 침해받지 아니한다.
▷**개인정보 보호법 제1조(목적)** 이 법은 개인정보의 처리 및 보호에 관한 사항을 정함으로써 개인의 자유와 권리를 보호하고, 나아가 개인의 존엄과 가치를 구현함을 목적으로 한다.

❍ **판례** 개인정보자기결정권은 자신에 관한 정보가 언제 누구에게 어느 범위까지 알려지고 또 이용되도록 할 것인지를 그 정보주체가 스스로 결정할 수 있는 권리로서, 헌법 제10조 제1문에서 도출되는 일반적 인격권 및 헌법 제17조의 사생활의 비밀과 자유에 의하여 보장된다(헌재 2021. 6. 24., 2018헌가2).

3. 경찰상 개인정보자기결정권의 제한

경찰상 개인정보자기결정권은 공동체관련성과 공동체구속성에 근거하여 제한될 수 있다. 제한은 헌법 제37조 제2항에 따라야 한다.

▷**헌법 제37조** ② 국민의 모든 자유와 권리는 국가안전보장·질서유지 또는 공공복리를 위하여 필요한 경우에 한하여 법률로써 제한할 수 있으며, 제한하는 경우에도 자유와 권리의 본질적인 내용을 침해할 수 없다.

예를 들어 주민등록증에는 지문이 수록되어 있고(주민등록법 제24조 제2항), 경찰청장은 주민들의 주민등록증발급신청서에 날인되어 있는 지문정보를 보관·전산화하고 이를 범죄수사목적에 이용하고 있는데(개인정보 보호법 제15조 제3항). 이러한 행위들은 개인정보의 하나인 지문정보를 제한하는 것이므로 법률의 근거가 필요하다. 그 근거법률이 바로 주민등록법과 개인정보 보호법이다.

▷**주민등록법 제24조(주민등록증의 발급 등)** ② 주민등록증에는 성명, 사진, 주민등록번호, 주소, 지문(指紋), 발행일, 주민등록기관을 수록한다. 다만, 혈액형에 대하여는 대통령령으로 정하는 바에 따라 주민의 신청이 있으면 추가로 수록할 수 있다.
▷**개인정보 보호법 제15조(개인정보의 수집·이용)** ① 개인정보처리자는 다음 각 호의 어느 하나에 해당하는 경우에는 개인정보를 수집할 수 있으며 그 수집 목적의 범위에서 이용할 수 있다.
3. 공공기관이 법령 등에서 정하는 소관 업무의 수행을 위하여 불가피한 경우

---

[116] 개인정보 보호법상 개인정보의 보호

1. 보호대상 개인정보

① 개인정보 보호법상 "개인정보"란 "살아 있는 개인에 관한 정보"를 말한다(개인정보 보호법 제2조 제1호). 따라서 죽은 사람이나 법인은 보호대상정보의 주체가 아니다. ② 개인정보 보호법상 "개인정보"란 성명, 주민등록번호 및 영상 등을 통하여 개인을 알아볼 수 있는 정보, 해당 정보만으로는 특정 개인을 알아볼 수 없더라도 다른 정보와 쉽게 결합하여 알아볼 수 있는 정보(이 경우 쉽게 결합할 수 있는지 여부는 다른 정보의 입수 가능성 등 개인을 알아보는 데 소요되는 시간, 비용, 기술 등을 합리적으로 고려하여야 한다) 등을 말한다(개인정보 보호법 제2조 제1호). 정보에는 성명·생년월일·연령·가족관계등록부의 등록기준지·가족상황·교육수준·직업·종교·취미·지문·사진·수입·재산·보험·납세상황·차량·은행거래 등이 포함된다.

❍**판례** [1] 개인정보자기결정권의 보호대상이 되는 개인정보는 개인의 신체, 신념, 사회적 지위, 신분 등과 같이 개인의 인격 주체성을 특정짓는 사항으로서 그 개인의 동일성을 식별할 수 있게 하는 일체의 정보라고 할 수 있으며(헌재 2009. 9. 24., 2007헌마1092 참조), 반드시 개인의 내밀한 영역이나

사사(私事)의 영역에 속하는 정보에 국한되지 않고 공적 생활에서 형성되었거나 이미 공개된 개인정보까지 포함된다(헌재 2022. 3. 31., 2019헌바520).

[2] 디엔에이신원확인정보는 개인 식별을 목적으로 디엔에이감식을 통하여 취득한 정보로서 일련의 숫자 또는 부호의 조합으로 표기된 것인데, 이는 '개인정보 보호법' 제2조 제1호에서 말하는 생존하는 개인에 관한 정보로서 당해 정보만으로는 특정개인을 식별할 수 없더라도 다른 정보와 쉽게 결합하여 당해 개인을 식별할 수 있는 정보에 해당하는 개인정보이다(헌재 2023. 10. 26., 2020헌바343).

[3] 개인정보자기결정권의 보호대상이 되는 개인정보는 개인의 신체, 신념, 사회적 지위, 신분 등과 같이 개인의 인격주체성을 특징짓는 사항으로서 그 개인의 동일성을 식별할 수 있게 하는 일체의 정보라고 할 수 있고, 반드시 개인의 내밀한 영역이나 사사(私事)의 영역에 속하는 정보에 국한되지 않고 공적 생활에서 형성되었거나 이미 공개된 개인정보까지 포함한다. 또한 그러한 개인정보를 대상으로 한 조사·수집·보관·처리·이용 등의 행위는 모두 원칙적으로 개인정보자기결정권에 대한 제한에 해당한다(헌재 2024. 4. 25., 2020헌마542).

2. 개인정보 보호에 관한 원칙

(1) 개인정보수집상 원칙 개인정보처리자(업무를 목적으로 개인정보파일을 운용하기 위하여 스스로 또는 다른 사람을 통하여 개인정보를 처리하는 공공기관, 법인, 단체 및 개인 등을 말한다. 개인정보 보호법 제2조 제5호)는 개인정보의 처리 목적을 명확하게 하여야 하고 그 목적에 필요한 범위에서 최소한의 개인정보만을 적법하고 정당하게 수집하여야 한다(개인정보 보호법 제3조 제1항).

(2) 개인정보처리상 원칙 개인정보처리자는 개인정보의 처리 목적에 필요한 범위에서 적합하게 개인정보를 처리하여야 하며, 그 목적 외의 용도로 활용하여서는 아니 된다(개인정보 보호법 제3조 제2항). 개인정보처리자는 개인정보를 익명 또는 가명으로 처리하여도 개인정보 수집목적을 달성할 수 있는 경우 익명처리가 가능한 경우에는 익명에 의하여, 익명처리로 목적을 달성할 수 없는 경우에는 가명에 의하여 처리될 수 있도록 하여야 한다. 개인정보처리자는 정보주체의 사생활 침해를 최소화하는 방법으로 개인정보를 처리하여야 한다(개인정보 보호법 제3조 제6항).

(3) 개인정보관리상 원칙 개인정보처리자는 개인정보의 처리 목적에 필요한 범위에서 개인정보의 정확성, 완전성 및 최신성이 보장되도록 하여야 한다(개인정보 보호법 제3조 제3항). 개인정보처리자는 개인정보의 처리 방법 및 종류 등에 따라 정보주체의 권리가 침해받을 가능성과 그 위험 정도를 고려하여 개인정보를 안전하게 관리하여야 한다(개인정보 보호법 제3조 제4항).

(4) 정보주체권리의 보장원칙 개인정보처리자는 제30조에 따른 개인정보 처리방침 등 개인정보의 처리에 관한 사항을 공개하여야 하며, 열람청구권

등 정보주체의 권리를 보장하여야 한다(개인정보 보호법 제3조 제5항).

3. 정보주체의 권리

(1) 열람청구권　　① 정보주체는 개인정보처리자가 처리하는 자신의 개인정보에 대한 열람을 해당 개인정보처리자에게 요구할 수 있다(개인정보 보호법 제35조 제1항). ② 제1항에도 불구하고 정보주체가 자신의 개인정보에 대한 열람을 공공기관에 요구하고자 할 때에는 공공기관에 직접 열람을 요구하거나 대통령령으로 정하는 바에 따라 보호위원회를 통하여 열람을 요구할 수 있다(개인정보 보호법 제35조 제2항).

(2) 전송요구권　　정보주체는 개인정보 처리 능력 등을 고려하여 대통령령으로 정하는 기준에 해당하는 개인정보처리자에 대하여 다음 각 호[1. 정보주체가 전송을 요구하는 개인정보가 정보주체 본인에 관한 개인정보로서 다음 각 목(가. 제15조 제1항 제1호, 제23조 제1항 제1호 또는 제24조 제1항 제1호에 따른 동의를 받아 처리되는 개인정보, 나. 제15조 제1항 제4호에 따라 체결한 계약을 이행하거나 계약을 체결하는 과정에서 정보주체의 요청에 따른 조치를 이행하기 위하여 처리되는 개인정보, 다. 제15조 제1항 제2호·제3호, 제23조 제1항 제2호 또는 제24조 제1항 제2호에 따라 처리되는 개인정보 중 정보주체의 이익이나 공익적 목적을 위하여 관계 중앙행정기관의 장의 요청에 따라 보호위원회가 심의·의결하여 전송 요구의 대상으로 지정한 개인정보)의 어느 하나에 해당하는 정보일 것, 2. 전송을 요구하는 개인정보가 개인정보처리자가 수집한 개인정보를 기초로 분석·가공하여 별도로 생성한 정보가 아닐 것, 3. 전송을 요구하는 개인정보가 컴퓨터 등 정보처리장치로 처리되는 개인정보일 것]의 요건을 모두 충족하는 개인정보를 자신에게로 전송할 것을 요구할 수 있다(개인정보 보호법 제35조의2 제1항).

(3) 정정·삭제청구권　　제35조에 따라 자신의 개인정보를 열람한 정보주체는 개인정보처리자에게 그 개인정보의 정정 또는 삭제를 요구할 수 있다. 다만, 다른 법령에서 그 개인정보가 수집 대상으로 명시되어 있는 경우에는 그 삭제를 요구할 수 없다(개인정보 보호법 제36조 제1항).

(4) 처리정지요구권　　정보주체는 개인정보처리자에 대하여 자신의 개인정보 처리의 정지를 요구하거나 개인정보 처리에 대한 동의를 철회할 수 있다. 이 경우 공공기관에 대해서는 제32조에 따라 등록 대상이 되는 개인정보파일 중 자신의 개인정보에 대한 처리의 정지를 요구하거나 개인정보 처리에 대한 동의를 철회할 수 있다(개인정보 보호법 제37조 제1항).

(5) 자동화된 결정에 대한 정보주체의 권리

(가) 자동화된 결정 거부권　　　정보주체는 완전히 자동화된 시스템(인공지능 기술을 적용한 시스템을 포함한다)으로 개인정보를 처리하여 이루어지는 결정(행정기본법 제20조에 따른 행정청의 자동적 처분은 제외하며, 이하 이 조에서 "자동화된 결정"이라 한다)이 자신의 권리 또는 의무에 중대한 영향을 미치는 경우에는 해당 개인정보처리자에 대하여 해당 결정을 거부할 수 있는 권리를 가진다. 다만, 자동화된 결정이 제15조 제1항 제1호·제2호 및 제4호에 따라 이루어지는 경우에는 그러하지 아니하다(개인정보 보호법 제37조의2 제1항).

(나) 자동화 결정에 대한 설명 요구권　　　정보주체는 개인정보처리자가 자동화된 결정을 한 경우에는 그 결정에 대하여 설명 등을 요구할 수 있다(개인정보 보호법 제37조의2 제2항).

(6) 개인정보 유출 통지를 받을 권리　　　개인정보 보호법은 개인정보 유출의 경우, 개인정보처리자에게 정보주체에 대한 통지를 규정하고 있다(개인정보 보호법 제34조 제1항).

▷**개인정보 보호법 제34조(개인정보 유출 통지 등)** ① 개인정보처리자는 개인정보가 분실·도난·유출(이하 이 조에서 "유출등"이라 한다)되었음을 알게 되었을 때에는 지체 없이 해당 정보주체에게 다음 각 호의 사항을 알려야 한다. 다만, 정보주체의 연락처를 알 수 없는 경우 등 정당한 사유가 있는 경우에는 대통령령으로 정하는 바에 따라 통지를 갈음하는 조치를 취할 수 있다.
1. 유출등이 된 개인정보의 항목
2. 유출등이 된 시점과 그 경위
3. 유출등으로 인하여 발생할 수 있는 피해를 최소화하기 위하여 정보주체가 할 수 있는 방법 등에 관한 정보
4. 개인정보처리자의 대응조치 및 피해 구제절차
5. 정보주체에게 피해가 발생한 경우 신고 등을 접수할 수 있는 담당부서 및 연락처

4. 정보주체의 권리보호

(1) 손해배상(국가배상)　　　정보주체는 개인정보처리자가 이 법을 위반한 행위로 손해를 입으면 개인정보처리자에게 손해배상을 청구할 수 있다. 이 경우 그 개인정보처리자는 고의 또는 과실이 없음을 입증하지 아니하면 책임을 면할 수 없다(개인정보 보호법 제39조 제1항). 한편, 개인정보처리자의 고의 또는 중대한 과실로 인하여 개인정보가 분실·도난·유출·위조·변조 또는 훼손된 경우로서 정보주체에게 손해가 발생한 때에는 법원은 그 손해액의 5배를 넘

지 아니하는 범위에서 손해배상액을 정할 수 있다. 다만, 개인정보처리자가 고의 또는 중대한 과실이 없음을 증명한 경우에는 그러하지 아니하다(개인정보 보호법 제39조 제3항).

(2) 분쟁조정　　① 개인정보에 관한 분쟁의 조정을 위하여 개인정보 분쟁조정위원회를 둔다(개인정보 보호법 제40조 제1항). 개인정보와 관련한 분쟁의 조정을 원하는 자는 분쟁조정위원회에 분쟁조정을 신청할 수 있다(개인정보 보호법 제43조 제1항). 분쟁조정이란 소송절차에 앞서서 개인정보와 관련한 분쟁을 조정하는 절차이다. ② 국가 및 지방자치단체, 개인정보 보호단체 및 기관, 정보주체, 개인정보처리자는 정보주체의 피해 또는 권리침해가 다수의 정보주체에게 같거나 비슷한 유형으로 발생하는 경우로서 대통령령으로 정하는 사건에 대하여는 분쟁조정위원회에 일괄적인 분쟁조정(이하 "집단분쟁조정"이라 한다)을 의뢰 또는 신청할 수 있다(개인정보 보호법 제49조 제1항).

(3) 행정소송　　① 개인정보처리자가 국가·지방자치단체인 경우, 정보주체는 행정소송법이 정하는 바에 따라 국가·지방자치단체의 처분을 다투는 행정소송을 제기할 수 있다. 이 경우의 행정소송은 원고 개인의 이익을 다투는 주관적 소송이다. ② 한편, 개인정보 보호법은 개인정보 단체소송을 규정하고 있다(개인정보 보호법 제51조 이하). 개인정보 단체소송이란 일정한 단체가 자신의 고유한 권리침해나 구성원의 권리침해를 다투는 것이 아니라 일반적인 정보주체의 권리침해를 다투는 소송을 말한다. 개인정보 단체소송은 객관적 소송의 성격을 갖는다.

▷**개인정보 보호법 제51조(단체소송의 대상 등)** 다음 각 호의 어느 하나에 해당하는 단체는 개인정보처리자가 제49조에 따른 집단분쟁조정을 거부하거나 집단분쟁조정의 결과를 수락하지 아니한 경우에는 법원에 권리침해 행위의 금지·중지를 구하는 소송(이하 "단체소송"이라 한다)을 제기할 수 있다.
1. 「소비자기본법」 제29조에 따라 공정거래위원회에 등록한 소비자단체로서 다음 각 목의 요건을 모두 갖춘 단체 (각호 생략)
2. 「비영리민간단체 지원법」 제2조에 따른 비영리민간단체로서 다음 각 목의 요건을 모두 갖춘 단체

[117] 경찰관 직무집행법상 개인정보의 보호

1. 일반규정(직무규정과 권한규정)
▷**국가경찰과 자치경찰의 조직 및 운영에 관한 법률 제3조(경찰의 임무)** 경찰의 임무는 다음 각 호와

같다.

5. 공공안녕에 대한 위험의 예방과 대응을 위한 정보의 수집·작성 및 배포

▷ **경찰관 직무집행법 제2조(직무의 범위)** 경찰관은 다음 각 호의 직무를 수행한다.

4. 공공안녕에 대한 위험의 예방과 대응을 위한 정보의 수집·작성 및 배포

　　국가경찰과 자치경찰의 조직 및 운영에 관한 법률 제3조 제5호와 국가경찰과 자치경찰의 조직 및 운영에 관한 법률 제3조 제4호는 공공안녕에 대한 위험의 예방과 대응을 위한 정보의 수집·작성 및 배포를 경찰의 임무(직무)의 하나로 규정하고 있다(직무규정). 경찰관은 직무규정만을 근거로 경찰상 개인정보자기결정권을 침해하는 「공공안녕에 대한 위험의 예방과 대응을 위한 정보의 수집·작성 및 배포」를 할 수는 없다.

▷ **경찰관 직무집행법 제8조의2(정보의 수집 등)** ① 경찰관은 범죄·재난·공공갈등 등 공공안녕에 대한 위험의 예방과 대응을 위한 정보의 수집·작성·배포와 이에 수반되는 사실의 확인을 할 수 있다.

② 제1항에 따른 정보의 구체적인 범위와 처리 기준, 정보의 수집·작성·배포에 수반되는 사실의 확인 절차와 한계는 대통령령으로 정한다.

　　경찰관 직무집행법 제8조의2 제1항은 경찰관에게 공공안녕에 대한 위험의 예방과 대응을 위한 정보의 수집·작성 및 배포를 할 수 있는 권한을 부여하고 있다(권한규정). 경찰관은 이 규정에 근거하여 범죄·재난·공공갈등 등 공공안녕에 대한 위험의 예방과 대응을 위한 정보의 수집·작성·배포와 이에 수반되는 사실의 확인을 할 수 있는바, 이로써 경찰상 개인정보자기결정권은 침해받을 수 있다.

2. 경찰착용기록장치의 사용

(1) 경찰착용기록장치의 의의

▷ **경찰관 직무집행법 제10조의5(경찰착용기록장치의 사용)** ② 이 법에서 "경찰착용기록장치"란 경찰관이 신체에 착용 또는 휴대하여 직무수행 과정을 근거리에서 영상·음성으로 기록할 수 있는 기록장치 또는 그 밖에 이와 유사한 기능을 갖춘 기계장치를 말한다.

　　경찰관 직무집행법상 경찰착용기록장치란 경찰관이 신체에 착용 또는 휴대하여 직무수행 과정을 근거리에서 영상·음성으로 기록할 수 있는 기록장치 또는 그 밖에 이와 유사한 기능을 갖춘 기계장치를 말하며(경직법 제10조의5 제2항), 이러한 장치를 사용하는 것을 경찰착용기록장치의 사용이라 부른다.

경찰착용기록장치의 사용은 개인의 경찰정보자기결정권의 침해를 가져올 수 있는데, 경찰관 직무집행법 제10조의5 제2항은 경찰관에게 이러한 침해를 할 수 있는 권한을 부여하는 조항이다.

(2) 경찰착용기록장치 사용의 내용요건

▷ **경찰관 직무집행법 제10조의5(경찰착용기록장치의 사용)** ① 경찰관은 다음 각 호의 어느 하나에 해당하는 직무 수행을 위하여 필요한 경우에는 필요한 최소한의 범위에서 경찰착용기록장치를 사용할 수 있다.
1. 경찰관이 「형사소송법」 제200조의2, 제200조의3, 제201조 또는 제212조에 따라 피의자를 체포 또는 구속하는 경우
2. 범죄 수사를 위하여 필요한 경우로서 다음 각 목의 요건을 모두 갖춘 경우
가. 범행 중이거나 범행 직전 또는 직후일 것
나. 증거보전의 필요성 및 긴급성이 있을 것
3. 제5조 제1항에 따른 인공구조물의 파손이나 붕괴 등의 위험한 사태가 발생한 경우
4. 경찰착용기록장치에 기록되는 대상자(이하 이 조에서 "기록대상자"라 한다)로부터 그 기록의 요청 또는 동의를 받은 경우
5. 제4조 제1항 각 호에 해당하는 것이 명백하고 응급구호가 필요하다고 믿을 만한 상당한 이유가 있는 경우
6. 제6조에 따라 사람의 생명·신체에 위해를 끼치거나 재산에 중대한 손해를 끼칠 우려가 있는 범죄행위를 긴급하게 예방 및 제지하는 경우
7. 경찰관이 「해양경비법」 제12조 또는 제13조에 따라 해상검문검색 또는 추적·나포하는 경우
8. 경찰관이 「수상에서의 수색·구조 등에 관한 법률」에 따라 같은 법 제2조 제4호의 수난구호 업무 시 수색 또는 구조를 하는 경우
9. 그 밖에 제1호부터 제8호까지에 준하는 경우로서 대통령령으로 정하는 경우

경찰착용기록장치는 경찰관 직무집행법 제10조의5 제1항 각 호의 어느 하나에 해당하는 경우에 한하여 사용할 수 있다. 경찰착용기록장치의 사용은 침익적인 작용이므로, 경찰관 직무집행법 제10조의5 제1항 각 호의 해석은 엄격하게 이루어져야 한다.

(3) 경찰착용기록장치 사용의 절차요건

▷ **경찰관 직무집행법 제10조의6(경찰착용기록장치의 사용 고지 등)** ① 경찰관이 경찰착용기록장치를 사용하여 기록하는 경우로서 이동형 영상정보처리기기로 사람 또는 그 사람과 관련된 사물의 영상을 촬영하는 때에는 불빛, 소리, 안내판 등 대통령령으로 정하는 바에 따라 촬영 사실을 표시하고 알려야 한다.
② 제1항에도 불구하고 제10조의5 제1항 각 호에 따른 경우로서 불가피하게 고지가 곤란한 경우에는 제3항에 따라 영상음성기록을 전송·저장하는 때에 그 고지를 못한 사유를 기록하는 것으로 대체할 수 있다.
③ 경찰착용기록장치로 기록을 마친 영상음성기록은 지체 없이 제10조의7에 따른 영상음성기록정보

관리체계를 이용하여 영상음성기록정보 데이터베이스에 전송·저장하도록 하여야 하며, 영상음성기록을 임의로 편집·복사하거나 삭제하여서는 아니 된다.
④ 그 밖에 경찰착용기록장치의 사용기준 및 관리 등에 필요한 사항은 대통령령으로 정한다.

경찰착용기록장치를 사용하기 위해서는 경찰관 직무집행법 제10조의6 제1항이 정하는 사전고지를 하여야 하며, 사전고지가 곤란한 경우에는 경찰관 직무집행법 제10조의6 제2항이 정하는바에 따라 고지를 못한 사유를 기록하여야 한다. 그리고 기록을 마친 영상음성기록은 경찰관 직무집행법 제10조의6 제3항이 정하는 바에 따라 지체 없이 영상음성기록정보 데이터베이스에 전송·저장하도록 하여야 하며, 영상음성기록을 임의로 편집·복사하거나 삭제하여서는 아니 된다. 그 밖에 경찰착용기록장치의 사용기준 및 관리 등에 필요한 사항은 대통령령으로 정한다(경직법 제10조의6 제4항).

(4) 경찰착용기록장치 사용의 관리체계

경찰청장 및 해양경찰청장은 경찰착용기록장치로 기록한 영상·음성을 저장하고 데이터베이스로 관리하는 영상음성기록정보 관리체계를 구축·운영하여야 한다(경직법 제10조의7).

II. 경찰정보공개청구권

[118] 경찰정보공개청구권의 관념

1. 경찰정보공개청구권의 의의

경찰정보공개청구권이란 사인이 공공기관에 대하여 경찰정보를 제공해 줄 것을 요구할 수 있는 개인적 공권을 말한다. 경찰정보공개청구권은 자기와 직접적인 이해관계 있는 특정한 사안에 관한 '개별적' 경찰정보공개청구권(예: A가 경찰기관에 최근 5년간 A 자신의 도로교통법 위반 내역을 제공해줄 것을 요구할 수 있는 권리)과 자기와 직접적인 이해관계가 없는 '일반적' 경찰정보공개청구권(예: A가 경찰기관에 최근 5년간 B의 도로교통법 제x조 위반 내역을 제공할 것을 요구할 수 있는 권리)으로 구분될 수 있다. 공공기관의 정보공개에 관한 법률의 정보공개청구권은 양자를 포함하는 개념이다. 공개의 의미는 공공기관의 정보공개에 관한 법률 제2조에 규정되고 있다.

▷ **공공기관의 정보공개에 관한 법률 제2조(정의)** 이 법에서 사용하는 용어의 뜻은 다음과 같다.
2. "공개"란 공공기관이 이 법에 따라 정보를 열람하게 하거나 그 사본·복제물을 제공하는 것 또는 「전자정부법」 제2조 제10호에 따른 정보통신망(이하 "정보통신망"이라 한다)을 통하여 정보를 제공하는 것 등을 말한다.

❍ **판례** 정보공개청구권은 정부나 공공기관이 보유하고 있는 정보에 대하여 정당한 이해관계가 있는 자가 그 공개를 요구할 수 있는 권리로서, 알 권리의 청구권적 성질과 밀접하게 관련된다. 정보공개청구권은 알 권리의 당연한 내용으로서 헌법 제21조에 의하여 직접 보장된다(헌재 2023. 7. 20., 2019 헌바417).

2. 경찰정보공개청구의 법적 근거

① 경찰정보공개청구권은 헌법 제10조의 행복추구권과 헌법 제21조의 표현의 자유에 의해 보장된다. ② 개인의 경찰정보공개청구권의 보호를 위한 일반법으로 공공기관의 정보공개에 관한 법률이 일반법으로서 적용된다(공공기관의 정보공개에 관한 법률 제4조 제1항). 교육관련기관의 정보공개에 관한 특례법 등 개별 법률에서도 단편적으로 개인의 정보공개청구에 관한 규정을 두고 있다. ③ 지방자치단체는 정보공개조례를 제정할 수 있다(공공기관의 정보공개에 관한 법률 제4조 제2항).

▷ **헌법 제10조** 모든 국민은 인간으로서의 존엄과 가치를 가지며, 행복을 추구할 권리를 가진다. ….
제21조 ① 모든 국민은 언론·출판의 자유와 집회·결사의 자유를 가진다.
▷ **공공기관의 정보공개에 관한 법률 제4조(적용 범위)** ① 정보의 공개에 관하여는 다른 법률에 특별한 규정이 있는 경우를 제외하고는 이 법에서 정하는 바에 따른다.
② 지방자치단체는 그 소관 사무에 관하여 법령의 범위에서 정보공개에 관한 조례를 정할 수 있다.

[119] 경찰정보공개청구권의 주체·대상

1. 경찰정보공개청구권자

모든 국민은 정보의 공개를 청구할 권리를 가진다(공공기관의 정보공개에 관한 법률 제5조 제1항). 국민이란 자연인은 물론 법인, 권리능력 없는 사단·재단도 포함된다. 법인 등의 경우에는 설립목적을 불문한다. 따라서 시민단체가 행정감시목적으로 경찰정보의 공개를 청구할 수도 있다. 외국인의 정보공개청구에 대해서는 대통령령으로 정한다(공공기관의 정보공개에 관한 법률 제5조 제2항).

2. 공개대상경찰정보

경찰기관이 보유·관리하고 있는 각종 정보가 공개대상경찰정보에 해당한다(공공기관의 정보공개에 관한 법률 제9조 제1항 본문). 정보의 의미와 공공기관의 의미는 공공기관의 정보공개에 관한 법률 제2조에 규정되고 있다.

▷**공공기관의 정보공개에 관한 법률 제2조(정의)** 이 법에서 사용하는 용어의 뜻은 다음과 같다.
1. "정보"란 공공기관이 직무상 작성 또는 취득하여 관리하고 있는 문서(전자문서를 포함한다. 이하 같다)·도면·사진·필름·테이프·슬라이드 및 그 밖에 이에 준하는 매체 등에 기록된 사항을 말한다.
3. "공공기관"이란 다음 각 목의 기관을 말한다.
가. 국가기관
1) 국회, 법원, 헌법재판소, 중앙선거관리위원회
2) 중앙행정기관(대통령 소속 기관과 국무총리 소속 기관을 포함한다) 및 그 소속 기관
3)「행정기관 소속 위원회의 설치·운영에 관한 법률」에 따른 위원회
나. 지방자치단체
다.「공공기관의 운영에 관한 법률」제2조에 따른 공공기관
라. 그 밖에 대통령령으로 정하는 기관

3. 비공개대상정보

정보공개에 관한 법률 제9조 제1항 단서는 비공개대상 경찰정보를 규정하고 있다. 비공개대상정보에 해당하지 아니하는 경찰정보는 모두 공개대상 경찰정보에 해당한다.

▷**공공기관의 정보공개에 관한 법률 제9조(비공개 대상 정보)** ① 공공기관이 보유·관리하는 정보는 공개 대상이 된다. 다만, 다음 각 호의 어느 하나에 해당하는 정보는 공개하지 아니할 수 있다.
1. 다른 법률 또는 법률에서 위임한 명령(국회규칙·대법원규칙·헌법재판소규칙·중앙선거관리위원회규칙·대통령령 및 조례로 한정한다)에 따라 비밀이나 비공개 사항으로 규정된 정보
2. 국가안전보장·국방·통일·외교관계 등에 관한 사항으로서 공개될 경우 국가의 중대한 이익을 현저히 해칠 우려가 있다고 인정되는 정보 (제3호 이하 생략)

[120] 정보공개청구의 절차

1. 정보공개의 청구방법

정보공개의 청구는 문서(정보공개청구서) 또는 말로써 한다(공공기관의 정보공

개에 관한 법률 제10조 제1항). 말로 할 때에는 담당 경찰공무원 앞에서 한다(공공기관의 정보공개에 관한 법률 제10조 제2항).

▷**공공기관의 정보공개에 관한 법률 제10조(정보공개의 청구방법)** ① 정보의 공개를 청구하는 자(이하 "청구인"이라 한다)는 해당 정보를 보유하거나 관리하고 있는 공공기관에 다음 각 호의 사항을 적은 정보공개 청구서를 제출하거나 말로써 정보의 공개를 청구할 수 있다.
1. 청구인의 성명·생년월일·주소 및 연락처(전화번호·전자우편주소 등을 말한다. 이하 이 조에서 같다). 다만, 청구인이 법인 또는 단체인 경우에는 그 명칭, 대표자의 성명, 사업자등록번호 또는 이에 준하는 번호, 주된 사무소의 소재지 및 연락처를 말한다.
2. 청구인의 주민등록번호(본인임을 확인하고 공개 여부를 결정할 필요가 있는 정보를 청구하는 경우로 한정한다)
3. 공개를 청구하는 정보의 내용 및 공개방법
② 제1항에 따라 청구인이 말로써 정보의 공개를 청구할 때에는 담당 공무원 또는 담당 임직원(이하 "담당공무원등"이라 한다)의 앞에서 진술하여야 하고, 담당공무원등은 정보공개 청구조서를 작성하여 이에 청구인과 함께 기명날인하거나 서명하여야 한다.

2. 공개여부의 결정

① 경찰기관은 정보공개의 청구를 받은 날부터 10일 이내에 공개 여부를 결정하여야 한다(공공기관의 정보공개에 관한 법률 제11조 제1항). ② 공개를 결정하면 공개의 일시 및 장소 등을 청구인에게 통지하여야 한다(공공기관의 정보공개에 관한 법률 제13조 제1항). 비공개결정을 하여도 비공개이유·불복방법 및 불복절차를 알려야 한다(공공기관의 정보공개에 관한 법률 제13조 제4항). ③ 공개청구한 정보가 공개대상 경찰정보와 비공개대상 경찰정보가 혼합되어 있으면, 부분공개도 가능하다(공공기관의 정보공개에 관한 법률 제14조).

▷**공공기관의 정보공개에 관한 법률 제11조(정보공개 여부의 결정)** ① 공공기관은 제10조에 따라 정보공개의 청구를 받으면 그 청구를 받은 날부터 10일 이내에 공개 여부를 결정하여야 한다.
제13조(정보공개 여부 결정의 통지) ① 공공기관은 제11조에 따라 정보의 공개를 결정한 경우에는 공개의 일시 및 장소 등을 분명히 밝혀 청구인에게 통지하여야 한다.
⑤ 공공기관은 제11조에 따라 정보의 비공개 결정을 한 경우에는 그 사실을 청구인에게 지체 없이 문서로 통지하여야 한다. 이 경우 제9조제1항 각 호 중 어느 규정에 해당하는 비공개 대상 정보인지를 포함한 비공개 이유와 불복(不服)의 방법 및 절차를 구체적으로 밝혀야 한다
제14조(부분 공개) 공개 청구한 정보가 제9조 제1항 각 호의 어느 하나에 해당하는 부분과 공개 가능한 부분이 혼합되어 있는 경우로서 공개 청구의 취지에 어긋나지 아니하는 범위에서 두 부분을 분리할 수 있는 경우에는 제9조 제1항 각 호의 어느 하나에 해당하는 부분을 제외하고 공개하여야 한다.

[121] 청구인등의 권리보호, 공무원의 보호

1. 경찰정보공개청구인의 권리보호

경찰정보공개의 청구에 대한 경찰기관의 결정에 불복이 있는 청구인은 이의신청(공공기관의 정보공개에 관한 법률 제18조), 행정심판(공공기관의 정보공개에 관한 법률 제19조), 행정소송(공공기관의 정보공개에 관한 법률 제20조)을 제기할 수 있다.

▷ **공공기관의 정보공개에 관한 법률 제18조(이의신청)** ① 청구인이 정보공개와 관련한 공공기관의 비공개 결정 또는 부분 공개 결정에 대하여 불복이 있거나 정보공개 청구 후 20일이 경과하도록 정보공개 결정이 없는 때에는 공공기관으로부터 정보공개 여부의 결정 통지를 받은 날 또는 정보공개 청구 후 20일이 경과한 날부터 30일 이내에 해당 공공기관에 문서로 이의신청을 할 수 있다.
제19조(행정심판) ① 청구인이 정보공개와 관련한 공공기관의 결정에 대하여 불복이 있거나 정보공개 청구 후 20일이 경과하도록 정보공개 결정이 없는 때에는 「행정심판법」에서 정하는 바에 따라 행정심판을 청구할 수 있다. 이 경우 국가기관 및 지방자치단체 외의 공공기관의 결정에 대한 감독행정기관은 관계 중앙행정기관의 장 또는 지방자치단체의 장으로 한다.
② 청구인은 제18조에 따른 이의신청 절차를 거치지 아니하고 행정심판을 청구할 수 있다.
제20조(행정소송) ① 청구인이 정보공개와 관련한 공공기관의 결정에 대하여 불복이 있거나 정보공개 청구 후 20일이 경과하도록 정보공개 결정이 없는 때에는 「행정소송법」에서 정하는 바에 따라 행정소송을 제기할 수 있다.

2. 제3자의 권리보호

경찰정보공개청구인이 아닌 제3자는 ① 행정절차상 의견청취를 할 수 있고(공공기관의 정보공개에 관한 법률 제11조 제3항), 아울러 비공개요청을 할 수 있으며(공공기관의 정보공개에 관한 법률 제21조 제1항), 공개결정을 하면 행정심판이나 행정소송을 제기할 수 있다(공공기관의 정보공개에 관한 법률 제21조 제2항).

▷ **공공기관의 정보공개에 관한 법률 제11조(정보공개 여부의 결정)** ③ 공공기관은 공개 청구된 공개 대상 정보의 전부 또는 일부가 제3자와 관련이 있다고 인정할 때에는 그 사실을 제3자에게 지체 없이 통지하여야 하며, 필요한 경우에는 그의 의견을 들을 수 있다.
제21조(제3자의 비공개 요청 등) ① 제11조 제3항에 따라 공개 청구된 사실을 통지받은 제3자는 그 통지를 받은 날부터 3일 이내에 해당 공공기관에 대하여 자신과 관련된 정보를 공개하지 아니할 것을 요청할 수 있다.
② 제1항에 따른 비공개 요청에도 불구하고 공공기관이 공개 결정을 할 때에는 공개 결정 이유와 공개 실시일을 분명히 밝혀 지체 없이 문서로 통지하여야 하며, 제3자는 해당 공공기관에 문서로 이의신청을 하거나 행정심판 또는 행정소송을 제기할 수 있다. 이 경우 이의신청은 통지를 받은 날부터 7일 이내에 하여야 한다.

3. 공무원의 보호(공무원의 비밀엄수의무와의 관계)

공무원은 재직 중은 물론 퇴직 후에도 직무상 알게 된 비밀을 엄수하여야 한다(국가공무원법 제60조). 직무상 알게된 비밀이란 직무수행상 알게 된 일체의 비밀을 뜻하는 것으로 이해된다. 그리고 그 비밀의 누설은 형벌(형법 제127조) 또는 징계의 원인(국가공무원법 제78조 제1항 제1호·제2호)이 된다. 따라서 정보공개를 청구한 경우, 공무원의 비밀엄수의무와 국민의 알권리 사이에 충돌이 생길 수 있어 양자의 조화가 문제된다. 개인정보 보호법의 조화로운 해석·적용이 중요하다.

▷**형법 제127조(공무상 비밀의 누설)** 공무원 또는 공무원이었던 자가 법령에 의한 직무상 비밀을 누설한 때에는 2년 이하의 징역이나 금고 또는 5년 이하의 자격정지에 처한다.
▷**국가공무원법 제78조(징계 사유)** ① 공무원이 다음 각 호의 어느 하나에 해당하면 징계 의결을 요구하여야 하고 그 징계 의결의 결과에 따라 징계처분을 하여야 한다.
1. 이 법 및 이 법에 따른 명령을 위반한 경우
2. 직무상의 의무(다른 법령에서 공무원의 신분으로 인하여 부과된 의무를 포함한다)를 위반하거나 직무를 태만히 한 때

Ⅲ. 경찰정보상 협력

[122] 행정기관의 협력

1. 사실의 조회

① 서대문경찰서장은「마포구에 주소를 둔 A단체가 서대문경찰서 관할구역에서 불법시위를 할 것」이라는 정보를 입수하면, 서대문경찰서장은 경찰관 직무집행법 제8조 제1항에 근거하여 마포경찰서장에게「A단체가 과거에 주도한 불법시위를 단속한 사실이 있는지의 여부」를 조회할 수 있다. ② 사실의 조회는 경찰기관 상호간의 정보상 협력에 해당한다.

▷**경찰관 직무집행법 제8조(사실의 확인 등)** ① 경찰관서의 장은 직무 수행에 필요하다고 인정되는 상당한 이유가 있을 때에는 국가기관이나 공사(公私) 단체 등에 직무 수행에 관련된 사실을 조회할 수 있다. 다만, 긴급한 경우에는 소속 경찰관으로 하여금 현장에 나가 해당 기관 또는 단체의 장의 협조를 받아 그 사실을 확인하게 할 수 있다.

●**판례** 이 사건 사실조회조항(경찰관 직무집행법 제8조)은 수사기관이 공사단체 등에 대하여 범죄수사에 관련된 사실을 조회할 수 있다고 규정하여 수사기관에 사실조회의 권한을 부여하는 것에

불과하고, 공사단체 등이 수사기관의 사실조회에 응하거나 협조하여야 할 의무를 부담하는 것도 아니므로, 이 사건 사실조회조항만으로는 청구인들의 법적 지위에 어떠한 영향을 미친다고 보기 어렵다(헌재 2018. 8. 30., 2014헌마368).

2. 정보상 행정응원

① 서대문경찰서장은 「과거에 마포경찰서 관할구역에서 불법시위를 주도한 적이 있는 A단체가 서대문경찰서 관할구역에서 불법시위를 할 것」이라는 정보를 입수하면, 행정절차법 제8조 제1항 제4호에 근거하여 마포경찰서장에게 「과거에 A단체가 불법시위를 주도할 때, 마포경찰서장이 그 시위를 예방·진압하기 위하여 도입하였던 방법 등」에 관한 자료·정보의 제공을 요청할 수 있다. 바꾸어 말하면, 서대문경찰서장은 마포경찰서장에게 경찰정보상 행정응원을 요청할 수 있다. ② 정보상 행정응원은 경찰기관 상호간의 정보상 협력에 해당한다.

▷행정절차법 제8조(행정응원) ① 행정청은 다음 각 호의 어느 하나에 해당하는 경우에는 다른 행정청에 행정응원(行政應援)을 요청할 수 있다.
4. 다른 행정청이 관리하고 있는 문서(전자문서를 포함한다. 이하 같다)·통계 등 행정자료가 직무 수행을 위하여 필요한 경우

[123] 사인에 의한 협력

경찰행정기관이 아닌 사인은 개인정보 보호법 제17조 제1항이 정하는 바에 따라 경찰행정기관에 경찰정보를 제공할 수도 있다(개인정보 보호법 제17조 제1항). 정보를 제공받은 경찰기관은 그 정보의 이용에 제한이 따른다(개인정보 보호법 제19조 제1항).

▷개인정보 보호법 제17조(개인정보의 제공) ① 개인정보처리자는 다음 각 호의 어느 하나에 해당되는 경우에는 정보주체의 개인정보를 제3자에게 제공(공유를 포함한다. 이하 같다)할 수 있다.
1. 정보주체의 동의를 받은 경우
2. 제15조 제1항 제2호·제3호·제5호부터 제7호까지에 따라 개인정보를 수집한 목적 범위에서 개인정보를 제공하는 경우
제19조(개인정보를 제공받은 자의 이용·제공 제한) 개인정보처리자로부터 개인정보를 제공받은 자는 다음 각 호의 어느 하나에 해당하는 경우를 제외하고는 개인정보를 제공받은 목적 외의 용도로 이용하거나 이를 제3자에게 제공하여서는 아니 된다.
1. 정보주체로부터 별도의 동의를 받은 경우
2. 다른 법률에 특별한 규정이 있는 경우

제5절 경찰작용의 실효성확보

✦제1항 경찰벌(경찰행정상 행정벌)

실효성 확보수단의 유형

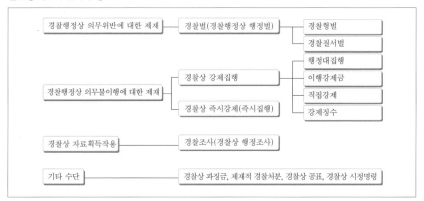

[124] 경찰벌의 관념

1. 경찰벌의 의의

자동차 운전자가 도로에서 난폭운전을 하면 1년 이하의 징역이나 500만 원 이하의 벌금에 처하고, 운전자가 고속도로 등에서의 준수사항을 위반하면, 20만원 이하의 과태료가 부과된다. 이와 같이 경찰행정법상 의무를 위반한 사람에게 가해지는 제재로서 처벌(형법에 규정된 벌인 징역·벌금 등과 과태료)을 경찰벌이라 한다. 경찰벌은 경찰행정법(도로교통법, 집회 및 시위에 관한 법률 등)상 의무의 위반에 대한 처벌인 점에서, 경찰행정법상 의무의 불이행에 대한 강제이행수단인 경찰상 강제집행과 구별된다.

▷ **도로교통법 제151조의2(벌칙)** 다음 각 호의 어느 하나에 해당하는 사람은 1년 이하의 징역이나

500만원 이하의 벌금에 처한다.

1. 제46조의3을 위반하여 자동차등을 난폭운전한 사람

2. 제17조 제3항을 위반하여 제17조 제1항 및 제2항에 따른 최고속도보다 시속 100킬로미터를 초과한 속도로 3회 이상 자동차등을 운전한 사람

제46조의3(난폭운전 금지) 자동차등(개인형 이동장치는 제외한다)의 운전자는 다음 각 호 중 둘 이상의 행위를 연달아 하거나, 하나의 행위를 지속 또는 반복하여 다른 사람에게 위협 또는 위해를 가하거나 교통상의 위험을 발생하게 하여서는 아니 된다.

1. 제5조에 따른 신호 또는 지시 위반

2. 제13조 제3항에 따른 중앙선 침범

3. 제17조 제3항에 따른 속도의 위반 (이하 각호 생략)

제160조(과태료) ② 다음 각 호의 어느 하나에 해당하는 사람에게는 20만원 이하의 과태료를 부과한다.

5. 제67조 제2항에 따른 고속도로등에서의 준수사항을 위반한 운전자

제67조(운전자의 고속도로등에서의 준수사항) ② 고속도로등을 운행하는 자동차의 운전자는 교통의 안전과 원활한 소통을 확보하기 위하여 제66조에 따른 고장자동차의 표지를 항상 비치하며, 고장이나 그 밖의 부득이한 사유로 자동차를 운행할 수 없게 되었을 때에는 자동차를 도로의 우측 가장자리에 정지시키고 행정안전부령으로 정하는 바에 따라 그 표지를 설치하여야 한다.

2. 경찰벌의 종류(경찰형벌·경찰질서벌)

경찰벌은 처벌의 내용에 따라 경찰형벌(경찰상 행정형벌)과 경찰질서벌(경찰상 행정질서벌)로 구분된다. 경찰벌은 간접적으로 경찰법상의 의무의 이행을 확보하는 수단이 된다.

○ **판례** 헌법 제13조 제1항은 "모든 국민은······ 동일한 범죄에 대하여 거듭 처벌받지 아니한다"고 하여 이른바 '이중처벌금지의 원칙'을 규정하고 있는데, 이 원칙은 한번 판결이 확정되면 동일한 사건에 대해서는 다시 심판할 수 없다는 '일사부재리의 원칙'이 국가형벌권의 기속 원리로 헌법상 선언된 것으로서, 여기서 말하는 '처벌'은 원칙적으로 범죄에 대한 국가의 형벌권 실행으로서의 과벌을 의미하는 것이고, 국가가 행하는 일체의 제재나 불이익처분이 모두 그 '처벌'에 포함되는 것은 아니다. 다만 행정질서벌로서의 과태료는 행정상 의무의 위반에 대하여 국가가 일반통치권에 기하여 과하는 제재로서 형벌(특히 행정형벌)과 목적·기능이 중복되는 면이 없지 않으므로, 동일한 행위를 대상으로 하여 형벌을 부과하면서 아울러 행정질서벌로서의 과태료까지 부과하는 경우 이중처벌금지의 기본정신에 배치되어 국가 입법권의 남용으로 인정될 여지는 있다(헌재 2020. 11. 26., 2019헌바12).

3. 경찰벌의 법적 근거

경찰벌은 국민의 자유와 재산에 침해를 가져오는 것이므로, 경찰벌을 부과하기 위해서는 헌법 제12조, 제37조 제2항 등에 따라 법률의 근거가 있어야한다(침해유보). 그러한 법률은 구체적으로 범위를 정하여 일정한 사항을 법규명령으로 정하도록 규정할 수도 있다.

▷**헌법 제12조** ① 모든 국민은 신체의 자유를 가진다. 누구든지 법률에 의하지 아니하고는 체포·구속·압수·수색 또는 심문을 받지 아니하며, 법률과 적법한 절차에 의하지 아니하고는 처벌·보안처분 또는 강제노역을 받지 아니한다.

제37조 ② 국민의 모든 자유와 권리는 국가안전보장·질서유지 또는 공공복리를 위하여 필요한 경우에 한하여 법률로써 제한할 수 있으며, 제한하는 경우에도 자유와 권리의 본질적인 내용을 침해할 수 없다.

[125] 경찰형벌

1. 경찰형벌의 의의

경찰형벌이란 형법 제41조에 규정되어 있는 형벌(1. 사형, 2. 징역, 3. 금고, 4. 자격상실, 5. 자격정지, 6. 벌금, 7. 구류, 8. 과료)이 가해지는 경찰벌을 말한다.

2. 경찰형벌의 특성

① 경찰형벌에도 죄형법정주의가 적용된다. 일반적인 견해는, 경찰형벌에는 형법총칙의 적용에 약간의 수정이 따른다고 한다. 예컨대 법인에게는 형사범의 범죄능력이 인정되지 않으나 경찰범에 있어서는 인정되기도 하며, 형사범은 행위자만이 책임을 지나 경찰범의 경우에는 행위자 이외에 친권자·후견인·감독자 등도 책임을 진다고 한다. ② 경찰형벌의 부과절차는 형벌과 같이 형사소송법에 의한다. 특별절차로서 통고처분이 활용되기도 한다.

3. 통고처분

(1) 통고처분의 의의　　어린이통학버스를 운전하는 사람이 운행을 마친 후 어린이나 영유아가 모두 하차하였는지를 확인하지 아니하면, 도로교통법 제154조 3의3호에 근거하여 20만원 이하의 벌금이나 구류 또는 과료에 처하는 것이 원칙이다. 그런데 경찰서장은 그 운전자에게 범칙금 납부통고서로 범칙금을 낼 것을 통고할 수 있고, 통고를 받은 운전자가 범칙금을 납부하면 벌금이나 구류 없이 처벌절차는 종료된다. 이와 같이 일정한 경찰행정상 의무를 위반한 사람(범칙자)에게 일반형사소송절차에 앞서서 범칙금을 납부토록 하고, 범칙자가 그 범칙금을 납부하면 처벌이 종료되는 과형절차를 통고처분이라 한다.

▷**도로교통법 제154조(벌칙)** 다음 각 호의 어느 하나에 해당하는 사람은 30만원 이하의 벌금이나 구류에 처한다.

3의3. 제53조 제4항을 위반하여 어린이나 영유아가 하차하였는지를 확인하지 아니한 운전자

제53조(어린이통학버스 운전자 및 운영자 등의 의무) ④ 어린이통학버스를 운전하는 사람은 어린이통학버스 운행을 마친 후 어린이나 영유아가 모두 하차하였는지를 확인하여야 한다.

제162조(통칙) ① 이 장에서 "범칙행위"란 제156조 각 호 또는 제157조 각 호의 죄에 해당하는 위반행위를 말하며, 그 구체적인 범위는 대통령령으로 정한다.

제163조(통고처분) ① 경찰서장…은 범칙자로 인정하는 사람에 대하여는 이유를 분명하게 밝힌 범칙금 납부통고서로 범칙금을 낼 것을 통고할 수 있다. 다만, 다음 각 호의 어느 하나에 해당하는 사람에 대하여는 그러하지 아니하다. (각호 생략)

(2) 통고처분의 적용범위　　　통고처분은 모든 경찰법상 의무위반에 적용되는 것이 아니다. 통고처분은 교통사범(도로교통법 제163조)·조세범(조세범 처벌절차법 제15조)·관세범(관세법 제311조)·출입국사범(출입국관리법 제102조)의 경우에 적용되고 있다.

(3) 통고처분의 의미　　　통고처분(범칙금제도)은 빈번히 발생하는 경찰행정법 위반사건을 간이·신속하게 처리하기 위한 것이다. 통고처분은 법원의 부담을 완화하는 데 기여하고, 전문성을 가진 공무원에 의해 행정목적을 기술적·효율적으로 달성하는 데 기여하고, 국가수입의 확보에도 기여한다. 뿐만 아니라 통고처분은 일반절차에서 나타나는 범법자의 신용실추와 고통의 장기화를 완화하는 데 기여하기도 한다. 통고처분제도는 전과자의 발생의 방지에 기여한다.

❖**판례**　경범죄 처벌법상 범칙금제도는 범칙행위에 대하여 형사절차에 앞서 경찰서장의 통고처분에 따라 범칙금을 납부할 경우 이를 납부하는 사람에 대하여는 기소를 하지 않는 처벌의 특례를 마련해 둔 것으로 법원의 재판절차와는 제도적 취지와 법적 성질에서 차이가 있다. 또한 범칙자가 통고처분을 불이행하였더라도 기소독점주의의 예외를 인정하여 경찰서장의 즉결심판청구를 통하여 공판절차를 거치지 않고 사건을 간이하고 신속·적정하게 처리함으로써 소송경제를 도모하되, 즉결심판 선고 전까지 범칙금을 납부하면 형사처벌을 면할 수 있도록 함으로써 범칙자에 대하여 형사소추와 형사처벌을 면제받을 기회를 부여하고 있다(대판 2023. 3. 16., 2023도751).

(4) 통고처분의 효과　　　범칙자가 범칙금을 납부하면 과형절차는 종료되고, 범칙자는 다시 처벌받지 아니한다(도로교통법 제165조 제3항). 만약 범칙자가 납부기간에 범칙금을 납부하지 아니하면 권한행정청은 고발하여야 한다(조세범 처벌절차법 제17조 제2항; 관세법 제316조; 출입국관리법 제105조). 이로써 일반형사절차로 넘어가게 된다. 교통사범의 경우에는 권한행정청이 즉결심판을

신청하여야 한다(도로교통법 제165조 제1항).

▷**출입국관리법 제105조(통고처분의 불이행과 고발)** ② 지방출입국·외국인관서의 장은 출입국사범이 제1항에 따른 기간에 범칙금을 내지 아니하면 고발하여야 한다. 다만, 고발하기 전에 범칙금을 낸 경우에는 그러하지 아니하다.
▷**도로교통법 제165조(통고처분 불이행자 등의 처리)** ① 경찰서장 또는 제주특별자치도지사는 다음 각 호의 어느 하나에 해당하는 사람에 대해서는 지체 없이 즉결심판을 청구하여야 한다. 다만, 제2호에 해당하는 사람으로서 즉결심판이 청구되기 전까지 통고받은 범칙금액에 100분의 50을 더한 금액을 납부한 사람에 대해서는 그러하지 아니하다.
2. 제164조 제2항에 따른 납부기간에 범칙금을 납부하지 아니한 사람

●**판례** 경찰서장이 범칙행위에 대하여 통고처분을 한 이상, 범칙자의 위와 같은 절차적 지위를 보장하기 위하여(경범죄처벌법 제8조, 제8조의2, 제9조) 통고처분에서 정한 범칙금 납부기간까지는 원칙적으로 경찰서장은 즉결심판을 청구할 수 없고, 검사도 동일한 범칙행위에 대하여 공소를 제기할 수 없다. 또한 범칙자가 범칙금 납부기간이 지나도록 범칙금을 납부하지 아니하였다면 경찰서장이 즉결심판을 청구하여야 하고, 검사는 동일한 범칙행위에 대하여 공소를 제기할 수 없다(대판 2021. 4. 1., 2020도15194).

▷**즉결심판에 관한 절차법 제1조(목적)** 이 법은 범증이 명백하고 죄질이 경미한 범죄사건을 신속·적정한 절차로 심판하기 위하여 즉결심판에 관한 절차를 정함을 목적으로 한다.
제2조(즉결심판의 대상) 지방법원, 지원 또는 시·군법원의 판사(이하 "判事"라 한다)는 즉결심판절차에 의하여 피고인에게 20만원 이하의 벌금, 구류 또는 과료에 처할 수 있다.

   (5) 통고처분의 불복   통고처분에 불복하면 정식재판을 청구하여야 한다. 통고처분은 취소소송의 대상이 아니다(판례). 왜냐하면 소정의 기간 내에 통고처분을 이행하지 아니하면 당연히 통고처분은 효력을 상실하기 때문이다.

   4. 경찰형벌의 경찰질서벌화
   경미한 행정법규위반이 행정형벌로 이어진다면, 그것은 국민을 전과자로 만들 가능성을 갖는다. 따라서 비교적 경미한 경찰행정법규위반에 대해 단기 자유형이나 벌금형을 규정하는 경우에는 과태료로 전환하는 것이 필요하다. 이를 경찰형벌의 경찰질서벌화라 한다. 경찰형벌의 경찰질서벌화는 오래전부터 주장되어 왔고, 지금도 계속 추진되고 있다.

[126] 경찰질서벌

1. 의의

경찰질서벌이란 일반사회의 법익에 직접 영향을 미치지는 않으나 경찰행정상의 질서에 장애를 야기할 우려가 있는 의무위반에 대하여 가해지는 과태료의 제재를 말한다.

○ 판례 행정법규 위반행위에 대하여 이를 단지 간접적으로 행정상의 질서에 장애를 줄 위험성이 있음에 불과한 경우로 보아 행정질서벌인 과태료를 과할 것인지, 아니면 직접적으로 행정목적과 공익을 침해하는 행위로 보아 행정형벌을 과할 것인지는 기본적으로 입법자가 제반사정을 고려하여 결정할 입법재량에 속하는 문제이다(헌재 2024. 4. 25., 2021헌바112).

2. 특성

① 경찰질서벌(과태료)의 구체적인 내용은 개별 경찰 법률에서 규정되고 있다(예: 도로교통법 제160조). 반면 ② 경찰질서벌의 총칙(질서위반행위의 성립요건 등), 경찰행정청의 과태료 부과·징수, 질서위반행위의 재판 및 집행에 관해서는 일반법인 질서위반행위규제법에 규정되고 있다(질서위반행위규제법에서 정하는 질서위반행위 중 경찰행정법의 영역에서 이루어지는 질서위반행위만이 경찰질서벌에 해당한다). 이하에서 질서위반행위규제법을 간단히 살펴본다.

▷ **도로교통법 제160조(과태료)** ① 다음 각 호의 어느 하나에 해당하는 사람에게는 500만원 이하의 과태료를 부과한다.
1. 제78조를 위반하여 교통안전교육기관 운영의 정지 또는 폐지 신고를 하지 아니한 사람 (제2호 이하 생략)
② 다음 각 호의 어느 하나에 해당하는 사람에게는 20만원 이하의 과태료를 부과한다.
1. 제49조 제1항(같은 항 제1호 및 제3호만 해당한다)을 위반한 차 또는 노면전차의 운전자 (제2호 이하 생략)

3. 질서위반행위의 성립

① 고의 또는 과실이 없는 질서위반행위는 과태료를 부과하지 아니한다(질서위반행위규제법 제7조). ② 자신의 행위가 위법하지 아니한 것으로 오인하고 행한 질서위반행위는 그 오인에 정당한 이유가 있는 때에 한하여 과태료를 부과하지 아니한다(질서위반행위규제법 제8조). ③ 14세가 되지 아니한 자의 질서위반행위는 과태료를 부과하지 아니한다. 다만, 다른 법률에 특별한 규정이

있는 경우에는 그러하지 아니하다(질서위반행위규제법 제9조).

4. 과태료의 부과

① 과태료부과를 위해서는 사전통지와 의견 제출 기회를 주어야 하고(질서위반행위규제법 제16조 제1항), ② 의견 제출 절차를 거친 후 부과하여야 한다(질서위반행위규제법 제17조 제1항). ③ 질서위반행위가 종료된 날부터 5년이 경과하면 과태료를 부가할 수 없다(질서위반행위규제법 제19조 제1항).

▷ **질서위반행위규제법 제16조(사전통지 및 의견 제출 등)** ① 행정청이 질서위반행위에 대하여 과태료를 부과하고자 하는 때에는 미리 당사자(제11조 제2항에 따른 고용주등을 포함한다. 이하 같다)에게 대통령령으로 정하는 사항을 통지하고, 10일 이상의 기간을 정하여 의견을 제출할 기회를 주어야 한다. 이 경우 지정된 기일까지 의견 제출이 없는 경우에는 의견이 없는 것으로 본다.

제17조(과태료의 부과) ① 행정청은 제16조의 의견 제출 절차를 마친 후에 서면(당사자가 동의하는 경우에는 전자문서를 포함한다. 이하 이 조에서 같다)으로 과태료를 부과하여야 한다.

제19조(과태료 부과의 제척기간) ① 행정청은 질서위반행위가 종료된 날(다수인이 질서위반행위에 가담한 경우에는 최종행위가 종료된 날을 말한다)부터 5년이 경과한 경우에는 해당 질서위반행위에 대하여 과태료를 부과할 수 없다.

5. 이의제기와 법원에 통보

① 경찰행정청의 과태료 부과에 불복하는 사람은 이의를 제기할 수 있다(질서위반행위규제법 제20조 제1항). ② 이의제기를 받은 경찰행정청은 이의제기를 받은 날부터 14일 이내에 관할 법원에 통보하여야 한다(질서위반행위규제법 제21조 제1항).

▷ **질서위반행위규제법 제20조(이의제기)** ① 행정청의 과태료 부과에 불복하는 당사자는 제17조 제1항에 따른 과태료 부과 통지를 받은 날부터 60일 이내에 해당 행정청에 서면으로 이의제기를 할 수 있다.

② 제1항에 따른 이의제기가 있는 경우에는 행정청의 과태료 부과처분은 그 효력을 상실한다.

제21조(법원에의 통보) ① 제20조 제1항에 따른 이의제기를 받은 행정청은 이의제기를 받은 날부터 14일 이내에 이에 대한 의견 및 증빙서류를 첨부하여 관할 법원에 통보하여야 한다. 다만, 다음 각 호의 어느 하나에 해당하는 경우에는 그러하지 아니하다.

1. 당사자가 이의제기를 철회한 경우
2. 당사자의 이의제기에 이유가 있어 과태료를 부과할 필요가 없는 것으로 인정되는 경우

6. 실효성 제고수단

질서위반행위규제법은 과태료징수의 확보를 위한 수단으로 관허사업의 제한(질서위반행위규제법 제52조 제1항), 신용정보의 제공(질서위반행위규제법 제53조

제1항), 고액·상습체납자에 대한 제재(질서위반행위규제법 제54조 제1항), 자동차 관련 과태료 체납자에 대한 자동차 등록번호판의 영치(질서위반행위규제법 제54조 제1항) 등을 도입하고 있다.

▷ **질서위반행위규제법 제52조(관허사업의 제한)** ① 행정청은 허가·인가·면허·등록 및 갱신(이하 "허가등"이라 한다)을 요하는 사업을 경영하는 자로서 다음 각 호의 사유에 모두 해당하는 체납자에 대하여는 사업의 정지 또는 허가등의 취소를 할 수 있다.
1. 해당 사업과 관련된 질서위반행위로 부과받은 과태료를 3회 이상 체납하고 있고, 체납발생일부터 각 1년이 경과하였으며, 체납금액의 합계가 500만원 이상인 체납자 중 대통령령으로 정하는 횟수와 금액 이상을 체납한 자 (제2호 생략)

제53조(신용정보의 제공 등) ① 행정청은 과태료 징수 또는 공익목적을 위하여 필요한 경우 「국세징수법」제7조의2를 준용하여 「신용정보의 이용 및 보호에 관한 법률」제25조 제2항 제1호에 따른 종합신용정보집중기관의 요청에 따라 체납 또는 결손처분자료를 제공할 수 있다. 이 경우 「국세징수법」제7조의2를 준용할 때 "체납자"는 "체납자 또는 결손처분자"로, "체납자료"는 "체납 또는 결손처분 자료"로 본다.

제54조(고액·상습체납자에 대한 제재) ① 법원은 검사의 청구에 따라 결정으로 30일의 범위 이내에서 과태료의 납부가 있을 때까지 다음 각 호의 사유에 모두 해당하는 경우 체납자(법인인 경우에는 대표자를 말한다. 이하 이 조에서 같다)를 감치(監置)에 처할 수 있다.
1. 과태료를 3회 이상 체납하고 있고, 체납발생일부터 각 1년이 경과하였으며, 체납금액의 합계가 1천만원 이상인 체납자 중 대통령령으로 정하는 횟수와 금액 이상을 체납한 경우
2. 과태료 납부능력이 있음에도 불구하고 정당한 사유 없이 체납한 경우

제55조(자동차 관련 과태료 체납자에 대한 자동차 등록번호판의 영치) ① 행정청은 「자동차관리법」제2조 제1호에 따른 자동차의 운행·관리 등에 관한 질서위반행위 중 대통령령으로 정하는 질서위반행위로 부과받은 과태료(이하 "자동차 관련 과태료"라 한다)를 납부하지 아니한 자에 대하여 체납된 자동차 관련 과태료와 관계된 그 소유의 자동차의 등록번호판을 영치할 수 있다.

✦ 제2항 경찰상 강제집행

[127] 경찰상 강제집행의 관념

1. 경찰상 강제집행의 의의

A시장이 B에게 도로상 교통안전을 위해 도로교통에 위험을 가져올 수 있는 B소유의 C장애물의 철거를 명하였으나 B가 따르지 않는 경우, A시장(도로경찰행정청)이 B를 대신하여 C장애물을 철거하는 것과 같이 경찰행정법상 개별·구체적인 의무의 불이행이 있는 경우에 경찰행정청이 의무자의 신체 또는

재산에 직접 실력을 가하여 그 의무를 이행하게 하거나 또는 그 의무가 이행된 것과 같은 상태를 실현하는 경찰작용을 경찰상 강제집행이라 한다.

2. 경찰상 강제집행의 법적 근거

(1) 행정상 강제 법정주의　　"국민의 모든 자유와 권리는 국가안전보장·질서유지 또는 공공복리를 위하여 필요한 경우에 한하여 법률로써 제한할 수 있으며, 제한하는 경우에도 자유와 권리의 본질적인 내용을 침해할 수 없다." 는 헌법 제37조 제2항에 따라 행정기본법 제31조 제1항은 "…법률로 정하는 바에 따라…조치(행정상 강제)를 할 수 있다."고 규정하고 있다. 따라서 행정기본법은 행정상 강제는 법률로 정하는 바에 따라야 한다는 행정상 강제 법정주의를 취하고 있다.

(2) 근거 법률　　경찰상 강제집행에 관한 일반법으로 행정기본법이 있다. 행정기본법은 경찰상 강제집행에 관한 원칙 규정을 두고 있으나, 경찰상 강제집행 전반을 규율하고 있는 것은 아니다. 세부적인 것은 개별 법률에서 규정되고 있다. 경찰상 강제집행에 관해 전반적인 사항을 규율하는 단행 법률의 마련이 바람직하다.

3. 경찰상 강제집행의 종류

경찰상 강제집행에는 대집행·이행강제금·직접강제·강제징수가 있다. 행정기본법이 규정하는 경찰상 강제집행의 종류도 같다.

▷**행정기본법 제31조(행정상 강제)** ① 행정청은 행정목적을 달성하기 위하여 필요한 경우에는 법률로 정하는 바에 따라 필요한 최소한의 범위에서 다음 각 호의 어느 하나에 해당하는 조치를 할 수 있다.
1. 행정대집행: 의무자가 행정상 의무(법령등에서 직접 부과하거나 행정청이 법령등에 따라 부과한 의무를 말한다. 이하 이 절에서 같다)로서 타인이 대신하여 행할 수 있는 의무를 이행하지 아니하는 경우 법률로 정하는 다른 수단으로는 그 이행을 확보하기 곤란하고 그 불이행을 방치하면 공익을 크게 해칠 것으로 인정될 때에 행정청이 의무자가 하여야 할 행위를 스스로 하거나 제3자에게 하게 하고 그 비용을 의무자로부터 징수하는 것
2. 이행강제금의 부과: 의무자가 행정상 의무를 이행하지 아니하는 경우 행정청이 적절한 이행기간을 부여하고, 그 기한까지 행정상 의무를 이행하지 아니하면 금전급부의무를 부과하는 것
3. 직접강제: 의무자가 행정상 의무를 이행하지 아니하는 경우 행정청이 의무자의 신체나 재산에 실력을 행사하여 그 행정상 의무의 이행이 있었던 것과 같은 상태를 실현하는 것
4. 강제징수: 의무자가 행정상 의무 중 금전급부의무를 이행하지 아니하는 경우 행정청이 의무자의 재산에 실력을 행사하여 그 행정상 의무가 실현된 것과 같은 상태를 실현하는 것 (제5호 생략)

[128] 행정대집행

1. 행정대집행의 의의

행정대집행이란 의무자가 행정상 의무(법령등에서 직접 부과하거나 행정청이 법령등에 따라 부과한 의무를 말한다. 이하 이 절에서 같다)로서 타인이 대신하여 행할 수 있는 의무를 이행하지 아니하는 경우 법률로 정하는 다른 수단으로는 그 이행을 확보하기 곤란하고 그 불이행을 방치하면 공익을 크게 해칠 것으로 인정될 때에 행정청이 의무자가 하여야 할 행위를 스스로 하거나 제3자에게 하게 하고 그 비용을 의무자로부터 징수하는 것을 말한다(행정기본법 제30조 제1호). 예를 들어, A시장이 소유자인 B에게 도로통행에 현저하게 지장을 주는 불법건축물의 철거를 명하였으나 B가 따르지 않는 경우, A시장(도로경찰행정청)이 B를 대신하여 그 불법건축물을 철거하거나 아니면 철거전문업체인 C로 하여금 철거하도록 하고 그 비용을 B로부터 징수하게 되는바, 이러한 경우에 대집행을 볼 수 있다.

2. 대집행의 법적 근거

행정대집행에 관한 일반적인 근거규정으로 행정대집행법 제2조, 특별규정으로 건축법 제85조, 도로법 제40조 등을 볼 수 있다. 각 단행법에 특별한 규정이 없는 경우에는 행정대집행법이 일반법으로 적용된다.

▷**행정대집행법 제2조(대집행과 그 비용징수)** 법률(법률의 위임에 의한 명령, 지방자치단체의 조례를 포함한다. 이하 같다)에 의하여 직접명령되었거나 또는 법률에 의거한 행정청의 명령에 의한 행위로서 타인이 대신하여 행할 수 있는 행위를 의무자가 이행하지 아니하는 경우 다른 수단으로써 그 이행을 확보하기 곤란하고 또한 그 불이행을 방치함이 심히 공익을 해할 것으로 인정될 때에는 당해 행정청은 스스로 의무자가 하여야 할 행위를 하거나 또는 제삼자로 하여금 이를 하게 하여 그 비용을 의무자로부터 징수할 수 있다.
▷**건축법 제85조(「행정대집행법」 적용의 특례)** ① 허가권자는 제11조, 제14조, 제41조와 제79조 제1항에 따라 필요한 조치를 할 때 다음 각 호의 어느 하나에 해당하는 경우로서 「행정대집행법」 제3조 제1항과 제2항에 따른 절차에 의하면 그 목적을 달성하기 곤란한 때에는 해당 절차를 거치지 아니하고 대집행할 수 있다.
4. 도로통행에 현저하게 지장을 주는 불법건축물인 경우

3. 대집행주체와 대집행행위자

① 대집행주체란 대집행을 결정하고 이를 실행할 수 있는 권한을 가진 자

를 말한다. 대집행주체는 당해 행정청이다(행정대집행법 제2조). 당해 행정청이란 불법건축물의 철거를 명한(철거의무를 부과한) 시장·군수 등을 말한다. ② 대집행을 현실로 수행하는 자를 대집행행위자라 한다. 의무를 부과한 행정청이 대집행행위자가 되겠지만(자기집행), 그 행정청이 민간철거업자인 제3자에게 철거를 맡길 수도 있다(타자집행). 다수 견해는 행정청과 제3자의 관계를 사법상 도급관계로 본다.

4. 대집행의 요건

대집행의 일반적 요건은 행정대집행법 제2조가 정하고 있다. 행정대집행법 제2조는 대집행의 요건으로 '공법상 의무'로서 '대체적 작위의무'의 '불이행'이 있고, 이행을 확보할 '다른 수단이 없고' 또한 불이행의 방치가 공익을 해할 것, 즉 '공익상의 요청이 있을 것'을 규정하고 있다.

(1) 공법상 의무의 불이행이 있을 것　　대집행은 공법상 의무의 불이행을 대상으로 한다. 사법상 의무의 불이행은 대집행의 대상이 되지 아니한다. 대집행절차의 개시 후에 의무의 이행이 있었다면 대집행은 중지되어야 한다. 대집행의 대상이 되는 공법상 의무는 대체로 법령에 근거한 행정행위에 의해 명해진다(예: 물환경보전법 제15조 제4항 제2호, 옥외광고물 등의 관리와 옥외광고산업 진흥에 관한 법률 제10조 제2항).

▷ **물환경보전법 제15조(배출 등의 금지)** ③ 시·도지사는 제2항에 따라 행위자등이 방제조치를 하지 아니하는 경우에는 그 행위자등에게 방제조치의 이행을 명할 수 있다.
④ 시·도지사는 다음 각 호의 어느 하나의 경우에는 해당 방제조치의 대집행(代執行)을 하거나 시장·군수·구청장으로 하여금 대집행을 하도록 할 수 있다.
2. 제3항에 따른 방제조치 명령을 받은 자가 그 명령을 이행하지 아니하는 경우
▷ **옥외광고물 등의 관리와 옥외광고산업 진흥에 관한 법률 제10조(위반에 대한 조치)** ① 시장등(제3조의2에 따라 시·도지사에게 허가를 받거나 신고한 경우에는 시·도지사를 말한다. 이하 이 조에서 같다)은 광고물등의 허가·신고·금지·제한 등에 관한 제3조, 제3조의2, 제4조, 제4조의2, 제4조의3, 제4조의4, 제8조 제1항 제8호 단서 및 같은 조 제2항을 위반하거나 제9조에 따른 안전점검에 합격하지 못한 광고물등 또는 제9조의2제1항에 따른 안전점검 결과 안전을 저해할 우려가 있다고 판단되는 광고물등에 대하여 다음 각 호에 해당하는 자(이하 "관리자등"이라 한다)에게 그 광고물등을 제거하거나 그 밖에 필요한 조치를 하도록 명하여야 한다.
1. 광고물등을 표시하거나 설치한 자 (제2호 이하 생략)
② 시장등은 제1항에 따른 명령을 받은 자가 그 명령을 이행하지 아니하면 「행정대집행법」에 따라 해당 광고물등을 제거하거나 필요한 조치를 하고 그 비용을 청구할 수 있다.

(2) 불이행된 의무는 대체적 작위의무일 것

(가) 대체적 작위의무의 의의　　　불이행된 의무는 불법건축물의 철거나 도로상 장애물의 제거와 같이 타인이 대신하여 행할 수 있는 의무, 즉 대체적 작위의무이어야 한다(건축법 제85조, 도로법 제40조 제4항 제1호).

(나) 부작위의무 위반의 경우　　　A시의 주민 B가 20층 이하의 건축물을 건축하려면 A시 시장의 허가를 받아야 한다(건축법 제11조 제1항). 이 조문에 따라 주민 B는 허가 없이는 건축물을 건축할 수 없다는 의미에서는 부작위의무를 진다. 만약 주민 B가 허가를 받지 않고 건축물을 건축한다면 부작위의무를 위반하는 것이고, 그 건축물은 불법건축물이 된다. 부작위의무의 위반은 처벌의 대상은 될 수 있으나(건축법 제110조 제1호), 대집행의 대상은 아니다. 대집행을 위해서는 불법건축물에 대하여「다른 사람이 대신할 수 있는 의무인 철거의무」를 부과하는 철거명령이 있어야 한다. 말하자면 부작위의무(허가 없이 건축을 하지 말아야 할 의무)를 철거명령 등을 통해 작위의무(불법건축물의 철거의무)로 전환한 후, 전환된 작위의무의 불이행을 대집행의 대상으로 할 수 있다(예: 건축법 제79조; 도로법 제96조). 작위의무로 전환시킬 수 있는 법적 근거(전환규범)가 없다면, 법률유보의 원칙상 대집행은 불가능하다.

▷ **건축법 제11조(건축허가)** ① 건축물을 건축하거나 대수선하려는 자는 특별자치시장·특별자치도지사 또는 시장·군수·구청장의 허가를 받아야 한다. 다만, 21층 이상의 건축물 등 대통령령으로 정하는 용도 및 규모의 건축물을 특별시나 광역시에 건축하려면 특별시장이나 광역시장의 허가를 받아야 한다.

제110조(벌칙) 다음 각 호의 어느 하나에 해당하는 자는 2년 이하의 징역 또는 1억원 이하의 벌금에 처한다.

1. 도시지역 밖에서 제11조제1항, 제19조제1항 및 제2항, 제47조, 제55조, 제56조, 제58조, 제60조, 제61조, 제77조의10을 위반하여 건축물을 건축하거나 대수선 또는 용도변경을 한 건축주 및 공사시공자 (제1의2호 이하 생략)

제79조(위반 건축물 등에 대한 조치 등) ① 허가권자는 이 법 또는 이 법에 따른 명령이나 처분에 위반되는 대지나 건축물에 대하여 이 법에 따른 허가 또는 승인을 취소하거나 그 건축물의 건축주·공사시공자·현장관리인·소유자·관리자 또는 점유자(이하 "건축주등"이라 한다)에게 공사의 중지를 명하거나 상당한 기간을 정하여 그 건축물의 해체·개축·증축·수선·용도변경·사용금지·사용제한, 그 밖에 필요한 조치를 명할 수 있다.

▷ **도로법 제40조(접도구역의 지정 및 관리)** ③ 누구든지 접도구역에서는 다음 각 호의 행위를 하여서는 아니 된다. 다만, 도로 구조의 파손, 미관의 훼손 또는 교통에 대한 위험을 가져오지 아니하는 범위에서 하는 행위로서 대통령령으로 정하는 행위는 그러하지 아니하다.

1. 토지의 형질을 변경하는 행위
2. 건축물, 그 밖의 공작물을 신축·개축 또는 증축하는 행위

제96조(법령 위반자 등에 대한 처분) 도로관리청은 다음 각 호의 어느 하나에 해당하는 자에게 이 법에 따른 허가나 승인의 취소, 그 효력의 정지, 조건의 변경, 공사의 중지, 공작물의 개축, 물건의 이전, 통행의 금지·제한 등 필요한 처분을 하거나 조치를 명할 수 있다.

1. 제36조·제40조제3항·제46조·제47조·제49조·제51조·제52조·제61조·제73조·제75조·제76조·제77조·제106조 제2항 또는 제107조를 위반한 자

(다) 토지·건물 인도의무의 불이행의 경우 A는 B시장으로부터 C도시공원에서 노외주차장을 설치하는 도시공원의 점용허가를 받았다(도시공원 및 녹지 등에 관한 법률 제24조 제1항 제1호, 제3항, 도시공원 및 녹지 등에 관한 법률 시행령 제22조 제3호). 그 후 점용기간이 끝나게 되면, A는 노외주차장을 원상으로 회복하고, 그 곳으로부터 떠나야 한다(도시공원 및 녹지 등에 관한 법률 제25조 제1항). 그러하지 아니하면, B시장은 A에게 원상회복 명령을 발령하게 된다(도시공원 및 녹지 등에 관한 법률 제25조 제1항). 원상회복명령에 따라 토지를 원상으로 회복하여야 하는 의무는 타인이 대신할 수 있는 대체적 작위의무이지만, A가 그 곳으로부터 떠나야 하는 것은 토지의 인도의무에 해당한다. 인도의무는 점유이전을 내용으로 한다. 이러한 의무는 대체적 작위의무가 아니어서 대집행은 불가능하다. A가 그 곳으로부터 떠나지 아니하는 경우에는 사정에 따라 경찰관직무집행법 제5조의 위험발생방지조치나 형법상 공무집행방해죄의 적용을 통해 의무의 이행을 확보할 수 있을 뿐이다.

▷**도시공원 및 녹지 등에 관한 법률 제24조(도시공원의 점용허가)** ① 도시공원에서 다음 각 호의 어느 하나에 해당하는 행위를 하려는 자는 대통령령으로 정하는 바에 따라 그 도시공원을 관리하는 특별시장·광역시장·특별자치시장·특별자치도지사·시장 또는 군수의 점용허가를 받아야 한다. 다만, 산림의 솎아베기 등 대통령령으로 정하는 경미한 행위의 경우에는 그러하지 아니하다.
1. 공원시설 외의 시설·건축물 또는 공작물을 설치하는 행위 (제2호 이하 생략)
③ 제1항에 따른 점용허가를 받아 도시공원을 점용할 수 있는 대상 및 점용기준은 대통령령으로 정한다.
▷**도시공원 및 녹지 등에 관한 법률 시행령 제22조(도시공원의 점용허가 대상)** 법 제24조 제3항에 따른 도시공원의 점용허가 대상은 다음 각 호와 같다.
3. 도로·교량·철도 및 궤도·노외주차장·선착장의 설치
▷**도시공원 및 녹지 등에 관한 법률 제25조(원상회복)** ① 제24조에 따라 도시공원의 점용허가를 받은 자는 그 점용기간이 끝나거나 점용을 폐지하였을 때에는 지체 없이 도시공원을 원상으로 회복하여야 한다. 다만, 다음 각 호의 어느 하나에 해당하는 경우에는 그러하지 아니하다. (각호 생략)
② 특별시장·광역시장·특별자치시장·특별자치도지사·시장 또는 군수는 다음 각 호의 어느 하나에 해당하는 자에게는 지체 없이 원상회복을 명할 수 있다.
1. 제1항에 따른 원상회복을 하지 아니한 자 (제2호 이하 생략)

(3) 다른 방법이 없을 것(보충성) 대집행이 인정되기 위해서는 불이행된 의

무를 다른 수단으로는 이행을 확보하기가 곤란하여야 한다. 다른 수단이란 비례원칙상 의무자에 대한 침해가 대집행보다 경미한 수단을 의미한다. 따라서 직접강제나 행정벌은 이에 해당하기 어렵다. 행정지도 내지 사실상의 권유 등은 다른 수단에 해당한다.

(4) 공익상의 요청이 있을 것　　의무의 불이행만으로 대집행이 가능한 것은 아니다. 의무의 불이행을 방치하는 것이 심히 공익을 해한다고 인정되는 경우에 비로소 대집행이 허용된다.

[사례] 1, 2층과 지층은 각각 다른 사람들에게 세를 주고 원고는 3층만을 사용하고 있는데, 애당초 설계상 잘못으로 1층에는 화장실과 부엌이 따로 없어 1층에 세든 입주자들이 2층으로 올라와 그곳 거실에 있는 화장실을 사용하도록 되어 있을 뿐 아니라 아궁이도 건물바깥으로 나 있어 비가 올 때는 부엌일을 할 수 없는 등 심한 불편을 겪게 되자, 부득이 허가없이 1층 출입문 옆에 화장실 2.86 평방미터와 아궁이가 있는 건물벽면과 담장 사이에 지붕을 씌워 창고(부엌)9.02평방미터를 설치하였으며, 또한 원고는 가족들이 많아서 3층에 있는 방들만으로는 부족하게 되자 기왕에 허가받아 건축한 옥탑 5.31평방미터에 덧붙여 13.11평방미터를 증축하여 주거용 방실을 1개 설치한 사건에서 판례는 철거할 공익상 요청이 없다고 하였다(대판 1989.7.11., 88누11193).

5. 대집행의 절차

(1) 계고　　대집행을 위해서는 먼저 상당한 이행기한을 정하여 그 기한까지 이행되지 아니할 때에는 대집행을 한다는 뜻을 미리 문서로써 계고하여야 한다. 이 경우 행정청은 상당한 이행기한을 정함에 있어 의무의 성질·내용 등을 고려하여 사회통념상 해당 의무를 이행하는 데 필요한 기간이 확보되도록 하여야 한다(행정대집행법 제3조 제1항). 긴급한 경우에는 그 절차를 거치지 아니하고 대집행을 할 수 있다(행정대집행법 제3조 제3항, 도로법 제74조). 이러한 경우는 경찰행정상 즉시강제의 성격을 갖게 된다.

▷**행정대집행법 제3조(대집행의 절차)** ③ 비상시 또는 위험이 절박한 경우에 있어서 당해 행위의 급속한 실시를 요하여 전2항에 규정한 수속을 취할 여유가 없을 때에는 그 수속을 거치지 아니하고 대집행을 할 수 있다.
▷**도로법 제74조(행정대집행의 적용 특례)** ① 도로관리청은 다음 각 호의 어느 하나에 해당하는 경우로서 「행정대집행법」 제3조제1항 및 제2항에 따른 절차에 따르면 그 목적을 달성하기 곤란한 경우에는 해당 절차를 거치지 아니하고 도로에 있는 적치물 등을 제거하거나 그 밖에 필요한 조치를 할 수 있다.
1. (생략)
2. 도로의 통행 및 안전을 확보하기 위하여 신속하게 필요한 조치를 실시할 필요가 있는 경우

(2) 대집행영장에 의한 통지　　　　의무자가 계고를 받고 그 지정기한까지 그 의무를 이행하지 아니할 때에는 당해 행정청은 대집행영장으로써 대집행을 할 시기, 대집행을 시키기 위하여 파견하는 집행책임자의 성명과 대집행에 요하는 비용의 개산에 의한 견적액을 의무자에게 통지하여야 한다(행정대집행법 제3조 제2항). 긴급한 경우에는 그 절차를 거치지 아니하고 대집행을 할 수 있다(행정대집행법 제3조 제3항, 도로법 제74조). 이러한 경우는 행정상 즉시강제의 성격을 갖게 된다. 대집행영장에 의한 통지는 의무자에게 대집행시 수인의무를 부과하는 것이기도 하다.

(3) 대집행의 실행　　　　① 당해 경찰행정청은 대집행영장에 기재된 시기에 스스로 의무자가 해야 할 행위를 하거나 제3자로 하여금 그 행위를 하게 한다. 대집행의 실행행위는 행정행위(수인하명)와 사실행위가 결합된 합성행위로서 권력적 사실행위에 해당한다. ② 대집행의 실행행위에는 시간상 제약이 따른다(행정대집행법 제4조 제1항). ③ 현장에 파견되는 집행책임자는 증표를 휴대하여야 한다(행정대집행법 제4조 제3항). 집행책임자가 증표를 제시하면 이해관계자는 강제집행에 대해 수인할 의무를 부담하게 되고, 이에 대항하면 공무집행방해죄를 구성하게 된다.

▷**행정대집행법 제4조(대집행의 실행 등)** ① 행정청(제2조에 따라 대집행을 실행하는 제3자를 포함한다. 이하 이 조에서 같다)은 해가 뜨기 전이나 해가 진 후에는 대집행을 하여서는 아니 된다. 다만, 다음 각 호의 어느 하나에 해당하는 경우에는 그러하지 아니하다.
1. 의무자가 동의한 경우
2. 해가 지기 전에 대집행을 착수한 경우
3. 해가 뜬 후부터 해가 지기 전까지 대집행을 하는 경우에는 대집행의 목적 달성이 불가능한 경우
4. 그 밖에 비상시 또는 위험이 절박한 경우
③ 대집행을 하기 위하여 현장에 파견되는 집행책임자는 그가 집행책임자라는 것을 표시한 증표를 휴대하여 대집행시에 이해관계인에게 제시하여야 한다.

(4) 비용의 징수　　　　① 대집행에 요한 비용은 의무자가 부담한다(행정대집행법 제2조). ② 비용징수는 비용납부명령서에 의한다(행정대집행법 제5조). 비용납부명령은 급부의무를 부과하는 하명으로서 처분에 해당한다. ③ 의무자가 스스로 납부하지 아니하면 국세징수법에 따라 강제징수한다(행정대집행법 제6조 제1항).

▷**행정대집행법 5조(비용납부명령서)** 대집행에 요한 비용의 징수에 있어서는 실제에 요한 비용액과 그 납기일을 정하여 의무자에게 문서로써 그 납부를 명하여야 한다.

제6조(비용징수) ① 대집행에 요한 비용은 국세징수법의 예에 의하여 징수할 수 있다.

6. 대집행에 대한 구제

(1) 행정심판·행정소송　　대집행에 대하여는 행정심판을 제기할 수도 있고 (행정대집행법 제7조). 행정소송을 제기할 수도 있다(행정대집행법 제8조). 말하자면 대집행에 대해 불복이 있는 자는 행정심판이나 행정소송의 제기를 통하여 위법 또는 부당한 대집행의 취소를 구할 수 있다. 그러나 대집행 실행행위가 종료된 이후에는 권리보호의 필요(협의의 소의 이익)가 없기 때문에 행정소송이 의미를 갖기 어렵다. 이 단계에서는 손해배상청구가 의미를 갖는다. 행정기본법은 이의신청제도를 도입하고 있다(행정기본법 제36조).

▷**행정대집행법 제7조(행정심판)** 대집행에 대하여는 행정심판을 제기할 수 있다.
　제8조(출소권리의 보장) 전조의 규정은 법원에 대한 출소의 권리를 방해하지 아니한다.

(2) 손해배상　　위법한 대집행을 통해 손해를 입은 자는 국가배상법 제2조가 등이 정하는 바에 따라 국가나 지방자치단체를 상대로 손해배상을 청구할 수 있다.

▷**국가배상법 제2조(배상책임)** ① 국가나 지방자치단체는 공무원 또는 공무를 위탁받은 사인(이하 "공무원"이라 한다)이 직무를 집행하면서 고의 또는 과실로 법령을 위반하여 타인에게 손해를 입히거나, 「자동차손해배상 보장법」에 따라 손해배상의 책임이 있을 때에는 이 법에 따라 그 손해를 배상하여야 한다. ….

---

[129] 이행강제금의 부과

1. 이행강제금의 부과의 의의

이행강제금의 부과란 의무자가 행정상 의무를 이행하지 아니하는 경우 행정청이 적절한 이행기간을 부여하고, 그 기한까지 행정상 의무를 이행하지 아니하면 금전급부의무를 부과하는 것을 말한다(행정기본법 제30조 제2호). 예를 들어, 접도구역에 있는 A의 토지로부터 토사가 흘러 도로에 쌓이고, 도로에 위해를 끼칠 우려가 발생하였다. 이에 그 도로관리청인 B시장(도로경찰)은 상당한 기간을 정하여 A에게 그 토사를 제거하고 아울러 토사가 쌓이는 것을 방지할 수 있는 시설을 설치할 것을 명령하였다. 그러나 A는 그 기간 안에 명령을 따르지 않았다. 이에 B시장은 도로법이 정하는 바에 따라 다시 일정한 기간 내에 조치명령을 따르지 아니하면, 500만원의 이행강제금을 부과할 것임을 A에게 문서로 알리게 되는바, 이러한 경우에 이행강제금의 부과를 볼 수 있다.

2. 이행강제금의 부과의 성질

① 이행강제금은 위반행위에 대한 제재로서의 벌금형(형벌)이 아니고, 불이행된 행위의 이행을 위한 강제수단일 뿐이다. ② 강제금은 처벌이 아니므로 과태료와 성질을 달리한다. 따라서 강제금은 과태료나 형벌과 병과될 수도 있다. 강제금의 확정은 행정행위의 성질을 갖는다. ③ 대집행이 부적절한 경우에는 대체적 작위의무의 강제를 위해서도 사용될 수 있다. 따라서 대집행과 이행강제금은 선택적으로 활용될 수 있다.

○ 판례 이행강제금은 과거의 일정한 법률위반 행위에 대한 제재로서의 형벌이 아니라 장래의 의무이행의 확보를 위한 강제수단일 뿐이어서, 범죄에 대하여 국가가 형벌권을 실행한다고 하는 과벌에 해당하지 아니한다. 따라서 헌법 제13조 제1항이 금지하는 이중처벌금지의 원칙은 이행강제금 부과조항에 적용될 여지가 없다(헌재 2023. 2. 23., 2019헌바550).

3. 이행강제금의 부과의 법적 근거

행정상 강제 법정주의(행정기본법 제30조 본문)에 따라 이행강제금의 부과를 위해서는 당연히 법적 근거가 필요하다. 행정기본법 제31조가 강제금에 관한 일반규정이다. 특별법으로 도로법 등이 있다. 이행강제금을 규정하는 법률에는 이행강제금의 금액, 부과방법과 절차, 반복부과 등이 자세히 규정되어야 한다.

▷ **도로법 제40조(접도구역의 지정 및 관리)** ④ 도로관리청은 도로 구조나 교통안전에 대한 위험을 예방하기 위하여 필요하면 접도구역에 있는 토지, 나무, 시설, 건축물, 그 밖의 공작물(이하 "시설등"이라 한다)의 소유자나 점유자에게 상당한 기간을 정하여 다음 각 호의 조치를 하게 할 수 있다.
1. 시설등이 시야에 장애를 주는 경우에는 그 장애물을 제거할 것
2. 시설등이 붕괴하여 도로에 위해(危害)를 끼치거나 끼칠 우려가 있으면 그 위해를 제거하거나 위해방지시설을 설치할 것
3. 도로에 토사 등이 쌓이거나 쌓일 우려가 있으면 그 토사 등을 제거하거나 토사가 쌓이는 것을 방지할 수 있는 시설을 설치할 것
4. 시설등으로 인하여 도로의 배수시설에 장애가 발생하거나 발생할 우려가 있으면 그 장애를 제거하거나 장애의 발생을 방지할 수 있는 시설을 설치할 것
▷ **도로법 제100조(이행강제금)** ① 도로관리청은 제40조 제4항에 따른 조치명령이나 제73조 제1항·제2항에 따른 원상회복 명령을 받은 자가 조치명령이나 원상회복 명령에서 정한 시정기간 내에

그 명령을 이행하지 아니하면 1천만원 이하의 이행강제금을 부과한다.

② 도로관리청은 제1항에 따라 이행강제금을 부과하기 전에 상당한 이행기한을 정하여 그 기한까지 조치명령이나 원상회복 명령이 이행되지 아니할 때에는 이행강제금을 부과·징수한다는 뜻을 문서로 계고(戒告)하여야 한다.

③ 제2항에 따른 문서에는 이행강제금의 금액, 부과 사유, 납부기한, 수납기관 및 불복 방법 등이 포함되어야 한다.

④ 도로관리청은 최초의 조치명령 또는 원상회복 명령을 한 날을 기준으로 1년에 2회의 범위에서 그 조치명령 또는 원상회복 명령이 이행될 때까지 반복하여 제1항에 따른 이행강제금을 부과·징수할 수 있다.

▷ **행정기본법 제31조(이행강제금의 부과)** ① 이행강제금 부과의 근거가 되는 법률에는 이행강제금에 관한 다음 각 호의 사항을 명확하게 규정하여야 한다. 다만, ….

1. 부과·징수 주체
2. 부과 요건
3. 부과 금액
4. 부과 금액 산정기준
5. 연간 부과 횟수나 횟수의 상한

4. 이행강제금의 부과의 절차

(1) 이행강제금의 가중·감경   경찰행정청은 의무 불이행의 동기, 목적 및 결과, 의무 불이행의 정도 및 상습성, 그 밖에 행정목적을 달성하는 데 필요하다고 인정되는 사유를 고려하여 이행강제금의 부과 금액을 가중하거나 감경할 수 있다(행정기본법 제31조 제2항).

(2) 계고절차   경찰행정청은 이행강제금을 부과하기 전에 미리 의무자에게 적절한 이행기간을 정하여 그 기한까지 행정상 의무를 이행하지 아니하면 이행강제금을 부과한다는 뜻을 문서로 계고(戒告)하여야 한다(행정기본법 제32조 제3항). 경찰행정청은 의무자가 제3항에 따른 계고에서 정한 기한까지 행정상 의무를 이행하지 아니한 경우 이행강제금의 부과 금액·사유·시기를 문서로 명확하게 적어 의무자에게 통지하여야 한다(행정기본법 제31조 제4항).

(3) 반복부과와 부과의 중지   경찰행정청은 의무자가 행정상 의무를 이행할 때까지 이행강제금을 반복하여 부과할 수 있다. 다만, 의무자가 의무를 이행하면 새로운 이행강제금의 부과를 즉시 중지하되, 이미 부과한 이행강제금은 징수하여야 한다(행정기본법 제32조 제5항).

(4) 강제징수   경찰행정청은 이행강제금을 부과받은 자가 납부기한까지 이행강제금을 내지 아니하면 국세 체납처분의 예 또는 「지방행정제재·부과금의 징수 등에 관한 법률」에 따라 징수한다(행정기본법 제31조 제6항).

5. 이행강제금의 부과에 대한 불복

이행강제금부과처분에 불복이 있는 사람은 개별 법률이 정하는 바에 따라 일정한 기간 내에 이의를 제기할 수 있다. 개별 법률에 정함이 없다면, 행정기본법이 정하는 바에 따라 이행강제금 관련 처분에 대한 이의신청을 청구할 수 있고(행정기본법 제36조), 행정심판법과 행정소송법이 정하는 바에 따라 행정심판이나 행정소송을 제기할 수 있다. 행정기본법상 처분의 재심사는 허용되지 아니한다(행정기본법 제37조 제1항).

[130] 직접강제

1. 직접강제의 의의

직접강제란 의무자가 행정상 의무를 이행하지 아니하는 경우 행정청이 의무자의 신체나 재산에 실력을 행사하여 그 행정상 의무의 이행이 있었던 것과 같은 상태를 실현하는 것을 말한다(행정기본법 제30조 제3호). 예를 들어, 권한행정청인 B시장(식품위생경찰)이 A가 썩은 음식물을 판매하는 것을 적발하면, B시장(식품위생경찰)은 A에게 내준 영업허가를 취소하게 되며, 그럼에도 A가 계속하여 영업을 하면, B시장은 소속 공무원을 시켜 A의 영업장을 폐쇄하게 되는바, 이러한 경우에 직접강제를 볼 수 있다. 직접강제는 작위의무의 불이행뿐만 아니라 부작위의무나 수인의무의 불이행의 경우에도 활용될 수 있는 수단이다.

2. 직접강제의 법적 근거

행정상 강제 법정주의(행정기본법 제30조 본문)에 따라 직접강제를 위해서는 당연히 법적 근거가 필요하다. 행정기본법 제32조가 직접강제의 일반규정이다. 특별법으로 식품위생법 등이 있다.

▷ **식품위생법 제79조(폐쇄조치 등)** ① 식품의약품안전처장, 시·도지사 또는 시장·군수·구청장은 제37조제1항, 제4항 또는 제5항을 위반하여 허가받지 아니하거나 신고 또는 등록하지 아니하고 영업을 하는 경우 또는 제75조제1항 또는 제2항에 따라 허가 또는 등록이 취소되거나 영업소 폐쇄명령을 받은 후에도 계속하여 영업을 하는 경우에는 해당 영업소를 폐쇄하기 위하여 관계 공무원에게 다음 각 호의 조치를 하게 할 수 있다.

1. 해당 영업소의 간판 등 영업 표지물의 제거나 삭제
2. 해당 영업소가 적법한 영업소가 아님을 알리는 게시문 등의 부착
3. 해당 영업소의 시설물과 영업에 사용하는 기구 등을 사용할 수 없게 하는 봉인(封印)

▷**행정기본법 제30조(행정상 강제)** ① 행정청은 행정목적을 달성하기 위하여 필요한 경우에는 법률로 정하는 바에 따라 필요한 최소한의 범위에서 다음 각 호의 어느 하나에 해당하는 조치를 할 수 있다.
3. 직접강제: 의무자가 행정상 의무를 이행하지 아니하는 경우 행정청이 의무자의 신체나 재산에 실력을 행사하여 그 행정상 의무의 이행이 있었던 것과 같은 상태를 실현하는 것
② 행정상 강제 조치에 관하여 이 법에서 정한 사항 외에 필요한 사항은 따로 법률로 정한다.

3. 직접강제의 요건

(1) 실체적 요건　　직접강제는 국민의 신체나 재산에 대한 직접적인 침해수단이자 강력한 수단으로서 국민의 기본권을 침해할 가능성을 많이 갖는다. 따라서 직접강제의 남용으로부터 국민의 보호를 위해 직접강제는 행정대집행이나 이행강제금 부과의 방법으로는 행정상 의무 이행을 확보할 수 없거나 그 실현이 불가능한 경우에 실시하여야 하여야 한다(행정기본법 제32조 제1항).

(2) 절차적 요건　　직접강제를 실시하기 위하여 현장에 파견되는 집행책임자는 그가 집행책임자임을 표시하는 증표를 보여 주어야 하고(행정기본법 제32조 제2항), 문서에 의한 계고 등이 있어야 한다(행정기본법 제32조 제3항).

▷**식품위생법 제79조(폐쇄조치 등)** 제1항의 경우에 관계 공무원은 그 권한을 표시하는 증표 및 조사기간, 조사범위, 조사담당자, 관계 법령 등 대통령령으로 정하는 사항이 기재된 서류를 지니고 이를 관계인에게 내보여야 한다.

4. 직접강제에 대한 구제

① 직접강제의 발동은 사실작용이지만, 상대방에게 수인의무를 요구한다는 점에서 법적 행위의 성질도 갖는다. 따라서 직접강제의 발동도 행정기본법상 이의신청(행정기본법 제36조) 또는 행정심판법상 행정심판이나 행정소송법상 행정소송의 대상이 된다. 그러나 직접강제는 통상 신속하게 종료되므로, 권리보호의 이익이 없게 된다. 처분의 재심사는 허용되지 아니한다(행정기본법 제37조 제1항). ② 위법한 직접강제를 통해 손해를 입은 자는 특별규정이 없는 한 국가배상법이 정하는 바에 따라 국가나 지방자치단체를 상대로 손해배상을 청구할 수 있다.

[131] 경찰상 강제징수

1. 경찰상 강제징수의 의의

강제징수란 의무자가 행정상 의무 중 금전급부의무를 이행하지 아니하는 경우 행정청이 의무자의 재산에 실력을 행사하여 그 행정상 의무가 실현된 것과 같은 상태를 실현하는 것을 말한다(행정기본법 제30조 제4호). 예를 들어, B는 자동차의 통행이 빈번한 도로상에 자기 소유의 자동차를 방치하였고, A경찰서장이 B에게 그 자동차를 이동할 것을 통지하려고 하였으나, B의 주소가 일정하지 않아 즉시 통지할 수 없었다. 이에 A경찰서장이 신속한 교통안전확보를 위해 사인 C에게 그 자동차를 이동토록 하였고, 그 이동에 소요된 비용을 B로부터 징수하려고 하였으나, B가 납부하지 아니하기에 도로교통법이 정한 바에 따라 B로부터 강제적으로 그 비용을 받아내게 되는바, 이러한 경우에 강제징수를 볼 수 있다.

2. 경찰상 강제징수의 법적 근거

국세징수법이 경찰상 강제징수의 일반법으로서 기능한다. 국세징수법은 원래 국세징수를 위한 법률이지만, 경찰법률 등이 강제징수에 있어서 국세징수법을 준용하고 있으므로(예: 도로교통법 제35조 제6항), 국세징수법은 공법상 금전급부의무의 강제에 관한 일반법으로 기능하고 있다.

▷ **도로교통법 제35조(주차위반에 대한 조치)** ⑥ 제2항부터 제5항까지의 규정에 따른 주차위반 차의 이동·보관·공고·매각 또는 폐차 등에 들어간 비용은 그 차의 사용자가 부담한다. 이 경우 그 비용의 징수에 관하여는 「행정대집행법」 제5조 및 제6조를 적용한다.
▷ **행정대집행법 제6조(비용징수)** ① 대집행에 요한 비용은 국세징수법의 예에 의하여 징수할 수 있다.

3. 경찰상 강제징수의 절차

국세징수법상 강제징수는 독촉장을 받고 지정된 기한까지 국세 또는 체납액을 완납하지 아니한 경우에 강제징수가 이루어진다. 강제징수의 절차는 재산의 압류(교부청구·참가압류를 포함한다), 압류재산의 매각·추심 및 청산의 순으로 이루어진다. 압류란 의무자의 재산에 대하여 사실상 및 법률상의 처분을 금지하고, 아울러 의무자의 재산을 확보하는 강제적인 보전행위를 말한다.

▷ **국세징수법 제10조(독촉)** ① 관할 세무서장은 납세자가 국세를 지정납부기한까지 완납하지 아니한 경우 지정납부기한이 지난 후 10일 이내에 체납된 국세에 대한 독촉장을 발급하여야 한다. 다만, 제9조에 따라 국세를 납부기한 전에 징수하거나 체납된 국세가 일정한 금액 미만인 경우 등 대통령령으로 정하는 경우에는 독촉장을 발급하지 아니할 수 있다.
② 관할 세무서장은 제1항 본문에 따라 독촉장을 발급하는 경우 독촉을 하는 날부터 20일 이내의 범위에서 기한을 정하여 발급한다.
제31조(압류의 요건 등) ① 관할 세무서장은 다음 각 호의 어느 하나에 해당하는 경우 납세자의 재산을 압류한다.
1. 납세자가 제10조에 따른 독촉을 받고 독촉장에서 정한 기한까지 국세를 완납하지 아니한 경우 (제2호 생략)
제66조(공매) ① 관할 세무서장은 압류한 부동산등, 동산, 유가증권, 그 밖의 재산권과 제52조 제2항에 따라 체납자를 대위하여 받은 물건(금전은 제외한다)을 대통령령으로 정하는 바에 따라 공매한다.
제94조(배분금전의 범위) 배분금전은 다음 각 호의 금전으로 한다.
1. 압류한 금전 (제2호 이하 생략)

4. 경찰상 강제징수에 대한 불복

경찰상 강제징수에 대하여 불복이 있을 때에는 개별법령에 특별규정이 없는 한 국세기본법(제55조 이하)·행정심판법·행정소송법이 정한 바에 따라 전심절차를 거쳐 행정상 쟁송을 제기할 수 있다.

▷ **국세기본법 제55조(불복)** ① 이 법 또는 세법에 따른 처분으로서 위법 또는 부당한 처분을 받거나 필요한 처분을 받지 못함으로 인하여 권리나 이익을 침해당한 자는 이 장의 규정에 따라 그 처분의 취소 또는 변경을 청구하거나 필요한 처분을 청구할 수 있다.‥‥.
③ 제1항과 제2항에 따른 처분이 국세청장이 조사·결정 또는 처리하거나 하였어야 할 것인 경우를 제외하고는 그 처분에 대하여 심사청구 또는 심판청구에 앞서 이 장의 규정에 따른 이의신청을 할 수 있다.

✦제3항 경찰상 즉시강제

[132] 경찰상 즉시강제의 관념

1. 경찰상 즉시강제의 의의

즉시강제란 현재의 급박한 행정상의 장해를 제거하기 위한 경우로서 행정청이 미리 행정상 의무 이행을 명할 시간적 여유가 없는 경우 또는 그 성질상 행정상 의무의 이행을 명하는 것만으로는 행정목적 달성이 곤란한 경우에 행정청이 곧바로 국민의 신체 또는 재산에 실력을 행사하여 행정목적을 달성하는 것을 말한다(행정기본법 제30조 제5호). 예를 들어, 도로변 건물 3층에 걸려 있는 광고물이 추락의 위험이 있음을 발견한 A시장(영업경찰)이 「그 광고물을 즉시 제거하지 아니하면 곧 추락할 것」이라는 판단을 하는 경우, A시장은 옥외광고물 등의 관리와 옥외광고산업 진흥에 관한 법률에 근거하여 대집행절차를 거치지 아니하고 즉시 그 광고물을 제거할 수 있는바, 이러한 경우에 즉시강제를 볼 수 있다.

▷ **옥외광고물 등의 관리와 옥외광고산업 진흥에 관한 법률 제10조의2(행정대집행의 특례)** ① 시장등은 추락 등 급박한 위험이 있는 광고물등 또는 불법 입간판·현수막·벽보·전단 등에 대하여 「행정대집행법」 제3조 제1항 및 제2항에 따른 대집행(代執行) 절차를 밟으면 그 목적을 달성하기가 곤란한 경우에는 그 절차를 거치지 아니하고 그 광고물등을 제거하거나 그 밖에 필요한 조치를 할 수 있다.

2. 경찰상 즉시강제의 성질

경찰상 즉시강제는 구체적인 의무를 부과하는 행위이고, 아울러 사실행위로서의 실력행사이면서 그 실력행사에 대해 참아야 하는 수인의무도 발생시키는 행위이다. 즉 행정상 즉시강제는 사실행위와 법적 행위가 결합된 행위이다. 따라서 경찰상 즉시강제는 항고소송의 대상이 되는 처분에 해당한다.

3. 경찰상 즉시강제의 법적 근거

행정상 강제 법정주의(행정기본법 제30조 본문)에 따라 즉시강제를 위해서는 당연히 법적 근거가 필요하다. 행정기본법 제33조가 즉시강제의 일반규정이다. 특별법으로 식품위생법 등이 있다. 개별법으로 경찰관 직무집행법, 식품위생법, 마약류관리에 관한 법률(제47조), 소방기본법(제25조), 감염병의 예방 및 관리에 관한 법률(제42조) 등이 있다. 경찰관 직무집행법은 행정기본법에 비추어 특별법이지만, 식품위생법 등에 비추어 일반법의 성질을 갖는다.

▷ **경찰관 직무집행법 제1조(목적)** ① 이 법은 국민의 자유와 권리를 보호하고 사회공공의 질서를 유지하기 위한 경찰관(국가경찰공무원만 해당한다. 이하 같다)의 직무 수행에 필요한 사항을 규정함을 목적으로 한다.
▷ **마약류 관리에 관한 법률 제47조(부정 마약류의 처분)** 식품의약품안전처장은 이 법이나 그 밖의 마약류에 관한 법령을 위반하여 소지, 소유, 사용, 관리, 재배, 수출입, 제조, 매매, 매매의 알선, 수수, 투약 또는 투약하기 위하여 제공하거나 조제 또는 연구에 사용하는 마약류, 예고임시마약류 및 임시마

약류에 대하여는 압류나 그 밖에 필요한 처분을 할 수 있다.

▷**소방기본법 제25조(강제처분 등)** ① 소방본부장, 소방서장 또는 소방대장은 사람을 구출하거나 불이 번지는 것을 막기 위하여 필요할 때에는 화재가 발생하거나 불이 번질 우려가 있는 소방대상물 및 토지를 일시적으로 사용하거나 그 사용의 제한 또는 소방활동에 필요한 처분을 할 수 있다.

② 소방본부장, 소방서장 또는 소방대장은 사람을 구출하거나 불이 번지는 것을 막기 위하여 긴급하다고 인정할 때에는 제1항에 따른 소방대상물 또는 토지 외의 소방대상물과 토지에 대하여 제1항에 따른 처분을 할 수 있다.

▷**감염병의 예방 및 관리에 관한 법률 제42조(감염병에 관한 강제처분)** ① 질병관리청장, 시·도지사 또는 시장·군수·구청장은 해당 공무원으로 하여금 다음 각 호의 어느 하나에 해당하는 감염병환자 등이 있다고 인정되는 주거시설, 선박·항공기·열차 등 운송수단 또는 그 밖의 장소에 들어가 필요한 조사나 진찰을 하게 할 수 있으며, 그 진찰 결과 감염병환자등으로 인정될 때에는 동행하여 치료받게 하거나 입원시킬 수 있다.

1. 제1급감염병

[133] 경찰상 즉시강제의 절차상 제한

1. 영장주의의 적용 여부

(1) 일반론　　헌법은 제12조에서 신체의 구속 등에 영장이 필요함을, 제16조에서 주거의 수색 등의 경우에 영장이 필요함을 규정하고 있다. 그러나 헌법은 행정작용의 경우에는 명시적으로 표현하는 바가 없다.

▷**헌법 제12조** ③ 체포·구속·압수 또는 수색을 할 때에는 적법한 절차에 따라 검사의 신청에 의하여 법관이 발부한 영장을 제시하여야 한다. 다만, 현행범인인 경우와 장기 3년 이상의 형에 해당하는 죄를 범하고 도피 또는 증거인멸의 염려가 있을 때에는 사후에 영장을 청구할 수 있다.

제16조 모든 국민은 주거의 자유를 침해받지 아니한다. 주거에 대한 압수나 수색을 할 때에는 검사의 신청에 의하여 법관이 발부한 영장을 제시하여야 한다.

경찰행정작용의 경우에도 영장이 필요한가의 문제와 관련하여 학설은 영장필요설과 영장불요설, 그리고 절충설로 나뉜다. 원칙적으로 영장필요설에 입각하면서 행정목적의 달성을 위해 불가피하다고 인정할 만한 특별한 사유가 있는 경우에는 사전영장주의의 적용을 받지 않는다는 견해인 절충설이 학설과 판례의 견해이다. 그러나 즉시강제가 형사책임의 추궁과 관련을 갖는 것으로서, 침해가 계속되거나 개인의 신체·재산·가택에 중대한 침해를 가할 수도 있는 경우에는 반드시 사후에라도 영장을 요한다고 보아야 한다(조세범 처벌절차법 제3조 제1항 참조).

▷ **조세범 처벌절차법 제9조(압수·수색영장)** ① 세무공무원이 제8조에 따라 압수 또는 수색을 할 때에는 근무지 관할 검사에게 신청하여 검사의 청구를 받은 관할 지방법원판사가 발부한 압수·수색영장이 있어야 한다. 다만, 다음 각 호의 어느 하나에 해당하는 경우에는 해당 조세범칙행위 혐의자 및 그 밖에 대통령령으로 정하는 자에게 그 사유를 알리고 영장 없이 압수 또는 수색할 수 있다.
1. 조세범칙행위가 진행 중인 경우
2. 조세범칙행위 혐의자가 도주하거나 증거를 인멸할 우려가 있어 압수·수색영장을 발부받을 시간적 여유가 없는 경우
② 제1항 단서에 따라 영장 없이 압수 또는 수색한 경우에는 압수 또는 수색한 때부터 48시간 이내에 관할 지방법원판사에게 압수·수색영장을 청구하여야 한다.

(2) 표준처분　　경찰행정상 즉시강제수단 중 경찰관 직무집행법에서 규정하는 보호조치·위험발생방지 등 표준처분은 영장주의의 예외, 즉 영장 없이 이루어지는 강제처분이다. 왜냐하면 이러한 수단은 공적 안전이나 공적 질서의 유지를 위해 매우 빈번히 도입되는 것으로서 영장주의를 관철시킬 수 없고, 이 때문에 경찰관 직무집행법은 표준처분이라는 특별구성요건을 두었다고 볼 것이기 때문이다. 한편 이러한 경우에는 현행범의 요소가 다분히 있기 때문에 영장주의의 예외사항에 해당되는 것이라고 볼 여지도 있다.

2. 사전고지(원칙)

(1) 권한증표의 제시　　경찰상 즉시강제로 인해 국민은 작위의무·수인의무를 부담하고 또한 사생활이 침해되는 등 불이익을 받게 되므로, 경찰상 즉시강제를 행하는 경찰공무원이 조사의 권한을 가지고 있음을 명백히 할 필요가 있다. 이를 위해 경찰관 직무집행법(제7조 제4항), 식품위생법(제72조 제4항), 감염병의 예방 및 관리에 관한 법률(제42조 제3항), 마약류 관리에 관한 법률(제41조 제3항) 등이 증표의 제시를 규정하고 있다. 개별 법률이 증표의 제시를 규정하는 하는 경우, 증표의 제시는 경찰상 즉시강제의 요건을 이루는 것이고, 증표의 제시로 피조사자는 작위·수인의무를 지게 된다. 행정기본법 제33조 제2항도 권한증표의 제시를 규정하고 있다

▷ **경찰관 직무집행법 제7조(위험 방지를 위한 출입)** ④ 경찰관은 제1항부터 제3항까지의 규정에 따라 필요한 장소에 출입할 때에는 그 신분을 표시하는 증표를 제시하여야 하며, 함부로 관계인이 하는 정당한 업무를 방해해서는 아니 된다.
▷ **식품위생법 제72조(폐기처분 등)** ④ 제1항 및 제2항에 따른 압류나 폐기를 하는 공무원은 그 권한을 표시하는 증표 및 조사기간, 조사범위, 조사담당자, 관계 법령 등 대통령령으로 정하는 사항이 기재된 서류를 지니고 이를 관계인에게 내보여야 한다.
▷ **감염병의 예방 및 관리에 관한 법률 제42조(감염병에 관한 강제처분)** ⑤ 제1항부터 제4항까지에

따라 조사·진찰·격리·치료 또는 입원 조치를 하거나 동행하는 공무원은 그 권한을 증명하는 증표를 지니고 이를 관계인에게 보여주어야 한다.

▷**마약류 관리에 관한 법률 제41조(출입·검사와 수거)** ③ 제1항 또는 제2항에 따라 출입·검사 또는 수거하는 공무원은 그 권한을 표시하는 증표를 지니고 이를 관계인에게 보여주어야 한다.

▷**행정기본법 제33조(즉시강제)** ② 즉시강제를 실시하기 위하여 현장에 파견되는 집행책임자는 그가 집행책임자임을 표시하는 증표를 보여 주어야 ….

(2) **이유와 내용의 고지**　　즉시강제를 실시하기 위하여 현장에 파견되는 집행책임자는 그가 집행책임자임을 표시하는 증표를 보여 주어야 하며, 즉시강제의 이유와 내용을 고지하여야 할 것이다(행정기본법 제33조 제2항 참조).

3. 사후고지(예외)

제2항에도 불구하고 집행책임자는 즉시강제를 하려는 재산의 소유자 또는 점유자를 알 수 없거나 현장에서 그 소재를 즉시 확인하기 어려운 경우에는 즉시강제를 실시한 후 집행책임자의 이름 및 그 이유와 내용을 고지할 수 있다. 다만, 다음 각 호(1. 즉시강제를 실시한 후에도 재산의 소유자 또는 점유자를 알 수 없는 경우, 2. 재산의 소유자 또는 점유자가 국외에 거주하거나 행방을 알 수 없는 경우, 3. 그 밖에 대통령령으로 정하는 불가피한 사유로 고지할 수 없는 경우)에 해당하는 경우에는 게시판이나 인터넷 홈페이지에 게시하는 등 적절한 방법에 의한 공고로써 고지를 갈음할 수 있다(행정기본법 제33조 제3항). 사후고지는 사전고지의 원칙을 정하는 행정기본법 제33조 제2항이 적용될 수 없는 경우에 보충적으로 적용된다.

4. 보충성의 원칙과 비례원칙

(1) **보충성의 원칙**　　즉시강제는 다른 수단으로는 행정목적을 달성할 수 없는 경우에만 허용된다(행정기본법 제33조 제1항). 다른 수단이란 즉시강제보다 침해가 경미한 수단을 말한다. 이것은 즉시강제의 도입에 보충성의 원칙이 적용됨을 의미한다.

(2) **비례원칙**　　즉시강제를 실시하는 경우에도 최소한으로만 실시하여야 한다(행정기본법 제33조 제1항). 최소한으로만 실시하여야 한다는 것은 즉시강제의 실시에 비례원칙이 적용된다는 것을 의미한다.

[134] 경찰상 즉시강제의 수단

1. 경찰관 직무집행법상 수단

① 대인적 강제수단으로 강제보호조치(제4조 제1항 제1호, 제2호), 위험발생 방지를 위한 억류 등(제5조 제1항 제2호), 범죄행위의 제지(제6조), 경찰장비의 사용(제10조 제1항), 경찰장구의 사용(제10조의2 제1항), 분사기 등의 사용(제10조의3), 무기의 사용(제10조의4) 등이 있고, ② 대물적 강제수단으로 무기 등 물건의 임시영치(제4조 제3항), 위험방지조치(제5조 제1항·제6조 제1항)가 있으며, ③ 대가택 강제수단으로는 위험 방지를 위한 출입(제7조)이 있다.

2. 개별법상 수단

① 대인적 강제수단으로 강제격리수용과 치료(감염병의 예방 및 관리에 관한 법률 제42조) 등이 있고, ② 대물적 강제수단에는 차량의 견인(도로교통법 제35조 제2항), 도로의 위법공작물 등에 대한 제거(도로교통법 제71 제2항), 물건의 파기 등의 강제처분(소방기본법 제25조), 물건의 폐기(식품위생법 제72조 ; 약사법 제71조 제3항) 등이 있고, ③ 대가택 강제수단에는 수색(조세범 처벌절차법 제3조 제1항) 등이 있다.

▷ **감염병의 예방 및 관리에 관한 법률 제42조(감염병에 관한 강제처분)** ① 질병관리청장, 시·도지사 또는 시장·군수·구청장은 해당 공무원으로 하여금 다음 각 호의 어느 하나에 해당하는 감염병환자 등이 있다고 인정되는 주거시설, 선박·항공기·열차 등 운송수단 또는 그 밖의 장소에 들어가 필요한 조사나 진찰을 하게 할 수 있으며, 그 진찰 결과 감염병환자등으로 인정될 때에는 동행하여 치료받게 하거나 입원시킬 수 있다.
1. 제1급감염병 (제2호 이하 생략)
▷ **소방기본법 제25조(강제처분 등)** ③ 소방본부장, 소방서장 또는 소방대장은 소방활동을 위하여 긴급하게 출동할 때에는 소방자동차의 통행과 소방활동에 방해가 되는 주차 또는 정차된 차량 및 물건 등을 제거하거나 이동시킬 수 있다.
▷ **도로교통법 제35조(주차위반에 대한 조치)** ② 경찰서장이나 시장등은 제1항의 경우 차의 운전자나 관리 책임이 있는 사람이 현장에 없을 때에는 도로에서 일어나는 위험을 방지하고 교통의 안전과 원활한 소통을 확보하기 위하여 필요한 범위에서 그 차의 주차방법을 직접 변경… 할 수 있다.
제71조(도로의 위법 인공구조물에 대한 조치) ② 경찰서장은 제1항 각 호의 어느 하나에 해당하는 사람의 성명·주소를 알지 못하여 제1항에 따른 조치를 명할 수 없을 때에는 스스로 그 인공구조물 등을 제거하는 등 조치를 한 후 보관하여야 한다. 이 경우 닳아 없어지거나 파괴될 우려가 있거나 보관하는 것이 매우 곤란한 인공구조물 등은 매각하여 그 대금을 보관할 수 있다.
▷ **식품위생법 제72조(폐기처분 등)** ① 식품의약품안전처장, 시·도지사 또는 시장·군수·구청장은 영업자(「수입식품안전관리 특별법」 제15조에 따라 등록한 수입식품등 수입·판매업자를 포함한다.

이하 이 조에서 같다)가 제4조부터 제6조까지, 제7조 제4항, 제8조, 제9조 제4항, 제9조의3, 제12조의2 제2항 또는 제44조 제1항 제3호를 위반한 경우에는 관계 공무원에게 그 식품등을 압류 또는 폐기하게 하거나 용도·처리방법 등을 정하여 영업자에게 위해를 없애는 조치를 하도록 명하여야 한다.

▷**약사법 제71조(폐기 명령 등)** ③ 식품의약품안전처장, 시·도지사, 시장·군수·구청장은 제1항 또는 제2항에 따른 명령을 받은 자가 그 명령을 이행하지 아니한 때, 또는 공중위생을 위하여 긴급한 때에는 관계 공무원에게 해당 물품을 회수·폐기하게 하거나 그 밖에 필요한 처분을 하게 할 수 있다.

▷**조세범 처벌절차법 제8조(조세범칙행위 혐의자 등에 대한 심문·압수·수색)** 세무공무원은 조세범칙조사를 하기 위하여 필요한 경우에는 조세범칙행위 혐의자 또는 참고인을 심문하거나 압수 또는 수색할 수 있다. 이 경우 압수 또는 수색을 할 때에는 대통령령으로 정하는 사람을 참여하게 하여야 한다.

[135] 강제력의 행사

1. 강제력행사의 법정주의

앞에서 살펴본 수단을 도입하는 경우에도 사용할 수 있는 강제력(실력, 힘)의 행사방법은 법률상 규정되어 있는 것에 한한다. 그 강제력행사의 방법에는 ① 경찰공무원의 단순한 신체상의 힘(체력, 즉 경찰공무원의 육체적인 힘), ② 체력의 보조수단(예: 경찰견, 경찰마, 경찰차, 폭약, 수갑, 포승 등), ③ 무기(칼, 방독면, 최루가스, 총기 등) 등으로 나눌 수 있다(경찰관 직무집행법은 최루탄을 무기와 구분하여 규정하고 있다).

2. 강제력행사와 비례원칙

실력(공무원의 체력, 체력의 보조수단, 무기)의 행사에도 당연히 비례원칙이 적용된다. 예를 들어, 경찰관 직무집행법 제5조에 의거하여 경찰이 위험의 발생의 방지를 위해 필요한 조치를 취하는 경우, 경찰은 제1차적으로 자신의 체력에 의하여야 할 것이고, 제2차적으로 같은법 제10조의2와 제10조의3이 허용하는 경우에는 장구 또는 최루탄을 사용할 수 있을 것이고, 제3차적으로 동법 제10조의4가 허용되는 경우에는 무기를 사용할 수도 있다. 이러한 규정을 두는 개별 법률도 있다(출입국관리법 제56조의4). 행정기본법 제33조도 비례원칙을 규정하고 있다

▷**출입국관리법 제56조의4(강제력의 행사)** ① 출입국관리공무원은 피보호자가 다음 각 호의 어느 하나에 해당하면 그 피보호자에게 강제력을 행사할 수 있고, 다른 피보호자와 격리하여 보호할 수 있다. 이 경우 피보호자의 생명과 신체의 안전, 도주의 방지, 시설의 보안 및 질서유지를 위하여 필요한

최소한도에 그쳐야 한다.

1. 자살 또는 자해행위를 하려는 경우
2. 다른 사람에게 위해를 끼치거나 끼치려는 경우
3. 도주하거나 도주하려는 경우
4. 출입국관리공무원의 직무집행을 정당한 사유 없이 거부 또는 기피하거나 방해하는 경우
5. 제1호부터 제4호까지에서 규정한 경우 외에 보호시설 및 피보호자의 안전과 질서를 현저히 해치는 행위를 하거나 하려는 경우

② 제1항에 따라 강제력을 행사할 때에는 신체적인 유형력(有形力)을 행사하거나 경찰봉, 가스분사용총, 전자충격기 등 법무부장관이 지정하는 보안장비만을 사용할 수 있다.

③ 제1항에 따른 강제력을 행사하려면 사전에 해당 피보호자에게 경고하여야 한다. 다만, 긴급한 상황으로 사전에 경고할 만한 시간적 여유가 없을 때에는 그러하지 아니하다.

④ 출입국관리공무원은 제1항 각 호의 어느 하나에 해당하거나 보호시설의 질서유지 또는 강제퇴거를 위한 호송 등을 위하여 필요한 경우에는 다음 각 호의 보호장비를 사용할 수 있다.

1. 수갑
2. 포승
3. 머리보호장비
4. 제1호부터 제3호까지에서 규정한 사항 외에 보호시설의 질서유지 또는 강제퇴거를 위한 호송 등을 위하여 특별히 필요하다고 인정되는 보호장비로서 법무부령으로 정하는 것

⑤ 제4항에 따른 보호장비의 사용 요건 및 절차 등에 관하여 필요한 사항은 법무부령으로 정한다.

▷**행정기본법 제33조(즉시강제)** ① 즉시강제는 다른 수단으로는 행정 목적을 달성할 수 없는 경우에만 허용되며, 이 경우에도 최소한으로만 실시하여야 한다.

3. 경찰관 직무집행법상 강제력 행사의 유형

경찰관 직무집행법은 경찰관이 직무수행 중에 활용할 수 있는 강제력 행사의 유형으로 경찰장비의 사용(경찰관 직무집행법 제10조), 경찰장구의 사용(경찰관 직무집행법 제10조의2), 분사기 등의 사용(경찰관 직무집행법 제10조의3), 무기의 사용(경찰관 직무집행법 제10조의4)을 규정하고 있다.

▷**경찰관 직무집행법 제10조(경찰장비의 사용 등)** ① 경찰관은 직무수행 중 경찰장비를 사용할 수 있다. ….

② 제1항 본문에서 "경찰장비"란 무기, 경찰장구, 최루제와 그 발사장치, 살수차, 감식기구, 해안 감시기구, 통신기기, 차량·선박·항공기 등 경찰이 직무를 수행할 때 필요한 장치와 기구를 말한다.

④ 위해성 경찰장비는 필요한 최소한도에서 사용하여야 한다.

제10조의2(경찰장구의 사용) ① 경찰관은 다음 각 호의 직무를 수행하기 위하여 필요하다고 인정되는 상당한 이유가 있을 때에는 그 사태를 합리적으로 판단하여 필요한 한도에서 경찰장구를 사용할 수 있다. (제1호, 제3호 생략)

2. 자신이나 다른 사람의 생명·신체의 방어 및 보호

② 제1항에서 "경찰장구"란 경찰관이 휴대하여 범인 검거와 범죄 진압 등의 직무 수행에 사용하는 수갑, 포승, 경찰봉, 방패 등을 말한다.

제10조의3(분사기 등의 사용) 경찰관은 다음 각 호의 직무를 수행하기 위하여 부득이한 경우에는 현

장책임자가 판단하여 필요한 최소한의 범위에서 분사기(「총포·도검·화약류 등의 안전관리에 관한 법률」에 따른 분사기를 말하며, 그에 사용하는 최루 등의 작용제를 포함한다. 이하 같다) 또는 최루탄을 사용할 수 있다.

1. 범인의 체포 또는 범인의 도주 방지(제2호 생략)

제10조의4(무기의 사용) ① 경찰관은 범인의 체포, 범인의 도주 방지, 자신이나 다른 사람의 생명·신체의 방어 및 보호, 공무집행에 대한 항거의 제지를 위하여 필요하다고 인정되는 상당한 이유가 있을 때에는 그 사태를 합리적으로 판단하여 필요한 한도에서 무기를 사용할 수 있다. 다만, 다음 각 호의 어느 하나에 해당할 때를 제외하고는 사람에게 위해를 끼쳐서는 아니 된다.

1. 「형법」에 규정된 정당방위와 긴급피난에 해당할 때(제2호 이하 생략)

---

[136] 경찰상 즉시강제에 대한 구제

1. 적법한 침해

적법한 경찰상 즉시강제로 인해 개인이 입은 손실의 보상을 규정하는 일반 법은 없으나, 개별 법률은 있다(경찰관 직무집행법 제11조의2, 소방기본법 제49조의2). 개별 법률에 규정이 없는 경우에는 학설과 판례가 해결하여야 한다.

▷ **경찰관 직무집행법 제11조의2(손실보상)** ① 국가는 경찰관의 적법한 직무집행으로 인하여 다음 각 호의 어느 하나에 해당하는 손실을 입은 자에 대하여 정당한 보상을 하여야 한다.

1. 손실발생의 원인에 대하여 책임이 없는 자가 생명·신체 또는 재산상의 손실을 입은 경우(손실발생의 원인에 대하여 책임이 없는 자가 경찰관의 직무집행에 자발적으로 협조하거나 물건을 제공하여 생명·신체 또는 재산상의 손실을 입은 경우를 포함한다)

2. 손실발생의 원인에 대하여 책임이 있는 자가 자신의 책임에 상응하는 정도를 초과하는 생명·신체 또는 재산상의 손실을 입은 경우

▷ **소방기본법 제49조의2(손실보상)** ① 소방청장 또는 시·도지사는 다음 각 호의 어느 하나에 해당하는 자에게 제3항의 손실보상심의위원회의 심사·의결에 따라 정당한 보상을 하여야 한다.

1. (생략)

2. 제24조 제1항 전단에 따른 소방활동 종사로 인하여 사망하거나 부상을 입은 자

3. 제25조 제2항 또는 제3항에 따른 처분으로 인하여 손실을 입은 자. 다만, 같은 조 제3항에 해당하는 경우로서 법령을 위반하여 소방자동차의 통행과 소방활동에 방해가 된 경우는 제외한다.

4. 제27조 제1항 또는 제2항에 따른 조치로 인하여 손실을 입은 자

5. 그 밖에 소방기관 또는 소방대의 적법한 소방업무 또는 소방활동으로 인하여 손실을 입은 자

제24조(소방활동 종사 명령) ① 소방본부장, 소방서장 또는 소방대장은 화재, 재난·재해, 그 밖의 위급한 상황이 발생한 현장에서 소방활동을 위하여 필요할 때에는 그 관할구역에 사는 사람 또는 그 현장에 있는 사람으로 하여금 사람을 구출하는 일 또는 불을 끄거나 불이 번지지 아니하도록 하는 일을 하게 할 수 있다. 이 경우 소방본부장, 소방서장 또는 소방대장은 소방활동에 필요한 보호장구를 지급하는 등 안전을 위한 조치를 하여야 한다.

제25조(강제처분 등) ② 소방본부장, 소방서장 또는 소방대장은 사람을 구출하거나 불이 번지는 것을 막기 위하여 긴급하다고 인정할 때에는 제1항에 따른 소방대상물 또는 토지 외의 소방대상물과 토

지에 대하여 제1항에 따른 처분을 할 수 있다.

③ 소방본부장, 소방서장 또는 소방대장은 소방활동을 위하여 긴급하게 출동할 때에는 소방자동차의 통행과 소방활동에 방해가 되는 주차 또는 정차된 차량 및 물건 등을 제거하거나 이동시킬 수 있다.

제27조(위험시설 등에 대한 긴급조치) ① 소방본부장, 소방서장 또는 소방대장은 화재 진압 등 소방활동을 위하여 필요할 때에는 소방용수 외에 댐·저수지 또는 수영장 등의 물을 사용하거나 수도의 개폐장치 등을 조작할 수 있다.

② 소방본부장, 소방서장 또는 소방대장은 화재 발생을 막거나 폭발 등으로 화재가 확대되는 것을 막기 위하여 가스·전기 또는 유류 등의 시설에 대하여 위험물질의 공급을 차단하는 등 필요한 조치를 할 수 있다.

2. 위법한 침해

(1) 행정상 쟁송　① 위법한 즉시강제의 발동은 사실작용이지만, 상대방에게 수인의무를 요구한다는 점에서 법적 행위의 성질도 갖는다. 따라서 즉시강제의 발동도 행정기본법상 이의신청(행정기본법 제36조) 또는 행정심판법상 행정심판이나 행정소송법상 행정소송의 대상이 된다. 그러나 즉시강제는 통상 신속하게 종료되므로, 권리보호의 이익이 없게 된다. 처분의 재심사는 허용되지 아니한다(행정기본법 제37조 제1항). ② 위법한 직접강제를 통해 손해를 입은 자는 특별규정이 없는 한 국가배상법이 정하는 바에 따라 국가나 지방자치단체를 상대로 손해배상을 청구할 수 있다.

(2) 손해배상　위법한 경찰상 즉시강제작용으로 인하여 손해를 입은 자는 국가나 지방자치단체를 상대로 국가배상법이 정한 바에 따라 손해배상을 청구할 수 있다. 행정상 쟁송이 의미가 없는 경우에 손해배상은 특히 의미를 갖게 된다.

✦제4항　경찰조사(경찰상 행정조사)

[137] 경찰조사의 관념

1. 경찰조사의 의의

행정조사기본법은 "행정기관이 정책을 결정하거나 직무를 수행하는 데 필요한 정보나 자료를 수집하기 위하여 현장조사·문서열람·시료채취 등을 하거나 조사대상자에게 보고요구·자료제출요구 및 출석·진술요구를 행하는 활동"을 행정조사라 한다(행정조사기본법 제2조 제1호). 행정조사 중 경찰행정영역에서 이루어지는 조사를 경찰조사, 또는 경찰행정조사라 한다. 예를 들어, 도로에서 교통사고가 발생하면 경찰공무원은 교통사고 현장 상황, 차량 또는 교통안전시설의 결함 등 교통사고 유발 요인 등을 조사한다. 이러한 교통사고조사는 전형적인 경찰조사에 해당한다.

▷ **도로교통법 제54조(사고발생 시의 조치)** ⑥ 경찰공무원(자치경찰공무원은 제외한다)은 교통사고가 발생한 경우에는 대통령령으로 정하는 바에 따라 필요한 조사를 하여야 한다.
▷ **도로교통법 시행령 제32조(교통사고의 조사)** 국가경찰공무원은 교통사고가 발생하였을 때에는 법 제54조 제6항에 따라 다음 각 호의 사항을 조사하여야 한다. ….
1. – 5. (생략)
6. 교통사고 현장 상황
7. 그 밖에 차량 또는 교통안전시설의 결함 등 교통사고 유발 요인 및 「교통안전법」 제55조에 따라 설치된 운행기록장치 등 증거의 수집 등과 관련하여 필요한 사항

2. 경찰조사의 종류

경찰조사에는 경찰관 직무집행법상 불심검문과 같은 권력적인 경찰조사도 있고, 특정 도로에서 하루 동안 통행하는 차량의 총수를 조사하는 것과 같은 비권력적 경찰조사도 있다. 경찰조사는 통상 그 자체가 피조사자에게 권리를 부여하거나 의무를 발생시키는 행위, 즉 법적 효과를 가져 오는 행위는 아니고 사실행위일 뿐이다. 그러나 불심검문의 경우에 상대방은 경찰의 질문에 응하여야 하는 의무가 발생하는 것과 같이 권력적 경찰조사의 경우에는 상대방에게 수인의무가 발생하기도 한다.

3. 경찰조사의 법적 근거

(1) 실체법상 근거 ① 비권력적 경찰조사는 국민의 신체나 재산에 직접 침해를 가져오는 것이 아니므로 개별 법률에 근거가 없어도 가능하다. 다만, 경찰법이 정하는 경찰의 직무범위 내에서만 가능하다. ② 권력적 경찰조사는 국민의 신체나 재산에 침해를 가져오는 것이므로 헌법 제37조 제2항 등에 비추어 법적 근거를 요한다. 일반법은 없다. 경찰관 직무집행법(제3조 제1항), 소방기본법(제30조 제1항), 감염병의 예방 및 관리에 관한 법률(제42조 제1항), 식품위생법(제22조 제1항) 등 개별 법률에서 권력적 경찰조사가 나타난다.

▷ **경찰관 직무집행법 제3조(불심검문)** ① 경찰관은 다음 각 호의 어느 하나에 해당하는 사람을 정지시켜 질문할 수 있다.

1. 수상한 행동이나 그 밖의 주위 사정을 합리적으로 판단하여 볼 때 어떠한 죄를 범하였거나 범하려 하고 있다고 의심할 만한 상당한 이유가 있는 사람

2. 이미 행하여진 범죄나 행하여지려고 하는 범죄행위에 관한 사실을 안다고 인정되는 사람

▷ **소방의 화재조사에 관한 법률 제9조(출입·조사 등)** ① 소방관서장은 화재조사를 위하여 필요한 경우에 관계인에게 보고 또는 자료 제출을 명하거나 화재조사관으로 하여금 해당 장소에 출입하여 화재조사를 하게 하거나 관계인등에게 질문하게 할 수 있다.

▷ **감염병의 예방 및 관리에 관한 법률 제42조(감염병에 관한 강제처분)** ① 질병관리청장, 시·도지사 또는 시장·군수·구청장은 해당 공무원으로 하여금 다음 각 호의 어느 하나에 해당하는 감염병환자 등이 있다고 인정되는 주거시설, 선박·항공기·열차 등 운수단 또는 그 밖의 장소에 들어가 필요한 조사나 진찰을 하게 할 수 …있다.

1. 제1급감염병 (제2호 이하 생략)

▷ **식품위생법 제22조(출입·검사·수거 등)** ① 식품의약품안전처장(대통령령으로 정하는 그 소속 기관의 장을 포함한다. 이하 이 조에서 같다), 시·도지사 또는 시장·군수·구청장은 식품등의 위해방지·위생관리와 영업질서의 유지를 위하여 필요하면 다음 각 호의 구분에 따른 조치를 할 수 있다.

1. 영업자나 그 밖의 관계인에게 필요한 서류나 그 밖의 자료의 제출 요구

2. 관계 공무원으로 하여금 다음 각 목에 해당하는 출입·검사·수거 등의 조치

가. 영업소(사무소, 창고, 제조소, 저장소, 판매소, 그 밖에 이와 유사한 장소를 포함한다)에 출입하여 판매를 목적으로 하거나 영업에 사용하는 식품등 또는 영업시설 등에 대하여 하는 검사

나. 가목에 따른 검사에 필요한 최소량의 식품등의 무상 수거

다. 영업에 관계되는 장부 또는 서류의 열람

(2) 절차법상 근거 행정조사에 관한 기본원칙, 행정조사의 방법 및 절차 등에 관한 일반법으로 행정조사기본법이 있다. 행정조사기본법은 경찰조사에도 적용된다.

▷ **행정조사기본법 제1조(목적)** 이 법은 행정조사에 관한 기본원칙·행정조사의 방법 및 절차 등에 관한 공통적인 사항을 규정함으로써 행정의 공정성·투명성 및 효율성을 높이고, 국민의 권익을 보호함을 목적으로 한다.

제3조(적용범위) ① 행정조사에 관하여 다른 법률에 특별한 규정이 있는 경우를 제외하고는 이 법으로 정하는 바에 따른다.

② 다음 각 호의 어느 하나에 해당하는 사항에 대하여는 이 법을 적용하지 아니한다. (각호 생략)

---

[138] 경찰조사의 절차상 제한

1. 영장주의의 적용 여부

① 경찰상 즉시강제의 경우와 마찬가지로 헌법 제12조 제3항 및 제16조의

영장주의가 권력적 경찰조사에도 적용되는가의 문제가 있다. 학설은 영장필요설과 영장불요설, 그리고 절충설로 나뉜다. 원칙적으로 영장필요설에 입각하면서 행정목적의 달성을 위해 불가피하다고 인정할 만한 특별한 사유가 있는 경우에는 사전영장주의의 적용을 받지 않는다는 견해인 절충설이 학설과 판례의 견해이다. 그러나 권력적 경찰조사가 형사책임의 추궁과 관련을 갖는 것으로서, 침해가 계속되거나 개인의 신체·재산·가택에 중대한 침해를 가할 수도 있는 경우에는 반드시 사후에라도 영장을 요한다고 보아야 한다. ② 비권력적 경찰조사에는 영장이 문제되지 아니한다.

2. 권한증표의 제시

① 권력적 경찰조사는 국민에게 작위의무·수인의무를 부과하거나 사생활을 침해할 수 있으므로, 경찰조사를 행하는 경찰공무원이 조사의 권한을 가지고 있음을 명백히 할 필요가 있다. 이에 관한 일반법으로 행정조사기본법(제11조 제3항), 개별법으로 경찰관 직무집행법(제3조 제4항), 소방기본법(제30조), 감염병의 예방 및 관리에 관한 법률(제42조 제5항), 마약류 관리에 관한 법률(제41조 제3항) 등이 있다. 개별 법률이 증표의 제시를 규정하는 하는 경우, 증표의 제시는 경찰상 즉시강제의 요건을 이루는 것이고, 증표의 제시로 피조사자는 작위·수인의무를 지게 된다. ② 비권력적 경찰조사에도 행정조사기본법 제11조 제3항에 따라 권한증표의 제시가 필요하다.

▷**경찰관 직무집행법 제3조(불심검문)** ④ 경찰관은 제1항이나 제2항에 따라 질문을 하거나 동행을 요구할 경우 자신의 신분을 표시하는 증표를 제시하면서 소속과 성명을 밝히고 질문이나 동행의 목적과 이유를 설명하여야 하며, 동행을 요구하는 경우에는 동행 장소를 밝혀야 한다.
▷**소방의 화재조사에 관한 법률 제9조(출입·조사 등)** ② 제1항에 따라 화재조사를 하는 화재조사관은 그 권한을 표시하는 증표를 지니고 이를 관계인등에게 보여주어야 한다.
▷**감염병의 예방 및 관리에 관한 법률 제42조(감염병에 관한 강제처분)** ⑤ 제1항부터 제4항까지에 따라 조사·진찰·격리·치료 또는 입원 조치를 하거나 동행하는 공무원은 그 권한을 증명하는 증표를 지니고 이를 관계인에게 보여주어야 한다.
▷**마약류 관리에 관한 법률 제41조(출입·검사와 수거)** ③ 제1항 또는 제2항에 따라 출입·검사 또는 수거하는 공무원은 그 권한을 표시하는 증표를 지니고 이를 관계인에게 보여주어야 한다.

[139] 강제력 행사와 위법조사

1. 경찰조사 시 실력행사

① 소방공무원(A)이 화재조사를 위해 관계 장소에 출입할 때, 관계 장소의 관리인(B) 등이 조사를 방해하면, 명시적인 규정이 없음에도 불구하고 소방공무원(A)이 그 관리인(B)의 저항을 실력으로 억압하고 조사할 수 있는가의 문제가 있다. 학설은 긍정설·부정설로 나뉜다. 의무자의 위법한 저항을 억압할수 없다고 하면, 권력적 조사의 취지는 몰각되므로 긍정설이 타당하다고 본다. 물론 저항을 억압할 때에는 비례원칙이 준수되어야 한다. 처벌은 별개의 문제이다(소방의 화재조사에 관한 법률 제21조). 한편, 명문으로 강제할 수 없음을 규정하고 있는 경우(경찰관 직무집행법 제3조 제2항 단서·제7항)에는 물론 실력행사를 하여서는 아니 된다. ② 비권력적 경찰조사의 경우에는 피조사자의 저항이 있어도, 경찰조사를 행하는 공무원은 실력으로 그 저항을 억압할 수 없다.

▷**소방의 화재조사에 관한 법률 제21조(벌칙)** 다음 각 호의 어느 하나에 해당하는 사람은 300만원 이하의 벌금에 처한다.
2. 정당한 사유 없이 제9조제1항에 따른 화재조사관의 출입 또는 조사를 거부·방해 또는 기피한 사람
제9조(출입·조사 등) ① 소방관서장은 화재조사를 위하여 필요한 경우에 관계인에게 보고 또는 자료 제출을 명하거나 화재조사관으로 하여금 해당 장소에 출입하여 화재조사를 하게 하거나 관계인등에게 질문하게 할 수 있다.
▷**경찰관 직무집행법 제3조(불심검문)** ② 경찰관은 제1항에 따라 같은 항 각 호의 사람을 정지시킨 장소에서 질문을 하는 것이 그 사람에게 불리하거나 교통에 방해가 된다고 인정될 때에는 질문을 하기 위하여 가까운 경찰서·지구대·파출소 또는 출장소(지방해양경찰관서를 포함하며, 이하 "경찰관서"라 한다)로 동행할 것을 요구할 수 있다. 이 경우 동행을 요구받은 사람은 그 **요구를 거절할 수 있다.**
⑦ 제1항부터 제3항까지의 규정에 따라 질문을 받거나 동행을 요구받은 사람은 형사소송에 관한 법률에 따르지 아니하고는 신체를 구속당하지 아니하며, 그 의사에 반하여 **답변을 강요당하지 아니한다.**

2. 위법조사에 근거한 결정의 하자 유무

경찰관이 A를 불심검문하기 위해 경찰서로 동행을 요구하였으나 A가 거절하였음에도 수갑을 채워 강제로 파출소에 데려가서 조사하고, 그 조사결과에 따라 조치를 취하면, 그 조치가 적법한가의 문제가 있다. 말하자면 권력을 남용하여 이루어지는 경찰조사 등 위법한 경찰조사를 기초로 한 경찰행정청의 결정이 적법한가의 문제가 있다. 경찰조사 자체가 위법하게 이루어졌다면, 그러한 경찰조사에서 나온 자료가 내용상 정당하다고 하여도 경찰행정청의 결

정은 하자 있는 결정으로 보아야 한다는 견해가 다수설이다.

[140] 경찰조사에 대한 구제

1. 적법한 침해

개별 법률에서 적법한 경찰조사로 인해 개인이 입은 손실의 보상을 규정하는 일반법은 없으나, 개별 법률은 있다(경찰관 직무집행법 제11조의2). 개별 법률에 규정이 없는 경우에는 학설과 판례가 해결하여야 한다.

▷ **경찰관 직무집행법 제11조의2(손실보상)** ① 국가는 경찰관의 적법한 직무집행으로 인하여 다음 각 호의 어느 하나에 해당하는 손실을 입은 자에 대하여 정당한 보상을 하여야 한다.
1. 손실발생의 원인에 대하여 책임이 없는 자가 생명·신체 또는 재산상의 손실을 입은 경우(손실발생의 원인에 대하여 책임이 없는 자가 경찰관의 직무집행에 자발적으로 협조하거나 물건을 제공하여 생명·신체 또는 재산상의 손실을 입은 경우를 포함한다)
2. 손실발생의 원인에 대하여 책임이 있는 자가 자신의 책임에 상응하는 정도를 초과하는 생명·신체 또는 재산상의 손실을 입은 경우

2. 위법한 침해

① 위법한 경찰조사가 수인의무를 내포하는 행정행위로서의 성질도 갖는 경우, 그러한 경찰조사로 인해 권리나 이익이 침해된 사람은 그 처분의 취소나 무효확인을 구하는 행정심판이나 행정소송을 제기할 수 있다. 그러나 위법한 경찰조사가 완성되어버리면 취소나 변경을 구할 실제적인 이익(권리보호의 필요)이 없기 때문에, 행정상 쟁송(행정심판 + 행정소송)은 위법한 경찰조사가 장기간에 걸쳐 계속되는 경우에 의미를 갖는다. ② 위법한 경찰조사로 인하여 손해를 입은 자는 국가나 지방자치단체를 상대로 국가배상법이 정한 바에 따라 손해배상을 청구할 수 있다. 행정상 쟁송이 의미가 없는 경우에 손해배상은 특히 의미를 갖게 된다.

✦제5항 기타 수단

[141] 경찰상 과징금

1. 의의

과징금이란 경찰행정청 등 행정청이 법령등에 따른 의무를 위반한 자에 대하여 법률로 정하는 바에 따라 그 위반행위에 대한 제재로서 부과하는 금전을 말한다(행정기본법 제28조 제1항). 예를 들어, 마약류취급자가 마약류를 다른 의약품과 구분하지 아니하고 일반의약품과 마찬가지로 잠금장치가 없는 곳에 보관하면, 허가청은 업무정지처분을 하는 대신에 과징금을 부과할 수 있는 바(마약류 관리에 관한 법률 제46조), 이러한 경우에 과징금의 부과를 볼 수 있다.

▷**마약류 관리에 관한 법률 제46조(과징금처분)** ① 허가관청은 마약류취급자…에 대하여 제44조 제1항에 따른 업무정지처분을 하게 되는 경우에는 대통령령으로 정하는 바에 따라 업무정지처분을 갈음하여 2억원 이하의 과징금을 부과할 수 있다.…

제44조(허가 등의 취소와 업무정지) ① 마약류취급자…등이 다음 각 호의 어느 하나에 해당하는 경우에는 해당 허가관청은 이 법에 따른 허가(품목허가를 포함한다), 지정 또는 승인을 취소하거나 1년의 범위에서 그 업무 또는 마약류 및 원료물질 취급의 전부 또는 일부의 정지를 명할 수 있다. …
1. 업무 또는 마약류 및 원료물질 취급의 전부 또는 일부의 정지를 명하는 경우
타. 제15조를 위반하여 마약류를 저장한 경우

제15조(마약류의 저장) 마약류취급자…는 그 보관·소지 또는 관리하는 마약류나 예고임시마약류 또는 임시마약류를 총리령으로 정하는 바에 따라 다른 의약품과 구별하여 저장하여야 한다. 이 경우 마약은 잠금장치가 되어 있는 견고한 장소에 저장하여야 한다.

▷**대기환경보전법 제35조(배출부과금의 부과·징수)** ① 환경부장관 또는 시·도지사는 대기오염물질로 인한 대기환경상의 피해를 방지하거나 줄이기 위하여 다음 각 호의 어느 하나에 해당하는 자에 대하여 배출부과금을 부과·징수한다.
1. 대기오염물질을 배출하는 사업자(…) (제2호 이하 생략)

❍**판례** 과징금은 위반행위에 대한 제재의 성격과 함께 위반행위에 따르는 불법적인 경제적 이익을 박탈하기 위한 부당이득 환수로서의 성격도 가지고, 이는 구 정보통신망법 제64조의3 제1항 각 호에서 정한 행위에 대하여 부과하는 과징금의 경우도 마찬가지이다(대판 2023.10.12., 2022두68923).

2. 과태료와 비교

① 과태료는 의무위반에 대한 처벌(행정질서벌)이고, 경찰상 과징금은 의무이행확보수단이다. ② 과태료의 금액책정은 가벌성 정도를 기준으로 하고, 경

찰상 과징금의 금액책정은 의무를 위반하거나 불이행한 경우에 예상되는 수익을 기준으로 한다. ③ 과태료부과에 대한 불복은 질서위반행위 규제법에 의하고, 경찰상 과징금부과에 대한 불복은 행정쟁송법에 의한다.

3. 법적 근거

행정기본법 제28조는 제1항은 "행정청은 … 법률로 정하는 바에 따라 …과징금을 부과할 수 있다."고 하여 과징금법정주의를 규정하고 있다. 과징금법정주의로 인해 법률의 근거 없이 과징금을 부과하면, 그러한 과징금 부과처분은 위법한 처분이다. 과징금의 근거가 되는 법률에는 과징금에 관한 다음 각 호(1. 부과·징수 주체, 2. 부과 사유, 3. 상한액, 4. 가산금을 징수하려는 경우 그 사항, 5. 과징금 또는 가산금 체납 시 강제징수를 하려는 경우 그 사항)의 사항을 명확하게 규정하여야 한다(행정기본법 제28조 제2항).

▷ **주차장법 제24조(영업정지 등)** 시장·군수 또는 구청장은 노외주차장관리자 또는 제19조의3에 따른 부설주차장의 관리자가 다음 각 호의 어느 하나에 해당하는 경우에는 6개월 이내의 기간을 정하여 해당 주차장을 일반의 이용에 제공하는 것을 금지하거나 300만원 이하의 과징금을 부과할 수 있다.
1. 제6조 제1항·제2항 또는 제6조의2 제2항에 따른 주차장의 구조·설비 및 안전기준 등을 위반한 경우
제6조(주차장설비기준 등) ① 주차장의 구조·설비기준 등에 관하여 필요한 사항은 국토교통부령으로 정한다. ….
▷ **식품위생법 제82조(영업정지 등의 처분에 갈음하여 부과하는 과징금 처분)** ① 식품의약품안전처장, 시·도지사 또는 시장·군수·구청장은 영업자가 제75조 제1항 각 호 또는 제76조 제1항 각 호의 어느 하나에 해당하는 경우에는 대통령령으로 정하는 바에 따라 영업정지, 품목 제조정지 또는 품목류 제조정지 처분을 갈음하여 10억원 이하의 과징금을 부과할 수 있다. 다만, 제6조를 위반하여 제75조 제1항에 해당하는 경우와 제4조, 제5조, 제7조, 제12조의2, 제37조, 제43조 및 제44조를 위반하여 제75조 제1항 또는 제76조 제1항에 해당하는 중대한 사항으로서 총리령으로 정하는 경우는 제외한다.
제75조(허가취소 등) ① 식품의약품안전처장 또는 특별자치시장·특별자치도지사·시장·군수·구청장은 영업자가 다음 각 호의 어느 하나에 해당하는 경우에는 대통령령으로 정하는 바에 따라 영업허가 또는 등록을 취소하거나 6개월 이내의 기간을 정하여 그 영업의 전부 또는 일부를 정지하거나 영업소 폐쇄(제37조 제4항에 따라 신고한 영업만 해당한다. 이하 이 조에서 같다)를 명할 수 있다. …
1. 제4조…를 위반한 경우
제4조(위해식품등의 판매 등 금지) 누구든지 다음 각 호의 어느 하나에 해당하는 식품등을 판매하거나 판매할 목적으로 채취·제조·수입·가공·사용·조리·저장·소분·운반 또는 진열하여서는 아니 된다.
1. 썩거나 상하거나 설익어서 인체의 건강을 해칠 우려가 있는 것 (제2호 이하 생략)

4. 기타

① 경찰상 과징금은 영업허가의 정지·취소처분에 갈음하는 처분의 성질, 부당이득환수의 성질, 또는 금전벌적인 성격을 갖는다. ② 경찰상 과징금의 부과·징수의 절차는 경찰상 과징금의 근거를 규정하는 경찰 법률에서 정하고 있다. ③ 행정기본법은 과징금의 납부기한 연기 및 분할 납부를 규정하고 있다(행정기본법 제29조). ④ 경찰상 과징금부과에 불복이 있으면, 행정쟁송절차에 따라 다툴 수 있다. 처분에 대한 이의신청은 가능하나(행정기본법 제36조 제1항) 처분의 재심사는 허용되지 아니한다(행정기본법 제37조 제1항). ⑤ 경찰상 과징금의 부과는 처벌이 아니므로, 행정벌과 경찰상 과징금을 함께 부과하여도 이중처벌금지원칙에 위반하지 아니한다.

▷ **행정기본법 제29조(과징금의 납부기한 연기 및 분할 납부)** 과징금은 한꺼번에 납부하는 것을 원칙으로 한다. 다만, 행정청은 과징금을 부과받은 자가 다음 각 호의 어느 하나에 해당하는 사유로 과징금 전액을 한꺼번에 내기 어렵다고 인정될 때에는 그 납부기한을 연기하거나 분할 납부하게 할 수 있으며, 이 경우 필요하다고 인정하면 담보를 제공하게 할 수 있다.
1. 재해 등으로 재산에 현저한 손실을 입은 경우
2. 사업 여건의 악화로 사업이 중대한 위기에 처한 경우
3. 과징금을 한꺼번에 내면 자금 사정에 현저한 어려움이 예상되는 경우
4. 그 밖에 제1호부터 제3호까지에 준하는 경우로서 대통령령으로 정하는 사유가 있는 경우

[142] 제재적 경찰처분

1. 의의

제재적 경찰처분이란 경찰행정청이 법령등에 따른 의무를 위반하거나 이행하지 아니하였음을 이유로 당사자에게 의무를 부과하거나 권익을 제한하는 처분(행정기본법 제30조 제1항 각 호에 따른 행정상 강제는 제외)을 말한다(행정기본법 제2조 제5호). 예를 들어, 마약류취급자가 마약류를 다른 의약품과 구분하지 아니하고 일반의약품과 마찬가지로 잠금장치가 없는 곳에 보관하면, 허가청은 허가를 취소하거나 1년의 범위에서 그 업무 또는 마약류 및 원료물질 취급의 전부 또는 일부의 정지를 명할 수 있는바(마약류 관리에 관한 법률 제44조 제1항), 이러한 경우에 제재적 경찰처분을 볼 수 있다. 인허가의 정지·취소·철회처분, 등록 말소처분, 영업소 폐쇄처분과 정지처분을 갈음하는 과징금 부과처분이 제재적 경찰처분에 해당한다(행정기본법 제23조 제1항).

▷ **마약류 관리에 관한 법률 제44조(허가 등의 취소와 업무정지)** ① 마약류취급자…등이 다음 각 호의 어느 하나에 해당하는 경우에는 해당 허가관청은 이 법에 따른 허가(품목허가를 포함한다), 지정 또는 승인을 취소하거나 1년의 범위에서 그 업무 또는 마약류 및 원료물질 취급의 전부 또는 일부의 정지를 명할 수 있다. ….
1. 업무 또는 마약류 및 원료물질 취급의 전부 또는 일부의 정지를 명하는 경우
타. 제15조를 위반하여 마약류를 저장한 경우
제15조(마약류의 저장) 마약류취급자…는 그 보관·소지 또는 관리하는 마약류나 예고임시마약류 또는 임시마약류를 총리령으로 정하는 바에 따라 다른 의약품과 구별하여 저장하여야 한다. 이 경우 마약은 잠금장치가 되어 있는 견고한 장소에 저장하여야 한다.
▷ **행정기본법 제2조(정의)** 이 법에서 사용하는 용어의 뜻은 다음과 같다.
5. **"제재처분"**이란 법령등에 따른 의무를 위반하거나 이행하지 아니하였음을 이유로 당사자에게 의무를 부과하거나 권익을 제한하는 처분을 말한다. 다만, 제30조 제1항 각 호에 따른 행정상 강제는 제외한다.

2. 법적 성질

제재적 경찰처분은 위반자에게 불이익을 가하고, 이로써 경찰법상 의무의 이행을 간접적으로 확보하는 의미를 갖는다. 행정상 강제는 제재적 처분에 해당하지 않는다(행정기본법 제2조 제5호 단서).

3. 법적 근거

제재처분법정주의(행정기본법 제22조 제1항)에 따라 제재처분을 위해서는 법적 근거가 필요하다. 행정기본법 제22조와 제23조가 제재처분의 일반규정이다. 개별 법률로, 감염병의 예방 및 관리에 관한 법률(제23조의2), 주차장법(제19조의19)등이 있다. 제재처분의 근거가 되는 법률에는 제재처분의 주체, 사유, 유형 및 상한을 명확하게 규정하여야 한다(행정기본법 제22조 제1항).

▷ **감염병의 예방 및 관리에 관한 법률 제23조의2(고위험병원체 취급시설의 허가취소 등)** 질병관리청장은 제23조 제2항에 따라 고위험병원체 취급시설 설치·운영의 허가를 받거나 신고를 한 자가 다음 각 호의 어느 하나에 해당하는 경우에는 그 허가를 취소하거나 고위험병원체 취급시설의 폐쇄를 명하거나 1년 이내의 기간을 정하여 그 시설의 운영을 정지하도록 명할 수 있다. …
3. 제23조 제7항에 따른 안전관리 준수사항을 지키지 아니한 경우
4. 제23조 제9항에 따른 허가 또는 신고의 기준에 미달한 경우
▷ **주차장법 제19조의19(등록의 취소 등)** ① 시장·군수 또는 구청장은 보수업자가 다음 각 호의 어느 하나에 해당하는 경우에는 보수업의 등록을 취소하거나 6개월 이내의 기간을 정하여 그 영업의 정지를 명할 수 있다. 다만, 제1호·제2호·제4호 및 제6호에 해당하는 경우에는 그 등록을 취소하여야 한다.
5. 보수의 흠으로 인하여 기계식주차장치의 이용자를 사망하게 하거나 다치게 한 경우 또는 자동차를 파손시킨 경우
6. 영업정지명령을 위반하여 그 영업정지기간에 영업을 한 경우

4. 제재처분의 유형

제재처분은 당사자에게 의무를 부과하거나 권익을 제한하는 것을 내용으로 하는바(행정기본법 제2조 제5호), 제재처분의 유형은 크게 보아 의무를 부과하거나 권익을 제한하는 것으로 구분할 수 있다. 한편, 행정기본법 제23조 제1항은 제재처분의 내용으로 인허가의 정지·취소·철회처분, 등록 말소처분, 영업소 폐쇄처분과 정지처분을 갈음하는 과징금 부과처분 규정하고 있는데, ① 인허가의 정지·취소·철회처분, 등록 말소처분, 영업소 폐쇄처분은 권익의 제한에 해당하고, ② 정지처분을 갈음하는 과징금 부과처분은 의무의 부과에 해당한다.

5. 제재처분의 제척기간

(1) 기간 행정청은 법령등의 위반행위가 종료된 날부터 5년이 지나면 해당 위반행위에 대하여 제재처분(인허가의 정지·취소·철회처분, 등록 말소처분, 영업소 폐쇄처분과 정지처분을 갈음하는 과징금 부과처분을 말한다)을 할 수 없다(행정기본법 제23조 제1항). 다른 법률에서 짧거나 긴 기간을 규정하고 있으면 그 법률에서 정하는 바에 따른다(행정기본법 제23조 제4항).

(2) 적용제외 다음 각 호(1. 거짓이나 그 밖의 부정한 방법으로 인허가를 받거나 신고를 한 경우, 2. 당사자가 인허가나 신고의 위법성을 알고 있었거나 중대한 과실로 알지 못한 경우, 3. 정당한 사유 없이 행정청의 조사·출입·검사를 기피·방해·거부하여 제척기간이 지난 경우, 4. 제재처분을 하지 아니하면 국민의 안전·생명 또는 환경을 심각하게 해치거나 해칠 우려가 있는 경우)의 어느 하나에 해당하는 경우에는 제1항을 적용하지 아니한다(행정기본법 제23조 제2항).

6. 기타

① 판례는 특별한 사정이 없는 한 위반자에게 고의나 과실이 없더라도 제재적 행정처분을 부과할 수 있다는 견해를 취한다.

○**판례** 일반적으로 제재적 행정처분은 행정목적을 달성하기 위하여 행정법규 위반이라는 객관적 사실에 대하여 가하는 제재로서 반드시 현실적인 행위자가 아니라도 법령상 책임자로 규정된 자에게 부과되는 것이고, 처분의 근거 법령에서 달리 규정하거나 위반자에게 의무 위반을 탓할 수 없는 정당한 사유가 있는 등 특별한 사정이 없는 한 위반자에게 고의나 과실이 없더라도 부과할 수 있다(대판 2024. 5. 30., 2021두58202).

② 제재적 경찰처분에는 행정벌이 부가될 수도 있다. 왜냐하면 양자는 목적·대상 등을 달리하기 때문이다. ③ 제재적 경찰처분에 불복이 있으면, 행정기본법이 정하는바에 따라 이의신청을 할 수 있고(행정기본법 제36조), 행정쟁송절차에 따라 다툴 수 있다. 처분의 재심사는 허용되지 아니한다(행정기본법 제37조 제1항). ④ 제재적 경찰처분이 위법한 경우에는 국가배상법이 정하는바에 따라 손해배상을 청구할 수도 있다.

[143] 경찰상 공표

1. 의의

경찰상 공표란 경찰행정청이 법령에 따른 의무를 위반한 자의 성명·법인명, 위반사실, 의무 위반을 이유로 한 처분사실 등(이하 "위반사실등"이라 한다)을 법률로 정하는 바에 따라 일반에게 알리는 것을 말한다(행정절차법 제40조의3 제1항)(행정절차법은 위반사실 등의 공표로 부르고 있으나, 이 책에서는 단순히 공표로 부르기로 한다). 예를 들어, 식품접객업자가 질병에 걸려 죽은 동물의 고기를 판매하면, 경찰행정청(식품경찰)은 영업정지처분을 할 수 있고, 영업정지처분을 하면 처분 내용, 해당 영업소와 식품등의 명칭 등 처분과 관련한 영업 정보를 공표하게 되는바(식품위생법 제84조), 이러한 경우에 경찰상 공표를 볼 수 있다. 경찰상 공표제도는 개인의 명예심 내지 수치심을 자극함으로써 제재를 가하고 아울러 간접적으로 의무이행을 확보하는 성질을 갖는다.

▷**행정절차법 제40조의3(위반사실 등의 공표)** ① 행정청은 법령에 따른 의무를 위반한 자의 성명·법인명, 위반사실, 의무 위반을 이유로 한 처분사실 등(이하 "위반사실등"이라 한다)을 법률로 정하는 바에 따라 일반에게 공표할 수 있다.

▷**식품위생법 제84조(위반사실 공표)** 식품의약품안전처장, 시·도지사 또는 시장·군수·구청장은 제72조, 제75조, 제76조, 제79조, 제82조 또는 제83조에 따라 행정처분이 확정된 영업자에 대한 처분 내용, 해당 영업소와 식품등의 명칭 등 처분과 관련한 영업 정보를 대통령령으로 정하는 바에 따라 공표하여야 한다.

제75조(허가취소 등) ① 식품의약품안전처장 또는 특별자치시장·특별자치도지사·시장·군수·구청장은 영업자가 다음 각 호의 어느 하나에 해당하는 경우에는 대통령령으로 정하는 바에 따라 영업허가 또는 등록을 취소하거나 6개월 이내의 기간을 정하여 그 영업의 전부 또는 일부를 정지하거나 영업소 폐쇄(제37조 제4항에 따라 신고한 영업만 해당한다. 이하 이 조에서 같다)를 명할 수 있다. 다만, 식품접객영업자가 제13호(제44조 제2항에 관한 부분만 해당한다)를 위반한 경우로서 청소년의 신분증 위

조·변조 또는 도용으로 식품접객영업자가 청소년인 사실을 알지 못하였거나 폭행 또는 협박으로 청소년임을 확인하지 못한 사정이 인정되는 경우에는 대통령령으로 정하는 바에 따라 해당 행정처분을 면제할 수 있다.

제5조(병든 동물 고기 등의 판매 등 금지) 누구든지 총리령으로 정하는 질병에 걸렸거나 걸렸을 염려가 있는 동물이나 그 질병에 걸려 죽은 동물의 고기·뼈·젖·장기 또는 혈액을 식품으로 판매하거나 판매할 목적으로 채취·수입·가공·사용·조리·저장·소분 또는 운반하거나 진열하여서는 아니 된다.

2. 법적 성질

경찰상 공표는 행정의 실효성확보수단의 하나로서 사실행위이지 의사표시를 요소로 하는 법적 행위는 아니다. 말하자면 권리·의무의 발생과 무관하다.

3. 법적 근거

행정청은 법령에 따른 의무를 위반한 자의 성명·법인명, 위반사실, 의무 위반을 이유로 한 처분사실 등(이하 "위반사실등"이라 한다)을 법률로 정하는 바에 따라 일반에게 공표할 수 있는바(행정절차법 제40조의3 제1항), 행정절차법은 공표법정주의를 규정하고 있다. 공표를 규정하는 개별 법률은 적지 않다. 공표를 규정하는 개별 법률에 특별히 정함이 없는 사항에 대해서는 행정절차법 제40조의2가 적용된다.

4. 기타

① 기본적으로 경찰상 공표는 처분이 아니라 비권력적 사실행위이므로 행정상 쟁송의 대상이 아니다. 그러나 경찰상 공표가 의무위반자 또는 불이행자가 따라야 할 의무를 내용으로 한다면, 그러한 경찰상 공표는 항고소송(행정소송)의 대상이 될 수 있다. ② 경찰상 공표가 위법한 경우에는 국가배상법이 정하는 바에 따라 손해배상을 청구할 수도 있다. ③ 경찰상 공표의 상대방은 민법 제764조에 근거하여 정정공고를 구할 수도 있다.

▷ **민법 제764조(명예훼손의 경우의 특칙)** 타인의 명예를 훼손한 자에 대하여는 법원은 피해자의 청구에 의하여 손해배상에 갈음하거나 손해배상과 함께 명예회복에 적당한 처분을 명할 수 있다.

[144] 경찰상 시정명령

1. 의의

경찰상 시정명령이란 경찰행정청이 경찰법령의 위반행위로 초래된 위법한 상태의 제거 내지 시정을 위하여 위반행위를 한 자에게 시정을 명하는 것을 말한다. 시정명령은 시정조치라고도 한다(예: 개인정보 보호법 제64조 제1항). 예를 들어, 소방시설을 설치하여야 할 소방대상물의 관계인이 그 대상물에 설치되어 있는 소방시설을 점검하지 아니하면, 시 도지사는 시정을 명할 수 있는 바(소방시설 설치 및 관리에 관한 법률 제35조 제1항 제2호). 이러한 경우에 경찰상 시정명령을 볼 수 있다.

▷ **소방시설 설치 및 관리에 관한 법률 제35조(등록의 취소와 영업정지 등)** ① 시·도지사는 관리업자가 다음 각 호의 어느 하나에 해당하는 경우에는 행정안전부령으로 정하는 바에 따라 그 등록을 취소하거나 6개월 이내의 기간을 정하여 이의 시정이나 그 영업의 정지를 명할 수 있다. 다만, 제1호·제4호 또는 제5호에 해당할 때에는 등록을 취소하여야 한다.
2. 제22조에 따른 점검을 하지 아니하거나 거짓으로 한 경우
제22조(소방시설등의 자체점검) ① 특정소방대상물의 관계인은 그 대상물에 설치되어 있는 소방시설등이 이 법이나 이 법에 따른 명령 등에 적합하게 설치·관리되고 있는지에 대하여 다음 각 호의 구분에 따른 기간 내에 스스로 점검하거나 제34조에 따른 점검능력 평가를 받은 관리업자 또는 행정안전부령으로 정하는 기술자격자(이하 "관리업자등"이라 한다)로 하여금 정기적으로 점검(이하 "자체점검"이라 한다)하게 하여야 한다. 이 경우 관리업자등이 점검한 경우에는 그 점검 결과를 행정안전부령으로 정하는 바에 따라 관계인에게 제출하여야 한다(각호 생략).
▷ **개인정보 보호법 제64조(시정조치 등)** ① 보호위원회는 이 법을 위반한 자(중앙행정기관, 지방자치단체, 국회, 법원, 헌법재판소, 중앙선거관리위원회는 제외한다)에 대하여 다음 각 호에 해당하는 조치를 명할 수 있다.
1. 개인정보 침해행위의 중지
2. 개인정보 처리의 일시적인 정지
3. 그 밖에 개인정보의 보호 및 침해 방지를 위하여 필요한 조치

2. 법적 근거

경찰상 시정명령은 상대방에게 작위·부작위·급부 등의 의무를 발생시키므로 헌법 제37조 제2항에 비추어 법적 근거를 필요로 한다. 시정명령에 관한 일반법은 없다. 소방시설 설치 및 관리에 관한 법률(제35조 제1항), 개인정보 보호법(제64조 제1항), 감염병의 예방 및 관리에 관한 법률(제58조), 건축법(제79조 제1항), 식품위생법(제47조의2, 제71조), 독점규제 및 공정거래에 관한 법률(제16조) 등의 법률에서 나타난다.

▷ **감염병의 예방 및 관리에 관한 법률 제58조(시정명령)** 특별자치시장·특별자치도지사 또는 시장·군수·구청장은 소독업자가 다음 각 호의 어느 하나에 해당하면 1개월 이상의 기간을 정하여 그 위반 사항을 시정하도록 명하여야 한다.

1. 제52조 제1항에 따른 시설·장비 및 인력 기준을 갖추지 못한 경우

▷ **건축법 제79조(위반 건축물 등에 대한 조치 등)** ① 허가권자는 이 법 또는 이 법에 따른 명령이나 처분에 위반되는 대지나 건축물에 대하여 이 법에 따른 허가 또는 승인을 취소하거나 그 건축물의 건축주·공사시공자·현장관리인·소유자·관리자 또는 점유자(이하 "건축주등"이라 한다)에게 공사의 중지를 명하거나 상당한 기간을 정하여 그 건축물의 해체·개축·증축·수선·용도변경·사용금지·사용제한, 그 밖에 필요한 조치를 명할 수 있다.

▷ **식품위생법 제71조(시정명령)** ① 식품의약품안전처장, 시·도지사 또는 시장·군수·구청장은 제3조에 따른 식품등의 위생적 취급에 관한 기준에 맞지 아니하게 영업하는 자와 이 법을 지키지 아니하는 자에게는 필요한 시정을 명하여야 한다.

▷ **독점규제 및 공정거래에 관한 법률 제14조(시정조치 등)** ① 공정거래위원회는 제9조 제1항 또는 제13조를 위반하거나 위반할 우려가 있는 행위가 있을 때에는 해당 사업자[제9조 제1항을 위반한 경우에는 기업결합 당사회사(기업결합 당사회사에 대한 시정조치만으로는 경쟁제한으로 인한 폐해를 시정하기 어렵거나 기업결합 당사회사의 특수관계인이 사업을 영위하는 거래분야의 경쟁제한으로 인한 폐해를 시정할 필요가 있는 경우에는 그 특수관계인을 포함한다)를 말한다] 또는 위반행위자에게 다음 각 호의 시정조치를 명할 수 있다. 이 경우 제11조 제6항 각 호 외의 부분 단서에 따른 신고를 받았을 때에는 같은 조 제7항에 따른 기간 내에 시정조치를 명하여야 한다.

1. 해당 행위의 중지(제2호 이하 생략)

3. 특징

① 경찰상 시정명령은 작위의무(건축법 제79조 제1항의 건축물의 철거), 부작위(예: 건축법 제79조 제1항의 건축물의 사용금지, 가맹사업거래의 공정화에 관한 법률 제33조 제1항의 위반행위의 중지), 급부(예: 가맹사업거래의 공정화에 관한 법률 제33조 제1항의 가맹금의 반환) 등을 내용으로 한다. ② 경찰상 시정명령은 위반자에게 과실이 없어도 발령될 수 있다. 그러나 의무 해태를 탓할 수 없는 정당한 사유가 있는 경우에는 그러하지 않다.

▷ **가맹사업거래의 공정화에 관한 법률 제33조(시정조치)** ①공정거래위원회는 제6조의5 제1항·제4항, 제7조 제3항, 제9조 제1항, 제10조 제1항, 제11조 제1항·제2항, 제12조 제1항, 제12조의2 제1항·제2항, 제12조의3 제1항·제2항, 제12조의4, 제12조의5, 제12조의6 제1항, 제14조의2 제5항, 제15조의2 제3항·제6항을 위반한 가맹본부에 대하여 가맹금의 예치, 정보공개서등의 제공, 점포환경개선 비용의 지급, 가맹금 반환, 위반행위의 중지, 위반내용의 시정을 위한 필요한 계획 또는 행위의 보고 그 밖에 위반행위의 시정에 필요한 조치를 명할 수 있다.

4. 실효성의 확보

(1) 절차적 수단 ① 시정명령을 받은 사실을 공표 또는 거래상대방 등

에게 통지하도록 하는 경우도 있고(예: 가맹사업거래의 공정화에 관한 법률 제33조 제3항), ② 관련 행정기관에 알리게 하는 경우도 있다(건축법 제79조 제1항·제2항; 개발제한구역의 지정 및 관리에 관한 특별조치법 제30조 제6항).

▷**식품위생법 제71조(시정명령)** ② 식품의약품안전처장, 시·도지사 또는 시장·군수·구청장은 제1항의 시정명령을 한 경우에는 그 영업을 관할하는 관서의 장에게 그 내용을 통보하여 시정명령이 이행되도록 협조를 요청할 수 있다.
③ 제2항에 따라 요청을 받은 관계 기관의 장은 정당한 사유가 없으면 이에 응하여야 하며, 그 조치결과를 지체 없이 요청한 기관의 장에게 통보하여야 한다.
▷**가맹사업거래의 공정화에 관한 법률 제33조(시정조치)** ③ 공정거래위원회는 제1항에 따라 시정명령을 하는 경우에는 가맹본부에게 시정명령을 받았다는 사실을 공표하거나 거래상대방에 대하여 통지할 것을 명할 수 있다.
▷**건축법 제79조(위반 건축물 등에 대한 조치 등)** ② 허가권자는 제1항에 따라 허가나 승인이 취소된 건축물 또는 제1항에 따른 시정명령을 받고 이행하지 아니한 건축물에 대하여는 다른 법령에 따른 영업이나 그 밖의 행위를 허가·면허·인가·등록·지정 등을 하지 아니하도록 요청할 수 있다. 다만, 허가권자가 기간을 정하여 그 사용 또는 영업, 그 밖의 행위를 허용한 주택과 대통령령으로 정하는 경우에는 그러하지 아니하다.
③ 제2항에 따른 요청을 받은 자는 특별한 이유가 없으면 요청에 따라야 한다.
▷**개발제한구역의 지정 및 관리에 관한 특별조치법 제30조(법령 등의 위반자에 대한 행정처분)** ⑥ 국토교통부장관 또는 시·도지사가 제2항에 따라 위반행위자등에 대하여 시정명령을 한 경우 이를 해당 시장·군수·구청장에게 알려야 한다.

(2) 불이행에 대한 제재　　시정명령을 따르지 않는 경우에는 ① 행정형벌(개발제한구역의 지정 및 관리에 관한 특별조치법 제31조 제2항 제2호)이나 행정질서벌(개인정보 보호법 제75조 제2항 제13호)의 부과, ② 이행강제금(건축법 제80조 제1항; 도로법 제100조; 개발제한구역의 지정 및 관리에 관한 특별조치법 제30조의2)의 부과, ③ 제재적 행정처분(감염병의 예방 및 관리에 관한 법률 제59조 제1항 제4호; 가축전염병예방법 제42조 제7항 제2호)의 발령, ④ 권리의 제한조치(독점규제 및 공정거래에 관한 법률 제18조 제1항·제2항) 등이 따르기도 한다.

▷**개발제한구역의 지정 및 관리에 관한 특별조치법 제31조(벌칙)** ② 다음 각 호의 어느 하나에 해당하는 자는 3년 이하의 징역 또는 3천만원 이하의 벌금에 처한다.
2. 상습으로 제30조 제1항에 따른 시정명령을 이행하지 아니한 자
▷**개인정보 보호법 제75조(과태료)** ② 다음 각 호의 어느 하나에 해당하는 자에게는 3천만원 이하의 과태료를 부과한다.
13. 제64조 제1항에 따른 시정명령에 따르지 아니한 자
▷**건축법 제80조(이행강제금)** ① 허가권자는 제79조 제1항에 따라 시정명령을 받은 후 시정기간 내에 시정명령을 이행하지 아니한 건축주등에 대하여는 그 시정명령의 이행에 필요한 상당한 이행기한을 정하여 그 기한까지 시정명령을 이행하지 아니하면 다음 각 호의 이행강제금을 부과한다. …

▷ **도로법 제100조(이행강제금)** ① 도로관리청은 제40조 제4항에 따른 조치명령이나 제73조 제1항·제2항에 따른 원상회복 명령을 받은 자가 조치명령이나 원상회복 명령에서 정한 시정기간 내에 그 명령을 이행하지 아니하면 1천만원 이하의 이행강제금을 부과한다.

▷ **개발제한구역의 지정 및 관리에 관한 특별조치법 제30조의2(이행강제금)** ① 시장·군수·구청장은 제30조 제1항에 따른 시정명령을 받은 후 그 시정기간 내에 그 시정명령의 이행을 하지 아니한 자에 대하여 다음 각 호의 어느 하나에 해당하는 금액의 범위에서 이행강제금을 부과한다.

▷ **감염병의 예방 및 관리에 관한 법률 제59조(영업정지 등)** ① 특별자치시장·특별자치도지사 또는 시장·군수·구청장은 소독업자가 다음 각 호의 어느 하나에 해당하면 영업소의 폐쇄를 명하거나 6개월 이내의 기간을 정하여 영업의 정지를 명할 수 있다. 다만, 제5호에 해당하는 경우에는 영업소의 폐쇄를 명하여야 한다.

4. 제58조에 따른 시정명령에 따르지 아니한 경우

▷ **가축전염병 예방법 제42조(검역시행장)** ⑦ 동물검역기관의 장은 다음 각 호의 어느 하나에 해당하는 검역시행장에 대하여는 지정을 취소하거나 6개월 이내의 기간을 정하여 업무의 정지를 명할 수 있다. 다만, 제1호에 해당할 때에는 그 지정을 취소하여야 한다.

1. 거짓이나 그 밖의 부정한 방법으로 검역시행장의 지정을 받았을 때
2. 제6항에 따른 시정명령을 이행하지 아니하였을 때

▷ **독점규제 및 공정거래에 관한 법률 제15조(시정조치의 이행확보)** 제14조 제1항에 따른 주식처분 명령을 받은 자는 그 명령을 받은 날부터 해당 주식에 대하여 의결권을 행사할 수 없다.

5. 구제

① 시정명령을 받은 사람은 시정명령의 근거법령에 특별한 규정이 없다면, 행정심판법과 행정소송법이 정하는 바에 따라 시정명령의 취소등을 구할 수 있다. ② 경찰상 시정명령이 위법한 경우에는 국가배상법이 정하는 바에 따라 손해배상을 청구할 수도 있다.

제4장

경찰행정구제법

제1절 국가책임과 사인의 비용부담

국가의 책임	**위법**한 경찰작용으로 인해 피해의 배상	손해배상제도 [145~149]
		재산상 손실보상제도 [150~153]
	적법한 경찰작용으로 인해 피해의 보상	비재산상 손실보상제도 [154~155] (생명·신체상 피해 등의 보상)
		경찰관 직무집행법상 특례 [156~157]
	결과제거의무(결과제거청구권) [158~159]	
사인의 경찰비용 부담책임 [160~162]		

✦제1항 국가의 손해배상제도

[145] 손해배상제도의 관념

1. 손해배상제도의 의의

국가배상제도(국가의 손해배상제도)란 국가나 지방자치단체의 공무원이 직무수행과 관련하여 위법하게 타인에게 손해를 가한 경우에 국가나 지방자치단체가 피해자에게 손해를 물어주는 제도를 말한다. 예를 들어, 甲이 교통경찰관 A의 잘못된 수신호를 따르다가 사고를 내거나, 경찰관 B가 불심검문 도중에 乙을 불법적으로 연행하였다면, 甲과 乙은 국가를 상대로 피해의 배상(손해배상)을 청구할 수 있다. 단란주점업자 甲이 식품위생법을 위반하지 아니하였음에도 불구하고 서대문구청장이 실수로 甲에게 내준 단란주점영업허가를 취소한다면, 甲은 서대문구를 상대로 손해배상을 청구할 수 있다.

▷ **도로교통법 제5조(신호 또는 지시에 따를 의무)** ① 도로를 통행하는 보행자, 차마 또는 노면전차의 운전자는 교통안전시설이 표시하는 신호 또는 지시와 다음 각 호의 어느 하나에 해당하는 사람이 하

는 신호 또는 지시를 따라야 한다.

1. 교통정리를 하는 국가경찰공무원(의무경찰을 포함한다. 이하 같다) 및 제주특별자치도의 자치경찰공무원(이하 "자치경찰공무원"이라 한다)

2. 국가경찰공무원 및 자치경찰공무원(이하 "경찰공무원"이라 한다)을 보조하는 사람으로서 대통령령으로 정하는 사람(이하 "경찰보조자"라 한다)

▷ **경찰관 직무집행법 제3조(불심검문)** ② 경찰관은 제1항에 따라 같은 항 각 호의 사람을 정지시킨 장소에서 질문을 하는 것이 그 사람에게 불리하거나 교통에 방해가 된다고 인정될 때에는 질문을 하기 위하여 가까운 경찰서·지구대·파출소 또는 출장소(지방해양경찰관서를 포함하며, 이하 "경찰관서"라 한다)로 동행할 것을 요구할 수 있다. 이 경우 동행을 요구받은 사람은 그 요구를 거절할 수 있다.

▷ **식품위생법 제75조(허가취소 등)** ① 식품의약품안전처장 또는 특별자치시장·특별자치도지사·시장·군수·구청장은 영업자가 다음 각 호의 어느 하나에 해당하는 경우에는 대통령령으로 정하는 바에 따라 영업허가 또는 등록을 취소하거나 6개월 이내의 기간을 정하여 그 영업의 전부 또는 일부를 정지하거나 영업소 폐쇄(제37조 제4항에 따라 신고한 영업만 해당한다. 이하 이 조에서 같다)를 명할 수 있다. 다만, 식품접객영업자가 제13호(제44조 제2항에 관한 부분만 해당한다)를 위반한 경우로서 청소년의 신분증 위조·변조 또는 도용으로 식품접객영업자가 청소년인 사실을 알지 못하였거나 폭행 또는 협박으로 청소년임을 확인하지 못한 사정이 인정되는 경우에는 대통령령으로 정하는 바에 따라 해당 행정처분을 면제할 수 있다.

2. 손해배상제도의 법적 근거(국가배상법)

헌법 제29조 제1항은 국가의 손해배상책임을 규정하고 구체적인 사항은 법률로 정하도록 하고 있다. 이에 따라 국가배상법이 제정되어 있다. 국가배상법은 국가나 지방자치단체의 배상책임에 관한 일반법이다. 판례는 국가배상법을 사법으로 보고, 국가배상사건을 민사법원의 관할사항으로 본다. 행정법학자의 다수는 공법으로 보고, 행정법원의 관할사항으로 본다.

▷ **헌법 제29조** ① 공무원의 직무상 불법행위로 손해를 받은 국민은 법률이 정하는 바에 의하여 국가 또는 공공단체에 정당한 배상을 청구할 수 있다. 이 경우 공무원 자신의 책임은 면제되지 아니한다.

② 군인·군무원·경찰공무원 기타 법률이 정하는 자가 전투·훈련등 직무집행과 관련하여 받은 손해에 대하여는 법률이 정하는 보상외에 국가 또는 공공단체에 공무원의 직무상 불법행위로 인한 배상은 청구할 수 없다.

▷ **국가배상법 제8조(다른 법률과의 관계)** 국가나 지방자치단체의 손해배상 책임에 관하여는 이 법에 규정된 사항 외에는 「민법」에 따른다. 다만, 「민법」 외의 법률에 다른 규정이 있을 때에는 그 규정에 따른다.

3. 손해배상책임의 유형

국가배상법은 배상책임의 유형으로 ① 공무원의 직무상 불법행위로 인한 배상책임과 ② 영조물의 설치·관리상의 하자로 인한 배상책임의 두 가지를 규정하고 있다. ③ 국가배상법은 국가나 지방자치단체가 사인(私人)의 지위에서 행하는 사경제작용(예: 서대문구청이 경영합리화를 위해 낡은 교통단속용 차량을 민간인에게 매각하는 행위)으로 인한 손해배상책임에 관해서는 규정하는 바가 없으므로, 이러한 배상책임은 민법에 의한다.

[146] 위법한 직무집행행위로 인한 손해배상책임의 성립요건

국가배상법은 제2조에서 위법한 직무집행행위로 인한 배상책임을 규정하고 있다. 국가의 손해배상책임이 인정되기 위해서는 국가배상법 제2조가 정하는 요건을 모두 구비하여야 한다. 요건들을 차례로 살펴보기로 한다. 다만 자동차손해배상보장법의 규정에 의하여 국가나 지방자치단체가 손해배상의 책임이 있는 경우에 관해서는 설명을 약한다.

▷ **국가배상법 제2조(배상책임)** ① 국가나 지방자치단체는 공무원 또는 공무를 위탁받은 사인(이하 "공무원"이라 한다)이 직무를 집행하면서 고의 또는 과실로 법령을 위반하여 타인에게 손해를 입히거나,「자동차손해배상 보장법」에 따라 손해배상의 책임이 있을 때에는 이 법에 따라 그 손해를 배상하여야 한다.…

1. 공무원

국가배상법상 공무원이란 경찰관 등 국가나 지방자치단체에 소속된 모든 공무원뿐만 아니라 국가나 지방자치단체로부터 일시적으로 사무를 위탁받은 사인도 포함한다. 예를 들어, 강서구청장(도로안전경찰)이 강서구의 노인 甲과 乙에게 아침 8시부터 9시까지 A초등학교 앞에서 어린이를 보호하는 일을 맡겼는데, 甲과 乙이 그 시간에 어린이를 보호하다가 어린이를 다치게 하였다면, 甲과 乙은 국가배상법상 공무원에 해당한다.

2. 직무

① 국가배상법상 직무란 교통경찰관이 도로에서 도로교통법에 따라 교통정리를 하는 것과 같이 공법상의 모든 직무를 말한다. 국가배상법 제5조의 직무는 제외되지만, 제5조의 영조물의 설치·관리와 제2조의 직무가 경합하는 경우는 있을 수 있다. 사법작용(私法作用)은 제외된다. ② 국가배상법상 직무

는 오로지 공익을 위한 직무가 아니라 공익과 사익을 동시에 위한 직무이든지 아니면 사익을 위한 직무이어야 한다. 예를 들어, 경찰관이 심야에 보호자로부터 이탈하여 길을 잃고 해매는 미아(迷兒)를 보고서도 외면하였는데, 마침 그 미아가 강물에 빠져 변을 당하였다면, 그 미아의 부모는 국가를 상대로 손해배상을 청구할 수 있다. 왜냐하면 경찰관 직무집행법은 적당한 보호자가 없고 응급의 구호를 요한다고 인정되는 미아를 보호하는 것을 경찰의 직무로 하고 있는데, 그러한 직무는 미아 개개인을 보호하는 것도 목적으로 하고 있다고 보기 때문이다.

▷ **경찰관 직무집행법 제4조(보호조치등)** ① 경찰관은 수상한 거동 기타 주위의 사정을 합리적으로 판단하여 다음 각호의 1에 해당함이 명백하며 응급의 구호를 요한다고 믿을 만한 상당한 이유가 있는 자를 발견한 때에는 보건의료기관 또는 공공구호기관에 긴급구호를 요청하거나 경찰관서에 보호하는 등 적당한 조치를 할 수 있다.
1. 정신착란 또는 술취한 상태로 인하여 자기 또는 타인의 생명·신체와 재산에 위해를 미칠 우려가 있는 자와 자살을 기도하는 자
2. 미아·병자·부상자등으로서 적당한 보호자가 없으며 응급의 구호를 요한다고 인정되는 자. 다만, 당해인이 이를 거절하는 경우에는 예외로 한다.

3. 집행하면서

통설과 판례는 직무를 '집행하면서'를 ① 경찰관이 불심검문을 하는 중에 상대방에게 폭행을 하는 경우와 같은 직접적인 직무집행행위뿐만 아니라 ② 널리 외형상으로 직무집행과 관련 있는 행위를 포함하는 것으로 새긴다(외형설). 예를 들어 강서구청장이 강서구의 노인 甲과 乙에게 아침 8시부터 9시까지 A초등학교 앞 B교차로에서만 어린이를 보호하는 일을 맡겼는데, 甲과 乙이 그 시간에 A초등학교 앞 C교차로에서 어린이를 보호하다가 어린이를 다치게 하였다면, 甲과 乙의 행위는 엄밀한 의미에서 직무집행행위라 보기 어렵지만, 외형상 직무집행과 관련 있는 행위로 볼 것이므로, 甲과 乙의 행위도 '집행하면서'에 해당한다.

4. 고의 또는 과실

고의란 경찰관이 불심검문을 하는 중에 상대방에게 폭행을 하는 경우와 같이 어떠한 위법행위의 발생가능성을 인식하고 그 결과를 인용하는 것을 말하고, 과실이란 소방관이 화재진압을 위해 화재현장에 방어막을 설치하였

으나, 설치 후 잠시 뒤 방어막이 무너져 지나가던 행인이 다치는 경우와 같이 소방공무원의 부주의로 인해 어떠한 위법한 결과를 초래하는 것을 말한다.

○ 판례 공무원의 직무집행상 과실이란 공무원이 그 직무를 수행하면서 해당 직무를 담당하는 평균인이 통상 갖추어야 할 주의의무를 게을리한 것을 말한다(대판 2021. 6. 10., 2017다286874).

5. 법령에 위반

① 법령에는 경찰관 직무집행법 등 성문법 외에 불문법과 경찰행정법의 일반원칙이 포함된다. ② 위반이란 법령에 위배됨을 의미한다. 위반에는 ⓐ 불심검문을 하는 경찰관이 검문당하는 자에게 폭행을 가하는 경우와 같은 적극적인 작위에 의한 위반과 ⓑ 경찰관이 심야에 보호자로부터 이탈하여 길을 잃고 헤매는 미아를 보호하여야 함에도 불구하고 외면하고 지나가버리는 경우와 같이 소극적인 부작위에 의한 위반도 있다. 부작위의 경우에는 작위의무(경찰관의 보호의무)가 있어야 한다. 경찰관 직무집행법 제4조, 제5조, 제6조, 제7조등은 경찰관에게 작위의무(보호의무)를 부과하는 규정들이다. 한편, 법령위반여부의 판단시점은 경찰관 등 공무원의 가해행위가 이루어지는 행위 시이다.

○ 판례 수사기관으로서 피의사건을 조사하여 진상을 명백히 하는 구체적인 직무를 수행하는 사법경찰관으로서는 제반 상황에 대응하여 자신에게 부여된 권한을 적절하게 행사할 수 있고, 이러한 권한은 일반적으로 사법경찰관의 합리적인 재량에 위임되어 있다고 볼 수 있다. 그러므로 사법경찰관의 수사활동이나 수사과정에서 이루어지는 판단·처분 등이 위법하다고 평가되기 위하여는 사법경찰관에게 이러한 권한을 부여한 형사소송법 등의 관련 법령의 취지와 목적에 비추어 구체적인 사정에 따라 사법경찰의 수사활동·판단·처분 등이 경험칙이나 논리칙에 비추어 도저히 그 합리성을 긍정할 수 없는 정도에 이르렀다고 인정되는 경우라야 한다. 후일 그 범죄사실의 존재를 증명함에 충분한 증거가 없다는 등의 이유로 검사의 불기소처분이 있거나 법원의 무죄판결이 선고·확정되더라도 마찬가지다(대판 2024. 3. 12., 2020다290569).

6. 타인

타인이란 위법한 행위를 한 자나 그 행위에 가담한 자를 제외한 모든 피해자를 말한다. 다만 피해자가 군인·군무원 등인 경우에는 헌법, 국가배상법에 따라 특례가 인정되고 있다.

7. 손해

① 손해란 가해행위로부터 발생한 일체의 손해를 말한다. 손해는 법익침해로서의 불이익을 의미한다. 교통경찰관의 잘못된 수신호로 자동차가 충돌하였다면, 수리에 요하는 비용이 손해일 것이고, 소방관이 화재진압을 위한 설치한 방어막이 무너져 신체 일부를 다쳤다면, 치료비 등이 손해일 것이다. 반사적 이익의 침해는 여기의 손해에 해당하지 아니한다. ② 가해행위인 직무집행행위와 손해의 발생 사이에는 상당인과관계가 있어야 한다. 인과관계 유무의 판단은 관련법령의 내용, 가해행위의 태양, 피해의 상황 등 제반사정을 복합적으로 고려하면서 이루어져야 한다.

[147] 공공시설 등의 하자로 인한 손해배상책임의 성립요건

국가배상법은 제5조에서 공공시설 등의 하자로 인한 배상책임을 규정하고 있다. 국가의 손해배상책임이 인정되기 위해서는 국가배상법은 제5조가 정하는 요건을 모두 구비하여야 한다. 요건들을 차례로 살펴보기로 한다.

▷ **국가배상법 제5조(공공시설 등의 하자로 인한 책임)** ① 도로·하천, 그 밖의 공공의 영조물의 설치나 관리에 하자가 있기 때문에 타인에게 손해를 발생하게 하였을 때에는 국가나 지방자치단체는 그 손해를 배상하여야 한다.……

1. 영조물

도로·하천, 그 밖의 공공의 영조물이란 도로·하천 등의 공적 물건, 즉 공물을 말한다. 공물에는 자연공물(예: 한강)·인공공물(예: 서울지방경찰청사), 동산·부동산이 있고, 동물도 포함되며, 공물에 공용물(예: 서울지방경찰청사)과 공공용물(예: 도로)이 포함된다. 예를 들어, 도로상 교통신호등이 넘어져서 행인이 다친 한 경우, 교통신호등은 영조물에 해당한다.

✚ 행정법학에서 영조물이란 사서와 책으로 구성되는 공공도서관, 의료진과 의료시설 및 약품 등으로 구성되는 공공병원과 같이 공공을 위한 인적 물적 종합시설을 뜻하는 개념으로 사용됨이 일반적이다. 그러나 국가배상법 제5조에서는 공물이란 의미로 사용되고 있다.

2. 설치 또는 관리에 하자

① 설치란 영조물(공물)의 설계에서 건조까지(서울지방경찰청사의 설계에서 준공까지)를 말하고, 관리란 영조물의 건조 후(서울지방경찰청사 준공 후부터)의 유지·수선을 의미한다. ② 하자의 의미와 관련하여 학설은 주관설(하자를 공물주체가 관리의무, 즉 안전확보 내지 사고방지의무를 게을리한 잘못으로 이해하는 견해)·객관설(하자를 공물 자체가 항상 갖추어야 할 객관적인 안정성의 결여로 이해하는 견해)·절충설(하자를 영조물 자체의 하자뿐만 아니라 관리자의 안전관리의무위반이라는 주관적 요소도 부가하여 이해하여야 한다는 견해) 등으로 나뉘고 있다. 학설과 판례는 기본적으로 객관설을 취한다. ③ 객관적 안전성을 갖춘 이상 불가항력에 의한 가해행위는 면책이 된다. ④ 예산의 부족은 배상액의 산정에 참작사유는 될지언정 안전성 판단에 결정적인 사유는 될 수 없다. ⑤ 국가배상법 제5조의 국가책임은 무과실책임이다.

○판례 국가배상법 제5조 제1항에 규정된 '영조물 설치·관리상의 하자'는 공공의 목적에 공여된 영조물이 그 용도에 따라 통상 갖추어야 할 안전성을 갖추지 못한 상태에 있음을 말한다(대판 2022. 7. 14., 2022다225910).

3. 타인

타인이란 설치·관리의 주체 이외의 자로서 영조물의 설치 또는 관리상의 하자로 인해 피해를 입은 모든 사람을 말한다. 다만 피해자가 군인·군무원 등인 경우에는 뒤에서 보는 바의 특례가 인정되고 있다.

4. 손해

① 손해란 영조물의 설치 또는 관리상의 하자로 인해 발생한 일체의 손해를 말한다. 손해는 법익침해로서의 불이익을 의미한다. 도로상 교통신호등이 넘어져서 행인이 다치거나 차량이 파손되었다면, 치료비나 차량수리비 등이 손해일 것이다. ② 영조물의 설치 또는 관리상의 하자와 손해의 발생 사이에는 상당인과관계가 있어야 한다. 인과관계 유무의 판단은 관련법령의 내용, 영조물의 설치 또는 관리의 태양, 피해의 상황 등 제반사정을 복합적으로 고려하면서 이루어져야 한다.

✚ 국가배상법 제2조와 제5조의 경합
교통경찰관이 광화문 교차로에 있는 교통신호기의 조작실수로 통행 중인 차량의 충돌사고가 발생하였다고 가정하자. ① 교통경찰관의 직무인 교통신호기의 조작에 잘못이 있다는 점에 초점을 맞추면, 피해자는 국가배상법 제2조에 따라 손해배상을 청구할 수 있다. ② 교통신호기의 잘못된 작동에 초점을 맞추면, 피해자는 국가배상법 제5조에 따라 손해배상을 청구할 수 있다. 요컨대 국가배상법 제2조와 제5조는 경합할 수 있다.

[148] 손해배상책임의 내용, 청구권자와 책임자

1. 손해배상책임의 내용

① 국가배상법 제3조는 배상기준을 규정하고 있다. 국가배상법 제3조에서 규정하는 기준은 법원을 구속한다는 한정액이라는 견해(한정액설)와 단순한 기준에 불과하다는 견해(기준액설)가 있다. 기준액설이 학설과 판례의 견해이다. 한편, 생명·신체의 침해로 인한 국가배상을 받을 권리는 양도하거나 압류하지 못한다(국가배상법 제4조).

▷ **국가배상법 제3조(배상기준)** ① 제2조 제1항을 적용할 때 타인을 사망하게 한 경우(타인의 신체에 해를 입혀 그로 인하여 사망하게 한 경우를 포함한다) 피해자의 상속인(이하 "유족"이라 한다)에게 다음 각 호의 기준에 따라 배상한다.
1. 사망 당시(신체에 해를 입고 그로 인하여 사망한 경우에는 신체에 해를 입은 당시를 말한다)의 월급액이나 월실수입액(月實收入額) 또는 평균임금에 장래의 취업가능기간을 곱한 금액의 유족배상(遺族賠償)
2. 대통령령으로 정하는 장례비 (제2항 이하 생략)

2. 손해배상 청구권자

① 공무원의 위법한 직무집행으로 피해를 입은 사람과 공공의 영조물의 설치·관리의 하자로 피해를 입은 사람은 누구나 손해배상금의 지급을 청구할 수 있다(국가배상법 제2조 제1항 본문). ② 그러나 경찰공무원 등의 경우에는 국가배상법 제2조 제1항 단서에 의해 이중배상이 배제된다.

▷ **국가배상법 제2조(배상책임)** ① …. 다만, 군인·군무원·경찰공무원 또는 예비군대원이 전투·훈련 등 직무 집행과 관련하여 전사(戰死)·순직(殉職)하거나 공상(公傷)을 입은 경우에 본인이나 그 유족이 다른 법령에 따라 재해보상금·유족연금·상이연금 등의 보상을 지급받을 수 있을 때에는 이 법 및 「민법」에 따른 손해배상을 청구할 수 없다.

3. 손해배상 책임자
(1) 사무의 귀속주체로서 배상책임자　　　국가배상법 제2조(위법한 직무집행행

위로 인한 배상책임) 제1항과 제5조(영조물의 하자로 인한 배상책임) 제1항에서 국가 또는 지방자치단체가 배상책임을 진다고 하는 것은 당해 사무의 귀속주체에 따라 국가사무의 경우에는 국가가 배상책임을 지고, 자치사무의 경우에는 해당 지방자치단체가 배상책임을 진다는 것을 뜻한다. 기관위임사무(예: 지방경찰청장이 군수에게 위임한 사무)의 경우에는 위임기관(지방경찰청장)이 속한 행정주체(국가)가 배상책임을 진다.

(2) 비용부담자로서 배상책임자　　국가배상법 제6조 제1항은 사무의 귀속주체 외에 비용부담자에게도 배상책임이 있음을 규정하고 있다. 그 내용을 제2조 부분과 제5조 부분을 나누어서 보기로 한다.

▷ **국가배상법 제6조(비용부담자 등의 책임)** ① 제2조·제3조 및 제5조에 따라 국가나 지방자치단체가 손해를 배상할 책임이 있는 경우에 공무원의 선임·감독 또는 영조물의 설치·관리를 맡은 자와 공무원의 봉급·급여, 그 밖의 비용 또는 영조물의 설치·관리 비용을 부담하는 자가 동일하지 아니하면 그 비용을 부담하는 자도 손해를 배상하여야 한다.

(가) 제2조 관련 부분　　공무원의 선임·감독자는 국가배상법 제2조의 국가나 지방자치단체를 뜻하고, 선임·감독자가 아닌 자가 공무원의 봉급·급여, 그 밖의 비용을 부담하는 경우에는 선임·감독자가 아닌 자도 피해를 입은 사람에게 배상책임이 있다. 예를 들어 서울지방경찰청장이 경찰사무의 일부를 서울특별시장에게 위임한 경우, 서울특별시장의 사무처리에 불법행위가 발생하였다면, 서울지방경찰청장이 속한 국가는 국가배상법 제2조 제1항에 따라 사무의 귀속주체로서 배상책임을 지고, 서울특별시장이 속한 서울특별시는 국가배상법 제6조 제1항에 따라 비용부담자로서 배상책임을 진다.

(나) 제5조 관련 부분　　영조물의 설치·관리를 맡은 자는 국가배상법 제5조의 국가나 지방자치단체를 뜻하고, 영조물의 설치·관리를 맡은 자가 아닌 자가 영조물의 설치·관리 비용을 부담하는 경우에는 그 영조물의 설치·관리 비용을 부담하는 자도 피해를 입은 사람에게 배상책임이 있다. 예를 들어 서울지방경찰청장이 설치·관리하는 교통시설을 서울특별시장에게 맡겨 서울특별시의 비용부담으로 관리토록 한 후 그 교통시설이 붕괴되어 통행인이 다친 경우, 서울지방경찰청장이 속한 국가는 국가배상법 제5조 제1항에 따라 사무의 귀속주체로서 배상책임을 지고, 서울특별시장이 속한 서울특별시는 국가배상법 제6조 제1항에 따라 비용부담자로서 배상책임을 진다.

(3) 행정주체 사이에서 종국적 배상책임자　　국가배상법 제6조 제2항은 「공무원의 선임·감독을 맡은 자와 공무원의 봉급·급여, 그 밖의 비용을 부담하는 자 사이에서」 또는 「영조물의 설치·관리를 맡은 자와 영조물의 설치·관리 비용을 부담하는 자 사이에서」 누가 종국적(최종적)으로 책임을 지는가를 규정하고 있다. 그 의미가 명확하지 않다.

▷ **국가배상법 제6조(비용부담자 등의 책임)** ① 제2조·제3조 및 제5조에 따라 국가나 지방자치단체가 손해를 배상할 책임이 있는 경우에 공무원의 선임·감독 또는 영조물의 설치·관리를 맡은 자와 공무원의 봉급·급여, 그 밖의 비용 또는 영조물의 설치·관리 비용을 부담하는 자가 동일하지 아니하면 그 비용을 부담하는 자도 손해를 배상하여야 한다.

예를 들어, 보건복지부장관의 식품위생사무의 일부를 기관위임받아 서울특별시장이 사무처리를 하던 중 불법행위가 발생하였고, 서울특별시가 피해자에게 손해배상을 하였다면, 서울특별시는 국가에 구상권을 행사할 수 있는가의 여부가 종국적인 배상책임자의 문제이다. 학설로는 ① 사무의 귀속주체가 부담하여야 한다는 사무귀속자설, ② 비용부담자가 부담하여야 한다는 비용부담자설, ③ 손해발생에 기여한 정도에 따라 최종적인 비용부담자가 정해져야 한다는 기여도설 등이 있다. 판례의 입장은 명백하지 않다.

4. 선택적 청구와 가해공무원의 책임

(1) 피해자의 선택적 청구 가능성　　경찰관 A가 불심검문 도중에 甲을 불법적으로 연행한 탓으로 甲에게 손해배상청구권이 발생한 경우, 甲은 반드시 국가를 상대로 손해배상을 청구하여야 하는가 아니면 甲의 판단에 따라 국가를 상대로 손해배상을 청구할 수도 있고, 경찰관 A를 상대로 손해배상을 청구할 수도 있는가? 판례는 경과실의 경우에는 국가 또는 지방자치단체에만 청구할 수 있고, 고의·중과실이 있는 경우에는 선택에 따라 국가 또는 지방자치단체에 청구하든지 아니면 가해공무원에게 청구할 수 있다는 견해를 취한다.

❍**판례** 공무원의 중과실이란 공무원에게 통상 요구되는 정도의 상당한 주의를 하지 않더라도 약간의 주의를 한다면 손쉽게 위법·유해한 결과를 예견할 수 있는 경우임에도 만연히 이를 간과한 경우와 같이, 거의 고의에 가까운 현저한 주의를 결여한 상태를 의미한다(대판 2021. 1. 28., 2019다260197).

(2) 가해 공무원의 책임　　① 앞에서 본 바와 같이 판례에 의하면, 가해 공

무원에게 고의·중과실이 있는 경우, 가해 공무원은 피해자에게 민사상 손해배상책임을 지며, 경과실이 있는 경우에는 손해배상책임을 지지 아니한다. ② 국가 또는 지방자치단체가 피해자에게 배상하였다면, 국가나 지방자치단체는 가해공무원에게 고의 또는 중대한 과실이 있는 경우에 한하여 그 가해공무원에게 구상할 수 있다(국가배상법 제2조 제2항).

[149] 손해배상금 청구절차

1. 행정절차

국가배상법은 손해배상금청구에 관한 사무를 관장하는 기관인 배상심의회, 배상금신청절차, 배상금지급 등에 관한 규정을 두고 있다.

▷ **국가배상법 제10조(배상심의회)** ① 국가나 지방자치단체에 대한 배상신청사건을 심의하기 위하여 법무부에 본부심의회를 둔다. 다만, 군인이나 군무원이 타인에게 입힌 손해에 대한 배상신청사건을 심의하기 위하여 국방부에 특별심의회를 둔다.
② 본부심의회와 특별심의회는 대통령령으로 정하는 바에 따라 지구심의회를 둔다.
제12조(배상신청) ① 이 법에 따라 배상금을 지급받으려는 자는 그 주소지·소재지 또는 배상원인 발생지를 관할하는 지구심의회에 배상신청을 하여야 한다.
제14조(결정서의 송달) ① 심의회는 배상결정을 하면 그 결정을 한 날부터 1주일 이내에 그 결정정본(決定正本)을 신청인에게 송달하여야 한다.
제15조(신청인의 동의와 배상금 지급) ① 배상결정을 받은 신청인은 지체 없이 그 결정에 대한 동의서를 첨부하여 국가나 지방자치단체에 배상금 지급을 청구하여야 한다.

2. 사법절차

(1) 임의적 결정전치주의　　　국가배상법에 의한 손해배상의 소송은 배상심의회에 배상신청을 하지 아니하고도 이를 제기할 수 있다(국가배상법 제9조). 이러한 원칙을 임의적 결정전치주의라 부른다.

(2) 관할법원　　　판례는 국가배상법상 손해배상청구에 관한 사건을 민사사건으로 다룬다. 한편, 처분의 취소를 구하는 소송을 제기하면서 손해배상의 청구를 병합하여 제기하는 것도 가능하다(행정소송법 제10조 제1항 제2호, 제2항). 예를 들어, 서울지방경찰청장이 甲에게 내준 총포판매업의 허가를 위법하게 취소한 경우, 甲은 총포판매업 허가취소처분 취소청구소송을 제기하면서 총포판매업허가의 취소로 인한 피해의 회복을 위하여 손해배상청구소송

을 병합하여 제기하는 것도 가능하다. 이러한 경우에는 행정법원에 제소하여야 한다.

▷ **행정소송법 제10조(관련청구소송의 이송 및 병합)** ① 취소소송과 다음 각호의 1에 해당하는 소송(이하 "관련청구소송"이라 한다)이 각각 다른 법원에 계속되고 있는 경우에 관련청구소송이 계속된 법원이 상당하다고 인정하는 때에는 당사자의 신청 또는 직권에 의하여 이를 취소소송이 계속된 법원으로 이송할 수 있다.
1. 당해 처분등과 관련되는 손해배상·부당이득반환·원상회복등 청구소송
2. 당해 처분등과 관련되는 취소소송
② 취소소송에는 사실심의 변론종결시까지 관련청구소송을 병합하거나 피고외의 자를 상대로 한 관련청구소송을 취소소송이 계속된 법원에 병합하여 제기할 수 있다.

✦제2항 국가의 재산상 침해에 대한 손실보상제도

[150] 손실보상제도의 관념

1. 손실보상제도의 의의

손실보상제도란 국가나 지방자치단체가 공공의 필요(예: 도로확장)에 응하기 위한 적법한 공권력행사(예: 수용권의 발동)로 인해 사인의 재산권에 특별한 희생(예: 소유권의 박탈)을 가한 경우에 재산권보장과 공적 부담 앞의 평등이라는 견지에서 그 사인에게 조절적인 보상(예: 토지소유권에 대한 보상)을 해주는 제도를 말한다. 예를 들어, 서울특별시가 「교통사고가 빈번히 발생하는 협소한 도로의 확장」을 위해 甲의 토지를 수용한다면, 서울특별시는 甲에게 보상을 하여야 한다.

2. 손실보상청구권의 성질

판례는 손실보상의 원인이 공법적이라 하여도 손실의 내용이 사권이라면, 손실보상은 사법적인 것이라는 것을 기본적인 입장으로 한다. 다만, 판례는 보상금증감소송 등을 행정사건으로 본다.

3. 손실보상제도의 법적 근거

(1) 일반법　　헌법 제23조 제3항은 특별희생설을 바탕으로 국가의 손실 보상책임을 규정하고, 구체적인 사항은 법률로 정하도록 하고 있다. 손실보상에 관한 일반법은 없다. 공익사업에 필요한 토지 등의 수용 및 사용과 그 손실 보상에 관한 일반법으로 '공익사업을 위한 토지 등의 취득 및 보상에 관한 법률'이 있다.

▷**헌법 제23조** ③ 공공필요에 의한 재산권의 수용·사용 또는 제한 및 그에 대한 보상은 법률로써 하되, 정당한 보상을 지급하여야 한다.
▷**공익사업을 위한 토지 등의 취득 및 보상에 관한 법률 제1조(목적)** 이 법은 공익사업에 필요한 토지 등을 협의 또는 수용에 의하여 취득하거나 사용함에 따른 손실의 보상에 관한 사항을 규정함으로써 공익사업의 효율적인 수행을 통하여 공공복리의 증진과 재산권의 적정한 보호를 도모하는 것을 목적으로 한다.

(2) 개별법　　① 손실보상을 규정하는 개별 법률(예: 하천법 제76조, 공유 수면 관리 및 매립에 관한 법률 제57조)도 적지 아니하다. 그런데 특기할 것은 공익사업을 위한 토지 등의 취득 및 보상에 관한 법률은 보상의 사유로 수용과 사용을 규정하고 있지만(제70조, 제71조 참조), 하천법 등은 사용 외에 죽목·토석, 그 밖의 장애물의 제거 등 물건의 파기 등도 보상의 원인으로 규정한다는 점이다. 헌법 제23조가 예정하는 손실보상의 원인(수용·사용 또는 제한)이 아닌 물건의 파기 등을 하천법 등에서 손실보상의 사유로 규정한 것은 재산권보장을 위한 것이다. 유사한 예로 감염병의 예방 및 관리에 관한 법률 제70조도 볼 수 있다. ② 개별 법률에 침해의 근거규정은 있으나 보상규정이 없는 경우, 보상 여부는 학설과 판례가 정리하여야 한다.

▷**하천법 제76조(공용부담 등으로 인한 손실보상)** ① 제75조에 따른 처분이나 제한으로 손실을 입은 자가 있거나 하천관리청이 시행하는 하천공사로 손실을 입은 자가 있는 때에는 국토교통부장관이 행한 처분이나 공사로 인한 것은 국고에서, 시·도지사가 행한 처분이나 공사로 인한 것은 해당 시·도에서 그 손실을 보상하여야 한다.
제75조(타인의 토지에의 출입 등) ① 국토교통부장관, 하천관리청, 국토교통부장관·하천관리청으로부터 명령이나 위임·위탁을 받은 자 또는 국토교통부장관·하천관리청의 하천공사를 대행하는 자는 하천공사, 하천에 관한 조사·측량, 그 밖에 하천관리를 위하여 필요한 경우에는 타인의 토지에 출입하거나 특별한 용도로 이용되지 아니하고 있는 타인의 토지를 재료적치장·통로 또는 임시도로로 일시 사용할 수 있으며 부득이한 경우에는 죽목·토석, 그 밖의 장애물을 변경하거나 제거할 수 있다.
▷**감염병의 예방 및 관리에 관한 법률 제70조(손실보상)** ① 보건복지부장관, 시·도지사 및 시장·군수·구청장은 다음 각 호의 어느 하나에 해당하는 손실을 입은 자에게 제70조의2의 손실보상심의위

원회의 심의·의결에 따라 그 손실을 보상하여야 한다.

1. 제36조 및 제37조에 따른 감염병관리기관의 지정 또는 격리소 등의 설치·운영으로 발생한 손실

---

[151] 손실보상청구권의 성립요건

1. 개별 법률에 손실보상에 관한 규정이 있는 경우

공익사업을 위한 토지 등의 취득 및 보상에 관한 법률과 같이 헌법 제23조 제3항에 따라 개별 법률에 보상규정을 두고 있다면, 손실보상청구권의 존부는 그 법률이 정하는 바를 따르면 된다. 이러한 개별 법률은 아래의 2.에서 보는 요건을 구체화하고 있다.

2. 개별 법률에 손실보상에 관한 규정이 없는 경우

개별 법률에 재산권의 침해의 근거규정은 있으나 보상규정이 없는 경우, 손실보상청구권의 존부는 그 개별 법률의 해석문제가 된다. 유력한 학설은 헌법 제23조 제1항, 제11조, 제23조 제3항 및 관계 규정의 종합적인 해석상 아래의 요건들을 구비하는 경우에 손실보상청구권이 인정될 수 있다는 견해를 취한다.

(1) 공공필요　　손실보상청구권은 도로상 위험방지를 위해 사인의 토지를 수용하는 것과 같이 공공필요가 있어서 사인의 재산권에 침해가 이루어지는 경우에 인정된다. 무릇 일반 공익을 위한 것이면 공공필요에 해당한다. 경찰작용이 공익을 위한 것임은 분명하다. 국유재산의 증대를 위한 재정확보는 공공필요에 해당하지 않는다.

(2) 재산권　　손실보상청구권은 토지소유권 등 재산권에 대한 침해가 있는 경우에 인정된다. 재산권의 종류는 물권인가 채권인가를 가리지 않고 공법상의 권리인가 사법상의 권리인가도 가리지 않는다. 재산적 가치 있는 모든 공권과 사권이 침해의 대상이 될 수 있다.

❍판례　우리 헌법이 보장하고 있는 재산권은 경제적 가치가 있는 모든 공법상·사법상의 권리를 뜻한다. 이러한 재산권의 범위에는 동산·부동산에 대한 모든 종류의 물권은 물론, 재산가치가 있는 모든 사법상의 채권과 특별법상의 권리 및 재산가치 있는 공법상의 권리 등이 포함되나, 단순한 기대이익·반사적 이익 또는 경제적인 기회 등은 재산권에 속하지 않는다[헌재 2024. 5. 30., 2020헌마1311, 2021헌마10(병합)].

(3) 침해　　　손실보상청구권은 재산권에 대한 침해가 있는 경우에 인정된다. 침해에는 수용·사용·제한이 있다. ① 수용이란 국가 등이 사인의 재산권을 강제적으로 취득하는 것을 말하고, ② 사용이란 국가 등이 사인의 재산권을 일시 사용하는 것을 말하고, ③ 제한이란 국가 등이 「사인이 자신의 재산권을 사용·수익하는 것」을 못하게 하는 것을 말한다. 한편, 수용·사용·제한을 모두 내포하는 넓은 의미로 수용이라는 용어가 사용되기도 한다. 넓은 의미의 수용은 공용침해라고도 한다.

(4) 특별한 희생　　　손실보상청구권은 재산권에 대한 침해가 특별한 희생에 해당하는 경우에 인정된다. 특별한 희생이란 일반적인 사회적 제약을 벗어나는 희생을 말한다. 따라서 사회적 제약을 벗어나는 재산권규제에는 보상이 따라야 한다. 특별한 희생의 존부는 침해의 중대성 여부, 침해의 불평등 여부, 상대방의 수인가능 여부, 경찰상 위험성의 존부, 부동산의 상황구속성 등을 종합하여 판단하여야 한다.

[152] 손실보상의 내용

1. 보상의 범위

① 헌법 제23조 제3항에 비추어 손실보상은 정당한 보상이어야 한다. 대법원과 헌법재판소는 정당한 보상을 상당한 보상이 아니라 완전한 보상으로 본다. ② 공익사업을 위한 토지 등의 취득 및 보상에 관한 법률은 시가보상의 원칙을 규정하면서 공시지가를 활용하고 있다.

▷**헌법 제23조** ③ 공공필요에 의한 재산권의 수용·사용 또는 제한 및 그에 대한 보상은 법률로써 하되, 정당한 보상을 지급하여야 한다.
▷**공익사업을 위한 토지 등의 취득 및 보상에 관한 법률 제67조(보상액의 가격시점 등)** ① 보상액의 산정은 협의에 의한 경우에는 협의 성립 당시의 가격을, 재결에 의한 경우에는 수용 또는 사용의 재결 당시의 가격을 기준으로 한다.
제70조(취득하는 토지의 보상) ① 협의나 재결에 의하여 취득하는 토지에 대하여는 「부동산 가격공시에 관한 법률」에 따른 공시지가를 기준으로 하여 보상…하여야 한다.

2. 보상의 내용

(1) 대물적 보상　　　손실보상의 내용은 수용당하는 목적물에 대하여 수용

당하는 사람이 평가하는 주관적 가치(대인적 보상)가 아니라 시장에서의 객관적인 교환가치(대물적 보상)이다.

(2) 생활보상 대단위 교통안전센터를 건설하기 위하여 농지를 수용하는 경우, 수용당한 농민이 손실보상금만으로 다른 지역에서 농지를 구입하여 계속 농사를 짓는 것이 어려운 경우, 수용농지에 대한 손실보상금 외에 이주대책·생계지원대책 등도 마련해 주어야만 그 농민은 수용 전과 같은 생활상태를 계속할 수 있다. 이와 같이 객관적 교환가치(손실보상금) 외에 삶의 터전(예: 이주대책·생계지원대책)도 마련해주어야만 보상이 의미 있게 되는 경우, 그러한 삶의 터전을 마련해주는 것을 생활보상이라 한다. 생활보상은 헌법 제23조 제3항과 제34조 제1항을 근거로 인정된다. 생활보상을 구체화하고 있는 법률로 공익사업을 위한 토지 등의 취득 및 보상에 관한 법률 등을 볼 수 있다.

▷**헌법 제23조** ③ 공공필요에 의한 재산권의 수용·사용 또는 제한 및 그에 대한 보상은 법률로써 하되, 정당한 보상을 지급하여야 한다.
제34조 ① 모든 국민은 인간다운 생활을 할 권리를 가진다.

3. 보상금의 지급

보상금의 지급에는 ① 보상금은 사업시행자 자신이 보상금을 지급하여야 한다는 사업시행자보상의 원칙, ② 보상은 현금으로 지급함이 원칙이라는 현금보상의 원칙, ③ 보상은 보상을 받을 자의 대표에게 일괄하여 지급하는 것이 아니라 보상을 받을 자 개인별로 지급함이 원칙이라는 개인별 보상의 원칙, ④ 수용 또는 사용의 시기까지 보상금을 지급함이 원칙이라는 사전보상의 원칙, ⑤ 보상금은 나누어서 지급하는 것이 아니라 일시에 지급하여야 함이 원칙이라는 일시보상의 원칙이 적용된다.

[153] 손실보상의 절차

1. 공익사업을 위한 토지 등의 취득 및 보상에 관한 법률상 절차

(1) 행정절차 ① 보상금액 등은 사업시행자와 토지소유자 등이 협의하여 정한다(제26조). ② 협의가 성립되지 아니하거나 협의를 할 수 없으면 사업

시행자가 관할 토지수용위원회에 재결을 신청할 수 있다(제28조). ③ 관할 토지수용위원회에 재결에 이의가 있는 자는 중앙토지수용위원회에 이의를 신청할 수도 있다(제83조).

▷ **공익사업을 위한 토지 등의 취득 및 보상에 관한 법률 제26조(협의 등 절차의 준용)** ① 제20조에 따른 사업인정을 받은 사업시행자는 토지조서 및 물건조서의 작성, 보상계획의 공고·통지 및 열람, 보상액의 산정과 토지소유자 및 관계인과의 협의 절차를 거쳐야 한다. 이 경우 제14조부터 제16조까지 및 제68조를 준용한다.
제28조(재결의 신청) ① 제26조에 따른 협의가 성립되지 아니하거나 협의를 할 수 없을 때(제26조 제2항 단서에 따른 협의 요구가 없을 때를 포함한다)에는 사업시행자는 사업인정고시가 된 날부터 1년 이내에 대통령령으로 정하는 바에 따라 관할 토지수용위원회에 재결을 신청할 수 있다.
제34조(재결) ① 토지수용위원회의 재결은 서면으로 한다.
제83조(이의의 신청) ① 중앙토지수용위원회의 제34조에 따른 재결에 이의가 있는 자는 중앙토지수용위원회에 이의를 신청할 수 있다.
② 지방토지수용위원회의 제34조에 따른 재결에 이의가 있는 자는 해당 지방토지수용위원회를 거쳐 중앙토지수용위원회에 이의를 신청할 수 있다.

(2) 사법절차

(가) 이의신청과 관계　　제85조 제1항에 따라 관할 토지수용위원회에 재결에 이의가 있는 경우에 이의신청 없이 행정소송을 제기할 수도 있고, 중앙토지수용위원회의 이의재결에 불복하는 경우에도 행정소송을 제기할 수 있다.

(나) 보상금증감소송　　제85조 제2항은 보상금증감소송을 규정하고 있다. 예를 들어, 서울특별시가 「교통사고가 빈번히 발생하는 협소한 도로의 확장」을 위해 甲의 토지를 수용하는 과정에서 중앙토지수용위원회가 수용면적을 1,000㎡, 수용가격을 ㎡당 30만원으로 하는 내용의 재결을 하였다고 하자. 이러한 경우에 ① 甲이 수용면적 1,000㎡가 많다고 하여 500㎡로 줄여줄 것을 구하는 소송이나 ② 서대문구청장이 수용면적 1,000㎡가 적다고 하여 1,500㎡로 늘여줄 것을 구하는 소송과 ③ 甲이 수용가격 ㎡당 30만원이 적다고 하여 ㎡당 50만원으로 올려줄 것을 구하는 소송이나 ④ 서대문구청장이 ㎡당 30만원이 많다고 하여 ㎡당 20만원으로 내려줄 것을 구하는 소송은 피고를 달리한다. ①과 ②는 통상의 보상소송에 해당하고, ③과 ④는 보상금증감소송에 해당한다.

▷ **공익사업을 위한 토지 등의 취득 및 보상에 관한 법률 제85조(행정소송의 제기)** ① 사업시행자, 토

지소유자 또는 관계인은 제34조에 따른 재결에 불복할 때에는 재결서를 받은 날부터 60일 이내에, 이의신청을 거쳤을 때에는 이의신청에 대한 재결서를 받은 날부터 30일 이내에 각각 행정소송을 제기할 수 있다. ….

② 제1항에 따라 제기하려는 행정소송이 보상금의 증감(增減)에 관한 소송인 경우 그 소송을 제기하는 자가 토지소유자 또는 관계인일 때에는 사업시행자를, 사업시행자일 때에는 토지소유자 또는 관계인을 각각 피고로 한다.

2. 기타 법률상 절차

하천법이나 공유수면 관리 및 매립에 관한 법률도 손실보상의 절차로 협의와 재결을 규정하고 있고, 이러한 법률에 규정되지 아니한 것에 대해서는 공익사업을 위한 토지 등의 취득 및 보상에 관한 법률을 준용한다는 것을 규정하고 있다(하천법 제76조; 공유수면 관리 및 매립에 관한 법률 제57조).

▷ **하천법 제76조(공용부담 등으로 인한 손실보상)** ① 제75조에 따른 처분이나 제한으로 손실을 입은 자가 있거나 하천관리청이 시행하는 하천공사로 손실을 입은 자가 있는 때에는 환경부장관이 행한 처분이나 공사로 인한 것은 국고에서, 시·도지사가 행한 처분이나 공사로 인한 것은 해당 시·도에서 그 손실을 보상하여야 한다.

② 환경부장관, 시·도지사는 제1항에 따른 손실을 보상함에 있어서는 손실을 입은 자와 협의하여야 한다.

③ 제2항에 따른 협의가 성립되지 아니하거나 협의를 할 수 없는 때에는 대통령령으로 정하는 바에 따라 관할 토지수용위원회에 재결을 신청할 수 있다.

④ 제1항부터 제3항까지에 따라 손실보상을 함에 있어서 이 법에 규정된 것을 제외하고는 「공익사업을 위한 토지 등의 취득 및 보상에 관한 법률」을 준용한다.

제75조(타인의 토지에의 출입 등) ① 환경부장관, 하천관리청, 환경부장관·하천관리청으로부터 명령이나 위임·위탁을 받은 자 또는 환경부장관·하천관리청의 하천공사를 대행하는 자는 하천공사, 하천에 관한 조사·측량, 그 밖에 하천관리를 위하여 필요한 경우에는 타인의 토지에 출입하거나 특별한 용도로 이용되지 아니하고 있는 타인의 토지를 재료적치장·통로 또는 임시도로로 일시 사용할 수 있으며 부득이한 경우에는 죽목·토석, 그 밖의 장애물을 변경하거나 제거할 수 있다.

▷ **공유수면 관리 및 매립에 관한 법률 제57조(공익처분 등에 따른 손실보상)** ① 공유수면의 점용·사용 또는 공유수면의 매립과 관련한 행위나 처분으로 손실이 발생한 경우에는 다음 각 호의 구분에 따른 자가 그 손실을 보상하여야 한다. (각호 생략)

② 공유수면관리청, 매립면허관청 또는 사업시행자는 제1항에 따른 손실보상에 관하여 손실을 입은 자와 협의하여야 한다.

③ 제2항에 따른 협의가 성립되지 아니하거나 협의할 수 없는 경우에는 대통령령으로 정하는 바에 따라 관할 토지수용위원회에 재결을 신청할 수 있다.

④ 손실보상에 관하여 이 법에 규정된 것을 제외하고는 「공익사업을 위한 토지 등의 취득 및 보상에 관한 법률」을 준용한다.

✦제3항 국가의 비재산상 침해에 대한 손실보상제도(생명·신체상 피해 등의 보상)

[154] 관념

1. 의의

시장·군수·구청장(보건경찰)은 디프테리아·폴리오·백일해·홍역·파상풍 등에 관하여 보건소를 통하여 예방접종을 실시하여야 한다(감염병의 예방 및 관리에 관한 법률 제24조 제1항). 불행히도 예방접종을 받은 사람이 장애인이 될 수도 있다. 이러한 경우의 장애는 공공필요(국민의 건강상 안전)를 위한 침해(예방접종)에 기인한 것으로서 공동체를 위하여 참아야 하는 범위를 벗어나는 특별한 희생에 해당한다. 그 장애가 재산권에 대한 것이 아니라 생명·신체에 대한 것이라는 점이 특징이다. 이러한 희생에 대해서도 피해보상이 이루어져야 한다. 이와 같이 공공복지를 위하여 사인의 비재산적인 법익에 특별한 희생을 가져오는 공법상 직접적인 침해로 인해 피해를 입은 사람은 국가 등에 대하여 피해보상청구권을 갖는다(감염병의 예방 및 관리에 관한 법률 제71조 제1항).

▷**감염병의 예방 및 관리에 관한 법률 제71조(예방접종 등에 따른 피해의 국가보상)** ① 국가는 제24조 및 제25조에 따라 예방접종을 받은 사람 또는 제40조 제2항에 따라 생산된 예방·치료 의약품을 투여받은 사람이 그 예방접종 또는 예방·치료 의약품으로 인하여 질병에 걸리거나 장애인이 되거나 사망하였을 때에는 대통령령으로 정하는 기준과 절차에 따라 다음 각 호의 구분에 따른 보상을 하여야 한다.
1. 질병으로 진료를 받은 사람: 진료비 전액 및 정액 간병비
2. 장애인이 된 사람: 일시보상금
3. 사망한 사람: 대통령령으로 정하는 유족에 대한 일시보상금 및 장제비
제24조(필수예방접종) ① 특별자치시장·특별자치도지사 또는 시장·군수·구청장은 다음 각 호의 질병에 대하여 관할 보건소를 통하여 필수예방접종(이하 "필수예방접종"이라 한다)을 실시하여야 한다.
1. 디프테리아 (제2호 이하 생략)
제25조(임시예방접종) ① 특별자치시장·특별자치도지사 또는 시장·군수·구청장은 다음 각 호의 어느 하나에 해당하면 관할 보건소를 통하여 임시예방접종(이하 "임시예방접종"이라 한다)을 하여야 한다. (각호 생략)

2. 법적 근거

① 생명·신체상 피해 등의 보상청구권에 관한 일반법은 없다. ② 감염병의

예방 및 관리에 관한 법률(제71조), 소방기본법(제49조의2) 등 개별 법률은 있다. ③ 개별 법률에 비재산권의 침해의 근거규정은 있으나 보상규정이 없는 경우, 손실보상청구권의 존부는 그 개별 법률의 해석문제가 된다. 헌법 제10조, 제12조, 제11조, 제37조 제1항 그리고 제23조 제3항 등의 종합적인 고려 하에 손실보상청구권의 유무를 판단하여야 할 것이다.

▷ **소방기본법 제49조의2(손실보상)** ① 소방청장 또는 시·도지사는 다음 각 호의 어느 하나에 해당하는 자에게 제3항의 손실보상심의위원회의 심사·의결에 따라 정당한 보상을 하여야 한다.
2. 제24조 제1항 전단에 따른 소방활동 종사로 인하여 사망하거나 부상을 입은 자
3. 제25조 제2항 또는 제3항에 따른 처분으로 인하여 손실을 입은 자. 다만, 같은 조 제3항에 해당하는 경우로서 법령을 위반하여 소방자동차의 통행과 소방활동에 방해가 된 경우는 제외한다.
제24조(소방활동 종사 명령) ① 소방본부장, 소방서장 또는 소방대장은 화재, 재난·재해, 그 밖의 위급한 상황이 발생한 현장에서 소방활동을 위하여 필요할 때에는 그 관할구역에 사는 사람 또는 그 현장에 있는 사람으로 하여금 사람을 구출하는 일 또는 불을 끄거나 불이 번지지 아니하도록 하는 일을 하게 할 수 있다. 이 경우 소방본부장, 소방서장 또는 소방대장은 소방활동에 필요한 보호장구를 지급하는 등 안전을 위한 조치를 하여야 한다.
제25조(강제처분 등) ② 소방본부장, 소방서장 또는 소방대장은 사람을 구출하거나 불이 번지는 것을 막기 위하여 긴급하다고 인정할 때에는 제1항에 따른 소방대상물 또는 토지 외의 소방대상물과 토지에 대하여 제1항에 따른 처분을 할 수 있다.
③ 소방본부장, 소방서장 또는 소방대장은 소방활동을 위하여 긴급하게 출동할 때에는 소방자동차의 통행과 소방활동에 방해가 되는 주차 또는 정차된 차량 및 물건 등을 제거하거나 이동시킬 수 있다.

[155] 보상의 요건·내용·절차

① 소방기본법 등 사인의 비재산권에 대한 침해로 인한 국가의 손실보상 책임을 규정하는 법률을 보면, ⓐ 공공필요(화재진압을 통한 위험의 제거와 방지), ⓑ 비재산권(생명·신체·건강), ⓒ 적법한 침해(소방활동 종사명령에 따른 노동력 제공), ⓓ 특별한 희생(사망·장애·질병)의 요소가 구비된 경우에 사인의 손실보상 청구권을 인정하고 있음을 볼 수 있다. ② 감염병의 예방 및 관리에 관한 법률 제71조 등에서 보는 바와 같이 사인의 비재산권에 대한 침해로 인한 국가의 손실보상책임을 규정하는 법률은 손실보상책임의 주체, 손실보상청구의 내용과 절차 등을 아울러 규정하고 있다.

✦제4항 경찰관 직무집행법상 손실보상청구권 특례

[156] 일반론

1. 의의

2013년 4월 개정된 경찰관 직무집행법에「경찰관의 적법한 직무집행으로 인하여 손실을 입은 자에게 보상을 한다」는 규정이 제11조의2로 신설되었고, 이 조문을 개정하는 경찰관 직무집행법 개정법률이 2024년 9월에 시행에 들어갔다. 제2항[150]][151][152][153], 제3항[154][155] 부분은 위험방지라는 경찰목적의 실현을 위해 사인의 재산권에 대한 수용·사용·제한이 있는 경우의 전통적인 손실보상 일반론을 대상으로 하는 것임에 반해, 제4항[156][157] 부분은 경찰관 직무집행법의 적법한 직무집행으로 인한 손실보상을 대상으로 한다.

▷**경찰관 직무집행법 제11조의2(손실보상)** ① 국가는 경찰관의 적법한 직무집행으로 인하여 다음 각 호의 어느 하나에 해당하는 손실을 입은 자에 대하여 정당한 보상을 하여야 한다. (각호 생략)

2. 손실보상청구을 청구할 수 있는자(손실보상금청구권자)

(1) 규정 내용　　　　경찰관 직무집행법 제11조의2는 경찰관의 적법한 직무집행으로 인하여 ① 손실발생의 원인에 대하여 책임이 없는 자가 생명·신체 또는 재산상의 손실을 입은 경우(손실발생의 원인에 대하여 책임이 없는 자가 경찰관의 직무집행에 자발적으로 협조하거나 물건을 제공하여 생명·신체 또는 재산상의 손실을 입은 경우를 포함한다)와 ② 손실발생의 원인에 대하여 책임이 있는 자가 자신의 책임에 상응하는 정도를 초과하는 생명·신체 또는 재산상의 손실을 입은 경우, 그 손실을 입은 자를 손실보상을 청구할 수 있는 자(손실보상금청구권자)로 규정하고 있다,

(2) 규정 이유　　　　이러한 자가 보상금을 청구할 수 있다고 규정하는 것은 ① 경찰관의 직무집행의 목적이 위험방지라는 공공필요를 위한 것이라는 점, ② 경찰관의 직무집행으로 사인의 재산권, 생명·신체에 피해가 발생하였다는 점, ③ 그러한 피해는 특별한 희생에 해당한다는 점, ④ 경찰관의 직무집행은 적법하다는 점, ④ 경찰관의 직무집행이 침해의 의미를 갖게 되었다는 점을

종합적으로 고려하였기 때문이다.

✚ 전통적인 손실보상제도에서 침해란 수용·사용·제한을 의미하지만, 경찰관 직무집행법상 침해란 경찰관 직무집행법상 경찰관이 취할 수 있는 수단[불심검문(제3조), 보호조치 등(제4조), 위험발생의 방지(제5조), 범죄의 예방과 제지(제6조), 위험방지를 위한 출입(제7조), 경찰장비의 사용 등(제10조 내지 제10조의4), 경찰착용기록장치의 사용(제10조의5)을 말하는데, 이러한 수단은 대체로 일시적인 것이므로 수용과는 거리가 멀고, 사용·제한과는 친할 수 있다. 한편, 경찰관직무 집행법상 경찰관이 취할 수 있는 수단에는 사용·제한 외에 물건의 파기(경찰관 직무집행법 제5조 제3호) 등도 있으므로, 침해의 수단은 비교적 다양하다.

3. 손실보상의 내용(정당한 보상)과 절차 등

경찰관 직무집행법 제11조의2는 헌법 제23조 제3항에 따라 정당한 보상을 규정하고 있다. 대법원과 헌법재판소는 정당한 보상을 상당한 보상이 아니라 완전한 보상으로 본다. 제1항에 따른 손실보상의 기준, 보상금액, 지급 절차 및 방법 등에 관하여 필요한 사항은 대통령령으로 정한다(경직법 제11조의2 제7항).

▷ **경찰관 직무집행법 시행령 제9조(손실보상의 기준 및 보상금액 등)** ① 법 제11조의2 제1항에 따라 손실보상을 할 때 물건을 멸실·훼손한 경우에는 다음 각 호의 기준에 따라 보상한다.
1. 손실을 입은 물건을 수리할 수 있는 경우: 수리비에 상당하는 금액
2. 손실을 입은 물건을 수리할 수 없는 경우: 손실을 입은 당시의 해당 물건의 교환가액
3. 영업자가 손실을 입은 물건의 수리나 교환으로 인하여 영업을 계속할 수 없는 경우: 영업을 계속할 수 없는 기간 중 영업상 이익에 상당하는 금액
② 물건의 멸실·훼손으로 인한 손실 외의 재산상 손실에 대해서는 직무집행과 상당한 인과관계가 있는 범위에서 보상한다.

[157] 손실보상청구권의 시효, 보상금의·환수 등

1. 시효, 손실보상심의위원회, 보고

(1) 시효 제1항에 따른 보상을 청구할 수 있는 권리는 손실이 있음을 안 날부터 3년, 손실이 발생한 날부터 5년간 행사하지 아니하면 시효의 완성으로 소멸한다(경직법 제11조의2 제2항).

(2) 손실보상심의위원회 제1항에 따른 손실보상신청 사건을 심의하기 위하여 손실보상심의위원회를 둔다(경직법 제11조의2 제3항). 제3항에 따른 손실보상심의위원회의 구성 및 운영에 관하여 필요한 사항은 대통령령으로 정

한다(경직법 제11조의2 제7항).

(3) 보고, 자료제출요구　　　보상금이 지급된 경우 손실보상심의위원회는 대통령령으로 정하는 바에 따라 국가경찰위원회 또는 해양경찰위원회에 심사자료와 결과를 보고하여야 한다. 이 경우 국가경찰위원회 또는 해양경찰위원회는 손실보상의 적법성 및 적정성 확인을 위하여 필요한 자료의 제출을 요구할 수 있다(경직법 제11조의2 제5항).

2. 보상금의 환수, 강제징수

(1) 보상금의 환수　　　경찰청장, 해양경찰청장, 시·도경찰청장 또는 지방해양경찰청장은 제3항의 손실보상심의위원회의 심의·의결에 따라 보상금을 지급하고, 거짓 또는 부정한 방법으로 보상금을 받은 사람에 대하여는 해당보상금을 환수하여야 한다(경직법 제11조의2 제4항). 제4항에 따른 환수절차, 그 밖에 손실보상에 관하여 필요한 사항은 대통령령으로 정한다(경직법 제11조의2 제7항).

(2) 강제징수　　　경찰청장, 해양경찰청장, 시·도경찰청장 또는 지방해양경찰청장은 제4항에 따라 보상금을 반환하여야 할 사람이 대통령령으로 정한 기한까지 그 금액을 납부하지 아니한 때에는 국세강제징수의 예에 따라 징수할 수 있다(경직법 제11조의2 제6항). 제6항에 따른 환수절차, 그 밖에 손실보상에 관하여 필요한 사항은 대통령령으로 정한다(경직법 제11조의2 제7항).

✦제5항　결과제거청구권(결과제거의무)

[158] 결과제거청구권의 관념

1. 결과제거청구권의 의의

서울지방경찰청장으로부터 운전면허취소처분을 받은 甲이 주소지를 관할하는 A지방경찰청장에게 운전면허증을 반납한 후 운전면허취소처분의 취소를 구하는 소송을 제기하여 승소하였는데, 서울지방경찰청장이 甲에게 운전면허증을 되돌려주지 않고 있다고 가정하자. 서울지방경찰청장이 패소 후에

甲에게 운전면허증을 되돌려주지 않고 있다면, 서울지방경찰청장의 甲에 대한 위법한 침해가 계속하고 있는 것이 된다. 이러한 경우에 甲이 서울지방경찰청장에게 운전면허증을 되돌려 받아야 위법한 결과는 제거된다. 여기서 서울지방경찰청장은 甲에게 운전면허증을 돌려줄 의무(결과제거의무)가 있고, 甲은 서울지방경찰청장에게 운전면허증을 되돌려 줄 것을 요구할 수 있는 권리(결과제거청구권)가 있다. 이와 같이 공법상 위법한 작용으로 인해 자기의 권리가 침해되고 또한 그 위법침해로 인해 야기된 사실상태가 계속되는 경우, 권리가 침해된 자가 행정주체에 대하여 불이익한 결과의 제거를 통해 계속적인 법익침해의 해소를 구할 수 있는 권리를 결과제거청구권이라 한다.

▷ **도로교통법 제95조(운전면허증의 반납)** ① 운전면허를 받은 사람이 다음 각 호의 어느 하나에 해당하면 그 사유가 발생한 날부터 7일 이내(제4호 및 제5호의 경우 새로운 운전면허증을 받기 위하여 운전면허증을 제출한 때)에 주소지를 관할하는 시·도경찰청장에게 운전면허증을 반납(모바일 운전면허증의 경우 전자적 반납을 포함한다. 이하 이 조에서 같다)하여야 한다.
1. 운전면허 취소처분을 받은 경우 (제2호 이하 생략)
③ 지방경찰청장이 제1항 제2호에 따라 운전면허증을 반납받았거나 제2항에 따라 제1항 제2호에 해당하는 사람으로부터 운전면허증을 회수하였을 때에는 이를 보관하였다가 정지기간이 끝난 즉시 돌려주어야 한다.

2. 결과제거청구권의 성질

결과제거청구권은 손해배상청구권도 아니고 손실의 보상청구권도 아니다. 결과제거청구권은 계속되는 위법한 침해의 제거를 통해 원래의 상태로의 회복을 구하는 회복청구권일 뿐이다. 결과제거청구권은 행정상 원상회복청구권 또는 방해배제청구권으로 부르기도 한다.

3. 결과제거청구권의 법적 근거

결과제거청구권을 규정하는 법률은 찾아보기 어렵다. 결과제거청구권은 학설상 주장되고 있다. 공법상 청구권으로서 결과제거청구권의 법적 근거는 법치행정원리, 기본권규정, 민법상의 관계규정(민법 제213조·제214조)의 유추적용에서 찾을 수 있다.

▷ **민법 제213조(소유물반환청구권)** 소유자는 그 소유에 속한 물건을 점유한 자에 대하여 반환을 청구할 수 있다. 그러나 점유자가 그 물건을 점유할 권리가 있는 때에는 반환을 거부할 수 있다.
제214조(소유물방해제거, 방해예방청구권) 소유자는 소유권을 방해하는 자에 대하여 방해의 제거를

청구할 수 있고 소유권을 방해할 염려있는 행위를 하는 자에 대하여 그 예방이나 손해배상의 담보를 청구할 수 있다.

[159] 결과제거청구권의 성립요건·내용

1. 결과제거청구권의 성립요건

개별 법률에서 그 요건을 정함이 있는 경우에는 그에 따라야 한다. 개별 법률에 규정이 없는 경우에는 다음의 요건이 필요하다. 즉, ① 결과제거청구권은 공법작용(예: 도로교통법에 따른 운전면허증 보관)에서 인정된다. ② 결과제거청구권은 법률상 이익(예: 운전면허증의 소유권 내지 운전면허증 소지의 이익)이 침해된 경우에 인정된다. ③ 결과제거청구권은 침해가 계속되는 경우(예: 서울지방경찰청장의 운전면허증 반환거부의 지속)에 인정된다. ④ 결과제거청구권은 침해행위가 위법한 경우(예: 서울지방경찰청장의 법적 근거 없는 운전면허증의 반환거부)에 인정된다. ⑤ 결과제거청구권은 지위회복(예: 甲의 운전면허증의 회수)이 가능하고, 법상 허용되는 경우에 인정된다.

2. 결과제거청구권의 내용

① 결과제거청구권 행사의 상대방은 위법한 결과를 야기한 행정주체(행정기관)이다. ② 결과제거청구권은 발생된 손해의 배상이나 보상이 아니라, 단지 행정청의 위법작용으로 인해 개인에게 손해가 되는 변경된 상태로부터 원래의 상태 또는 그와 유사한 상태로 회복하는 것을 내용으로 한다. ③ 청구권의 내용은 원래 상태에로의 완전한 회복에 미달할 수도 있다(예: 막힌 골목길을 무단으로 공사하여 차도로 연결함으로서 그 골목길의 주민의 권리가 침해를 받는 경우, 결과제거청구권은 복원공사가 아니라 무단으로 연결된 도로의 폐쇄처분을 내용으로 한다).

✦제6항 사인의 경찰비용 부담책임

[160] 사인의 경찰비용 부담책임의 관념

1. 사인의 경찰비용 부담책임의 의의

甲이 왕복 2차선의 A터널 안에 자동차를 방치하고 사라지면, 극심한 교통 혼잡이 발생하는 것은 분명한데, 甲이 현장에 없기 때문에 경찰공무원이 甲을 불러 차량이동을 명할 수가 없다. 이런 경우 경찰공무원 스스로 그 차를 다른 곳으로 견인하여 보관하게 할 수밖에 없다. 차량의 견인에 따르는 보관비 등이 발생하는데, 이와 같이 경찰의 위험방지작용으로 인해 발생되는 비용을 경찰비용이라 하고, 그 경찰비용을 사인이 부담하는 것을 사인의 경찰비용부담, 그 책임을 사인의 경찰비용 부담책임이라 한다. 경찰비용은 공적 시설의 단순한 사용대가인 사용수수료(예: 터널통행료)와 다르다. 사인의 경찰비용 부담책임은 위험을 발생시키거나 위험발생의 원인을 제공한 사인을 중심으로 한다.

▷**도로교통법 제33조(주차금지의 장소)** 모든 차의 운전자는 다음 각 호의 어느 하나에 해당하는 곳에 차를 주차해서는 아니 된다.
1. 터널 안 및 다리 위 (제2호 이하 생략)
제35조(주차위반에 대한 조치) ① 다음 각 호의 어느 하나에 해당하는 사람은 제32조·제33조 또는 제34조를 위반하여 주차하고 있는 차가 교통에 위험을 일으키게 하거나 방해될 우려가 있을 때에는 차의 운전자 또는 관리 책임이 있는 사람에게 주차 방법을 변경하거나 그 곳으로부터 이동할 것을 명할 수 있다.
1. 경찰공무원
2. 시장등(도지사를 포함한다. 이하 이 조에서 같다)이 대통령령으로 정하는 바에 따라 임명하는 공무원(이하 "시·군공무원"이라 한다)
② 경찰서장이나 시장등은 제1항의 경우 차의 운전자나 관리 책임이 있는 사람이 현장에 없을 때에는 도로에서 일어나는 위험을 방지하고 교통의 안전과 원활한 소통을 확보하기 위하여 필요한 범위에서 그 차의 주차방법을 직접 변경하거나 변경에 필요한 조치를 할 수 있으며, 부득이한 경우에는 관할 경찰서나 경찰서장 또는 시장등이 지정하는 곳으로 이동하게 할 수 있다.

2. 사인의 경찰비용 부담책임의 입법 상황(법적 근거)

경찰의 위험방지작용으로 인해 발생되는 비용 전반에 관한 경찰법상 일반 규정은 없다. 개별법을 보면, 경찰비용을 국가나 지방자치단체의 부담으로 하는 경우(감염병의 예방 및 관리에 관한 법률 제6조 제3항), 사인의 부담을 원칙으로 하면서 경찰주체가 지원하는 경우(산림보호법 제24조 제3항·제4항), 사인의 부담하는 경우(도로교통법 제35조 제6항; 하천법 제29조 제1항) 등이 있다. 개별 법률에 규정이 없는 경우에는 학설과 판례가 정리하여야 한다. 헌법적 관점에서 본다면, 경찰의 감시·안전유지활동은 헌법상 명령된 공적 임무인바, 그것은 일반 납세자의 부담으로 해결되어야 할 것이라는 주장도 가능하다. 논란을 줄이기 위해서는 경찰의 위험방지작용으로 인해 발생되는 비용 전반에 관한 일반법을 마련하는 것이 필요하다.

▷ **감염병의 예방 및 관리에 관한 법률 제6조(국민의 권리와 의무)** ③ 국민은 의료기관에서 이 법에 따른 감염병에 대한 진단 및 치료를 받을 권리가 있고, 국가와 지방자치단체는 이에 소요되는 비용을 부담하여야 한다.

▷ **산림보호법 제24조(방제명령 등)** ③ 시·도지사, 시장·군수·구청장 또는 지방산림청장은 산림병해충이 발생할 우려가 있거나 발생하였을 때에는 산림소유자, 산림관리자, 산림사업 종사자, 수목(樹木)의 소유자 또는 판매자 등에게 다음 각 호의 조치를 하도록 명할 수 있다. 이 경우 명령을 받은 자는 특별한 사유가 없으면 명령에 따라야 한다.
1. 산림병해충이 있는 수목이나 가지 또는 뿌리 등의 제거
2. 산림병해충이 발생할 우려가 있거나 발생한 산림용 종묘, 베어낸 나무, 조경용 수목, 떼, 토석 등의 이동 제한이나 사용 금지
3. 산림병해충을 옮기거나 피해를 일으키는 곤충 등 동물의 방제나 병해충의 피해를 확산시키는 식물의 제거
4. 산림병해충이 발생할 우려가 있거나 발생한 종묘·토양의 소독
⑦ 시·도지사, 시장·군수·구청장 또는 지방산림청장은 제3항 각 호의 조치이행에 따라 발생한 비용을 대통령령으로 정하는 바에 따라 지원할 수 있다.

▷ **도로교통법 제35조(주차위반에 대한 조치)** ⑥ 제2항부터 제5항까지의 규정에 따른 주차위반 차의 이동·보관·공고·매각 또는 폐차 등에 들어간 비용은 그 차의 사용자가 부담한다. 이 경우 그 비용의 징수에 관하여는 「행정대집행법」 제5조 및 제6조를 적용한다.

▷ **하천법 제29조(공사원인자의 공사 시행)** ① 하천관리청은 다음 각 호의 어느 하나에 해당하는 공사 또는 행위로 필요하게 된 하천공사 또는 하천의 유지·보수(이하 이 조에서 "하천공사등"이라 한다)를 하천공사 외의 공사의 시행자 또는 하천을 훼손하거나 하천의 현상을 변경시키는 행위를 한 자에게 그의 비용부담으로 하천공사등을 시행하게 할 수 있다.
1. 하천공사 외의 공사
2. 하천을 훼손하거나 하천의 현상을 변경시키는 행위
② 하천관리청은 제1항에도 불구하고 하천공사등의 원인행위를 제공한 자가 따로 있는 경우에는 그에게 하천공사등의 비용의 전부 또는 일부를 부담하게 할 수 있다.

[161] 사인 부담 경찰비용의 강제징수

1. 대집행과 사인 부담 경찰비용의 강제징수

도로교통법 제35조 제6항은 비용징수에 관해 행정대집행법 제6조의 적용을 규정하고 있다. 따라서 경찰은 사인이 경찰비용을 납부하지 아니하는 경우, 국세징수법에 따라 강제징수 할 수 있다는 행정대집행법 제6조에 근거하여 사인으로부터 강제징수할 수 있다. 대집행에 따른 사인의 비용납부의무는 대집행이 적법한 경우에만 인정된다. 대집행의 전제가 된 경찰상의 행위가 적법한 것인가는 묻지 아니한다. 경찰의 대집행이 행정대집행법에 따른 것이 아닌 한, 그 비용의 상환을 청구할 수는 없다. 경찰관 직무집행법 등에 행정대집행에 관한 특례조항을 두는 것도 필요하다.

2. 직접강제·즉시강제와 비용상환청구의 가부

직접강제나 즉시강제의 경우에 경찰이 비용상환을 청구할 수 있다는 규정을 찾아보기는 어렵다. 법령에 규정이 없는 한, 비용상환의 청구는 인정되기 어렵다. 왜냐하면 통상적으로 경찰은 자신의 인적·물적 수단으로 위험방지사무를 처리할 수 있다고 보기 때문이다. 다만 통상의 비용을 능가하는 많은 비용이 드는 경우에는 예외적으로 의무자에게 비용을 부담시킬 수도 있을 것이다. 그러나 이러한 경우에 의무자에게 비용을 부담시키기 위해서는 법률의 근거가 필요하다. 한편, 독일의 경우에도 직접강제나 즉시강제로 발생하는 비용은 일반적으로 경찰부담으로 이해되고 있다.

[162] 사적 집회에 따른 경찰비용의 부담책임자

1. 문제상황

위험방지는 세금을 납부하는 국민들을 위한 국가의 핵심작용에 속한다. 따라서 위험방지를 위한 비용은 국가의 부담이다. 위험방지는 공익을 위한 것이므로, 그것이 국민을 위한다고 하여도 국민은 별도로 비용을 부담하지 아니한다. 문제는 사인이나 사적 단체의 의한 대규모집회에 경찰력이 투입됨으로써 발생하는 상당한 비용을 누가 부담하는가의 문제가 발생한다. 예를 들어,

A공연기획사가 여의도공원에서 대규모 대중음악공연을 열고 있어서 다수의 경찰력이 투입되는 경우, 다수의 경찰력 투입으로 인한 비용을 경찰과 A공연기획사 중 누가 부담하여야 할 것인가의 문제가 있다. 이에 관해 경찰이 부담하여야 한다는 입법례도 있고, 평시에 통상적으로 투입되는 경찰력을 초과하여 투입된 경찰력으로 인한 비용은 집회의 주체가 부담토록 할 수 있다는 입법례도 있다.

2. 대책

대규모의 상업적인 모임(상업목적을 수반하는 대규모 운동경기나 대중공연 등)의 경우에는 일정 비용(예: 도로경비에 따른 비용)을 주최자 측에 부담하게 하는 법률을 마련하는 것도 의미가 있을 것이다. 그러나 종교집회, 학술대회와 정치적 집회의 경우에는 주최자에게 비용을 부담시키는 입법은 곤란하다. 왜냐하면 이러한 집회에서 주최자는 경제적인 이익을 얻기 어렵기 때문이다. 하여간 대규모 사적 집회와 관련하여 발생하는 상당한 비용의 부담에 관한 공론화가 필요해 보인다.

제2절 행정쟁송법

행정쟁송(행정쟁송절차)이란 행정상 법률관계의 분쟁을 해결하는 절차를 말한다. 행정쟁송절차에는 행정기관이 분쟁을 해결하는 절차와 법원이 분쟁을 해결하는 절차가 있다. 행정쟁송(행정쟁송절차)을 규율하는 법을 행정쟁송법이라 한다.

✦제1항 행정기관에 의한 분쟁해결절차

제1목 일반론

1. 의의

행정기관에 의한 분쟁해결절차란 행정기관이 행정상 법률관계의 분쟁을 심리·재결하는 행정쟁송절차를 말한다. 이러한 절차는 어느 누구도 자기의 행위의 심판관이 될 수 없다는 자연적 정의의 원칙에 반하는 제도이다. 그렇지만 이러한 절차에 따른 판정에 불복하면 행정소송을 제기할 수 있으므로 그 가치를 과소평가할 수만은 없다. 행정기관에 의한 분쟁해결절차는 분쟁해결의 성질을 갖는 광의의 재판의 일종이기는 하나, 그것은 행정절차이며 사법절차는 아니다.

2. 근거법

행정기관에 의한 분쟁해결절차를 규정하는 일반법으로서 행정기본법과 행정심판법이 있다. 그 밖에 개별법도 적지 않다(예: 도로법 제71조의 이의신청, 지방자치법 제15조의 이의신청, 특허법 제132조의16의 특허심판, 국세기본법 제55조 이하의 불복절차 등).

3. 실정법상 유형

① 행정기본법상 분쟁해결절차로 처분에 대한 이의신청과 처분의 재심사가 있다. 두 경우 모두 처분청에 대하여 제기하는 쟁송절차이다. ② 행정심판법은 분쟁해결절차로 행정심판위원회에 대하여 제기하는 행정심판을 규정하고 있다. ③ 특별법인 특허법, 해양사고의 조사 및 심판에 관한 법률 등은 특별한 심판(특허심판, 해난심판) 등을 규정하고 있다. ④ 개별 법률에 따라서는 당사자쟁송을 규정하기도 한다. 이를 도해하면 다음과 같다.

행정기관에 의한 분쟁해결절차의 유형

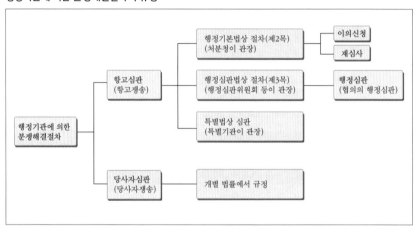

제2목 행정기본법상 분쟁해결절차(이의신청·재심사)

행정기본법은 사인의 권리보호를 위하여 처분에 대한 이의신청과 처분의 재심사에 관한 규정을 두고 있다. 나누어서 보기로 한다.

---

[163] 이의신청

1. 이의신청의 의의

행정청의 처분에 이의가 있는 당사자가 해당 행정청(처분청)에 이의를 제기하는 절차를 말한다(행정기본법 제36조 제1항). 예를 들어, 서울지방경찰청장으로부터 운전면허를 받은 A가 음주운전을 이유로 운전면허취소처분을 받은 경우, 도로교통법 및 행정기본법이 정하는 바에 따라 A는 서울지방경찰청장에게 운전면허취소처분의 취소를 신청할 수 있다.

▷ **도로교통법 제94조(운전면허 처분에 대한 이의신청)** ① 제93조제1항 또는 제2항에 따른 운전면허의 취소처분 또는 정지처분이나 같은 조 제3항에 따른 연습운전면허 취소처분에 대하여 이의(異議)가 있는 사람은 그 처분을 받은 날부터 60일 이내에 행정안전부령으로 정하는 바에 따라 지방경찰청장에게 이의를 신청할 수 있다.
③ 제1항에 따라 이의를 신청한 사람은 그 이의신청과 관계없이 「행정심판법」에 따른 행정심판을 청구할 수 있다. 이 경우 이의를 신청하여 그 결과를 통보받은 사람(결과를 통보받기 전에 「행정심판법」에 따른 행정심판을 청구한 사람은 제외한다)은 통보받은 날부터 90일 이내에 「행정심판법」에 따른 행정심판을 청구할 수 있다.

2. 이의신청의 법적 근거

이의신청에 관한 일반법으로 행정기본법 제36조가 있다. 개별법으로 도로교통법(제94조), 주민등록법(제21조), 공공기관의 정보공개에 관한 법률(제18조) 등을 볼 수 있다. 개별법에 관련규정이 없는 사항에 대하여는 일반법인 행정기본법이 적용된다(행정기본법 제36조 제5항).

▷ **주민등록법 제21조(이의신청 등)** ①시장·군수 또는 구청장으로부터 제20조제5항·제6항 또는 제20조의2제2항제1호·제2호에 따른 주민등록 또는 등록사항의 정정이나 말소 또는 거주불명 등록의 처분을 받은 자가 그 처분에 대하여 이의가 있으면 그 처분일이나 제20조제7항 또는 제20조의2제3항에 따른 통지를 받거나 공고된 날부터 30일 이내에 서면으로 해당 시장·군수 또는 구청장에게 이의를 신청할 수 있다.
▷ **공공기관의 정보공개에 관한 법률 제18조(이의신청)** ① 청구인이 정보공개와 관련한 공공기관의 비공개 결정 또는 부분 공개 결정에 대하여 불복이 있거나 정보공개 청구 후 20일이 경과하도록 정보공개 결정이 없는 때에는 공공기관으로부터 정보공개 여부의 결정 통지를 받은 날 또는 정보공개 청구 후 20일이 경과한 날부터 30일 이내에 해당 공공기관에 문서로 이의신청을 할 수 있다.
▷ **행정기본법 제36조(처분에 대한 이의신청)** ⑤ 다른 법률에서 이의신청과 이에 준하는 절차에 대하여 정하고 있는 경우에도 그 법률에서 규정하지 아니한 사항에 관하여는 이 조에서 정하는 바에 따른다.

3. 이의신청의 요건

(1) 이의신청의 대상   이의신청을 할 수 있는 사항은 행정심판법 제3조에 따라 같은 법에 따른 행정심판의 대상이 되는 처분에 한한다(행정기본법 제36조 제1항). 그럼에도 행정기본법 제36조 제7항이 정하는 사항은 이의신청의 대상이 되지 아니한다.

▷**행정기본법 제36조(처분에 대한 이의신청)** ⑦ 다음 각 호의 어느 하나에 해당하는 사항에 관하여는 이 조를 적용하지 아니한다.

1. 공무원 인사 관계 법령에 따른 징계 등 처분에 관한 사항
2. 「국가인권위원회법」 제30조에 따른 진정에 대한 국가인권위원회의 결정
3. 「노동위원회법」 제2조의2에 따라 노동위원회의 의결을 거쳐 행하는 사항
4. 형사, 행형 및 보안처분 관계 법령에 따라 행하는 사항
5. 외국인의 출입국·난민인정·귀화·국적회복에 관한 사항
6. 과태료 부과 및 징수에 관한 사항

(2) 이의신청의 기간　　경찰행정청의 처분에 이의가 있는 당사자는 처분을 받은 날부터 30일 이내에 해당 행정청에 이의신청을 할 수 있다(행정기본법 제36조 제1항).

4. 심사결과의 통지

행정청은 제1항에 따른 이의신청을 받으면 그 신청을 받은 날부터 14일 이내에 그 이의신청에 대한 결과를 신청인에게 통지하여야 한다. 다만, 부득이한 사유로 14일 이내에 통지할 수 없는 경우에는 그 기간을 만료일 다음 날부터 기산하여 10일의 범위에서 한 차례 연장할 수 있으며, 연장 사유를 신청인에게 통지하여야 한다(행정기본법 제36조 제2항).

5. 행정소송 등과의 관계

제1항에 따라 이의신청을 한 경우에도 그 이의신청과 관계없이 「행정심판법」에 따른 행정심판 또는 「행정소송법」에 따른 행정소송을 제기할 수 있다(행정기본법 제36조 제3항). 이의신청에 대한 결과를 통지받은 후 행정심판 또는 행정소송을 제기하려는 자는 그 결과를 통지받은 날(제2항에 따른 통지기간 내에 결과를 통지받지 못한 경우에는 같은 항에 따른 통지기간이 만료되는 날의 다음 날을 말한다)부터 90일 이내에 행정심판 또는 행정소송을 제기할 수 있다(행정기본법 제36조 제4항).

[164] 처분의 재심사

1. 처분의 재심사의 의의

석궁판매업을 하는 A는 2030. 6. 6. 공공의 안녕질서를 해칠 우려가 있다

고 믿을 만한 상당한 이유가 있다는 이유로 서울지방경찰청장으로부터 석궁판매업허가처분을 취소하는 통지서를 받았다. A는 2030. 12.이 되어 시간이 나자 석궁판매업허가처분의 취소를 다투려고 한다. 그러나 A는 이의신청이나 행정심판법상 행정심판, 행정소송을 제기할 수 없다. 왜냐하면 이의신청은 처분을 받은 날부터 30일 이내에(행정기본법 제36조 제1항), 행정심판법상 취소심판은 처분이 있음을 알게 된 날부터 90일 이내에(행정심판법 제27조 제1항), 취소소송은 처분등이 있음을 안 날부터 90일 이내에(행정소송법 제20조 제1항) 제기해야 하기 때문이다. 이와 같이 처분이 행정심판, 행정소송 및 그 밖의 쟁송을 통하여 다툴 수 없게 된 경우라도 일정한 사유가 있다면, 해당 처분을 한 행정청에 처분을 취소·철회하거나 변경하여 줄 것을 신청할 수 있는바, 이를 처분의 재심사라 한다(행정기본법 제37조 제1항).

2. 처분의 재심사의 법적 근거

행정심판, 행정소송 및 그 밖의 쟁송을 통하여 다툴 수 없게 되었음에도 불구하고 경찰행정청으로 하여금 해당 처분을 다시 재심사토록 한다는 것은 법적 안정성을 침해하는 성격을 갖기 때문에 처분의 재심사를 위해서는 법적 근거가 필요하다. 행정기본법 제37조가 처분의 재심사에 대한 일반조항이다.

3. 처분의 재심사의 요건

(1) 재심사 신청의 대상　　재심사를 신청을 할 수 있는 사항은 행정심판, 행정소송 및 그 밖의 쟁송을 통하여 다툴 수 없게 된 처분이며, 제재처분 및 행정상 강제는 재심사 신청의 대상으로서 처분에 해당하지 아니한다(행정기본법 제37조 제1항). 한편, 재심사 신청의 대상에서 배제되는 처분도 있다(행정기본법 제37조 제8항).

▷ **행정기본법 제37조(처분의 재심사)** ⑧ 다음 각 호의 어느 하나에 해당하는 사항에 관하여는 이 조를 적용하지 아니한다.
1. 공무원 인사 관계 법령에 따른 징계 등 처분에 관한 사항
2. 「노동위원회법」 제2조의2에 따라 노동위원회의 의결을 거쳐 행하는 사항
3. 형사, 행형 및 보안처분 관계 법령에 따라 행하는 사항
4. 외국인의 출입국·난민인정·귀화·국적회복에 관한 사항
5. 과태료 부과 및 징수에 관한 사항
6. 개별 법률에서 그 적용을 배제하고 있는 경우

(2) 재심사 신청의 사유　　재심사의 신청은 ① 처분의 근거가 된 사실관계 또는 법률관계가 추후에 당사자에게 유리하게 바뀐 경우, ② 당사자에게 유리한 결정을 가져다주었을 새로운 증거가 있는 경우, 또는 ③「민사소송법」제451조에 따른 재심사유에 준하는 사유가 발생한 경우 등 대통령령으로 정하는 경우에만 가능하다(행정기본법 제37조 제1항). 그러나 이러한 사유가 있다고 하여도 당사자가 해당 처분의 절차, 행정심판, 행정소송 및 그 밖의 쟁송에서 중대한 과실 없이 이러한 사유를 주장하지 못한 경우에만 재심사를 신청할 수 있다(행정기본법 제37조 제2항).

(3) 재심사 신청기간　　제1항에 따른 신청은 당사자가 제1항 각 호의 사유를 안 날부터 60일 이내에 하여야 한다. 다만, 처분이 있은 날부터 5년이 지나면 신청할 수 없다(행정기본법 제37조 제3항).

4. 심사결과의 통지

제1항에 따른 신청을 받은 행정청은 특별한 사정이 없으면 신청을 받은 날부터 90일(합의제행정기관은 180일) 이내에 처분의 재심사 결과(재심사 여부와 처분의 유지·취소·철회·변경 등에 대한 결정을 포함한다)를 신청인에게 통지하여야 한다. 다만, 부득이한 사유로 90일(합의제행정기관은 180일) 이내에 통지할 수 없는 경우에는 그 기간을 만료일 다음 날부터 기산하여 90일(합의제행정기관은 180일)의 범위에서 한 차례 연장할 수 있으며, 연장 사유를 신청인에게 통지하여야 한다(행정기본법 제37조 제4항).

5. 불복

제4항에 따른 처분의 재심사 결과 중 처분을 유지하는 결과에 대해서는 행정심판, 행정소송 및 그 밖의 쟁송수단을 통하여 불복할 수 없다(행정기본법 제37조 제5항).

6. 취소·철회와의 관계

행정청의 제18조에 따른 취소와 제19조에 따른 철회는 처분의 재심사에 의하여 영향을 받지 아니한다(행정기본법 제37조 제6항). 말하자면 당사자가 처분의 재심사 청구를 하였다고 하여도 행정청은 행정기본법 제18조에 따라 취소할 수 있고, 제19조에 따라 철회를 할 수도 있다.

제3목 행정심판법상 분쟁해결절차(행정심판)

Ⅰ. 행정심판의 관념

[165] 일반론

1. 행정심판법

행정심판법은 행정심판에 관한 일반법이다. 행정심판법은 모든 종류의 행정심판이 아니라 다만 주관적 심판 중 항고심판만을 규정하고 있다. 따라서 행정심판법은 항고심판에 관한 일반법이라 할 수 있다. 항고심판에 관한 한, 개별 법률에 규정이 없다고 하여도 행정심판법이 정하는 바에 따라 행정심판을 제기할 수 있다.

2. 행정심판의 종류

행정심판은 주관적 심판과 객관적 심판으로 구분된다. ① 주관적 심판은 행정작용과 관련하여 자기의 권리(법률상 이익)의 보호를 위해 제기하는 심판을 말한다. 주관적 심판에는 항고심판과 당사자심판이 있다. ⓐ 항고심판은 운전면허취소처분의 취소를 구하는 것과 같이 기존의 위법·부당한 처분의 시정을 구하는 심판을 말하고, ⓑ 당사자심판은 행정법관계의 형성·존부에 관한 분쟁이 있을 경우에 일정한 기관에 그에 관한 재결을 구하는 심판을 말한다(공익사업을 위한 토지 등의 취득 및 보상에 관한 법률상 재결신청). 당사자심판은 개별 법률에 규정이 있는 경우에만 인정된다. 한편, ② 객관적 심판은 공익에 반하는 행정작용의 시정을 구하는 심판을 말한다. 객관적 심판은 개별 법률에 규정이 있는 경우에만 인정된다(주민투표법 제25조 등).

3. 전자정보처리조직을 통한 행정심판

행정심판법에 따른 행정심판 절차를 밟는 자는 심판청구서와 그 밖의 서류를 전자문서화하고 이를 정보통신망을 이용하여 위원회에서 지정·운영하는 전자정보처리조직(행정심판 절차에 필요한 전자문서를 작성·제출·송달할 수 있도록 하는 하드웨어, 소프트웨어, 데이터베이스, 네트워크, 보안요소 등을 결합하여 구축한 정보처리능력을 갖춘 전자적 장치를 말한다)을 통하여 제출할 수 있다(행정심판법 제52조 제1항).

4. 고지제도

(1) 의의　　　서울지방경찰청장이 A에게 내준 운전면허를 취소할 때에는 행정심판을 제기할 수 있다는 내용도 알려야 한다. 이와 같이 행정청이 처분을 하면서 상대방 등에게 그 처분을 다툴 수 있는 방법인 행정심판에 관해 알려주는 제도를 고지제도라 한다(행정심판법 제58조). 불복고지라고도 한다. 고지제도는 국민의 권익보호를 위한 것이다. 고지 그 자체는 사실행위이다.

(2) 법적 근거　　　고지제도에 관한 일반법으로 행정심판법 제58조가 있다. 개별법에 규정하기도 한다(도로교통법 제93조 제4항; 공공기관의 정보공개에 관한 법률 제18조 제4항). 개별법에 규정이 없거나 규정이 있어도 미흡한 부분이 있으면, 행정절차법이 보충적으로 적용된다.

▷ **도로교통법 제93조(운전면허의 취소·정지)** ④ 시·도경찰청장은 제1항 또는 제2항에 따라 운전면허의 취소처분 또는 정지처분을 … 하는 때에는 행정안전부령으로 정하는 바에 따라 처분의 이유와 행정심판을 제기할 수 있는 기간 등을 통지하여야 한다. 다만, 제87조 제2항 또는 제88조 제1항에 따른 적성검사를 받지 아니하였다는 이유로 운전면허를 취소하려면 행정안전부령으로 정하는 바에 따라 처분의 당사자에게 적성검사를 할 수 있는 날의 만료일 전까지 적성검사를 받지 아니하면 운전면허가 취소된다는 사실의 조건부 통지를 함으로써 처분의 사전 및 사후 통지를 갈음할 수 있다.
▷ **공공기관의 정보공개에 관한 법률 제18조(이의신청)** ④ 공공기관은 이의신청을 각하 또는 기각하는 결정을 한 경우에는 청구인에게 행정심판 또는 행정소송을 제기할 수 있다는 사실을 제3항에 따른 결과 통지와 함께 알려야 한다.

(3) 고지할 내용　　　① 행정청이 상대방에 대하여 스스로 하는 직권고지의 내용은 행정심판법 제58조 제1항, ② 이해관계인의 요구가 있는 경우에 이루어지는 신청에 의한 고지의 내용은 행정심판법 제58조 제2항에서 규정되고 있다.

▷ **행정심판법 제58조(행정심판의 고지)** ① 행정청이 처분을 할 때에는 처분의 상대방에게 다음 각 호의 사항을 알려야 한다.
1. 해당 처분에 대하여 행정심판을 청구할 수 있는지
2. 행정심판을 청구하는 경우의 심판청구 절차 및 심판청구 기간
② 행정청은 이해관계인이 요구하면 다음 각 호의 사항을 지체 없이 알려 주어야 한다. 이 경우 서면으로 알려 줄 것을 요구받으면 서면으로 알려 주어야 한다.
1. 해당 처분이 행정심판의 대상이 되는 처분인지

(4) 고지의무의 위반　　　서울지방경찰청장이 A에게 내준 운전면허를 취소하면서 불복고지를 하지 아니하였다거나 잘못하였다고 하여도 운전면허취소처분이 위법한 처분이 되는 것은 아니다. 그러나 고지제도의 실효성을 확보하기 위하여 불복고지를 하지 아니한 불고지(不告知)나 잘못 고지한 오고지(誤告知)의 경우에 대하여 행정심판청구서의 송부(행정심판법 제23조 제2항·제4항), 행정심판 청구기간(행정심판법 제27조 제6항), 행정심판의 전치(행정소송법 제18조 제3항 제4호)와 관련하여 제한이 따른다.

▷ **행정심판법 제23조(심판청구서의 제출)** ② 행정청이 제58조에 따른 고지를 하지 아니하거나 잘못 고지하여 청구인이 심판청구서를 다른 행정기관에 제출한 경우에는 그 행정기관은 그 심판청구서를 지체 없이 정당한 권한이 있는 피청구인에게 보내야 한다.
④ 제27조에 따른 심판청구 기간을 계산할 때에는 제1항에 따른 피청구인이나 위원회 또는 제2항에 따른 행정기관에 심판청구서가 제출되었을 때에 행정심판이 청구된 것으로 본다.
제27조(심판청구의 기간) ⑤ 행정청이 심판청구 기간을 제1항에 규정된 기간보다 긴 기간으로 잘못 알린 경우 그 잘못 알린 기간에 심판청구가 있으면 그 행정심판은 제1항에 규정된 기간에 청구된 것으로 본다.
⑥ 행정청이 심판청구 기간을 알리지 아니한 경우에는 제3항에 규정된 기간에 심판청구를 할 수 있다.
▷ **행정소송법 제18조(행정심판과의 관계)** ③ 제1항 단서의 경우에 다음 각호의 1에 해당하는 사유가 있는 때에는 행정심판을 제기함이 없이 취소소송을 제기할 수 있다.
4. 처분을 행한 행정청이 행정심판을 거칠 필요가 없다고 잘못 알린 때

Ⅱ. 행정심판의 종류·기관·당사자

[166] 행정심판의 종류

1. 취소심판

취소심판이란 행정청의 위법 또는 부당한 처분을 취소하거나 변경하는 행정심판을 말한다(행정심판법 제5조 제1호). 예를 들어, 서울지방경찰청장이 의견제출절차를 거치지 아니하고 甲의 운전면허를 취소한 경우, 의견제출절차를 주지 아니한 것은 위법하지만, 그 하자가 중대한 것은 아니므로 운전면허취소처분은 무효가 아니고 유효하다. 따라서 甲은 운전을 할 수 없다. 만약 甲이 운전을 하려면 운전면허취소처분을 취소시켜야만 한다. 이러한 경우에 적합

한 심판이 취소심판이다.

2. 무효등확인심판

무효등확인심판이란 행정청의 처분의 효력 유무 또는 존재 여부를 확인하는 행정심판을 말한다(행정심판법 제5조 제2호). 예를 들어, 서울지방경찰청장으로부터 운전면허를 받은 甲이 제주특별자치도에서 음주운전(혈중 알코올 농도 0.03%)을 하다가 교통경찰관에게 적발되었고, 제주지방경찰청장은 甲의 운전면허를 취소하였다면, 운전면허를 내준 서울지방경찰청장이 아니라 제주지방경찰청장이 취소한 것은 그 하자가 중대하고 명백하므로 운전면허취소처분은 무효이다. 따라서 甲은 운전을 할 수 있지만, 교통경찰관들이 운전면허취소처분이 유효하다고 하면서 운전을 못하게 하면 갑에게는 여러 가지 불편·불리함이 따른다. 이러한 경우에 甲으로서는 제주지방경찰청장의 처분이 무효라는 것을 재판을 통해 확인하여 불편·불리함을 해소해둘 필요가 있다. 이러한 경우에 적합한 심판이 무효확인심판이다.

3. 의무이행심판

의무이행심판이란 당사자의 신청에 대한 행정청의 위법 또는 부당한 거부처분이나 부작위에 대하여 일정한 처분을 하도록 하는 행정심판을 말한다(행정심판법 제5조 제3호). 예를 들어, 甲이 사행행위영업(회전판돌리기업)을 하고자 서울지방경찰청장에게 허가를 신청하였는데, 서울지방경찰청장이 허가를 거부하거나, 또는 아무런 조치도 취하지 아니한 채 가만히 있으면 甲은 회전판돌리기업을 경영할 수 없다. 이러한 경우에는 서울지방경찰청장이 적극적으로 영업허가처분을 하도록 하는 것이 필요하다. 이러한 필요에 응하기 위한 것이 의무이행심판이다. 취소심판이 행정청의 적극적인 행위(권력의 적극적 행사)로 인한 침해로부터 권익보호를 목적으로 하는 것인 데 반해, 의무이행심판은 행정청의 소극적인 행위(권력행사의 거부 내지 권력의 불행사)로 인한 침해로부터 국민의 권익보호를 목적으로 한다.

▷**사행행위 등 규제 및 처벌 특례법 제2조(정의)** ① 이 법에서 사용하는 용어의 뜻은 다음과 같다.
2. "사행행위영업"이란 다음 각 목의 어느 하나에 해당하는 영업을 말한다.
다. 그 밖의 사행행위업: 가목 및 나목 외에 영리를 목적으로 회전판돌리기, 추첨, 경품(景品) 등 사행심을 유발할 우려가 있는 기구 또는 방법 등을 이용하는 영업으로서 대통령령으로 정하는 영업

제4조(허가 등) ① 사행행위영업을 하려는 자는 제3조에 따른 시설 등을 갖추어 행정안전부령으로 정하는 바에 따라 지방경찰청장의 허가를 받아야 한다. 다만, 그 영업의 대상 범위가 둘 이상의 특별시·광역시·도 또는 특별자치도에 걸치는 경우에는 경찰청장의 허가를 받아야 한다.

[167] 행정심판기관

1. 의의

행정심판기관이란 심판청구사항에 대하여 심리·재결한 후, 그 내용을 재결서라는 문서로 청구인에게 알리는 기관인 행정심판위원회를 말한다. 예를 들어, 甲이 서울지방경찰청장의 회전판돌리기업허가거부처분에 대한 의무이행심판을 국민권익위원에 두는 중앙행정심판위원회에 제기하면, 중앙행정심판위원회는 甲의 청구가 적법·타당한지, 그리고 이유가 있는지의 여부를 심리·재결한 후, 그 내용을 재결서라는 문서로 작성하여 甲에게 알려주게 된다.

2. 종류

행정심판법상 행정심판기관에는 ① 행정청에 두는 행정심판위원회, ② 국민권익위원회에 두는 중앙행정심판위원회, ③ 시·도지사 소속 행정심판위원회, ④ 직근 상급행정기관에 두는 행정심판위원회가 있다(행정심판법 제6조). 경찰청과 그 소속기관의 처분에 대한 행정심판은 중앙행정심판위원회가 관장한다. 위원에게는 제척·기피·회피가 적용된다(행정심판법 제10조).

▷ **행정심판법 제10조(위원의 제척·기피·회피)** ① 위원회의 위원은 다음 각 호의 어느 하나에 해당하는 경우에는 그 사건의 심리·의결에서 제척(除斥)된다. 이 경우 제척결정은 위원회의 위원장(이하 "위원장"이라 한다)이 직권으로 또는 당사자의 신청에 의하여 한다. (각호 생략)
② 당사자는 위원에게 공정한 심리·의결을 기대하기 어려운 사정이 있으면 위원장에게 기피신청을 할 수 있다.
⑦ 위원회의 회의에 참석하는 위원이 제척사유 또는 기피사유에 해당되는 것을 알게 되었을 때에는 스스로 그 사건의 심리·의결에서 회피할 수 있다. 이 경우 회피하고자 하는 위원은 위원장에게 그 사유를 소명하여야 한다.

3. 자동차운전면허 행정처분에 대한 특례

중앙행정심판위원회의 회의(제6항에 따른 소위원회 회의는 제외한다)는 위원장, 상임위원 및 위원장이 회의마다 지정하는 비상임위원을 포함하여 총 9명으로 구성한다(행정심판법 제8조 제5항). 그러나 자동차운전면허 행정처분에 관한 사건은 4명의 위원으로 구성하는 소위원회에서 심리·의결하는 것이 일반적이다. 사건이 많아 신속한 해결을 위한 것으로 보인다.

▷**행정심판법 제8조(중앙행정심판위원회의 구성)** ⑥ 중앙행정심판위원회는 심판청구사건(이하 "사건"이라 한다) 중 「도로교통법」에 따른 자동차운전면허 행정처분에 관한 사건(소위원회가 중앙행정심판위원회에서 심리·의결하도록 결정한 사건은 제외한다)을 심리·의결하게 하기 위하여 4명의 위원으로 구성하는 소위원회를 둘 수 있다.

[168] 행정심판의 당사자와 이해관계자

1. 심판청구인

심판청구인이란 행정심판을 구하는 자를 말한다. 청구인적격이 있는 자만이 심판청구인이 될 수 있다. 청구인적격이란 행정심판을 청구하여 행정심판위원회로부터 청구가 이유 있는지에 관해 심리·의결을 받을 수 있는 자격을 말한다. 말하자면 행정심판청구는 심판을 구할 법률상 이익이 있는 자만이 청구할 수 있다. 예를 들어, 甲이 서울지방경찰청장으로부터 회전판돌리기업허가거부처분을 받은 경우에 甲이 회전판돌리기업허가거부처분에 대한 의무이행심판을 제기하면, 중앙행정심판위원회는 甲의 청구가 이유있는지에 관해 심리하고 의결한다. 그러나 甲의 친구인 乙이 자기의 이름으로 甲이 받은 회전판돌리기업허가거부처분에 대한 의무이행심판을 제기하면, 중앙행정심판위원회는 乙의 청구가 이유있는지에 관해 심리하지 않고, 乙이 심판받을 자격이 없음을 이유로 각하결정을 하게 된다. 법률상 이익의 의미에 관해서는 취소소송의 경우와 동일하므로 취소소송에서 살피기로 한다.

▷**행정심판법 제13조(청구인 적격)** ① 취소심판은 처분의 취소 또는 변경을 구할 법률상 이익이 있는 자가 청구할 수 있다. 처분의 효과가 기간의 경과, 처분의 집행, 그 밖의 사유로 소멸된 뒤에도 그 처분의 취소로 회복되는 법률상 이익이 있는 자의 경우에도 또한 같다.
② 무효등확인심판은 처분의 효력 유무 또는 존재 여부의 확인을 구할 법률상 이익이 있는 자가 청구할 수 있다.
③ 의무이행심판은 처분을 신청한 자로서 행정청의 거부처분 또는 부작위에 대하여 일정한 처분을 구할 법률상 이익이 있는 자가 청구할 수 있다.

2. 심판피청구인

심판피청구인이란 심판청구의 상대방, 즉 심판청구를 당하는 행정청(처분청+부작위청)을 말한다(행정심판법 제17조 제1항 본문). 예를 들어 甲의 운전면허신청을 받고 서울지방경찰청장이 거부처분을 하였다면 서울지방경찰청장은 처분청이 되고, 아무런 처분도 하지 아니한 채 가만히 있다면 부작위청이 된다.

▷ **행정심판법 제17조(피청구인의 적격 및 경정)** ① 행정심판은 처분을 한 행정청(의무이행심판의 경우에는 청구인의 신청을 받은 행정청)을 피청구인으로 하여 청구하여야 한다. 다만, 심판청구의 대상과 관계되는 권한이 다른 행정청에 승계된 경우에는 권한을 승계한 행정청을 피청구인으로 하여야 한다.

3. 이해관계자(참가인)

심판결과에 이해관계가 있는 제3자를 이해관계자라 한다. 예를 들어, 甲이 연탄공장의 건설을 위하여 허가신청을 하였으나 거부당하자 연탄공장허가거부처분에 대한 의무이행심판을 제기하였다고 하자. 만약 행정심판에서 甲의 청구가 인용되면, 甲은 연탄공장을 지을 것이고, 이로 인해 공장주변에 사는 주민 乙은 환경권의 침해 등 생활환경상 불편·불이익을 당할 수 있게 된다. 乙과 같이 행정심판의 결과에 따라 법률상 이익에 직접 영향을 받는 자를 이해관계자라 한다. 이해관계자는 행정심판에 참가할 수 있다(행정심판법 제17조, 제20조).

▷ **행정심판법 제20조(심판참가)** ① 행정심판의 결과에 이해관계가 있는 제3자나 행정청은 해당 심판청구에 대한 제7조 제6항 또는 제8조 제7항에 따른 위원회나 소위원회의 의결이 있기 전까지 그 사건에 대하여 심판참가를 할 수 있다.
제21조(심판참가의 요구) ① 위원회는 필요하다고 인정하면 그 행정심판 결과에 이해관계가 있는 제3자나 행정청에 그 사건 심판에 참가할 것을 요구할 수 있다.

Ⅲ. 행정심판절차

[169] 행정심판의 청구와 가구제

1. 행정심판의 청구

① 행정심판은 처분과 부작위를 대상으로 한다(행정심판법 제3조 제1항). 처분과 부작위의 개념에 관해서는 취소소송에서 살피기로 한다. ② 심판청구는

서면으로 하여야 한다(행정심판법 제28조 제1항). ③ 심판청구는 기간의 제한이 있다(행정심판법 제27조 제3항). ④ 행정심판을 청구하려는 자는 제28조에 따라 심판청구서를 작성하여 피청구인이나 위원회에 제출하여야 한다(행정심판법 제23조 제1항 본문). ⑤ 청구의 변경(행정심판법 제29조)과 청구의 취하(행정심판법 제42조)도 인정된다.

▷ **행정심판법 제27조(심판청구의 기간)** ① 행정심판은 처분이 있음을 알게 된 날부터 90일 이내에 청구하여야 한다.
③ 행정심판은 처분이 있었던 날부터 180일이 지나면 청구하지 못한다. 다만, 정당한 사유가 있는 경우에는 그러하지 아니하다.
⑦ 제1항부터 제6항까지의 규정은 무효등확인심판청구와 부작위에 대한 의무이행심판청구에는 적용하지 아니한다.
제29조(청구의 변경) ① 청구인은 청구의 기초에 변경이 없는 범위에서 청구의 취지나 이유를 변경할 수 있다.
② 행정심판이 청구된 후에 피청구인이 새로운 처분을 하거나 심판청구의 대상인 처분을 변경한 경우에는 청구인은 새로운 처분이나 변경된 처분에 맞추어 청구의 취지나 이유를 변경할 수 있다.
제42조(심판청구 등의 취하) ① 청구인은 심판청구에 대하여 제7조 제6항 또는 제8조 제7항에 따른 의결이 있을 때까지 서면으로 심판청구를 취하할 수 있다.
② 참가인은 심판청구에 대하여 제7조 제6항 또는 제8조 제7항에 따른 의결이 있을 때까지 서면으로 참가신청을 취하할 수 있다.

2. 가구제(잠정적 권리보호)

(1) 집행정지　　　집행정지란 행정심판이 제기된 경우, 처분, 처분의 집행 또는 절차의 속행 때문에 중대한 손해가 생기는 것을 예방할 필요성이 긴급하다고 인정할 때 직권으로 또는 당사자의 신청에 의하여 처분의 효력, 처분의 집행 또는 절차의 속행의 전부 또는 일부의 정지를 결정하는 것을 말한다(행정기본법 제30조 제2항). 예를 들어, 甲이 3개월의 운전면허정치처분을 받고 행정심판을 제기하였으나, 재결이 나기 전에 3개월이 경과한다면, 취소재결을 받는다고 하여도 의미가 없다. 이 때문에 재결이 날 때까지 3개월의 기간이 진행되지 아니하도록 정지시켜 놓고, 심판절차를 진행시킬 필요가 있는바, 이것이 집행정지제도이다. 위원회의 심리·결정을 기다릴 경우 중대한 손해가 생길 우려가 있다고 인정되면 위원장이 직권으로 위원회의 심리·결정을 갈음하는 결정을 할 수 있다(행정심판법 제30조 제6항).

▷ **행정심판법 제30조(집행정지)** ② 위원회는 처분, 처분의 집행 또는 절차의 속행 때문에 중대한 손해가 생기는 것을 예방할 필요성이 긴급하다고 인정할 때에는 직권으로 또는 당사자의 신청에 의하여

처분의 효력, 처분의 집행 또는 절차의 속행의 전부 또는 일부의 정지(이하 "집행정지"라 한다)를 결정할 수 있다. 다만, 처분의 효력정지는 처분의 집행 또는 절차의 속행을 정지함으로써 그 목적을 달성할 수 있을 때에는 허용되지 아니한다.

③ 집행정지는 공공복리에 중대한 영향을 미칠 우려가 있을 때에는 허용되지 아니한다.

⑥ 제2항과 제4항에도 불구하고 위원회의 심리·결정을 기다릴 경우 중대한 손해가 생길 우려가 있다고 인정되면 위원장은 직권으로 위원회의 심리·결정을 갈음하는 결정을 할 수 있다. 이 경우 위원장은 지체 없이 위원회에 그 사실을 보고하고 추인(追認)을 받아야 하며, 위원회의 추인을 받지 못하면 위원장은 집행정지 또는 집행정지 취소에 관한 결정을 취소하여야 한다.

(2) 임시처분　　　甲이 서울지방경찰청장으로부터 90일의 복권발행업·현상업·회전판돌리기업을 허가받고 80일이 경과할 즈음에 다시 허가를 신청하였으나, 그로부터 10일이 지나도록 아무런 조치가 없다면, 甲은 영업을 할 수가 없다. 이러한 경우에는 서울지방경찰청장의 처분이 없으므로 집행정지를 신청할 수 없다. 그 대신 일단 허가받은 것과 유사한 지위를 정해놓고 심판절차를 진행시킬 필요가 있다. 이를 위해 행정심판법은 임시처분제도를 도입하고 있다(행정심판법 제31조).

▷ **사행행위 등 규제 및 처벌특례법 제7조(영업허가의 유효기간)** ① 영업허가의 유효기간은 사행행위영업의 종류별로 대통령령으로 정하되, 3년을 초과할 수 없다.
② 제1항에 따른 영업허가의 유효기간이 지난 후 계속하여 영업을 하려는 자는 행정안전부령으로 정하는 바에 따라 다시 허가를 받아야 한다.
▷ **사행행위 등 규제 및 처벌특례법 시행령 제4조(허가의 유효기간)** 법 제7조 제1항의 규정에 의한 영업의 종류별 허가의 유효기간은 다음과 같다.
1. 복표발행업·현상업 및 기타 사행행위업: 90일
▷ **사행행위 등 규제 및 처벌특례법 시행규칙 제5조(사행행위영업의 재허가 신청)** ① 법 제7조 제2항의 규정에 의하여 다시 사행행위영업의 허가를 받고자 하는 자는 그 허가의 유효기간 만료 10일전까지 허가를 신청하여야 한다.
▷ **행정심판법 제31조(임시처분)** ① 위원회는 처분 또는 부작위가 위법·부당하다고 상당히 의심되는 경우로서 처분 또는 부작위 때문에 당사자가 받을 우려가 있는 중대한 불이익이나 당사자에게 생길 급박한 위험을 막기 위하여 임시지위를 정하여야 할 필요가 있는 경우에는 직권으로 또는 당사자의 신청에 의하여 임시처분을 결정할 수 있다.

---

[170] 행정심판의 심리·조정

1. 심리

① 분쟁의 대상이 되고 있는 사실관계와 그에 관한 법률관계를 분명히 하기 위해 당사자나 관계자의 주장이나 반대주장을 듣고, 아울러 그러한 주장

을 정당화시켜 주는 각종의 증거·자료를 수집·조사하는 일련의 절차를 심리라고 한다. ② 심리는 심판제기요건의 구비 여부에 대한 심리인 요건심리부터 시작한다. 요건이 미비되었다면 각하재결을 한다. 요건이 구비되었다면, 청구인의 청구에 이유가 있는지, 처분이 위법한지 여부에 대한 심리인 본안심리로 들어간다. 구비되었다면 인용재결을 한다. ③ 심리에는 당사자의 주장의 진위 여부를 확인하기 위한 증거조사가 이루어진다(행정심판법 제36조).

▷ **행정심판법 제36조(증거조사)** ① 위원회는 사건을 심리하기 위하여 필요하면 직권으로 또는 당사자의 신청에 의하여 다음 각 호의 방법에 따라 증거조사를 할 수 있다. (각호 생략)

2. 조정

심판위원회는 당사자의 권리 및 권한의 범위에서 당사자의 동의를 받아 심판청구의 신속하고 공정한 해결을 위하여 조정을 할 수 있다. 다만, 그 조정이 공공복리에 적합하지 아니하거나 해당 처분의 성질에 반하는 경우에는 그러하지 아니하다(행정심판법 제43조의2 제1항).

---

[171] 행정심판의 재결

1. 재결의 의의·방식·기간

① 재결이란 행정심판의 청구에 대하여 제6조에 따른 행정심판위원회가 행하는 판단을 말한다(행정심판법 제2조 제3호). ② 재결은 서면으로 한다(행정심판법 제46조 제1항). 그 서면을 재결서라 한다. 구두에 의한 재결은 무효이다. ③ 재결에는 기간상 제한이 있다.

▷ **행정심판법 제45조(재결 기간)** ① 재결은 제23조에 따라 피청구인 또는 위원회가 심판청구서를 받은 날부터 60일 이내에 하여야 한다. 다만, 부득이한 사정이 있는 경우에는 위원장이 직권으로 30일을 연장할 수 있다.

2. 재결의 범위

① 위원회는 심판청구의 대상이 되는 처분 또는 부작위 외의 사항에 대하여는 재결하지 못한다(행정심판법 제47조 제1항). 이를 불고불리의 원칙이라 한다. 예컨대, 甲이 서울지방경찰청장을 상대로 석궁판매업허가취소처분의 취

소를 구하는 행정심판절차에서 중앙행정심판위원회는 甲의 영업용 건물의 건축허가에 대하여 취소재결을 할 수는 없다. ② 위원회는 심판청구의 대상이 되는 처분보다 청구인에게 불리한 재결을 하지 못한다(행정심판법 제47조 제2항). 이를 불이익변경금지의 원칙이라 한다. 예컨대, 甲이 서울지방경찰청장을 상대로 6개월의 석궁판매업정지처분의 취소를 구하는 행정심판절차에서 중앙행정심판위원회는 영업허가취소의 재결을 할 수는 없다.

3. 재결의 종류

재결에는 ① 각하재결(행정심판법 제43조 제1항), ② 기각재결(행정심판법 제43조 제2항), ③ 인용재결(행정심판법 제43조 제3항·제4항·제5항)이 있다. 한편, ④ 처분이 위법함에도 공공복리를 위해 기각하는 재결인 사정재결(행정심판법 제44조)도 있다.

▷ **행정심판법 제43조(재결의 구분)** ① 위원회는 심판청구가 적법하지 아니하면 그 심판청구를 각하한다.
② 위원회는 심판청구가 이유가 없다고 인정하면 그 심판청구를 기각한다.
③ 위원회는 취소심판의 청구가 이유가 있다고 인정하면 처분을 취소 또는 다른 처분으로 변경하거나 처분을 다른 처분으로 변경할 것을 피청구인에게 명한다.
④ 위원회는 무효등확인심판의 청구가 이유가 있다고 인정하면 처분의 효력 유무 또는 처분의 존재 여부를 확인한다.
⑤ 위원회는 의무이행심판의 청구가 이유가 있다고 인정하면 지체 없이 신청에 따른 처분을 하거나 처분을 할 것을 피청구인에게 명한다.
제44조(사정재결) ① 위원회는 심판청구가 이유가 있다고 인정하는 경우에도 이를 인용(認容)하는 것이 공공복리에 크게 위배된다고 인정하면 그 심판청구를 기각하는 재결을 할 수 있다. 이 경우 위원회는 재결의 주문(主文)에서 그 처분 또는 부작위가 위법하거나 부당하다는 것을 구체적으로 밝혀야 한다.

---

[172] 재결의 효력

1. 형성력

위원회가 처분청에 변경을 명령하는 것이 아니라 위원회 스스로 취소하거나 변경하는 재결은 형성력을 갖는다. 형성력이란 법률관계의 발생·변경·소멸을 가져오는 효력을 말한다. 예를 들어 甲이 서울지방경찰청장의 석궁판매업허가취소처분을 다툰 취소심판에서, 중앙행정심판위원회가 스스로 '서울지방경찰청장이 甲에게 한 석궁판매업허가취소처분을 취소한다' 또는 '6개월 영업정지처분으로 변경한다'라는 재결을 하면 그것만으로 서울지방경찰청장이 甲에게 한 석궁판매업허가취소처분은 취소되거나 6개월 영업정지처분으로 변경되는 효과를 가져온다.

2. 기속력

심판청구를 인용하는 재결은 피청구인과 그 밖의 관계 행정청을 기속한다(기속력)(행정심판법 제49조 제1항). 기속이란 피청구인인 행정청과 관계행정청이 소극적인 면과 적극적인 면에서 재결의 취지에 따라야 함을 의미한다.

(1) 소극적 의무로서 반복금지의무   甲이 서울지방경찰청장의 운전면허취소처분을 다툰 취소심판에서 중앙행정심판위원회가 스스로 '서울지방경찰청장이 甲에게 한 운전면허취소처분을 취소한다'라는 재결을 하면 그 후 서울지방경찰청장은 다시 동일한 상황을 이유로 甲에게 운전면허취소처분을 할 수 없다. 이러한 의무를 반복금지의무라고도 한다.

(2) 적극적 의무로서 재처분의무

(가) 재처분의무의 유형   재처분의무는 ① 처분이 재결에 의하여 취소되거나 무효 또는 부존재로 확인되는 경우(행정심판법 제49조 제2항), ② 신청을 거부하거나 부작위로 방치한 처분에 대하여 의무이행재결이 있는 경우(행정심판법 제49조 제3항), 그리고 절차의 위법 또는 부당을 이유로 재결로써 취소된 경우와 관련한다(행정심판법 제49조 제4항).

▷**행정심판법 제49조(재결의 기속력 등)** ② 재결에 의하여 취소되거나 무효 또는 부존재로 확인되는 처분이 당사자의 신청을 거부하는 것을 내용으로 하는 경우에는 그 처분을 한 행정청은 재결의 취지에 따라 다시 이전의 신청에 대한 처분을 하여야 한다.
③ 당사자의 신청을 거부하거나 부작위로 방치한 처분의 이행을 명하는 재결이 있으면 행정청은 지체없이 이전의 신청에 대하여 재결의 취지에 따라 처분을 하여야 한다.
④ 신청에 따른 처분이 절차의 위법 또는 부당을 이유로 재결로써 취소된 경우에는 제2항을 준용한다.

[사례]
(1) 행정심판 제49조 제2항 관련   甲의 석궁판매업허가신청에 대한 서울지방경찰청장의 거부처분을 다툰 취소심판에서 중앙행정심판위원회가 서울지방경찰청장에게 '甲에게 석궁판매업허가거부처분을 취소한다'는 재결(취소재결)을 하는 경우, 재결의 취지가 허가를 내주라는 것이면, 서울지방경찰청장은 甲에게 석궁판매업허가를 내주어야 한다.
(2) 행정심판 제49조 제3항 관련   앞의 (1)을 의무이행심판으로 다투어서 중앙행정심판위원회가 서울지방경찰청장에게 '甲에게 석궁판매업허가를 내주라'는 재결(의무이행재결)을 하는 경우, 재결

의 취지가 허가를 내주라는 것이면, 서울지방경찰청장은 甲에게 석궁판매업허가를 내주어야 한다.

(3) 행정심판 제49조 제4항 관련 甲이 A영업허가를 신청하였고, 권한행정청이 甲에게 A영업허가를 내주었으나, 甲의 경쟁자인 乙이 「권한행정청이 甲에게 A영업허가를 내주기 전에 자신에게 의견제출의 기회를 부여하지 아니하였음」을 이유로 甲에게 내준 A영업허가취소심판을 제기하였고, 관할 행정심판위원회가 인용재결(취소재결)을 하면, 권한행정청은 재결의 취지에 따라 乙에게 의견제출의 기회를 부여한 후 甲의 A영업허가신청에 대하여 다시 처분을 하여야 한다.

(나) 재처분의무 이행의 확보

① 위원회의 직접처분 위원회는 피청구인이 제49조 제3항에도 불구하고 처분을 하지 아니하는 경우에는 당사자가 신청하면 기간을 정하여 서면으로 시정을 명하고 그 기간에 이행하지 아니하면 직접 처분을 할 수 있다. 다만, 그 처분의 성질이나 그 밖의 불가피한 사유로 위원회가 직접 처분을 할 수 없는 경우에는 그러하지 아니하다(행정심판법 제50조 제1항).

② 위원회의 간접강제 위원회는 피청구인이 제49조 제2항(제49조 제4항에서 준용하는 경우를 포함한다) 또는 제3항에 따른 처분을 하지 아니하면 청구인의 신청에 의하여 결정으로 상당한 기간을 정하고 피청구인이 그 기간 내에 이행하지 아니하는 경우에는 그 지연기간에 따라 일정한 배상을 하도록 명하거나 즉시 배상을 할 것을 명할 수 있다(행정심판법 제50조의2 제1항).

---

[173] 재결의 불복

심판청구에 대한 재결이 있으면 그 재결 및 같은 처분 또는 부작위에 대하여 다시 행정심판을 청구할 수 없다(행정심판법 제51조). 재결에 불복이 있으면 행정소송의 제기로 나아갈 수밖에 없다. 개별 법률에 특별한 규정이 있다면, 사정이 다르다.

✦제2항 법원에 의한 분쟁해결절차(행정소송)

제1목 일반론

[174] 행정소송의 관념

1. 행정소송의 의의

행정소송이란 행정법관계의 분쟁을 법원이 심리·판단하는 절차를 말한다. 예를 들어, 경비업체인 A법인이 서울지방경찰청장으로부터 경비업허가를 위법하게 취소당하게 되면, A법인은 서울지방경찰청장의 처분이 위법하다고 주장하면서 서울행정법원에 경비업허가취소처분의 취소를 구하는 소송(취소소송)을 제기할 것이고, 서울행정법원은 심리를 거쳐 판결을 하게 된다. 이것이 바로 행정소송이다. 행정소송은 권리구제기능과 행정통제기능을 갖는다.

▷ **경비업법 제4조(경비업의 허가)** ① 경비업을 영위하고자 하는 법인은 도급받아 행하고자 하는 경비업무를 특정하여 그 법인의 주사무소의 소재지를 관할하는 지방경찰청장의 허가를 받아야 한다. 도급받아 행하고자 하는 경비업무를 변경하는 경우에도 또한 같다.
제19조(경비업 허가의 취소 등) ① 허가관청은 경비업자가 다음 각 호의 어느 하나에 해당하는 때에는 그 허가를 취소하여야 한다. (각호 생략)

2. 행정소송법

1985년 10월 1일부터 발효된 현행 행정소송법은 행정소송에 관한 일반법이다. 특허법이나 디자인법 등 개별 법률에서 행정소송법의 특례를 규정하는 경우가 있다. 그러한 법률에 규정이 없는 사항은 당연히 일반법인 행정소송법이 적용된다.

3. 행정소송의 종류

행정소송법은 행정소송의 종류를 항고소송·당사자소송·민중소송·기관소송의 4가지로 규정하고(행정소송법 제3조), 항고소송을 다시 3가지로 규정하고 있다(행소법 제4조). 행정소송법상 항고소송과 당사자소송은 주관적 소송이고,

민중소송과 기관소송은 객관적 소송이다.

▷**행정소송법 제3조(행정소송의 종류)** 행정소송은 다음의 네 가지로 구분한다.
1. 항고소송: 행정청의 처분등이나 부작위에 대하여 제기하는 소송
2. 당사자소송: 행정청의 처분등을 원인으로 하는 법률관계에 관한 소송 그 밖에 공법상의 법률관계에 관한 소송으로서 그 법률관계의 한쪽 당사자를 피고로 하는 소송
3. 민중소송: 국가 또는 공공단체의 기관이 법률에 위반되는 행위를 한 때에 직접 자기의 법률상 이익과 관계없이 그 시정을 구하기 위하여 제기하는 소송
4. 기관소송: 국가 또는 공공단체의 기관상호간에 있어서의 권한의 존부 또는 그 행사에 관한 다툼이 있을 때에 이에 대하여 제기하는 소송. 다만, 헌법재판소법 제2조의 규정에 의하여 헌법재판소의 관장사항으로 되는 소송은 제외한다.
제4조(항고소송) 항고소송은 다음과 같이 구분한다.
1. 취소소송: 행정청의 위법한 처분등을 취소 또는 변경하는 소송
2. 무효등 확인소송: 행정청의 처분등의 효력 유무 또는 존재여부를 확인하는 소송
3. 부작위위법확인소송: 행정청의 부작위가 위법하다는 것을 확인하는 소송

✚ **주관적 소송과 객관적 소송의 의미**
① **주관적 소송**이란 자기의 법률상 이익의 보호를 위해 제기하는 소송을 말한다. 주관적 소송에는 항고소송과 당사자소송이 있다. 항고소송은 운전면허취소처분의 취소를 구하는 것과 같이 기존의 위법·부당한 처분의 시정을 구하는 소송을 말하고, 당사자소송은 경찰공무원이 보수를 청구하는 소송과 같이 당사자가 대등한 지위에서 공법상 권리와 의무를 다투는 소송을 말한다.
② **객관적 소송**은 공직선거법상 선거소송이나 당선소송과 같이 공익에 반하는 행정작용의 시정을 구하는 소송을 말한다.

[175] 행정소송의 한계

　헌법 제102조 제3항과 법원조직법 제2조 제1항에 비추어 법률상 쟁송이 아니면 행정소송의 대상이 아니므로 행정소송으로 다툴 수 없다. 사실행위(이에 관해 [96]4(1)을 보라), 추상적 규범통제, 객관적 소송(이에 관해 [206][207]을 보라), 반사적 이익(이에 관해 [19]1(3)을 보라), 통치행위, 행정청에 의무부과 등은 행정소송으로 다툴 수 없는 것으로 일반적으로 이해되고 있다.

▷**법원조직법 제2조(법원의 권한)** ① 법원은 헌법에 특별한 규정이 있는 경우를 제외한 모든 법률상의 쟁송(爭訟)을 심판하고, 이 법과 다른 법률에 따라 법원에 속하는 권한을 가진다.
▷**헌법 제107조** ① 법률이 헌법에 위반되는 여부가 재판의 전제가 된 경우에는 법원은 헌법재판소에 제청하여 그 심판에 의하여 재판한다.
② 명령·규칙 또는 처분이 헌법이나 법률에 위반되는 여부가 재판의 전제가 된 경우에는 대법원은 이를 최종적으로 심사할 권한을 가진다.

✚ 구체적 규범통제와 추상적 규범통제

① 도로교통법 시행령 제X조에 근거하여 운전면허정지처분을 받은 甲이 도로교통법 시행령 제X조가 위법하므로 도로교통법 시행령 제X조에 근거한 운전면허정지처분도 위법하다고 하여 취소소송을 제기한 경우, 甲은 구체적 사건인 운전면허정지처분의 취소를 구하면서 근거가 되는 대통령령인 도로교통법시행령 제X조를 다투는 것이 된다. 이와 같이 구체적 사건에 대한 재판의 전제로서 법령의 위헌·위법 여부를 다투는 것을 **구체적 규범통제**라 한다.

② 이와 달리 아무런 처분과 관계없이 甲이 도로교통법시행령 제X조의 위헌·위법 여부를 다투는 것을 **추상적 규범통제**라 한다. 전통적 견해와 판례는 헌법 제107조 제1항과 제2항에 비추어 추상적 규범통제는 인정되지 아니한다고 본다 다만, 법령 그 자체가 직접 국민의 권리·의무를 침해하는 경우에는 구체적 사건성을 갖게 되므로 행정소송의 대상이 된다고 한다. 예를 들어, B분교설치폐지 조례가 효력을 발생하면, B분교는 자동적으로 폐지되므로, B분교의 재학생들은 B분교설치폐지조 례가 처분이 아닌 규범이지만, 행정소송으로 다툴 수 있다고 한다.

✚ 통치행위

학설과 판례는 대통령이 일반 사병을 이라크에 파병하기로 하는 결정이나 비상계엄을 선포하는 행위는 사법심사의 대상이 되지 아니하는 것으로 본다. 왜냐하면 이러한 행위들은 고도의 정치적 성격을 갖기 때문이라는 것이다. 이와 같이 국가행위 중에서 고도의 정치적 성격을 갖기 때문에 사법심사가 제한되는 행위를 통치행위라 부른다.

✚ 논의되고 있는 행정권에 의무를 부과하는 소송 유형

① 의무이행소송(예: '甲에게 석궁판매업허가를 내주라'라는 판결을 구하는 소송)

② 작위의무확인소송(예: '경찰청장은 경찰청사 현관에 있는 동판의 가운데 글자를 새로이 고쳐 써야 할 의무가 있다'라는 판결을 구하는 소송)

③ 예방적 부작위소송(예 : '서대문경찰서장은 소속 경찰관이 서대문구청직원 甲을 미행하여서는 아니 된다'라는 판결을 구하는 소송, 또는 '서대문구청장은 乙의 건축물에 대하여 준공처분을 하여서는 아니 된다'라는 판결을 구하는 소송)

제2목 취소소송

Ⅰ. 취소소송의 관념

[176] 취소소송의 의의와 성질

1. 취소소송의 의의

취소소송이란 행정청의 위법한 처분 등을 취소 또는 변경하는 소송을 말한다(행정소송법 제4조 제1호). 예를 들어, 서울지방경찰청장이 청문을 하지 아니하고 甲에게 내준 전자충격기판매업허가를 취소한 경우, 청문을 하지 아니한 것은 위법하지만, 그 하자가 중대한 것은 아니므로 전자충격기판매업허가 취소처분은 무효가 아니고, 취소할 수 있는 행위로서 유효하다. 따라서 甲은 서울지방경찰청장의 취소처분이 유효하므로 전자충격기판매업을 할 수 없다. 만약 甲이 전자충격기판매업을 계속하려면 전자충격기판매업허가 취소처분을 취소시켜야만 한다. 이러한 경우에 적합한 소송이 취소소송이다. 취소소송은 항고소송의 중심에 놓인다. 취소소송에는 처분취소소송·처분변경소송·재결취소소송·재결변경소송, 그리고 판례상 인정된 무효선언을 구하는 취소소송이 있다.

▷ **총포·도검·화약류 등의 안전관리에 관한 법률 제46조의3(청문)** 면허관청 또는 허가관청은 다음 각 호의 어느 하나에 해당하는 처분을 하려면 청문을 하여야 한다.
1. 제30조 제1항에 따른 화약류제조보안책임자 또는 화약류관리보안책임자 면허의 취소 또는 면허의 효력정지
2. 제45조에 따른 총포·도검·화약류·분사기·전자충격기·석궁의 제조업 또는 판매업 허가의 취소 또는 영업의 정지 (이하 생략)
제30조(면허의 취소·정지) ① 제28조 제1항에 따라 면허를 준 지방경찰청장(이하 "면허관청"이라 한다)은 화약류제조보안책임자면허 또는 화약류관리보안책임자면허를 받은 사람이 다음 각 호의 어느 하나에 해당하는 경우에는 그 면허를 취소하거나 6개월의 범위에서 일정한 기간을 정하여 면허의 효력을 정지할 수 있다. ….

2. 취소소송의 성질

취소소송은 개인의 권익구제를 직접적인 목적으로 하는 주관적 소송이다. 취소소송은 위법처분으로 인해 발생한 위법상태의 제거를 위한 소송형식이고, 취소소송의 판결은 유효한 행위의 효력을 소멸시키는 것이므로 형성소송에 속한다(통설·판례).

❍ **판례** 행정처분이 취소되면 그 처분은 효력을 상실하여 더 이상 존재하지 않으며, 존재하지 않는 행정처분을 대상으로 한 취소소송은 소의 이익이 없어 부적법하다(대판 2023. 4. 27., 2018두62928).

[177] 다른 행정소송과의 관계

1. 취소소송과 무효등확인소송과의 관계
(1) 선택관계(병렬관계)   취소소송과 무효등확인소송은 양립할 수 있는

것이 아니라 선택적인 관계에 놓인다. 예를 들어, 서울지방경찰청장이 甲에게 내준 전자충격기판매업허가를 취소한 경우, 甲은 전자충격기판매업허가취소처분의 취소를 구하든지 아니면 무효확인을 구하여야지, 전자충격기판매업허가취소처분의 취소를 구하면서 동시에 무효확인을 구할 수는 없다. 왜냐하면 하나의 행정행위는 무효이든지 아니면 취소할 수 있는 것이지, 무효이자 동시에 취소할 수 있는 것은 아니기 때문이다. 주위적으로 전자충격기판매업허가취소처분의 취소를 구하면서, 예비적으로 만약 허가취소처분이 취소할 수 있는 행위가 아니라면 무효확인을 구한다는 방식의 소제기는 가능하다.

(2) 포섭관계　　① 무효인 처분을 취소소송으로 다투면, 원고가 취소만을 다투는 것이 명백한 것이 아니라면 무효확인을 구하는 취지까지 포함되어 있는 것으로 본다. 물론 이러한 경우에는 취소소송의 요건을 구비하여야 한다(무효선언을 구하는 취소소송). 한편, ② 취소할 수 있는 행위를 무효등확인소송으로 다투면, 역시 원고가 무효확인만을 구한다는 것이 명백한 것이 아니라면 취소를 구하는 취지까지 포함되어 있는 것으로 본다. 물론 이러한 경우에는 취소소송의 요건을 구비하여야 한다.

❍**판례** 행정처분의 무효 확인을 구하는 소에는 특단의 사정이 없는 한 취소를 구하는 취지도 포함되어 있다(대판 2023. 6. 29., 2020두46073).

2. 취소소송과 당사자소송의 관계

경찰공무원이 단순위법의 파면처분을 받은 경우, 당사자소송으로 경찰공무원의 지위확인을 구하는 소송을 제기할 수는 없고, 파면처분의 취소를 구하는 소송을 제기하여야 한다. 왜냐하면 행정행위(파면처분)는 공정력을 가지므로, 단순위법의 하자 있는 행정행위는 취소소송 이외의 소송으로 그 효력을 부인할 수 없기 때문이다.

Ⅱ. 본안판단의 전제요건

법원에서 승소판결을 받기 위해서는 ① 먼저, 법원에서 처분이 위법한지 여부의 판단을 받기 위한 전제요건이 구비되어야 하고, ② 다음으로, 전제요건이 구비되었다면, 그 처분이 위법하여야 한다. ①의 전제요건을 본안판단의 전제요건이라 하고, ②에서 위법여부를 본안요건이라 한다. 법원은 당사자가 본안판단의 전제요건의 구비여부를 다투지 아니하여도 당연히 구비여부를 심사하여야 한다(직권심사사항). 본안판단의 전제요건을 나누어서 보기로 한다.

[178] 처분등의 존재(대상적격)

취소소송은 "행정청의 위법한 처분등을 취소 또는 변경하는 소송"이므로 취소소송을 제기하기 위해서는 처분등이 존재하여야 한다. 행정소송법은 처분과 재결을 합하여 처분등이라 부른다(처분등 = 처분 + 재결).

▷ **행정소송법 제19조(취소소송의 대상)** 취소소송은 처분등을 대상으로 한다. 다만, 재결취소소송의 경우에는 재결 자체에 고유한 위법이 있음을 이유로 하는 경우에 한한다.
제2조(정의) ① 이 법에서 사용하는 용어의 정의는 다음과 같다.
1. "처분등"이라 함은 행정청이 행하는 구체적 사실에 관한 법집행으로서의 공권력의 행사 또는 그 거부와 그 밖에 이에 준하는 행정작용(이하 "처분"이라 한다) 및 행정심판에 대한 재결을 말한다.

1. 처분

처분의 개념(행정청이 행하는 구체적 사실에 관한 법집행으로서의 공권력의 행사 또는 그 거부와 그 밖에 이에 준하는 행정작용)은 행정소송법 제2조 제1호에서 규정되고 있다. 세 부분으로 나누어서 보기로 한다.

(1) 행정청이 행하는 구체적 사실에 관한 법집행으로서의 공권력의 행사

(가) 행정청　　　행정청이란 경찰청장·지방경찰청장·경찰서장 등 행정권의 의사를 정하고 이를 대외적으로 표시할 수 있는 행정기관을 말한다. 법령에 의하여 행정권한의 위임 또는 위탁을 받은 행정기관, 공공단체 및 그 기관 또는 사인이 포함된다(행정소송법 제2조 제2항).

(나) 구체적 사실　　　구체적 사실이란 관련자가 개별적이고(특정인) 규율대상이 구체적인 것(특정한 사정)을 의미한다. 예를 들어 A로 인해 2030년 2월 2일 광화문 앞에서 교통사고가 발생하였다고 하면 구체적 사실에 해당하다. 관련자가 일반적이고(누구나 해당) 규율사건이 구체적인 경우(특정한 사정)의 규율(예: 횡단보도·교통신호등)은 일반처분이라 하고 이것도 처분에 해당한다.

(다) 법집행　　　법집행이란 법의 적용을 뜻하므로 법을 정립하는 입법과 구별된다. 행정입법은 법의 정립이기도 하지만, 법(상위법)의 집행의 의미도

갖는다.

(라) 공권력 행사　　　공권력 행사란 경찰공무원이 도로교통법 제6조 제4항에 따라 보행자의 통행을 일시 제한하는 것과 같이 공법(도로교통법)에 근거하여 행정청(경찰공무원)이 우월한 지위에서 일방적으로 행하는 일체의 행정작용(보행자의 통행제한)을 의미한다.

▷**도로교통법 제6조(통행의 금지 및 제한)** ④ 경찰공무원은 도로의 파손, 화재의 발생이나 그 밖의 사정으로 인한 도로에서의 위험을 방지하기 위하여 긴급히 조치할 필요가 있을 때에는 필요한 범위에서 보행자, 차마 또는 노면전차의 통행을 일시 금지하거나 제한할 수 있다.

(마) 법적 행위　　　① 행정소송법에 처분은 법적 행위(권리와 의무를 발생·변경·소멸을 가져오는 의사표시)를 대상으로 한다는 내용은 없다. 해석상 취소소송은 위법성의 소급적 제거를 본질로 하고, 위법성의 소급적 제거는 법적 행위에서 가능하다는 논리에서 처분은 법적 행위라는 내용이 나온다. 판례의 견해이기도 하다.

❍**판례**　항고소송의 대상이 되는 행정처분은 행정청의 공법상의 행위로서 특정사항에 대하여 법규에 의한 권리의 설정 또는 의무의 부담을 명하거나 기타 법률상의 효과를 발생하게 하는 등 국민의 권리의무에 직접 관계가 있는 행위를 말하는 것이고, 행정청 내부에서의 행위나 알선, 권유, 사실상의 통지 등과 같이 상대방 또는 기타 관계자들의 법률상 지위에 직접적인 법률적 변동을 일으키지 아니하는 행위 등은 항고소송의 대상이 될 수 없다(대판 2000. 9. 8., 99두1113).

② 권력적 사실행위의 경우는 두 가지로 나누어서 보아야 한다. 권력적 사실행위 중에도 위험한 물건의 파기와 같이 법적 요소를 갖는 것은 처분에 해당하지만, 경찰관의 미행행위와 같이 법적 요소를 갖지 아니하는 것은 처분에 해당하지 아니 한다.

✚ **위험 발생의 방지를 위한 물건의 파기행위**
① 경찰관이 경찰관 직무집행법 제5조 제1항 제3호에 따라 위험방지를 위해 A소유의 물건을 파기하는 경우, 그 물건의 파기행위는 이중의 의미를 갖는다. 즉 물건 파기의 행위는 ⓐ 사실행위로서 부수는 행위와 ⓑ 파기 시에 A가 파기를 참아야 하는 수인의무가 결합되어 있다고 새긴다(이러한 행위를 합성적 행위라 한다). 여기서 물건의 파기행위는 A에게 수인의무를 발생시킨다는 점에서 법적 행위로 이해된다.

▷**경찰관 직무집행법 제5조(위험 발생의 방지 등)** ① 경찰관은 사람의 생명 또는 신체에 위해를 끼치거나 재산에 중대한 손해를 끼칠 우려가 있는 천재, 사변, 인공구조물의 파손이나 붕괴, 교통사고, 위험물의 폭발, 위험한 동물 등의 출현, 극도의 혼잡, 그 밖의 위험한 사태가 있을 때에는 다음 각 호의 조치를 할 수 있다.

3. 그 장소에 있는 사람, 사물의 관리자, 그 밖의 관계인에게 위해를 방지하기 위하여 필요하다고 인정되는 조치를 하게 하거나 직접 그 조치를 하는 것

✚ 경찰관의 미행행위
경찰관 A가 甲이 세무공무원 B에게 뇌물을 준 정보를 입수하고 세무공무원 B를 미행한다고 할 때, 법원이 경찰관 A에게 세무공무원 B에 대한 미행을 취소하라고 명령한다고 하여 이미 이루어진 미행행위가 없어지지 아니한다. 따라서 세무공무원 B가 미행을 당하지 아니하려면 법원이 경찰관 A에게 미행을 더 이상 하지 말라는 판결을 해야 한다(현재 이러한 판결은 인정되지 아니한다). 미행행위와 같이 성질상 소급적인 제거가 불가능한 순수한 사실행위는 여기서 말하는 법적 행위가 아니다. 미행행위에는 수인의무가 발생하지 아니한다.

(2) 행정청의 공권력 행사의 거부　　　행정청, 구체적 사실, 법집행, 공권력 행사, 법적 행위의 의미는 앞에서 보았다. 여기서는 거부의 의미를 보기로 한다.

① 거부란 '처분(행정청이 행하는 구체적 사실에 관한 법집행으로서의 공권력행사)의 거부'를 말한다. 즉 거부된 행정작용이 처분에 해당하는 경우의 공권력행사의 거부만을 의미한다.

② 판례는 "행정청이 국민의 신청에 대하여 한 거부행위가 항고소송의 대상이 되는 행정처분이 된다고 하기 위하여는 국민이 그 신청에 따른 행정행위를 요구할 수 있는 법규상 또는 조리상 권리가 있어야 한다"는 입장이다.

(3) 이에 준하는 행정작용　　　'이에 준하는 행정작용'이 무엇을 의미하는지에 관해 확립된 견해는 없다. '이에 준하는 행정작용'의 예로 권력적 사실행위를 제시하는 견해도 있고, 일반처분을 제시하는 견해도 있고, 일반처분과 처분법령을 제시하는 견해도 있다. 그러나 이러한 예들은 모두 앞에서 살펴본 '행정청이 행하는 구체적 사실에 관한 법집행으로서의 공권력의 행사'에 해당될 수도 있는 것이므로 적절한 예라고 말하기 어렵다. '이에 준하는 행정작용'의 의미에 대해서는 연구를 요한다.

✚ 처분 여부 판단 방법에 관한 판례의 견해
항고소송의 대상이 되는 행정청의 처분이라 함은 원칙적으로 행정청의 공법상의 행위로서 특정 사항에 대하여 법규에 의한 권리의 설정 또는 의무의 부담을 명하거나 기타 법률상의 효과를 직접 발생하게 하는 등 국민의 권리의무에 직접 관계가 있는 행위를 말하므로, 행정청의 내부적인 의사결정 등과 같이 상대방 또는 관계자들의 법률상 지위에 직접적인 법률적 변동을 일으키지 아니하는 행위는 그에 해당하지 아니한다(대판 2024. 6. 19., 2024무689).

2. 재결

① 행정소송법상 재결은 행정심판법이 정하는 절차에 따른 재결(행정심판법 제2조 제1호)만을 뜻하는 것은 아니다. 이 밖에 당사자심판이나 이의신청에 의

한 재결도 포함된다.

▷**행정심판법 제2조(정의)** 이 법에서 사용하는 용어의 뜻은 다음과 같다.
3. "재결(裁決)"이란 행정심판의 청구에 대하여 제6조에 따른 행정심판위원회가 행하는 판단을 말한다.

② 행정소송법상 재결에 대한 취소소송은 재결 자체에 고유한 위법이 있음을 이유로 하는 경우에 한한다(행정소송법 제19조 단서). 따라서 취소소송은 원칙적으로 원처분을 대상으로 하며, 재결은 예외적으로만 취소소송의 대상이 될 수 있다. 이를 원처분중심주의라 부른다.

[예] 甲이 서울지방경찰청장에게 분사기판매업허가를 신청하였으나 거부처분을 받고, 이어서 분사기판매업허가거부처분에 대한 의무이행심판을 제기하였으나 기각의 재결을 받게 되자 행정소송으로 다투려고 하는 경우, 甲은 ① 서울지방경찰청장을 피고로 하여 서울지방경찰청장의 분사기판매업허가거부처분을 다투는 소송을 제기하여야 하는가, 아니면 ② 중앙행정심판위원회를 피고로 하여 기각재결을 다투는 소송을 제기하여야 하는가의 문제가 있다. 원처분중심주의에 따라 甲은 ①의 소송을 제기하여야 한다. 다만, 중앙행정심판위원회의 재결에 재결이유가 누락된 경우와 같이 기각재결에 고유한 위법이 있는 경우에는 ②의 소송을 제기할 수 있다. ②에 관해서는 아래에서 살핀다.

③ 재결을 분쟁대상으로 하는 항고소송을 재결소송이라 한다. 재결소송은 재결 자체에 고유한 위법이 있는 경우에 한한다. 재결 자체에 고유한 위법이 없다면 원처분을 다투어야 한다. 재결 자체에 고유한 위법이란 재결 자체에 주체·절차·형식의 위법 또는 내용상의 위법이 있는 경우를 의미한다.

▷**행정소송법 제19조(취소소송의 대상)** 취소소송은 처분등을 대상으로 한다. 다만, 재결취소소송의 경우에는 재결 자체에 고유한 위법이 있음을 이유로 하는 경우에 한한다.

④ 개별 법률에서 원처분중심주의의 예외로서 재결을 취소소송의 대상으로 규정하는 경우도 있다. 이를 재결주의라 부른다. 예컨대, 감사원의 변상판정처분에 대하여는 행정소송을 제기할 수 없고, 재결에 해당하는 재심의판정에 대해서만 감사원을 피고로 하여 행정소송을 제기할 수 있다(감사원법 제40조 제2항).

▷**감사원법 제36조(재심의 청구)** ② 감사원으로부터 제32조, 제33조 및 제34조에 따른 처분을 요구받거나 제34조의2에 따른 권고·통보를 받은 소속 장관, 임용권자나 임용제청권자, 감독기관의 장 또는 해당 기관의 장은 그 처분 요구나 권고·통보가 위법 또는 부당하다고 인정할 때에는 그 처분 요구

나 권고·통보를 받은 날부터 1개월 이내에 감사원에 재심의를 청구할 수 있다.

제40조 (재심의의 효력) ② 감사원의 재심의판결에 대하여는 감사원을 당사자로 하여 행정소송을 제기할 수 있다. 다만, 그 효력을 정지하는 가처분결정은 할 수 없다.

[179] 관할법원

1. 삼심제

행정소송에도 행정법원-고등법원-대법원의 삼심제가 적용된다. 행정법원은 행정소송법에서 정한 행정사건과 다른 법률에 따라 행정법원의 권한에 속하는 사건을 제1심으로 심판한다(법원조직법 제40조의4).

2. 관할이송

관할권이 없는 법원에 소송이 제기된 사건은 관할권이 있는 법원(관할법원)으로 보내야 한다(행정소송법 제7조, 제8조). 이를 관할이송이라 한다.

[예] 서울행정법원에 제기하여야 할 것을 수원지방법원에 제기한 경우에는 수원지방법원(특별부)은 결정으로 서울행정법원에 이송하여야 하는 것과 같이 관할권이 없는 법원에 소송이 제기된 경우, 다른 모든 소송요건을 갖추고 있는 한 각하할 것이 아니라 결정으로 관할법원에 소송을 이송하여야 한다. 서울행정법원에 제기할 것을 서울고등법원에 제기한 경우, 서울고등법원은 결정으로 서울행정법원으로 이송하여야 한다. 행정사건을 민사법원에 제기한 경우에도 관할이송이 적용된다.

▷**행정소송법 제7조(사건의 이송)** 민사소송법 제34조 제1항의 규정은 원고의 고의 또는 중대한 과실 없이 행정소송이 심급을 달리하는 법원에 잘못 제기된 경우에도 적용한다.
제8조(법적용예) ② 행정소송에 관하여 이 법에 특별한 규정이 없는 사항에 대하여는 법원조직법과 민사소송법 및 민사집행법의 규정을 준용한다.

3. 관련청구소송의 이송·병합

관련청구소송의 이송·병합이란 상호관련성이 있는 여러 청구를 하나의 절차에서 심판함으로써 심리의 중복, 재판상 모순을 방지하고 아울러 신속하게 재판을 진행시키기 위한 제도를 말한다.

✚ 이송의 예
서울지방경찰청장이 악의로 甲에 대하여 분사기판매업허가취소처분을 한 경우, 甲은 ① 분사기판매업허가취소처분의 취소청구소송을 제기한 후 승소하여 다시 분사기판매업을 하여야 할 것이고, 아울러 ② 분사기판매업허가취소처분으로 인한 재산상 손해를 국가로부터 배상받아야 할 것이다.

원리적으로 본다면, ①을 위해 서울행정법원에 행정소송인 분사기판매업취소처분 취소청구소송을 제기하여야 하고, ②를 위해 서울민사법원에 손해배상청구소송을 제기하여야 한다. 그런데 ①과 ②가 모두 제기되었다면, ①과 ②는 상호관련이 있으므로 서울민사법원이 손해배상청구소송을 서울행정법원에 보낼 수 있다.

✚ 병합의 예
(1) 甲이 서울지방경찰청장에게 분사기판매업허가를 신청하였으나 거부처분을 받자, ① 서울행정법원에 거부처분에 대한 취소소송을 제기하고, 아울러 분사기판매업허가거부처분에 대한 의무이행심판을 제기하였으나 중앙행정심판위원회로부터 기각의 재결을 받자, ② 기각재결의 취소를 구하는 소송도 서울행정법원에 제기하였다고 하자. ①은 취소소송이고, ②는 관련청구소송인데, 서울행정법원은 ①의 소송을 심리할 때 ②의 소송을 병합하여 동시에 심리할 수 있다.
(2) 서울지방경찰청장이 악의로 甲에 대하여 분사기판매업허가취소처분을 한 경우, 甲은 ① 서울행정법원에 분사기판매업허가취소처분의 취소청구소송(피고: 서울지방경찰청장)을 제기하면서 동시에 ② 서울행정법원에 분사기판매업허가취소처분으로 인한 손해배상청구소송(피고: 국가)을 병합하여 제기할 수도 있다.

▷**행정소송법 제10조(관련청구소송의 이송 및 병합)** ① 취소소송과 다음 각호의 1에 해당하는 소송(이하 "關聯請求訴訟"이라 한다)이 각각 다른 법원에 계속되고 있는 경우에 관련청구소송이 계속된 법원이 상당하다고 인정하는 때에는 당사자의 신청 또는 직권에 의하여 이를 취소소송이 계속된 법원으로 이송할 수 있다.
1. 당해 처분등과 관련되는 손해배상·부당이득반환·원상회복등 청구소송
2. 당해 처분등과 관련되는 취소소송
② 취소소송에는 사실심의 변론종결시까지 관련청구소송을 병합하거나 피고외의 자를 상대로 한 관련청구소송을 취소소송이 계속된 법원에 병합하여 제기할 수 있다.

[180] 당사자와 소송참가

① 행정소송을 제기하는 자를 원고, 제기당하는 자를 피고라 한다. 원고와 피고를 합하여 당사자라 한다. ② 소송상 당사자(원고·피고·참가인)가 될 수 있는 능력(자격)을 당사자능력이라 한다. ③ 당사자능력을 가진 자가 개별·구체적인 사건에서 원고나 피고로서 소송을 수행하고 본안판결을 받을 수 있는 능력(자격)을 당사자적격이라 한다.

1. 원고적격

행정소송에서 원고가 될 수 있는 자격을 원고적격이라 한다. 행정소송법 제12조는 취소를 구할 법률상 이익이 있는 자가 원고적격이 있다고 규정하는 바, 법률상 이익이 원고적격의 핵심개념이다.

▷**행정소송법 제12조(원고적격)** 취소소송은 처분등의 취소를 구할 법률상 이익이 있는 자가 제기할 수 있다. 처분등의 효과가 기간의 경과, 처분등의 집행 그 밖의 사유로 인하여 소멸된 뒤에도 그 처분 등의 취소로 인하여 회복되는 법률상 이익이 있는 자의 경우에는 또한 같다.

(1) 법률상 이익의 주체   법률상 이익이 있는 '자'에는 자연인과 법인이 있다. 법인에는 공법인과 사법인이 있다. 법인인 지방자치단체도 당사자적격을 갖는다. 법인격 없는 단체는 대표자를 통해 단체의 이름으로 출소할 수 있다 (행정소송법 제8조 제2항; 민사소송법 제52조). 법률상 이익이 있는 '자'에는 처분의 상대방뿐만 아니라 법률상 이익이 침해된 제3자도 포함된다. 행정심판의 피청구인인 행정청은 원고적격이 없다고 한다(판례).

✚ 행정심판의 피청구인과 원고적격
행정심판에서 기각재결이 있는 경우, 사인(私人)인 청구인은 당연히 취소소송을 제기할 수 있다. 그러나 인용재결이 있는 경우, 피청구인인 행정청은 재결의 기속력(행정심판법 제37조 제1항)으로 인해 취소소송을 제기할 수 없다는 것이 판례의 태도이다. 예컨대 ① 甲이 서울지방경찰청장에게 분사기판매업허가를 신청하였으나 거부처분을 받자, 의무이행심판을 제기하였고 중앙행정심판위원회로부터 기각의 재결을 받았다면, 甲은 서울지방경찰청장에게 분사기판매업허가거부처분의 취소를 구하는 소송을 제기할 수 있다. 그러나 ② 甲이 중앙행정심판위원회로부터 인용재결을 받았다면, 서울지방경찰청장은 중앙행정심판위원회의 인용재결의 취소를 구하는 소송을 제기할 수 없다.

(2) 법률상 이익의 내용   일반적으로 법률상 이익을 전통적 의미의 권리와 청주시연탄공장사건을 계기로 하여 판례상 인정되어온 법률상 보호이익을 포함하는 상위개념으로 새기지만(법률상 이익=전통적 의미의 권리+판례상 인정되어온 법률상 보호이익), 논리적으로는 법률상 이익과 전통적 의미의 권리, 그리고 판례상 인정되어온 법률상 보호이익은 같은 개념이다(법률상 이익=전통적 의미의 권리=판례상 인정되어온 법률상 보호이익).

✚ 청주시 연탄공장사건
청주시연탄공장사건이란 청주시장이 주거지역내에 연탄공장건축허가를 내주자 주거지역내의 (구)도시계획법 제19조 제1항과 (구)건축법 제32조 제1항 소정 제한면적을 초과한 연탄공장건축허가 처분으로 불이익을 받고 있는 이웃주민들이 청주시장을 상대로 건축허가처분취소청구소송을 제기한 사건이다. 판결요지는 다음과 같다.

○판례 [1] 도시계획법과 건축법의 규정취지에 비추어 볼 때 이 법률들이 주거지역 내에서의 일정한 건축을 금지하고 또한 제한하고 있는 것은 (구)도시계획법과 (구)건축법이 추구하는 공공복리의 증진을 도모하는 데 그 목적이 있는 동시에, 한편으로는 주거지역 내에 거주하는 사람의 주거안녕과 생활환경을 보호하고자 하는 데도 그 목적이 있는 것으로 해석된다. 그러므로 주거지역 내에 거주하는 사람의 주거의 안녕과 생활환경을 보호받을 이익은 단순한 반사적 이익이나 사실상의 이익이 아니라 바로 법률에 의하여 보호되는 이익이라고 할 것이다(대판 1975. 5. 13., 73누96,97).

[2] 법률상 이익이라 함은 그 행정처분으로 인하여 발생하거나 확대되는 손해가 해당 처분의 근거 법규 및 관련 법규에 의하여 보호받는 직접적이고 구체적인 이익과 관련된 것을 말하는 것이고 단지 간접적이거나 사실적·경제적 이해관계를 가지는 데 불과한 경우는 여기에 포함되지 않는다. 그리고 해당 처분의 근거 법규 및 관련 법규에 의하여 보호되는 법률상 이익은 해당 처분의 근거 법규의 명문 규정에 의하여 보호받는 법률상 이익, 해당 처분의 근거 법규에 의하여 보호되지는 아니하나 해당 처분의 행정목적을 달성하기 위한 일련의 단계적인 관련 처분들의 근거 법규에 의하여 명시적으로 보호받는 법률상 이익, 해당 처분의 근거 법규 또는 관련 법규에서 명시적으로 당해 이익을 보호하는 명문의 규정이 없더라도 근거 법규 및 관련 법규의 합리적 해석상 그 법규에서 행정청을 제약하는 이유가 순수한 공익의 보호만이 아닌 개별적·직접적·구체적 이익을 보호하는 취지가 포함되어 있다고 해석되는 경우까지를 말한다(대판 2024. 6. 19., 2024무689).

(3) 원고적격의 확대　　판례상 경쟁자소송·경원자소송·이웃소송(인인소송)을 인정하는 경우가 빈번해짐으로써 제3자에게 원고적격을 인정하는 범위가 확대되고 있다.

✚ 경쟁자소송(경업자소송)의 예
이 사건 처분(피고 경상남도지사가 피고보조참가인인 경남버스 주식회사 외 3인에게 내준 시외버스운송사업계획변경인가처분)으로 인하여 기존의 시내버스운송사업자인 원고 대우여객의 노선 및 운행계통과 시외버스운송사업자인 참가인들의 그것들이 일부 중복되게 되고 기존업자의 수익 감소가 예상되는 사실관계라면, 원고 대우여객과 참가인들은 경업관계에 있는 것으로 봄이 상당하다 할 것이어서 원고 대우여객에게 이 사건 처분의 취소를 구할 법률상의 이익이 있다(대판 2002. 10. 25., 2001두4450).

✚ 경원자소송의 예
원고(학교법인 조선대학교)를 포함하여 법학전문대학원 설치인가 신청을 한 41개 대학들은 2,000명이라는 총 입학정원을 두고 그 설치인가 여부 및 개별 입학정원의 배정에 관하여 서로 경쟁관계에 있고 이 사건 각 처분이 취소될 경우 원고의 신청이 인용될 가능성도 배제할 수 없으므로, 원고가 이 사건 각 처분의 상대방이 아니라도 그 처분의 취소 등을 구할 당사자적격이 있다(대판 2009. 12. 10., 2009두8359).

✚ 이웃소송(인인소송)의 예
(김해시장이 소감천을 통해 낙동강에 합류하는 하천수 주변의 토지에 구 산업집적활성화 및 공장설립에 관한 법률 제13조에 따라 공장설립을 승인하는 처분을 한 사안에서) 상수원인 물금취수장이 소감천이 흘러 내려 낙동강 본류와 합류하는 지점 근처에 위치하고 있는 점, 수돗물은 수도관 등 급수시설에 의해 공급되는 것이어서 거주지역이 물금취수장으로부터 다소 떨어진 곳이라고 하더라도 수돗물의 수질악화 등으로 주민들이 갖게 되는 환경상 이익의 침해나 그 우려는 그 수돗물을 공급하는 취수시설이 입게 되는 수질오염 등의 피해나 그 우려와 동일하게 평가될 수 있는 점 등에 비추어, 공장설립으로 수질오염 등이 발생할 우려가 있는 물금취수장에서 취수된 물을 공급받는 부산광역시 또는 양산시에 거주하는 주민들도 위 처분의 근거 법규 및 관련 법규에 의하여 개별적·구체적·직접적으로 보호되는 환경상 이익, 즉 법률상 보호되는 이익이 침해되거나 침해될 우려가 있는 주민으로서 원고적격이 인정된다(대판 2010. 4. 15., 2007두16127).

2. 피고적격

(1) 원칙(처분청)　　　피고적격이란 행정소송에서 피고가 될 수 있는 자격을 의미한다. 다른 법률에 특별한 규정이 없는 한 취소소송에서는 그 처분등을 행한 행정청이 피고가 된다(행정소송법 제13조 제1항 전단). 단독기관인 경찰청장의 처분을 다투는 경우에는 경찰청이 아니라 경찰청장이 피고가 되지만, 합의제기관인 중앙토지수용위원회의 재결처분을 다투는 경우에는 중앙토지수용위원회의 위원장이 아니라 중앙토지수용위원회가 피고가 된다.

(2) 예외　　　① 처분등이 있은 뒤에 그 처분등에 관계되는 권한이 다른 행정청에 승계된 때에는 이를 승계한 행정청을 피고로 한다(행정소송법 제13조 제1항 단서). 예를 들어, 서울지방경찰청장이 A처분을 하였으나, 그 후 A처분의 권한이 강원지방경찰청장에게 넘어간 경우에는 강원지방경찰청장이 피고가 된다. ② 행정권한의 위임·위탁이 있는 경우에는 현실적으로 처분을 한 수임청·수탁청이 피고가 된다(행정소송법 제2조 제2항). 예를 들어, 경찰청장이 A처분권한을 지방경찰청장에 위임한 경우에는 수임청인 지방경찰청장이 피고가 된다. ③ 국가공무원법에 의한 처분 기타 본인의 의사에 반한 불리한 처분으로 대통령이 행한 처분에 대한 행정소송의 피고는 소속장관이 된다(국가공무원법 제16조). 경찰공무원의 경우, 경찰청장 또는 해양경찰청장이 피고가 된다(경찰공무원법 제28조, 공무원임용령 제2조 제3호).

(3) 피고경정　　　행정안전부장관을 피고로 하였다가 경찰청장을 피고로 변경하는 것과 같이 피고를 변경하는 것을 피고경정이라 한다. 피고경정제도를 두는 것은 피고를 잘못 지정한 경우에 소송요건(본안판단의 전제요건)의 미비를 이유로 각하판결을 하고, 원고로 하여금 새로운 소를 제기하게 하는 것보다는 피고를 경정하게 하는 것이 보다 효과적이라는 데 있다. 원고가 피고를 잘못 지정한 때에는 법원은 원고의 신청에 의하여 결정으로써 피고의 경정을 허가할 수 있다(행정소송법 제14조 제1항). 피고경정의 허가가 있으면 새로운 피고에 대한 소송은 처음에 소를 제기한 때에 제기된 것으로 보며(행정소송법 제14조 제4항) 아울러 종전의 피고에 대한 소송은 취하된 것으로 본다(행정소송법 제14조 제5항).

3. 소송참가

취소소송과 이해관계 있는 제3자나 다른 행정청을 소송에 참여시키는 것을 소송참가라 한다. 행정소송에서 소송참가는 원고나 피고를 돕기 위한 보조참가이다. 소송참가에는 제3자의 소송참가와 다른 행정청의 소송참가가 있다.

✚ 제3자의 소송참가의 예
甲이 고층빌딩(50층)의 건축을 위하여 허가신청을 하였으나 서울특별시장이 거부처분을 하였다. 이에 甲이 건축허가거부처분에 대한 취소소송을 제기하는 경우, 만약 甲의 청구가 인용되면, 甲은 고층빌딩을 지을 것이고, 이로 인해 고층빌딩주변에 사는 주민 乙은 일조권과 조망권의 침해를 당할 수 있게 된다. 이러한 경우에 법원이 乙의 신청이나 직권으로 乙을 소송에 참가시킬 수 있다.

✚ 다른 행정청의 소송참가의 예
甲이 A건물을 신축하고자 서대문구청장에게 허가신청을 하였으나 서대문구청장은 서대문소방서장이 A건물의 건축허가에 관해 「화재예방, 소방시설 설치·유지 및 안전관리에 관한 법률」 제7조 제1항의 동의를 하지 아니하였다」는 이유로 거부처분을 하였다. 이에 甲이 서대문구청장의 건축허가거부처분에 대한 취소소송을 제기하는 경우, 만약 甲의 청구가 인용되면, 서대문소방서장의 부동의에도 불구하고 甲은 일정 절차를 거쳐 A건물을 지을 것이고, 이렇게 되면 서대문소방서장은 서대문구에서 화재예방, 소방시설 설치·유지 및 안전관리에 관한 법률에 관한 사무를 집행하는데 어려움을 겪게 된다. 이러한 경우에 법원이 소송에 참가시킬 필요가 있다고 인정할 때에는 甲이나 서대문구청장 또는 서대문소방서장의 신청 아니면 서울행정법원이 직권에 의하여 결정으로 서대문소방서장을 소송에 참가시킬 수 있다.

▷**행정소송법 제17조(행정청의 소송참가)** ① 법원은 다른 행정청을 소송에 참가시킬 필요가 있다고 인정할 때에는 당사자 또는 당해 행정청의 신청 또는 직권에 의하여 결정으로써 그 행정청을 소송에 참가시킬 수 있다.
▷**소방시설 설치 및 관리에 관한 법률 제7조(건축허가등의 동의)** 건축물 등의 신축·증축·개축·재축(再築)·이전·용도변경 또는 대수선(大修繕)의 허가·협의 및 사용승인(「주택법」 제15조에 따른 승인 및 같은 법 제49조에 따른 사용검사, 「학교시설사업 촉진법」 제4조에 따른 승인 및 같은 법 제13조에 따른 사용승인을 포함하며, 이하 "건축허가등"이라 한다)의 권한이 있는 행정기관은 건축허가등을 할 때 미리 그 건축물 등의 시공지(施工地) 또는 소재지를 관할하는 소방본부장이나 소방서장의 동의를 받아야 한다.

[181] 제소기간

1. 의의

제소기간이란 처분의 상대방 등이 소송을 제기할 수 있는 시간적 간격을 말한다. 제소기간이 경과한 후에 제소하면, 법원은 그 소를 각하하여야 한다. 제소기간의 준수여부는 법원의 직권조사사항이다. 제소기간에 관한 일반조항으로 행정소송법 제20조가 있다. 특례를 규정하는 개별법도 있다.

▷**행정소송법 제20조(제소기간)** ① 취소소송은 처분등이 있음을 안 날부터 90일 이내에 제기하여야 한다. 다만, 제18조 제1항 단서에 규정한 경우와 그 밖에 행정심판청구를 할 수 있는 경우 또는 행정청이 행정심판청구를 할 수 있다고 잘못 알린 경우에 행정심판청구가 있은 때의 기간은 재결서의 정본을 송달받은 날부터 기산한다.

② 취소소송은 처분등이 있은 날부터 1년(제1항 단서의 경우는 재결이 있은 날부터 1년)을 경과하면 이를 제기하지 못한다. 다만, 정당한 사유가 있는 때에는 그러하지 아니하다.

③ 제1항의 규정에 의한 기간은 불변기간으로 한다.

▷**공익사업을 위한 토지등의 취득 및 보상에 관한 법률 제85조(행정소송의 제기)** ① 사업시행자, 토지소유자 또는 관계인은 제34조에 따른 재결에 불복할 때에는 재결서를 받은 날부터 90일 이내에, 이의신청을 거쳤을 때에는 이의신청에 대한 재결서를 받은 날부터 60일 이내에 각각 행정소송을 제기할 수 있다. …

2. 안 날, 있은 날의 의미

처분등이 있음을 안 날이란 통지·공고 기타의 방법에 의하여 당해 처분이 있었다는 사실을 현실적으로 안 날을 의미하며, 처분등이 있은 날이란 상대방 있는 행정행위의 경우에는 특별한 규정이 없는 한 의사표시의 일반적 법리에 따라 그 행정처분이 상대방에게 도달되어 효력을 발생한 날을 의미한다.

✚ 안 날의 예

서대문경찰서장의 甲에 대한 처분이 2025년 6월 2일에 등기우편으로 甲의 아파트에 도달하였다고 하여도 한국에 가족이 없는 노인인 甲이 2025년 6월 1일에 미국으로 갔다가 2025년 12월 20일에 귀국하였다면, 甲이 처분등이 있음을 안 날이란 민법 제157조를 고려할 때 2025년 12월 21일이다.

▷**민법 제157조(기간의 기산점)** 기간을 일, 주, 월 또는 연으로 정한 때에는 기간의 초일은 산입하지 아니한다. 그러나 그 기간이 오전 영시로부터 시작하는 때에는 그러하지 아니하다.

3. 안 날과 있은 날의 관계

처분이 있음을 안 날부터 90일과 처분이 있은 날부터 1년 중 어느 하나의 기간만이라도 경과하면, 제소기간은 종료하게 된다. 두 가지 기간 모두가 경과하여야 하는 것은 아니다.

[182] 소장

취소소송은 구두로 제기할 수 없다. 소는 소장을 법원에 제출함으로써 한다. 소장에 관해서는 민사소송법의 관련규정이 적용된다.

▷ **행정소송법 제8조(법적용예)** ② 행정소송에 관하여 이 법에 특별한 규정이 없는 사항에 대하여는 법원조직법과 민사소송법 및 민사집행법의 규정을 준용한다.
▷ **민사소송법 제248조(소제기의 방식)** 소는 법원에 소장을 제출함으로써 제기한다.
제249조(소장의 기재사항) ① 소장에는 당사자와 법정대리인, 청구의 취지와 원인을 적어야 한다.
② 소장에는 준비서면에 관한 규정을 준용한다.

[183] 행정심판의 전치(행정심판과 행정소송의 관계)

1. 의의

행정심판의 전치란 행정소송의 제기에 앞서서 피해자(원고)가 먼저 행정청에 행정심판의 제기를 통해 처분의 시정을 구하고, 그 시정에 불복이 있을 때 행정소송을 제기하는 것을 말한다. 예를 들어, 甲이 서울지방경찰청장으로부터 운전면허취소처분을 받은 경우, 甲은 서울행정법원에 운전면허취소처분 취소청구소송을 제기하기에 앞서서 먼저 중앙행정심판위원회에 운전면허취소처분 취소심판을 제기하여야 하는바, 이러한 취소심판의 제기가 행정심판의 전치에 해당한다.

2. 법적 근거

행정심판전치의 헌법적 근거는 헌법 제107조 제3항이다. 일반법상 근거규정으로는 헌법 제107조 제3항에 따른 행정소송법 제18조가 있다. 행정소송법 제18조는 임의적 심판전치주의를 원칙으로 규정하고 있다.

▷ **헌법 제107조** ③ 재판의 전심절차로서 행정심판을 할 수 있다. 행정심판의 절차는 법률로 정하되, 사법절차가 준용되어야 한다.

3. 임의적 심판전치(원칙)

행정소송법 제18조 제1항 본문은 임의적 심판전치의 원칙을 규정하고 있다. 예를 들어, 총포·도검·화약류 등의 안전관리에 관한 법률에는 석궁판매업허가취소처분에 대하여 취소소송을 제기하는 경우에 행정심판절차를 거쳐야 한다는 규정이 없다. 따라서 석궁판매업허가가 취소된 사람은 바로 취소소송을 제기할 수도 있고, 아니면 먼저 행정심판을 제기하고 행정심판에서 청구가 인용되지 아니하면 취소소송을 제기할 수도 있다.

▷ **행정소송법 제18조(행정심판과의 관계)** ① 취소소송은 법령의 규정에 의하여 당해 처분에 대한 행정심판을 제기할 수 있는 경우에도 이를 거치지 아니하고 제기할 수 있다. … .

4. 필요적 심판전치(예외)

다른 법률에 당해 처분에 대한 행정심판의 재결을 거치지 아니하면 취소소송을 제기할 수 없다는 규정이 있는 때에는 반드시 행정심판의 재결을 거쳐야만 제소할 수 있다(행정소송법 제18조 제1항 단서). 예를 들어, 운전면허취소의 경우, 필요적 심판전치를 규정하는 도로교통법 제142조로 인해 반드시 행정심판을 거친 후에 행정소송을 제기할 수 있다. 다른 법률의 예로 도로교통법, 국가공무원법 등을 볼 수 있다. 필요적 심판전치의 요건의 구비여부는 법원의 직권조사사항이다. 필요적 심판전치의 요건은 판결(사실심 변론종결시)까지 구비하면 된다.

▷ **행정소송법 제18조(행정심판과의 관계)** ① … . 다만, 다른 법률에 당해 처분에 대한 행정심판의 재결을 거치지 아니하면 취소소송을 제기할 수 없다는 규정이 있는 때에는 그러하지 아니하다.
▷ **도로교통법 제142조 (행정소송과의 관계)** 이 법에 따른 처분으로서 해당 처분에 대한 행정소송은 행정심판의 재결(裁決)을 거치지 아니하면 제기할 수 없다.
▷ **국가공무원법 제16조(행정소송과의 관계)** ① 제75조에 따른 처분, 그 밖에 본인의 의사에 반한 불리한 처분이나 부작위(不作爲)에 관한 행정소송은 소청심사위원회의 심사·결정을 거치지 아니하면 제기할 수 없다.
② 제1항에 따른 행정소송을 제기할 때에는 대통령의 처분 또는 부작위의 경우에는 소속 장관(대통령령으로 정하는 기관의 장을 포함한다. 이하 같다)을, 중앙선거관리위원회위원장의 처분 또는 부작위의 경우에는 중앙선거관리위원회사무총장을 각각 피고로 한다.

필요적 심판전치를 택하는 경우에도 두 가지의 예외, 즉 ① 행정심판은 제기하되 재결을 거치지 아니하고 소송을 제기할 수 있는 경우(행정소송법 제18조 제2항)와 ② 행정심판조차 제기하지 않고 소송을 제기할 수 있는 경우가 있다(행정소송법 제18조 제3항).

▷ **행정소송법 제18조(행정심판과의 관계)** ② 제1항 단서의 경우에도 다음 각호의 1에 해당하는 사유가 있는 때에는 행정심판의 재결을 거치지 아니하고 취소소송을 제기할 수 있다.
1. 행정심판청구가 있은 날로부터 60일이 지나도 재결이 없는 때
2. 처분의 집행 또는 절차의 속행으로 생길 중대한 손해를 예방하여야 할 긴급한 필요가 있는 때
3. 법령의 규정에 의한 행정심판기관이 의결 또는 재결을 하지 못할 사유가 있는 때
4. 그 밖의 정당한 사유가 있는 때
③ 제1항 단서의 경우에 다음 각호의 1에 해당하는 사유가 있는 때에는 행정심판을 제기함이 없이 취소소송을 제기할 수 있다.

1. 동종사건에 관하여 이미 행정심판의 기각재결이 있은 때
2. 서로 내용상 관련되는 처분 또는 같은 목적을 위하여 단계적으로 진행되는 처분중 어느 하나가 이미 행정심판의 재결을 거친 때
3. 행정청이 사실심의 변론종결후 소송의 대상인 처분을 변경하여 당해 변경된 처분에 관하여 소를 제기하는 때
4. 처분을 행한 행정청이 행정심판을 거칠 필요가 없다고 잘못 알린 때

5. 적용범위

① 취소소송에 적용되는 행정심판의 전치는 부작위위법확인소송에도 준용된다(행정소송법 제38조 제2항). ② 무효등확인소송에는 적용이 없다(행정소송법 제38조 제1항). ③ 당사자소송의 경우에도 행정심판의 전치는 적용이 없다. ④ 제3자에 의한 소송제기의 경우에는 행정심판의 전치가 적용된다. ⑤ 무효선언을 구하는 의미의 취소소송의 경우에도 행정심판의 전치가 적용된다.

[184] 권리보호의 필요(협의의 소의 이익)

1. 의의

원고적격에서 말하는 법률상 이익을 실제적으로 보호할 필요성을 권리보호의 필요라 한다. 예를 들어, 교통방해를 이유로 A건물의 철거명령을 받은 甲은 그 철거명령이 위법하다면 다툴 수 있지만, A건물이 사실상 철거된 이후에는 그 철거명령이 위법하다고 하여도 다툴 권리보호의 필요가 없는 것이 된다. 왜냐하면 취소판결이 난다고 하여 A건물이 저절로 되살아나는 것은 아니기 때문이다. 권리보호의 필요를 협의의 소의 이익이라고도 한다. 권리보호의 필요는 법원의 직권조사사항이다.

2. 유무의 판단기준

권리보호의 필요의 유무에 대한 판단은 이성적인 형량에 따라야 한다. 판단의 대상은 법률상 이익에만 한정되는 것은 아니고, 그 밖에 경제상 또는 정신상 이익도 포함된다.

✚ **권리보호의 필요가 없는 경우**
① 원고가 추구하는 목적을 소송보다 간이한 방법으로 달성할 수 있는 경우(예: 제1심법원의 판결

문에 있는 오기(誤記)를 판결정정절차를 거치면 간편한데 구태여 고등법원에 항소하여 시정하려는 경우), ② 원고가 추구하는 권리보호가 오로지 이론상으로만 의미 있는 경우(예: 현역병입영대상자로 병역처분을 받은 자가 그 취소소송 중 모병에 응하여 현역병으로 자진 입대한 경우), ③ 원고가 오로지 부당한 목적으로 소구하는 경우(예: 범죄행위로 파면된 경찰공무원이 공소시효 경과 후에 파면절차의 하자를 이유로 파면처분의 취소를 구하는 경우)에는 권리보호의 필요가 없다.

[185] 중복제소의 배제 등

1. 기판력 있는 판결이 없을 것

소송당사자 사이의 소송물(분쟁대상)에 대하여 이미 기판력 있는 판결이 있으면 새로운 소송은 허용되지 아니한다(기판력의 확보). 기판력 있는 판결로써 사법절차는 종료되고, 당사자는 판결내용(법적 형성, 법적 확인)에 구속된다.

2. 중복제소가 아닐 것

소송물이 이미 다른 법원에 계속 중이면, 새로운 소송은 허용되지 아니한다(중복제소의 금지). 소송의 계속은 법원에 소송을 제기함으로써 시작된다. 중복제소가 금지되는 동일한 소송이란 당사자가 동일하고 소송물이 동일한 소송을 말한다.

3. 제소권의 포기가 없을 것

원고가 제소권을 포기하면, 피고는 제소포기의 항변을 제출할 수 있다. 사인은 행정청으로부터 처분의 통지를 받은 후에는 권리구제수단을 포기할 수 있다.

Ⅲ. 소제기의 효과, 소의 변경, 본안요건

[186] 소제기의 효과

1. 주관적 효과(법원의 심리의무와 중복제소금지)

소가 제기되면(소장이 수리되면) 법원은 이를 심리하고 판결하지 않으면 아니 될 기속을 받는다. 그것이 법원의 존재이유이기 때문이다. 한편 당사자는 법원에 계속된 사건에 대하여 다시 소를 제기하지 못한다(행정소송법 제8조 제2항, 민사소송법 제259조).

2. 객관적 효과(집행부정지의 원칙)

취소소송의 제기는 처분 등의 효력이나 그 집행 또는 절차의 속행에 영향을 미치지 아니하는바(행정소송법 제23조 제1항), 이를 집행부정지의 원칙이라 한다. 현행법이 집행정지 대신 집행부정지의 원칙을 택한 것은 행정행위의 공정력의 결과가 아니라, 공행정의 원활하고 영속적인 수행을 위한 정책적인 고려의 결과이다.

---

[187] 소의 변경

1. 의의

소의 변경이란 소송의 계속 중 당사자(피고), 청구의 취지, 청구의 변경 등의 전부 또는 일부를 변경하는 것을 말한다. 행정소송법상 소의 변경에는 소의 종류의 변경, 처분변경 등으로 인한 소의 변경, 그리고 기타의 소의 변경의 세 경우가 있다. 예를 들어, 서울지방경찰청장으로부터 석궁판매업허가취소처분(A처분)을 받은 甲이 A처분취소소송을 제기하였으나 A처분이 무효인 처분으로 드러나는 경우, A처분취소소송을 각하하고 甲으로 하여금 새로이 A처분무효확인소송을 제기할 수 있게 하기보다는 甲의 신청이 있는 경우에 A처분취소소송을 A처분무효확인소송으로 변경하는 것을 허락하는 것이 甲의 권리보호에 효과적이고, 또한 소송경제에 유익하다. 여기에 소의 변경을 인정하는 의미가 있다.

2. 소의 종류의 변경

A처분취소소송을 A처분무효확인소송으로 변경하는 경우가 소의 종류의 변경에 해당한다.

▷**행정소송법 제21조(소의 변경)** ① 법원은 취소소송을 당해 처분등에 관계되는 사무가 귀속하는 국

가 또는 공공단체에 대한 당사자소송 또는 취소소송외의 항고소송으로 변경하는 것이 상당하다고 인정할 때에는 청구의 기초에 변경이 없는 한 사실심의 변론종결시까지 원고의 신청에 의하여 결정으로써 소의 변경을 허가할 수 있다.

3. 처분변경으로 인한 소의 변경

서울지방경찰청장이 甲에게 총포판매업허가취소처분을 하자 甲이 총포판매업허가취소처분에 대한 취소소송을 제기하였는데 서울지방경찰청장이 총포판매업허가취소처분을 총포판매업정지처분(정지기간 6월)으로 변경한 경우, 甲은 총포판매업허가취소처분 취소청구소송을 총포판매업정지처분(정지기간 6월) 취소청구소송으로 변경하는 경우가 처분변경으로 인한 소의 변경에 해당한다.

▷행정소송법 제22조(처분변경으로 인한 소의 변경) ① 법원은 행정청이 소송의 대상인 처분을 소가 제기된 후 변경한 때에는 원고의 신청에 의하여 결정으로써 청구의 취지 또는 원인의 변경을 허가할 수 있다.

4. 기타

① 소의 변경은 무효등확인소송 및 부작위위법확인소송의 경우에도 준용된다(행정소송법 제37조). 무효확인의 소를 취소소송으로 변경하는 경우에는 취소소송의 요건을 구비하여야 한다. ② 소의 변경은 당사자소송을 항고소송으로 변경하는 경우에도 준용된다(행정소송법 제42조). ③ 행정소송법 제8조 제2항에 의거하여 민사소송법에 따른 소의 변경 또한 가능하다.

[188] 본안요건(위법성)

1. 위법의 의의

운전면허취소소송에서는 운전면허취소처분이 위법한가의 여부가 법적 분쟁의 대상인 바와 같이 취소소송은 '행정행위의 위법성 그 자체, 즉 행정행위의 위법성 일반'을 분쟁의 대상(소송물)으로 한다(판례, 전통적 견해). 따라서 원고가 승소하기 위해서는 처분이 위법하다는 원고의 주장이 정당하여야 하는데, 여기서 처분의 위법성을 본안요건이라 한다. 부당은 행정소송에서 문제되지 아니한다.

2. 위법의 심사

처분의 위법여부의 심사는 ① 처분이 정당한 권한행정청에 의한 것인가, ② 적법하게 이유제시가 된 것인가 등 적법한 절차를 거친 것인지의 여부, ③ 적법한 형식을 구비하였는가, ④ 적법한 통지나 공고가 있었는가, 그리고 ⑤ 내용상 처분이 법률의 우위의 원칙과 법률의 유보의 원칙에 반하는 것인가, 행정법의 일반원칙에 적합한가, 상대방이 정당한가, 내용이 가능하고 명확한가, 재량행사가 정당한가 등 행정행위의 적법요건 전반에 대한 평가를 통해 이루어진다.

3. 위법의 승계

일반적인 견해는 위법의 승계 여부와 관련하여 선행행위와 후행행위가 하나의 효과를 목표로 하는가, 아니면 별개의 효과를 목표로 하는가의 문제로 구분하고, 전자의 경우에는 선행행위의 위법을 후행행위에서 주장할 수 있지만, 후자의 경우에는 선행행위의 위법을 후행행위에서 주장할 수 없다는 입장이다(이에 관해 [79]를 보라).

Ⅳ. 가구제(잠정적 권리보호)

◉판례 행정소송상 가구제(假救濟)란 본안 소송 확정 전에 계쟁 행정처분 및 공법상 권리관계의 효력이나 절차의 속행 때문에 원상회복할 수 없는 결과에 이르는 것을 방지하고자 권리를 잠정구제하는 것을 말한다. 행정법관계에서는 법령 및 성질상 특수한 효력인 공정력, 구속력, 자력집행력 등이 인정되는데, 쟁송이 진행되고 있음에도 그러한 효력의 관철을 허용할 경우 현상의 변경 등으로 당사자가 현저한 손해를 입거나 소송목적을 달성할 수 없게 되는 경우가 생길 수 있다. 따라서 본안판결의 실효성을 확보하고 국민의 권리를 효과적으로 보호하기 위하여 임시구제의 길을 열어줄 필요가 있다(헌재 2018. 1. 25., 2016헌바208).

[189] 집행정지

1. 의의

집행정지란 처분등의 효력이나 그 집행 또는 절차의 속행의 전부 또는 일부를 정지시키는 것을 말한다. 예를 들어, 경찰대학장이 범법행위 등을 이유로 경찰대학 학생 甲에게 퇴학처분을 하는 경우, 甲이 퇴학처분취소소송을 제기하여 승소한다고 하여도 재판이 2년이나 걸린다면, 甲의 졸업은 2년 이상 지연된다. 승소가 甲에게 의미가 없는 것은 아니지만, 甲의 학습권을 온전하게 보호하지는 못하는 것이 된다. 따라서 판결이 나기까지 퇴학처분의 효력을 잠정적으로 묶어두고 甲이 일단 학교에 다닐 수 있게 하고, 추후에 판결내용에 따라 퇴학처분의 적법 여부를 정하게 하는 것이 필요하다. 여기에 집행정지를 인정하는 의미가 있다.

▷ **행정소송법 제23조(집행정지)** ② 취소소송이 제기된 경우에 처분등이나 그 집행 또는 절차의 속행으로 인하여 생길 회복하기 어려운 손해를 예방하기 위하여 긴급한 필요가 있다고 인정할 때에는 본안이 계속되고 있는 법원은 당사자의 신청 또는 직권에 의하여 처분등의 효력이나 그 집행 또는 절차의 속행의 전부 또는 일부의 정지(이하 "執行停止"라 한다)를 결정할 수 있다.

2. 요건

집행정지의 요건으로 행정소송법은 ① 본안이 계속 중이어야 하고, ② 처분등이 존재하여야 하고(판례는 거부처분은 집행정지의 대상이 아니라 한다), ③ 회복하기 어려운 손해를 예방하기 위한 것이어야 하고, ④ 긴급한 필요가 있어야 하고, ⑤ 공공복리에 중대한 영향이 없어야 한다는 것을 규정하고 있다. 판례는 이 밖에 ⑥ 본안청구의 이유 없음이 명백하지 않을 것을 요구한다. 뿐만 아니라 ⑦ 행정처분에 대한 집행정지신청을 구함에 있어서도 이를 구할 법률상 이익이 있어야 한다.

✚ 회복하기 어려운 손해의 의미
○판례 행정소송법 제23조 제2항에서 정하고 있는 효력정지 요건인 '회복하기 어려운 손해'라 함은 특별한 사정이 없는 한 금전으로 보상할 수 없는 손해로서 이는 금전보상이 불가능한 경우 내지는 금전보상으로는 사회관념상 행정처분을 받은 당사자가 참고 견딜 수 없거나 참고 견디기가 현저히 곤란한 경우의 유형, 무형의 손해를 일컫는다(대판 2024. 6. 19., 2024무689).

✚ 회복하기 어려운 손해의 예
○판례 현역병입영처분취소의 본안소송에서 신청인이 승소판결을 받을 경우에는 신청인이 특례보충역으로 해당 전문분야에서 2개월 남짓만 더 종사하여 5년의 의무종사기간을 마침으로써 구 병역법 제46조 제1항에 의하여 방위소집복무를 마친 것으로 볼 것이나, 만일 위 처분의 효력이 정지되지 아니한 채 본안소송이 진행된다면 신청인은 입영하여 다시 현역병으로 복무하지 않을 수 없는 결과 병역의무를 중복하여 이행하는 셈이 되어 불이익을 입게 되고 상당한 정신적 고통을 받게 될 것임은 짐작하기 어렵지 아니하며 이와 같은 손해는 쉽게 금전으로 보상할 수 있는 성질의 것이 아니어서 사회관념상 위 '가'항의 '회복하기 어려운 손해'에 해당된다(대결 1992.4.29. 자 92두7).

✚ 긴급한 필요의 의미

◎ 판례 '처분 등이나 그 집행 또는 절차의 속행으로 인하여 생길 회복하기 어려운 손해를 예방하기 위하여 긴급한 필요'가 있는지 여부는 처분의 성질과 태양 및 내용, 처분상대방이 입는 손해의 성질·내용 및 정도, 원상회복·금전배상의 방법 및 난이 등은 물론 본안청구의 승소가능성의 정도 등을 종합적으로 고려하여 구체적·개별적으로 판단하여야 한다(대판 2024. 6. 19., 2024무689).

✚ 공공복리에 중대한 영향을 미칠 우려가 없을 것의 의미

◎ 판례 행정소송법 제23조 제3항이 집행정지의 또 다른 요건으로 '공공복리에 중대한 영향을 미칠 우려가 없을 것'을 규정하고 있는 취지는, 집행정지 여부를 결정함에 있어서 신청인의 손해뿐만 아니라 공공복리에 미칠 영향을 아울러 고려하여야 한다는 데 있고, 따라서 공공복리에 미칠 영향이 중대한지의 여부는 절대적 기준에 의하여 판단할 것이 아니라, 신청인의 '회복하기 어려운 손해'와 '공공복리' 양자를 비교·교량하여, 전자를 희생하더라도 후자를 옹호하여야 할 필요가 있는지 여부에 따라 상대적·개별적으로 판단되어야 한다(대판 2024. 6. 19., 2024무689).

3. 효과

집행정지의 결정으로 형성력과 기속력이 발생하며, 집행정지의 결정은 시간적 한계를 갖는다.

✚ 형성력의 예

경찰대학장이 학생 甲에게 내린 퇴학처분에 대하여 집행정지결정(효력정지결정)이 내리면, 다른 절차 없이 바로 甲에 대한 퇴학처분이 없는 상태와 같은 상태가 된다. 따라서 甲은 아무런 제약 없이 학교에 다닐 수 있다. 형성력으로 인해 행정처분이 없었던 원래상태와 같은 상태가 된다.

✚ 기속력의 예

집행정지결정은 당사자인 행정청과 그 밖의 관계행정청을 기속한다(행정소송법 제23조 제6항·제30조 제1항). 따라서 앞의 사례에서 경찰대학장은 집행정지결정에 반하는 어떠한 조치도 취할 수 없다. 경찰대학장이 집행정지결정에 반하는 행위를 하면, 그러한 행위는 무효이다.

✚ 시간적 효력

앞의 사례에서 법원의 정지결정은 퇴학시점부터 적용되는 것이 아니라 법원이 집행정지를 결정한 시점부터 발생한다. 법원이 집행정지 결정문에 결정일자를 2025년 5월 1일로 하였다면, 2025년 5월 1일부터 집행정지의 효력이 발생한다. 그리고 집행정지결정의 효력은 결정주문에서 정한 시기까지 존속하며, 그 주문에 특별한 제한이 없다면 본안판결이 확정될 때까지 그 효력이 존속한다(판례).

4. 취소

집행정지의 결정은 취소될 수도 있다(행정소송법 제24조). 집행정지결정이 취소되면 처분의 원래의 효과가 발생한다. 따라서 행정처분효력정지결정으로 행정처분의 정지기간이 지나갔다 하여도 그 정지결정이 취소되면 그 정지기간은 특별한 사유가 없는 한 이때부터 다시 진행하게 된다. 예를 들어, 서울지방경찰청장이 2025년 2월 10일에 甲에게 2020년 3월 1일부터 60일간의 영업정지처분을 하였으나, 甲이 취소소송을 제기하면서 집행정지를 신청하자, 법원이 2025년 2월 27일에 집행정지결정을 하였다가 2025년 6월 1일에 집행정지결정을 취소하였다면, 서울지방경찰청장의 60일간의 영업정지처분의 효력이 되살아나기 때문에 甲은 2020년 6월 1일부터 60일간 영업을 할 수가 없다.

▷ **행정소송법 제24조(집행정지의 취소)** ① 집행정지의 결정이 확정된 후 집행정지가 공공복리에 중대한 영향을 미치거나 그 정지사유가 없어진 때에는 당사자의 신청 또는 직권에 의하여 결정으로써 집행정지의 결정을 취소할 수 있다.

[190] 가처분

1. 의의

가처분이란 금전 이외의 급부를 목적으로 하는 청구권의 집행을 보전하거나 다툼이 있는 법률관계에 관하여 잠정적으로 임시의 지위를 보전하는 것을 내용으로 하는 가구제제도이다. 예를 들어, 甲이 경찰대학 입학시험에 불합격하자 불합격처분취소청구소송을 제기하여 승소한다고 하여도 재판이 오래 걸리므로 甲은 정상적으로 경찰대학에 입학하기 어렵다(판례는 거부처분에 대하여 집행정지를 인정하지 아니한다). 따라서 甲으로서는 승소하는 경우를 대비하여 잠정적으로 경찰대학의 신입생의 지위를 인정받아 학교에 다닐 필요가 있다. 여기서 법원이 甲에게 잠정적으로 경찰대학의 신입생의 지위를 인정하는 것이 가처분에 해당한다.

2. 인정 여부

민사집행법 제740조에 가처분에 관한 규정이 있으나, 행정소송법상 이에 관한 명문의 규정은 없다. 행정소송상 가처분의 인정여부에 관해 판례는 부정적인 견해를 취한다.

▷ **민사집행법 제300조(가처분의 목적)** ② 가처분은 다툼이 있는 권리관계에 대하여 임시의 지위를 정하기 위하여도 할 수 있다. 이 경우 가처분은 특히 계속하는 권리관계에 끼칠 현저한 손해를 피하거나 급박한 위험을 막기 위하여, 또는 그 밖의 필요한 이유가 있을 경우에 하여야 한다.
▷ **행정소송법 제8조(법적용례)** ① 행정소송에 대하여는 다른 법률에 특별한 규정이 있는 경우를 제외하고는 이 법이 정하는 바에 의한다.

V. 취소소송의 심리

[191] 심리상 원칙과 심리의 범위

1. 심리상 원칙

(1) 처분권주의　　행정소송에도 처분권주의가 적용된다. 처분권주의란 당사자가 분쟁대상 및 소송절차의 개시(예: 소송의 제기)와 종료(예: 소송취하·재판상 화해)에 대하여 결정할 수 있다는 원칙을 말한다(민사소송법 제203조; 행정소송법 제8조 제2항).

▷ **행정소송법 제8조(법적용례)** ② 행정소송에 관하여 이 법에 특별한 규정이 없는 사항에 대하여는 법원조직법과 민사소송법 및 민사집행법의 규정을 준용한다.
▷ **민사소송법 제203조(처분권주의)** 법원은 당사자가 신청하지 아니한 사항에 대하여는 판결하지 못한다.

(2) 변론주의와 직권탐지주의　　변론주의란 판결에 기초가 되는 사실과 증거의 수집을 당사자의 책임으로 하는 원칙을 말한다. 직권탐지주의란 법원이 판결에 중요한 사실을 당사자의 신청 여부와 관계없이 직접 조사할 수 있는 원칙을 말한다. 행정소송법 제28조는 변론주의의 원칙하에 직권증거조사와 직권탐지주의가 적용될 수 있음을 규정하고 있다.

▷ **행정소송법 제26조(직권심리)** 법원은 필요하다고 인정할 때에는 직권으로 증거조사를 할 수 있고, 당사자가 주장하지 아니한 사실에 대하여도 판단할 수 있다.

(3) 기타　　① 구두변론주의, 즉 소송절차는 구두로 진행되어야 하고, 판결도 구두변론에 근거하여 한다는 원칙이 적용된다. ② 재판절차(심리·판결)는 공개적으로 진행되어야 한다는 공개주의가 적용된다.

2. 심리의 범위(요건심리와 본안심리)

요건심리란 본안판단의 전제요건(소송요건)을 구비한 적법한 소송인가를 심리하는 것을 말하고, 소송요건이 구비되어 있지 않다면, 소를 각하하게 된다. 한편, 본안심리란 본안판단의 전제요건(소송요건)이 구비된 경우, 청구를 인용할 것인가 또는 기각할 것인가를 판단하기 위해 본안에 대해 심리하는 것을 말한다.

[192] 심리의 방법

1. 행정심판기록제출명령

법원은 당사자의 신청이 있는 때에는 결정으로써 재결을 행한 행정청에 대하여 행정심판에 관한 기록의 제출을 명할 수 있다(행정소송법 제25조 제1항). 법원의 제출명령을 받은 행정청은 지체 없이 당해 행정심판에 관한 기록을 법원에 제출하여야 한다(행정소송법 제25조 제2항).

2. 주장책임

분쟁의 중요한 사실관계를 주장하지 않음으로 인하여 일방당사자가 받는 불이익부담을 주장책임이라 한다. 주장책임은 변론주의에서 문제된다. 예를 들어, 경찰청장이 경찰공무원 甲에게 징계처분을 하자 甲이 그 징계처분의 취소를 구하는 소송을 제기하였다면, 甲은 그 징계처분이 위법하다는 사실을 주장하여야 하며, 그 사실의 주장에는 징계시효가 이미 완성되었다는 주장이 있을 수 있다. 甲이 그 징계처분이 위법하다는 사실을 주장하지 못한다면, 甲은 주장책임을 지고 패소할 수밖에 없다.

▷ **국가공무원법 제83조의2(징계 및 징계부가금 부과 사유의 시효)** ① 징계의결등의 요구는 징계 등의 사유가 발생한 날부터 3년(제78조의2 제1항 각 호의 어느 하나에 해당하는 경우에는 5년)이 지나면 하지 못한다.

3. 입증책임

어떠한 사실관계에 대한 명백한 입증이 없을 때, 누가 이로 인한 불이익을 부담하여야 할 것인가의 문제가 입증책임의 문제이다. 앞의 예에서 甲이 징계의 사유가 발생한 날부터 3년이 경과하였음을 증거자료로 제시하여야 하며, 그러한 증거자료를 제시하지 못한다면, 甲은 입증책임을 지고 패소할 수밖에 없다.

● **판례** 민사소송법이 준용되는 행정소송에서 증명책임은 원칙적으로 민사소송의 일반원칙에 따라 당사자 간에 분배되고, 항고소송은 그 특성에 따라 해당 처분의 적법성을 주장하는 피고에게 적법사유에 대한 증명책임이 있다(대판 2023. 6. 29., 2020두46073).

4. 처분사유의 사후변경

행정처분의 발령시점에 존재하던 사실상 또는 법상의 상황이 처분의 근거로 사용되지 않았으나, 사후에 행정소송절차에서 행정청이 그 상황을 처분의 근거로 제출하거나 법원이 직권으로 회부하여 고려하는 것을 처분사유의 사후변경이라 한다.

✚ 처분이유 사후변경의 예
甲이 서대문구청장에게 건축허가를 신청하였으나 서대문구청장은 소방시설설치유지 및 안전관리에 관한 법률의 위반을 이유로 거부처분을 하였다. 이에 甲은 자신의 건축허가신청이 소방시설설치유지 및 안전관리에 관한 법률에 위반되지 아니함을 이유로 건축허가거부처분 취소소송을 제기하였다. 그런데 재판절차에서 서대문구청장은 거부처분의 사유를 건축법상 이웃과의 거리제한규정의 위반으로 변경하였다. 여기서 서대문구청장이 처분의 근거를 소방시설설치유지 및 안전관리에 관한 법률 위반에서 건축법위반으로 변경하였다면 처분사유의 사후변경에 해당한다.

행정소송법에는 처분사유의 사후변경에 관한 규정이 없다. 판례는 행정처분의 취소를 구하는 항고소송에 있어 처분청은 당초 처분의 근거로 삼은 사유와 기본적 사실관계가 동일성이 있다고 인정되는 한도 내에서만 처분사유의 사후변경을 인정한다(대판 2021. 7. 29., 2021다15497).

5. 위법성의 판단

① 취소소송의 대상이 되는 처분이 위법한지 여부는 처분시를 기준으로 한다(처분시설)는 것이 학설과 판례의 견해이다. ② 법원은 행정처분 당시 행정청이 알고 있었던 자료뿐만 아니라 사실심 변론종결 당시까지 제출된 모든 자료를 종합하여 처분 당시 존재하였던 객관적 사실을 확정하고 그 사실에 기초하여 처분의 위법 여부를 판단할 수 있다.

Ⅵ. 취소소송의 판결

[193] 판결의 종류

1. 각하판결

각하판결이란 소송요건(본안판단의 전제요건)의 결여로 인하여 본안의 심리를 거부하는 판결을 말한다. 각하판결은 취소청구의 대상인 처분의 위법성에 관한 판단은 아니므로 원고는 결여된 요건을 보완하여 다시 소를 제기할 수 있고, 아울러 법원은 새로운 소에 대해 판단하여야 한다.

2. 기각판결과 사정판결

기각판결이란 원고의 청구를 배척하는 판결을 말한다. 기각판결에도 ① 원고의 청구에 합리적인 이유가 없기 때문에 배척하는 일반적인 기각판결과 ② 원고의 청구에 이유가 있으나 배척하는 경우인 사정판결(행정소송법 제28조)의 2종류가 있다. ① 일반적인 기각판결의 사유인 '청구에 합리적인 이유가 없다'는 것은 원고가 다투는 행정행위의 적법요건(예: 주체·형식·절차·내용의 요건)에 하자가 없다는 것을 의미한다. ② 사정판결은 공공복리의 유지를 위해 극히 예외적으로 인정된 제도인 만큼 그 적용은 극히 엄격한 요건 아래 제한적으로 하여야 한다.

▷**행정소송법 제28조(사정판결)** ① 원고의 청구가 이유있다고 인정하는 경우에도 처분등을 취소하는 것이 현저히 공공복리에 적합하지 아니하다고 인정하는 때에는 법원은 원고의 청구를 기각할 수 있다. 이 경우 법원은 그 판결의 주문에서 그 처분등이 위법함을 명시하여야 한다.
② 법원이 제1항의 규정에 의한 판결을 함에 있어서는 미리 원고가 그로 인하여 입게 될 손해의 정도와 배상방법 그 밖의 사정을 조사하여야 한다.
③ 원고는 피고인 행정청이 속하는 국가 또는 공공단체를 상대로 손해배상, 제해시설의 설치 그 밖에 적당한 구제방법의 청구를 당해 취소소송등이 계속된 법원에 병합하여 제기할 수 있다.

3. 인용판결

인용판결이란 원고의 청구가 이유 있음을 인정하여 처분등의 취소·변경을 행하는 판결을 의미한다. 성질상 취소소송에서 인용판결은 형성판결이 된다. 인용판결은 청구의 대상에 따라 처분(거부처분포함)의 취소판결과 변경판결, 재결의 취소판결과 변경판결이 있고, 아울러 무효선언으로서의 취소판결이 있다.

[194] 판결의 효력

1. 자박력

① 법원이 판결을 선고하면 선고법원 자신도 판결의 내용을 취소·변경할

수 없게 된다. 이를 판결의 자박력 또는 불가변력이라 부른다. ② 자박력은 선고법원에 관련된 효력이다.

2. 확정력

① 상소의 포기, 모든 심급을 거친 경우 혹은 상소제기기간의 경과 등으로 인해 판결에 불복하는 자가 더 이상 판결을 상고로써 다툴 수 없게 되는바, 이 경우에 판결이 갖는 구속력을 형식적 확정력 또는 불가쟁력이라 한다. ② 판결이 확정되면 그 후의 절차(예: 후소)에서 동일한 사항(동일한 소송물)이 문제되는 경우에도 당사자와 이들의 승계인은 기존 판결에 반하는 주장을 할 수 없을 뿐만 아니라 법원도 그것에 반하는 판단을 할 수 없는 구속을 받는바, 이러한 구속력을 실질적 확정력이라 부른다. 기판력이라 부르기도 한다.

✚ 기판력의 내용

판결의 기판력이 발생하면, 당사자는 동일한 소송물을 대상으로 다시 소를 제기할 수 없다(반복금지효). 뿐만 아니라 후소에서 당사자는 기판력을 발생하고 있는 전소의 확정판결의 내용에 반하는 주장을 할 수 없고, 법원은 전소판결에 반하는 판단을 할 수 없다(모순금지효).

3. 형성력

행정처분을 취소한다는 확정판결이 있으면 취소판결의 형성력에 의하여 그 행정처분의 취소나 취소통지 등의 별도의 절차를 요하지 아니하고 당연히 취소의 효과가 발생한다.

✚ 형성력의 예

甲이 서울지방경찰청장을 상대로 제기한 석궁판매업허가취소처분 취소소송에서 법원이 "서울지방경찰청장이 甲에게 한 석궁판매업허가취소처분을 취소한다"라는 청구인용판결을 하면, 그것만으로 서울지방경찰청장의 석궁판매업허가취소처분은 취소되는 것이지, 서울지방경찰청장이 판결에 근거하여 甲에게 석궁판매업허가취소처분을 취소하는 처분을 새로이 하여야 석궁판매업허가취소처분이 취소되는 것은 아니다. 그리고 취소판결의 형성력은 소급한다. 예컨대, 2025년 4월 1일자 서울지방경찰청장의 석궁판매업허가취소처분에 대하여 법원이 2025년 10월 1일에 석궁판매업허가취소처분을 취소하는 판결을 하면, 2025년 4월 1일부터 석궁판매업허가취소의 효과는 없는 것이 된다.

4. 기속력

처분 등을 취소하는 확정판결은 그 사건에 관하여 당사자인 행정청과 그 밖의 관계행정청을 기속하는바(행정소송법 제30조 제1항), 당사자인 행정청과 관계행정청에 대하여 판결의 취지에 따라야 할 실체법상의 의무를 진다. 기속력으로 인해 당사자인 행정청과 그 밖의 행정청은 소극적으로는 반복금지의무, 적극적으로는 재처분의무를 진다.

✚ 반복금지의무의 예

甲이 「청문을 하지 아니한 채 이루어진 서울지방경찰청장의 석궁판매업허가취소처분」을 다툰 취소소송에서 법원이 청구인용판결, 즉 석궁판매업허가취소처분 취소판결을 한 경우, 다시 서울지방경찰청장이 甲에게 청문을 하지 아니한 채 석궁판매업허가취소처분을 한다면, 그것은 반복금지에 위반되는 행위로서 무효인 처분이 된다. 그러나 甲에게 청문의 기회를 준 후에 석궁판매업허가취소처분을 한다면, 그것은 반복금지에 위반되는 행위가 아니다.

▷ **총포·도검·화약류 등의 안전관리에 관한 법률 제46조의3(청문)** 면허관청 또는 허가관청은 다음 각 호의 어느 하나에 해당하는 처분을 하려면 청문을 하여야 한다.
2. 제45조에 따른 총포·도검·화약류·분사기·전자충격기·석궁의 제조업 또는 판매업 허가의 취소 또는 영업의 정지

✚ 재처분의무의 예

① 판결에 의하여 취소되는 처분이 당사자의 신청을 거부하는 것을 내용으로 하는 경우(행정소송법 제30조 제2항), 甲이 자신의 석궁판매업허가신청에 대한 서울지방경찰청장의 거부처분을 다툰 취소소송에서 법원이 청구인용판결, 즉 석궁판매업허가거부처분 취소판결을 하면, 서울지방경찰청장은 판결의 취지에 따라 甲의 종전의 석궁판매업허가신청에 대하여 다시 처분을 하여야 한다.
② 신청에 따른 처분이 절차의 위법을 이유로 취소되는 경우(행정소송법 제30조 제3항), 甲의 신청에 따라 서대문구청장이 화학공장설립을 허가하자 甲의 이웃 주민인 乙등이 서대문구청장의 허가에 자신들의 의견을 청취하지 아니한 절차상 위법이 있음을 이유로 제기한 허가취소청구소송에서 법원이 인용판결을 한 경우, 서대문구청장은 乙등의 의견을 청취한 후에 다시 처분을 하여야 한다.
▷ **행정소송법 제30조(취소판결등의 기속력)** ① 처분등을 취소하는 확정판결은 그 사건에 관하여 당사자인 행정청과 그 밖의 관계행정청을 기속한다.
② 판결에 의하여 취소되는 처분이 당사자의 신청을 거부하는 것을 내용으로 하는 경우에는 그 처분을 행한 행정청은 판결의 취지에 따라 다시 이전의 신청에 대한 처분을 하여야 한다.
③ 제2항의 규정은 신청에 따른 처분이 절차의 위법을 이유로 취소되는 경우에 준용한다.

5. 집행력(간접강제)

甲의 석궁판매업허가신청에 대한 서울지방경찰청장의 거부처분을 다툰 취소소송에서 법원이 청구인용판결, 즉 석궁판매업허가거부처분 취소판결을 하면, 서울지방경찰청장은 판결의 취지에 따라 甲의 종전의 석궁판매업허가신청에 대하여 판결의 취지에 따라 다시 처분을 하여야 하는데, 만약 서울지방경찰청장이 하지 아니한다면(행정소송법 제30조 제2항), 제1심 수소법원은 甲의 신청에 의하여 결정으로써 상당한 기간을 정하고 서울지방경찰청장이 그 기간 내에 이행하지 아니하는 때에는 그 지연기간에 따라 일정한 배상을 할 것을 명하거나 즉시 손해배상을 할 것을 명할 수 있는바(행정소송법 제34조 제1

항), 이러한 배상명령제도를 간접강제라 한다. 행정소송법상 간접강제는 재처분의무에 대한 강제집행제도이다.

▷**행정소송법 제34조(거부처분취소판결의 간접강제)** ① 행정청이 제30조 제2항의 규정에 의한 처분을 하지 아니하는 때에는 제1심수소법원은 당사자의 신청에 의하여 결정으로써 상당한 기간을 정하고 행정청이 그 기간내에 이행하지 아니하는 때에는 그 지연기간에 따라 일정한 배상을 할 것을 명하거나 즉시 손해배상을 할 것을 명할 수 있다.

[참고 예문] 피신청인(서울시 광진구청장)은 결정정본을 받은 날로부터 30일 이내에 신청인이 2025년 12월 29일자에 낸 00동 381번지 5필지 토지에 대한 형질변경신청에 대하여 허가처분을 하고, 만약 동 기간 내에(30일)에 이를 이행하지 않을 때에는 이 기간만료의 다음 날로부터 이행완료시까지 1일 500만원의 비율에 의한 돈을 지급하라.

✚ 종국판결 이외의 취소소송의 종료사유
취소소송은 법원의 종국판결에 의하여 종료되는 것이 원칙이나 그 밖의 사유로도 종료될 수 있다. 즉 소의 취하, 청구의 포기·인낙, 재판상의 화해(재판상 화해에는 소송계속 전에 하는 제소전 화해와 소송계속 후에 하는 소송상 화해 두 가지가 포함된다. 제소전 화해도 법관 앞에서 하는 화해이므로 소송상 화해와 동일한 효력이 인정되기에 행정소송상 구별 실익은 크지 않다) 등의 사유를 들 수 있다.

(1) 소의 취하
소의 취하란 원고가 청구의 전부 또는 일부를 철회하는 취지의 법원에 대한 일방적 의사표시이다. 행정소송에서도 처분권주의에 따라 소의 취하로 취소소송이 종료되는 것은 당연하다.

(2) 청구의 포기·인낙
민사소송상 청구의 포기란 변론 또는 준비절차에서 원고가 자신의 소송상의 청구가 이유 없음을 자인하는 법원에 대한 일방적 의사표시이며, 청구의 인낙이란 피고가 원고의 소송상 청구가 이유 있음을 자인하는 법원에 대한 일방적 의사표시이다. 청구의 포기나 인낙은 조서에 진술을 기재하면 당해 소송의 종료의 효과가 발생한다. 조서가 성립되면 포기조서는 청구기각의, 인낙조서는 청구인용의 확정판결과 동일한 효력이 있다(민사소송법 제220조). 행정소송절차에서 청구의 포기와 인낙을 인정할 것인가에 관해 견해가 나뉘고 있다. 법률에 의한 행정의 원칙과 행정소송의 특수성을 해하지 않는 범위 안에서 제한적으로 청구의 포기·인낙을 인정하는 것은 필요하다고 본다(제한적 긍정설).

▷**민사소송법 제220조(화해, 청구의 포기·인낙조서의 효력)** 화해, 청구의 포기·인낙을 변론조서·변론준비기일조서에 적은 때에는 그 조서는 확정판결과 같은 효력을 가진다.

(3) 재판상 화해
민사소송상 재판상 화해란 당사자 쌍방이 소송계속 중(소송계속전도 포함) 소송의 대상인 법률관계에 관한 주장을 서로 양보하여 소송을 종료시키기로 하는 합의를 말한다. 당사자 쌍방의 화해의 진술이 있는 때에는 그 내용을 조서에 기재하면 화해조서는 확정판결과 같은 효력이 있다(민사소송법 제220조). 행정소송절차에서 재판상 화해를 인정할 것인가에 관해 견해가 나뉘고 있다. 법률에 의한 행정의 원칙과 행정소송의 특수성을 해하지 않는 범위 안에서 재판상 화해를 인정하는 것은 필요하다고 본다.

제3목 무효등확인소송

[195] 무효등확인소송의 관념

1. 의의
무효등확인소송이란 행정청의 처분등의 효력 유무 또는 존재여부를 확인하는 소송을 말한다(행정소송법 제4조 제2호). 예를 들어, 甲이 총포·도검·화약류 등의 안전관리에 관한 법률을 위반한 행위를 한 바가 전혀 없음에도 불구하고 서울지방경찰청장이 甲의 석궁판매업허가를 취소하였다면, 서울지방경찰청장의 취소처분은 하자가 중대하고 명백하므로 무효이다. 따라서 甲은 석궁판매업을 계속할 수 있다. 그러나 서울지방경찰청장이 甲에 대한 석궁판매업허가취소처분이 유효하다고 주장하면서 甲에 대하여 영업장의 폐쇄를 요구하게 되면, 甲으로서는 여러 가지 불편·불리함이 따른다. 이러한 경우에 甲으로서는 서울지방경찰청장의 처분이 무효라는 것을 재판을 통해 확인하여 불편·불리함을 해소해둘 필요가 있다. 이러한 경우에 적합한 소송이 바로 무효확인소송이다.

2. 성질·종류
① 무효등확인소송은 주관적 소송으로서 처분 등의 효력유무 또는 존재여부를 확인하는 확인의 소이며, 이 소송에 의한 판결은 형성판결이 아니고 확인판결에 속한다. ② 행정소송법상 무효등확인소송에는 처분등의 유효확인소송, 처분등의 무효확인소송, 처분등의 존재확인소송, 처분등의 부존재확인소송이 있고, 학설상 처분등의 실효확인소송이 인정되고 있다.

3. 본안판단의 전제요건, 본안요건, 소의 변경
무효등확인소송의 경우에는 제소기간의 적용이 없고, 행정심판전치의 문제가 없다는 점이 취소소송과 다르다.

[196] 소제기의 효과, 소의 변경, 심리

1. 소제기의 효과
취소소송의 경우와 같다. 무효등확인소송의 경우에도 집행부정지의 원칙이 적용되나, 특별한 사정이 있는 경우에는 법원이 결정으로써 집행정지를 결정할 수 있고 또한 정지결정을 취소할 수도 있다(행정소송법 제38조 제1항, 제23조, 제24조).

2. 소의 변경
취소소송에서 살펴본 소의 변경(행정소송법 제21조)의 규정(이에 관해 [287]을 보라)은 무효등확인소송을 취소소송 또는 당사자소송으로 변경하는 경우에 준용한다(행정소송법 제37조). 처분변경으로 인한 소의 변경(행정소송법 제22조) 역시 무효등확인소송에 준용된다(행정소송법 제38조 제1항).

3. 심리
① 심리의 범위·방법 등이 취소소송의 경우와 다른 것은 없다. ② 입증책임과 관련하여 학설은 입증책임분배설·원고책임부담설·피고책임부담설로 나뉘고 있다. 판례는 원고책임부담설을 취한다.

❍판례 행정처분의 당연 무효를 주장하여 무효 확인을 구하는 행정소송에서는 원고에게 행정처분이 무효인 사유를 주장·증명할 책임이 있고, 이는 무효 확인을 구하는 뜻에서 행정처분의 취소를 구하는 소송에 있어서도 마찬가지이다(대판 2023. 6. 29., 2020두46073).

[197] 본안요건, 판결, 선결문제

1. 본안요건(이유의 유무)
무효확인소송이나 유효확인소송에 있어서 위법의 판단기준 등은 취소소송의 경우와 같다. 다만 인용판결을 위해서는 단순위법으로 충분한 취소소송의 경우와 달리, 무효확인소송의 경우에 위법의 하자가 중대하고 명백하여야 한다.

2. 판결

(1) 판결의 종류　　취소소송의 경우와 같다. 다만 무효등확인소송에는 사정판결을 준용한다는 규정이 없다. 준용여부와 관련하여 견해가 나뉘고 있다. 판례는 부정설을 취한다.

(2) 판결의 효력　　기본적으로 취소소송의 경우와 같다. 다만, 무효등확인판결은 형성판결과 달리 법관계의 변동을 가져오지 아니하고, 아울러 간접강제를 준용한다는 규정도 없다. 무효등확인판결의 기판력은 다만 처분등의 효력유무와 존부에만 미칠 뿐이다.

3. 선결문제

행정소송법은 처분등의 효력유무 또는 존재여부가 본안으로서가 아니라 민사소송에서 본안판단의 전제로서 문제가 될 때, 이를 선결문제라 하고(행정소송법 제11조 제1항), 당해 민사소송의 수소법원이 이를 심리·판단하는 경우에 행정청의 소송참가(행정소송법 제17조), 행정심판기록의 제출명령(행정소송법 제25조), 직권심리(행정소송법 제26조), 소송비용에 관한 재판의 효력(행정소송법 제33조) 등이 준용됨을 규정하고 있다(행정소송법 제11조 제1항).

✚ 민사소송상 선결문제의 예

A시장이 마약류취급자인 甲에게 500만원의 과징금을 부과하였고, 甲은 100만원의 과징금을 납부하였다. 그 후 A시장의 과징금부과처분이 무효임을 알게 된 甲은 100만원을 되돌려 받으려고 한다. 이러한 경우에 甲은 과징금부과처분이 무효임을 이유로 부당이득금반환청구소송을 제기하여야 한다. 부당이득금반환청구소송에서 부당이득 여부의 판단을 위해 먼저 해결되어야 할 문제가 공법(행정법)상의 문제인 'A시장이 甲에게 한 500만원의 과징금부과처분이 무효인지의 여부'의 문제이다. 이와 같이 소송에서 먼저 해결되어야 할 행정법상 문제를 선결문제(先決問題)라 부른다. 학설상으로는 논란이 있지만, 판례상 공법상 부당이득금반환청구소송은 민사소송으로 처리되고 있다. 판례는 민사소송에서 선결문제를 심사하고 있다. 예컨대 민사법원에서 부당이득금반환청구소송을 심리할 때 먼저 A시장이 甲에게 한 500만원의 과징금부과처분이 무효인지의 여부를 민사법원 스스로 판단할 수 있으며, 심리의 결과 과세처분이 무효라면 국가가 법률상 이유 없이 부당하게 이득을 취한 것이므로 부당이득금의 반환을 명하게 되고, 무효가 아니라면 국가의 이득은 법률상 이유가 있는 것이므로 기각판결을 하게 된다. 판례는 처분의 위법여부가 민사상 선결문제인 경우에도 심사하고 있다(예: 위법한 처분으로 피해를 입은 사인이 국가배상법에 따라 손해배상을 청구하는 경우).

✚ 형사소송상 선결문제의 예

뇌물을 주고 운전면허를 받은 乙이 무면허운전을 하였다는 이유로 검찰에 의해 기소되었다. 과연 乙이 무면허운전을 하였는가의 여부를 판단하기 위해 먼저 해결되어야 할 문제가 공법(행정법)상의 문제인 '뇌물을 주고 발급받은 乙의 운전면허가 무효인지의 여부'의 문제이다(운전면허가 취소할 수 있는 행위라면, 취소할 때까지는 유효하므로, 취소 전까지는 무면허운전이 아니다). 이와 같이 형사소송에서도 민사소송과 마찬가지로 선결문제가 발생한다. 판례는 형사소송에서 선결문제를 심사하고 있다. 예컨대 형사법원은 乙의 유죄 여부를 판단하기 위해 스스로 乙의 운전면허가 무효인지의 여부를 먼저 판단할 수 있으며, 심리의 결과 운전면허가 무효라면 유죄를 선고하고, 무효가 아니라면 기각판결을 하게 된다. 판례는 처분의 위법여부가 형사상 선결문제인 경우에도 심사하고 있다(예: 명령불복종으로 기소된 경우, 상관의 행정법상 명령이 위법한지의 여부가 문제되는 경우).

▷**도로교통법 제152조(벌칙)** 다음 각 호의 어느 하나에 해당하는 사람은 1년 이하의 징역이나 300만원 이하의 벌금에 처한다.
1. 제43조를 위반하여 제80조에 따른 운전면허(원동기장치자전거면허는 제외한다. 이하 이 조에서 같다)를 받지 아니하거나(운전면허의 효력이 정지된 경우를 포함한다) 또는 제96조에 따른 국제운전면허증을 받지 아니하고(운전이 금지된 경우와 유효기간이 지난 경우를 포함한다) 자동차를 운전한 사람

제4목 부작위위법확인소송

[198] 부작위위법확인소송의 관념

1. 의의

부작위위법확인소송이란 행정청의 부작위가 위법하다는 것을 확인하는 소송을 말한다(행정소송법 제4조 제3호). 예를 들어, 甲이 총포판매업을 경영하기 위하여 서울지방경찰청장에게 총포판매업허가를 신청하였는데 서울지방경찰청장이 아무런 조치(허가나 거부)도 취하지 아니한 채 가만히 있으면 甲은 총포판매업을 경영할 수 없다. 이러한 경우에 서울지방경찰청장의 부작위(소극적으로 가만히 있는 것)가 위법하다는 확인을 구하는 소송이 부작위위법확인소송이다.

2. 한계

甲이 총포판매업허가신청에 대한 부작위의 위법확인을 구하는 소송에서 승소한다고 하여도 그 판결은 총포판매업허가신청에 대한 부작위가 위법하다는 것을 확인하는 것일 뿐, 서울지방경찰청장이 자발적으로 총포판매업허가를 하지 아니하면 큰 의미가 없다. 이 때문에 법원이 서울지방경찰청장에게 총포판매업허가를 발령할 것을 명하는 소송(이행소송)을 도입하여야 한다는 주장이 강하게 제기되고 있다.

3. 본안판단의 전제요건

부작위위법확인소송의 소송요건은 취소소송의 소송요건과 기본적으로 같다. 그러나 소의 대상으로서 부작위, 원고적격, 제소기간과 관련하여 약간 논란이 있다.

(1) 부작위의 존재　　부작위란 행정청이 당사자의 신청에 대하여 상당한 기간 내에 일정한 처분을 하여야 할 법률상 의무가 있음에도 불구하고 이를 하지 아니하는 것을 말한다(행정소송법 제2조 제1항 제2호). 부작위가 성립하기 위해서는 ① 당사자의 신청이 있을 것, ② 상당한 기간이 경과할 것, ③ 행정청에 일정 처분을 할 법률상 의무가 있을 것, ④ 행정청이 아무런 처분도 하지 않았을 것이 요구된다.

✚ 신청권
판례는 당사자에게 처분을 구할 수 있는 신청권은 있어야 한다는 입장이다. 또한 판례는 신청권의 존부의 문제를 대상적격의 문제로 보는 동시에 원고적격의 문제로 보기도 한다.

(2) 원고적격　　부작위위법확인소송은 처분의 신청을 한 자로서 부작위의 위법을 구할 법률상의 이익이 있는 자만이 제기할 수 있다(행정소송법 제36조). 판례는 원고에게 신청권이 있어야 한다는 입장이다.

(3) 제소기간　　① 행정심판을 거쳐 부작위위법확인소송을 제기하는 경우에는 처분등이 존재하는바 제소기간에 관한 행정소송법 제20조의 적용에 문제가 없다. ② 임의적 행정심판전치의 원칙에 따라 행정심판을 거치지 아니하고 부작위위법확인소송을 제기하는 경우에는 문제가 있다. 왜냐하면 이 경우에는 외관상 아무런 명시적인 처분등이 없기 때문에 처분등을 기준으로 제소기간을 정하고 있는 행정소송법 제20조는 그대로 적용할 수 없기 때문이다. 해석상 제소기간에 제한이 없다고 볼 것이다.

▷**행정소송법 제20조(제소기간)** ① 취소소송은 처분등이 있음을 안 날부터 90일 이내에 제기하여야 한다. 다만, 제18조 제1항 단서에 규정한 경우와 그 밖에 행정심판청구를 할 수 있는 경우 또는 행정청이 행정심판청구를 할 수 있다고 잘못 알린 경우에 행정심판청구가 있은 때의 기간은 재결서의 정본을 송달받은 날부터 기산한다.
② 취소소송은 처분등이 있은 날부터 1년(제1항 단서의 경우는 재결이 있은 날부터 1년)을 경과하면 이를 제기하지 못한다. 다만, 정당한 사유가 있는 때에는 그러하지 아니하다.
③ 제1항의 규정에 의한 기간은 불변기간으로 한다.
제38조(준용규정) ② … 제20조 …의 규정은 부작위위법확인소송의 경우에 준용한다.

[199] 소제기의 효과, 소의 변경, 심리

1. 소제기의 효과
주관적 효과는 취소소송의 경우와 동일하나, 객관적 효과(집행정지)의 문제는 생기지 않는다. 부작위에 대한 집행정지는 성질상 인정할 수가 없기 때문이다.

2. 소의 변경
부작위위법확인소송의 계속 중 경우에 따라 취소소송 또는 당사자소송으로 소의 변경이 가능한 것도 취소소송의 경우와 같다(행정소송법 제37조, 제21조). 다만 처분변경으로 인한 소의 변경은 문제될 여지가 없다.

3. 심리
① 심리의 범위와 관련하여 ⓐ 학설은 실체적 심리설(부작위의 위법여부만이 아니라 신청의 실체적인 내용도 심리하여 행정청의 처리방향까지 제시하여야 한다는 견해)과 절차적 심리설(부작위의 위법여부만을 심사하여야 하며, 만약 실체적인 내용을 심리한다면 그것은 의무이행소송을 인정하는 결과가 되어 정당하지 않다는 견해)의 대립이 있다. ⓑ 판례는 절차적 심리설을 취한다. ② 심리의 방법은 취소소송과 같다.

[200] 본안요건(이유의 유무), 위법성판단의 기준시, 선결문제

1. 본안요건(이유의 유무)
취소소송의 논리와 유사하다. 만약 부작위에 대한 법적인 정당화사유가 있다면, 위법이 아니고, 인용판결을 받을 수 없다.

2. 위법성판단의 기준시
취소소송이나 무효등확인소송과는 달리 부작위위법확인소송의 경우에는 위법성판단의 기준시점을 판결시(사실심의 구두변론종결시)로 보는 것이 타당하다. 부작위위법확인소송은 이미 이루어진 처분을 다투는 것이 아니고 다투는 시기에 행정청에 법상의 의무가 있음을 다투는 것이기 때문이다.

3. 판결

① 판결의 종류는 취소소송의 경우와 같다. 다만 취소소송의 경우와 달리 부작위위법확인소송에서는 사정판결의 문제가 생기지 않는다. ② 형성력이 생기지 않는 점만 제외하면, 판결의 효력도 취소소송의 경우와 다를 바가 없다.

제5목 무명항고소송

[201] 무명항고소송의 관념

1. 무명항고소송의 의의

행정소송법 제4조에서 항고소송으로 규정되고 있는 취소소송·무효등확인소송·부작위위법확인소송의 세 종류를 법정항고소송이라 부른다. 그리고 행정소송법에서 규정된 이 세 가지의 항고소송 이외의 항고소송을 법정외 항고소송 또는 무명항고소송이라 부른다.

2. 무명항고소송의 인정여부

① 학설은 국민생존권의 강화, 행정의 복잡·다양성으로 인해 전통적인 법정항고소송만으로는 행정구제가 미흡하고 행정구제제도의 실질화를 위해 무명항고소송이 인정되어야 한다는 견해(긍정설)와 부작위위법확인소송이 인정되고 있는 점 등을 고려하여 무명항고소송을 부인하는 견해(부정설)로 나뉘고 있다. ② 판례는 무명항고소송을 인정하지 아니한다.

[202] 판례상 부인된 무명항고소송의 예

판례는 의무이행소송(예: '서대문구청장은 甲에게 건축허가를 내주라'는 판결을 구하는 소송), 적극적 형성판결(예: '甲에게 건축을 허가한다'라는 판결을 구하는 소송),

작위의무확인소송(예: '국가보훈처장은 독립기념관 전시관의 해설문, 전시물 중 잘못된 부분을 고쳐 다시 전시 및 배치할 의무가 있음을 확인한다'라는 판결을 구하는 소송), 예방적 부작위소송(예: '서대문구청장은 甲에게 준공처분을 하여서는 아니 된다'라는 판결을 구하는 소송) 등을 인정하지 아니한다.

제6목 당사자소송

[203] 당사자소송 일반론

1. 당사자소송의 의의

당사자소송이란 행정청의 처분 등을 원인으로 하는 법률관계에 관한 소송, 그 밖에 공법상의 법률관계에 관한 소송으로서 그 법률관계의 한쪽 당사자를 피고로 하는 소송을 말한다(행정소송법 제3조 제2호). ① 항고소송은 공행정주체가 우월한 지위에서 갖는 공권력의 행사·불행사와 관련된 분쟁의 해결을 위한 절차인 데 반해, 당사자소송은 그러한 공권력행사·불행사의 결과로서 생긴 법률관계에 관한 소송, 그 밖에 대등한 당사자간의 공법상의 권리·의무에 관한 소송이다. ② 당사자소송은 공법상의 법률관계(공권·공의무)를 소송의 대상으로 하는 점에서 사법상의 법률관계(사권·사의무)를 소송의 대상으로 하는 민사소송과 다르다.

2. 행정소송법 제3조 제2호가 규정하는 당사자소송(실질적 당사자 소송)의 유형

(1) 처분등을 원인으로 하는 법률관계에 관한 소송 이러한 소송으로 과세처분의 무효를 전제로 이미 납부한 세금의 반환을 구하는 소송(예: 부당이득반환청구소송), 경찰공무원의 직무상 불법행위로 인한 손해배상청구소송 등을 볼 수 있다(판례상 민사소송으로 다루고 있다).

(2) 기타 공법상 법률관계에 관한 소송 이러한 소송으로 ① 공법상 계약의 불이행시에 제기하는 소송(예: 토지수용시 협의성립 후 보상금미지급시 보상금지급청구소송. 판례는 이를 민사소송으로 다룬다), ② 공법상 금전지급청구를 위한 소송(예: 공무원보수 미지급시 지급청구), ③ 공법상 지위·신분의 확인을 구하는 소송(예: 국가유공자의 확인을 구하는 소송) 등이 있다.

✚ 형식적 당사자소송

형식적 당사자소송이란 실질적으로 행정청의 처분 등을 다투는 것이나 형식적으로는 처분 등의 효력을 다투지도 않고, 또한 처분청을 피고로 하지도 않고, 그 대신 처분 등으로 인해 형성된 법률관계를 다투기 위해 관련 법률관계의 일방당사자를 피고로 하여 제기하는 소송을 말한다. 말하자면 소송의 내용은 처분 등에 불복하여 다투는 것이지만, 소송형식은 당사자소송인 것이 바로 형식적 당사자소송이다. 형식적 당사자소송의 예로 공익사업을 위한 토지 등의 취득 및 보상에 관한 법률 제85조 제2항이 규정하는 보상금증감소송을 볼 수 있다.

▷ **공익사업을 위한 토지 등의 취득 및 보상에 관한 법률 제85조(행정소송의 제기)** ① 사업시행자, 토지소유자 또는 관계인은 제34조에 따른 재결에 불복할 때에는 재결서를 받은 날부터 90일 이내에, 이의신청을 거쳤을 때에는 이의신청에 대한 재결서를 받은 날부터 60일 이내에 각각 행정소송을 제기할 수 있다. ….
② 제1항에 따라 제기하려는 행정소송이 보상금의 증감(增減)에 관한 소송인 경우 그 소송을 제기하는 자가 토지소유자 또는 관계인일 때에는 사업시행자를, 사업시행자일 때에는 토지소유자 또는 관계인을 각각 피고로 한다.

3. 관할법원

당사자소송의 관할법원은 취소소송의 경우와 같다(행정소송법 제40조 본문). 다만 국가 또는 공공단체가 피고인 경우에는 관계행정청의 소재지를 피고의 소재지로 한다(행정소송법 제40조 단서).

4. 당사자 및 참가인

(1) 원고적격　　　행정소송법상으로 당사자소송의 원고적격에 관하여 규정하는 것이 없다. 그런데 당사자소송은 민사소송에 유사한 것이므로 당사자소송에도 민사소송의 경우와 같이 권리보호의 이익이 있는 자가 원고가 된다(행정소송법 제8조 제2항). 공동소송이 인정되는 것도 취소소송의 경우와 같다(행정소송법 제15조, 제44조 제1항).

(2) 피고적격　　　항고소송의 경우와 달리 행정청이 피고가 아니다. 국가·공공단체 그 밖의 권리주체가 당사자소송의 피고가 된다(행정소송법 제39조). 국가를 당사자로 하는 소송(국가소송)의 경우에는 '국가를 당사자로 하는 소송에 관한 법률'에 의거하여 법무부장관이 국가를 대표한다(국가를 당사자로 하는 소송에 관한 법률 제2조). 지방자치단체를 당사자로 하는 소송의 경우에는 지방자치단체의 장이 당해 지방자치단체를 대표한다(지방자치법 제101조).

(3) 소송참가　　　취소소송의 경우와 같다(행정소송법 제16조·제17조·제44조). 말하자면 당사자소송에 있어서도 제3자의 소송참가(행정소송법 제16조·제

44조)와 행정청의 소송참가(행정소송법 제17조·제44조)가 인정되고 있다.

[204] 당사자소송의 제기

1. 소송요건
취소소송의 경우와 비교할 때, ① 행정심판의 전치, ② 제소기간의 요건이 없다는 점이 다르다. 그러나 ① 개별법에서 행정절차를 규정하는 경우에는 그러한 절차를 거쳐야 하며, ② 당사자소송에 관하여 법령에 제소기간이 정하여져 있는 때에는 그에 따라야 할 것이다. 그리고 그 기간은 불변기간이다(행정소송법 제41조). 만약 기간의 정함이 없다고 하면 권리가 소멸되지 않는 한 소권이 존재한다. ③ 소의 대상이 취소소송의 경우와 다르다.

2. 소의 변경
법원은 당사자소송을 당해 처분 등에 관계되는 사무가 귀속하는 국가 또는 공공단체에 대한 항고소송으로 변경하는 것이 상당하다고 인정할 때에는 청구의 기초에 변경이 없는 한, 사실심의 변론종결시까지 원고의 신청에 의하여 결정으로써 소의 변경을 허가할 수 있다(행정소송법 제42조, 제21조 제1항). 뿐만 아니라 처분변경으로 인한 소의 변경도 인정되고 있다(행정소송법 제44조 제1항, 제22조).

3. 관련청구소송의 이송·병합
당사자소송과 관련청구소송이 각각 다른 법원에 계속되고 있는 경우에는 법원은 당사자의 신청 또는 직권에 의하여 이를 당사자소송이 계속된 법원으로 이송할 수 있고(행정소송법 제44조 제2항, 제10조 제1항), 또한 당사자소송에는 사실심의 변론종결시까지 관련청구소송을 병합하거나 피고 외의 자를 상대로 한 관련청구소송을 당사자소송이 계속된 법원에 병합하여 제기할 수 있다(행정소송법 제44조 제2항, 제10조 제2항).

4. 소제기의 효과
주관적 효과는 취소소송의 경우와 같다. 말하자면 주관적 효과로서 법원에는 심리의무가 주어지고, 당사자에게 중복제소금지의무가 주어진다. 그러나 객관적 효과(집행정지)는 취소소송의 경우와 달리 적용이 없다.

5. 심리

취소소송의 경우와 특별히 다른 것은 없다. 말하자면 행정심판기록의 제출명령(행정소송법 제44조 제1항, 제25조), 법원의 직권심리(행정소송법 제44조 제1항, 제26조) 등이 당사자소송에도 준용된다. 입증책임 역시 민사소송법상 일반원칙인 법률요건분류설에 따른다.

[205] 당사자소송의 판결

1. 판결의 종류

판결의 종류는 기본적으로 취소소송의 경우와 같다. 말하자면 각하판결·기각판결·인용판결의 구분이 가능하다. 소송물의 내용에 따라 확인판결·이행판결의 구분 또한 가능하다. 다만 사정판결의 제도가 없음은 취소소송의 경우와 다르다.

2. 판결의 효력

당사자소송의 확정판결도 자박력·확정력·기속력을 갖는다. 확정판결은 당사자인 행정청과 관계행정청을 기속한다(행정소송법 제44조 제1항, 제30조 제1항). 그러나 취소판결에서 인정되는 효력 중 취소판결의 제3자효(행정소송법 제29조), 재처분의무(행정소송법 제30조 제2항·제3항), 간접강제(행정소송법 제34조) 등은 당사자소송에는 적용이 없다.

제7목 객관적 소송

[206] 민중소송

1. 의의

민중소송이란 국가 또는 공공단체의 기관이 법률에 위반되는 행위를 한 때에 직접 자기의 법률상 이익과 관계없이 그 시정을 구하기 위하여 제기하는 소송을 말한다(행정소송법 제3조 제3호).

2. 예

민중소송의 예로 공직선거법상 선거소송과 당선소송, 국민투표법상 국민투표무효소송, 지방자치법상 주민소송, 주민투표법상 주민투표소송 등을 볼 수 있다.

3. 성질

민중소송은 당사자 사이의 구체적인 권리·의무에 관한 분쟁의 해결을 위한 것이 아니라, 행정감독적 견지에서 행정법규의 정당한 적용을 확보하거나 선거 등의 공정의 확보를 위한 소송으로서 객관적 소송에 속한다. 따라서 민중소송은 법률이 규정하고 있는 경우에 한하여 제기할 수 있다(행정소송법 제45조).

4. 적용법규

민중소송에 적용될 법규는 민중소송을 규정하는 각 개별법규가 정하는 것이 일반적이다(공직선거법 제227조, 제228조 참조). 그러나 각 개별법규가 특별히 정함이 없는 경우에는 ① 처분 등의 취소를 구하는 소송에는 그 성질에 반하지 않는 한 취소소송에 관한 규정을 준용하고, ② 처분 등의 효력유무 또는 존재여부나 부작위위법의 확인을 구하는 소송에는 그 성질에 반하지 아니하는 한 각각 무효등확인소송 또는 부작위위법확인소송에 관한 규정을 준용하며, ③ 상기 ①과 ②의 경우에 해당하지 않는 소송에는 그 성질에 반하지 아니하는 한 당사자소송에 관한 규정을 준용한다(행정소송법 제46조).

---

[207] 기관소송

1. 의의

기관소송이란 국가 또는 공공단체의 기관 상호간에 있어서의 권한의 존부 또는 그 행사에 관한 다툼이 있을 때에 이에 대하여 제기하는 소송을 말한다

(행정소송법 제3조 제4호). 요컨대 기관소송은 단일의 법주체내부에서 행정기관 상호간의 권한분쟁에 관한 소송이다. 다만 헌법재판소법 제2조의 규정에 의하여 헌법재판소의 관할사항이 되는 소송(예: 국가기관 상호간, 국가기관과 지방자치단체 및 지방자치단체 상호간의 기관쟁의)은 행정소송인 기관소송으로부터 제외된다.

2. 예

국가기관 사이(국회·정부·법원·중앙선거관리위원회 상호간)의 분쟁은 헌법재판소의 권한쟁의의 문제가 된다(헌법재판소법 제62조 제1항 제1호). 현행 행정소송법상 기관소송은 동일 지방자치단체의 기관 간에서 문제된다. ① 지방자치법 제107조 제3항 또는 지방자치법 제172조 제3항에 의거하여 지방자치단체의 장이 지방의회를 상대로 대법원에 제기하는 소송과 지방교육자치에 관한 법률 제28조 제3항에 의거하여 교육감이 교육위원회를 상대로 대법원에 제기하는 소송을 볼 수 있다.

▷ **지방자치법 제107조(지방의회의 의결에 대한 재의요구와 제소)** ③ 지방자치단체의 장은 제2항에 따라 재의결된 사항이 법령에 위반된다고 인정되면 대법원에 소를 제기할 수 있다. 이 경우에는 제172조 제3항을 준용한다.
제172조(지방의회 의결의 재의와 제소) ③ 지방자치단체의 장은 제2항에 따라 재의결된 사항이 법령에 위반된다고 판단되면 재의결된 날부터 20일 이내에 대법원에 소를 제기할 수 있다. 이 경우 필요하다고 인정되면 그 의결의 집행을 정지하게 하는 집행정지결정을 신청할 수 있다.
▷ **지방교육자치에 관한 법률 제28조(시·도의회 등의 의결에 대한 재의와 제소)** ③ 제2항의 규정에 따라 재의결된 사항이 법령에 위반된다고 판단될 때에는 교육감은 재의결된 날부터 20일 이내에 대법원에 제소할 수 있다.

3. 성질

기관소송은 객관적 소송이다. 기관소송을 제기할 수 있는 권능은 기본권이 아니다. 그것은 단지 넓은 의미에서 주관적 성격을 띠는 객관적 권리이다. 기관소송은 법률이 정한 경우에 법률에 정한 자에 한하여 제기할 수 있다(행정소송법 제45조).

4. 적용법규

민중소송의 경우와 같다.

제8목 기타 제도

[208] 헌법소원

1. 헌법소원의 의의

헌법소원이란 공권력작용에 의하여 기본권이 침해된 국민이 헌법재판소에 제기하는 기본권구제수단이다. 심리결과 위헌성이 있으면, 헌법재판소가 그 공권력작용을 취소하거나 위헌임을 인정함으로써 국민은 침해된 기본권을 구제받게 된다. 헌법은 법률이 정하는 헌법소원에 관한 심판을 헌법재판소의 관장사항으로 규정하고 있다(헌법 제111조 제1항 제5호). 이 조문에 근거한 헌법재판소법 제68조는 헌법소원심판의 청구사유를 규정하고 있다.

2. 헌법소원의 유형

헌법재판소법이 규정하는 헌법소원에는 동법 제68조 제1항에 따른 권리구제형 헌법소원과 동법 제68조 제2항에 따른 위헌심사형 헌법소원이 있다. 권리구제형 헌법소원이 본래의 헌법소원이고, 위헌심사형 헌법소원은 사실상 위헌법률심사이다.

▷ **헌법재판소법 제68조(청구 사유)** ① 공권력의 행사 또는 불행사(不行使)로 인하여 헌법상 보장된 기본권을 침해받은 자는 법원의 재판을 제외하고는 헌법재판소에 헌법소원심판을 청구할 수 있다. 다만, 다른 법률에 구제절차가 있는 경우에는 그 절차를 모두 거친 후에 청구할 수 있다.
② 제41조 제1항에 따른 법률의 위헌 여부 심판의 제청신청이 기각된 때에는 그 신청을 한 당사자는 헌법재판소에 헌법소원심판을 청구할 수 있다. 이 경우 그 당사자는 당해 사건의 소송절차에서 동일한 사유를 이유로 다시 위헌 여부 심판의 제청을 신청할 수 없다.

● **경찰관과 헌법소원(헌재 2009. 3. 24., 2009헌마118)**
[사건개요] 경찰관인 청구인은 피청구인인 검사로부터 형집행장에 의하여 검거된 벌금미납자의 신병에 대하여 '귀서 유치장에 인치하였다가 익일 10:00경 제주지방검찰청 재산형집행계로 신병을 인계하라'는 내용의 '벌금미납자 인치지휘' 공문을 받고, 이에 따라 위 벌금미납자를 제주동부경찰서 유치장에 인치하였다. 청구인은 범죄의 수사에 있어 검사의 지휘를 받을 뿐이므로 이미 형이 확정된 벌금미납자를 경찰서 유치장에 인치하라는 이 사건 인치지휘는 아무런 법적 근거가 없는 위법한 명령으로 피청구인이 오로지 검사라는 우월적 지위에서 행한 권력적 사실행위로써 헌법소원심판의 대상이 되는 공권력의 행사에 해당하고 이로써 청구인의 평등권 등 기본권이 침해되었다고 주장하며 이 사건 헌법소원심판을 청구하였다
[결정요지] 경찰공무원은 기본권의 주체가 아니라 국민 모두에 대한 봉사자로서 공공의 안전 및 질서유지라는 공익을 실현할 의무가 인정되는 기본권의 수범자라 할 것이다. 그런데 벌금미납자에

대하여 검사가 발부한 형집행장은 구속영장과 동일한 효력이 있고(형사소송법 제474조 제2항) 경찰서 유치장은 "구속된 자 또는 신체의 자유를 제한하는 판결 또는 처분을 받은 자를 수용하는 시설"이므로(경찰관 직무집행법 제9조), 위와 같이 검사가 발부한 형집행장에 의하여 검거된 벌금미납자의 신병에 관한 업무는 국가 조직영역 내에서 수행되는 공적과제 내지 직무영역에 대한 것이다. 따라서 이러한 직무를 수행하는 청구인은 국가기관의 일부 또는 그 구성원으로서 공법상의 권한을 행사하는 공권력 행사의 주체일 뿐, 기본권의 주체라 할 수 없으므로 이 사건에서 청구인에게 헌법소원을 제기할 청구인적격을 인정할 수 없다.

[209] 청원

1. 청원의 의의

청원이란 국민이 국가나 지방자치단체 등에 대하여 의견이나 희망을 진술하는 것을 말한다. 청원을 권리로 관념하여 청원권이라 부른다. 헌법 제26조 제1항은 "모든 국민은 법률이 정하는 바에 의하여 국가기관에 문서로 청원할 권리를 가진다"고 하여 청원권을 명시적으로 규정하고 있다. 청원에 관한 일반법으로 청원법이 있다. 국회에 청원하는 경우에는 경우에는 국회법(제123조 내지 제126조), 지방의회에 청원하는 경우에는 지방자치법(제73조 내지 제76조)의 청원 관련 규정에 의한다.

2. 청원사항

청원법상 청원사항은 ① 피해의 구제, ② 공무원의 위법·부당한 행위에 대한 시정이나 징계의 요구, ③ 법률·명령·조례·규칙 등의 제정·개정 또는 폐지, ④ 공공의 제도 또는 시설의 운영, 그리고 ⑤ 그 밖에 청원기관의 권한에 속하는 사항이다(청원법 제5조).

3. 청원방법

① 청원은 청원서에 청원인의 성명(법인인 경우에는 명칭 및 대표자의 성명을 말한다)과 주소 또는 거소를 적고 서명한 문서(「전자문서 및 전자거래 기본법」에 따른 전자문서를 포함한다)로 하여야 한다(청원법 제9조 제1항). 제1항에 따라 전자문서로 제출하는 청원(이하 "온라인청원"이라 한다)은 본인임을 확인할 수 있는 전자적 방법을 통해 제출하여야 한다. 이 경우 서명이 대체된 것으로 본다(청원법 제9조 제2항). ② 국회에 청원하려고 하는 자는 의원의 소개를 얻어 청원서

를 제출하여야 한다(국회법 제123조 제1항). ③ 지방의회에 청원을 하고자 하는 자는 지방의회의원의 소개를 얻어 청원서를 제출하여야 한다(지자법 제73조 제1항).

[210] 고충민원

　부패방지 및 국민권익위원회의 설치와 운영에 관한 법률에서 "고충민원"이란 행정기관등의 위법·부당하거나 소극적인 처분(사실행위 및 부작위를 포함한다) 및 불합리한 행정제도로 인하여 국민의 권리를 침해하거나 국민에게 불편 또는 부담을 주는 사항에 관한 민원(현역장병 및 군 관련 의무복무자의 고충민원을 포함한다)을 말한다(동법 제2조 제5호). 고충민원처리제도는 운영여하에 따라 경찰작용으로 인한 국민의 피해구제에 대한 효과적인 제도일 수 있다.

색인

저자약력

서울대학교 법과대학 졸업
서울대학교 대학원 졸업(법학박사)
독일 Universität Tübingen, Universität Wuppertal, Freie Universität Berlin, 미국 University
　　of California at Berkeley 등에서 행정법연구
한국공법학회 회장(현 고문)
한국지방자치법학회 회장(현 명예회장)
국가행정법제위원회 위원장(현)·행정법제혁신자문위원회 위원장·지방자치단체 중앙분쟁조정위
　　원회 위원장·서울특별시민간위탁운영평가위원회 위원장·주식백지신탁심사위원회 위원장·행
　　정자치부정책자문위원회 위원장·지방분권촉진위원회위원·민주화운동관련자명예회복및보상심
　　의위원회위원·헌법재판소공직자윤리위원회위원·행정소송법개정위원회위원·국무총리행정심
　　판위원회위원·중앙분쟁조정위원회위원·중앙토지평가위원회위원·경찰혁신위원회위원·전국
　　시장군수구구청장협의회자문교수·서울특별시강남구법률자문교수 등
사법시험·행정고시·입법고시·외무고시·지방고등고시 등 시험위원
이화여자대학교 법과대학 교수
연세대학교 법학전문대학원·법과대학 교수

저　서

헌법과 정치(법문사, 1986)
행정법원리(박영사, 1990)
판례행정법(길안사, 1994)
사례행정법(신조사, 1996)
행정법연습(신조사, 초판 1999, 제8판 2008)
신행정법연습(신조사, 초판 2009, 제2판 2011)
행정법원론(상)(박영사, 초판 1992, 제32판 2024)
행정법원론(하)(박영사, 초판 1993, 제32판 2024)
경찰행정법(박영사, 초판 2007, 제3판 2013)
신지방자치법(박영사, 초판 2009, 제6판 2025)
신행정법특강(박영사, 초판 2002, 제23판 2024)
행정기본법 해설(박영사, 초판 2021, 제3판 2025)
신행정법입문(박영사, 초판 2008, 제18판 2025)
신판례행정법입문(박영사, 2018)
신경찰행정법입문(박영사, 초판 2019, 제4판 2025)
기본 행정법(박영사, 초판 2013, 제12판 2024)
기본 경찰행정법(박영사, 2013)
기본 CASE 행정법(박영사(공저), 2016)
최신행정법판례특강(박영사, 초판 2011, 제2판 2012)
로스쿨 객관식 행정법특강(박영사(공저), 2012)
민간위탁의 법리와 행정실무(박영사, 2015)
공직자 주식백지신탁법(박영사, 2018)

제4판
신경찰행정법입문

초판 발행   2019년 1월 7일
제4판 발행   2025년 1월 5일

지은이   홍정선
펴낸이   안종만 · 안상준

편 집   김선민
기획/마케팅 조성호
표지디자인   권아린
제 작   고철민 · 김원표

펴낸곳   (주) 박영사
           서울특별시 금천구 가산디지털2로 53, 210호(가산동, 한라시그마밸
           등록 1959.3.11. 제300－1959－1호(倫)

전 화   02)733－6771
f a x   02)736－4818
e-mail   pys@pybook.co.kr
homepage   www.pybook.co.kr
ISBN   979－11－303－4828－5 93360

copyright©홍정선, 2025, Printed in Korea

*파본은 구입하신 곳에서 교환해 드립니다. 본서의 무단복제행위를 금합니다.

정 가 32,000원